MÉMOIRES

DE

PIERRE THOMAS

SIEUR DU FOSSÉ

ROUEN. — IMPRIMERIE DE H. BOISSEL

Rue de Lémcry, 14

MÉMOIRES

DE

PIERRE THOMAS

SIEUR DU FOSSÉ

PUBLIÉS EN ENTIER, POUR LA PREMIÈRE FOIS

D'APRÈS LE MANUSCRIT ORIGINAL

AVEC UNE INTRODUCTION ET DES NOTES

PAR F. BOUQUET.

—

TOME III.

ROUEN

Chez Ch. MÉTÉRIE, succr DE A. LE BRUMENT

LIBRAIRE DE LA SOCIÉTÉ DE L'HISTOIRE DE NORMANDIE

RUE JEANNE-DARC, Nº 11

—

M DCCC LXXVIII

de pieté, et surtout une grande charité. Aussi auoit il abondamment de quoy la faire, puisqu'il étoit riche de quarante mille liures de rente. Mais ce ne sont pas toujours, comme l'on sçait, les plus riches qui sont les plus charitables; et je n'oublieray jamais une excellente parole, que j'ay oüi dire : « Qu'on ne voyoit guere plus que les pauures qui faisoient l'aumône ; et les gens de bien, qui faisoient penitence. » Mr Bouchart n'étoit pas du nombre de ces mauuais riches; et il faisoit part aux pauures tres largement de ses grands biens; jusques à porter luy même, souz son manteau, comme en cachette, un sac de mille francs à la fois à l'hostel Dieu. Il faisoit aussi par pure charité la medecine, donnant gratuittement tous ses remedes; quoy que quelques uns lui coutassent extrémement cher. Il auoit, entre ses autres remedes, celuy qu'il nommoit, *la pierre de Butler* (1), et celuy qu'il appeloit, *le précipité diaphoretique.* C'étoient deux remedes tres difficiles, et tres longs à préparer, et qui reuenoient à beaucoup d'argent; mais qui, étant une fois préparez, agissoient, en une tres petite quantité, d'une maniere miraculeuse, pour la guerison des plus grandes maladies (2). Le dernier luy seruit à guerir tres parfaittement Madame de Blosseuille, sa belle sœur (3), d'un cancer furieux, que les plus habiles medecins de Paris auoient veû, et s'étoient contenté de regarder comme incurable.

(1) « Pour la composition de la pierre il ne faut que combiner le lion rouge, le ferment et l'aimant. » *Nouvelle biographie générale* de Hoefer, article Butler (Guillaume). C'est du pur grimoire.

(2) L'auteur parle ici comme tous ses contemporains, et surtout Van Helmont, dont il sera question plus loin.

(3) « Françoise de Brétignères, fille du procureur général du parlement de Rouen, que son frère ainé, Lanfranc Bouchard, conseiller au parlement, avait épousée en 1653. » Communication de M. d'Estaintot.

J'ay été témoin moy même d'un effet presque incroyable du premier, en la personne de Madame Bouchart
son épouse (1). Un jour que je me promenois auec elle
sur le galet de la mer, à Veûle, qui est un port de mer (2),
dont il est seigneur (3), je sentis tout d'un coup qu'elle
s'appesantissoit sur moy, qui lui donnois la main. Je
crus d'abord que c'étoit la peine qu'elle auoit à marcher
sur ce galet. Mais comme je m'apperceus que cela augmentoit, je luy dis, en la regardant : « Madame, vous
vous trouuez mal ? » Elle ne me répondit point. Dans
l'instant je la fis asseoir ; j'enuoyai querir du vin, dont
je luy fis prendre : mais il falloit autre chose. Je fis
chercher promptement Mrs de Blosseuille et du Rou-
uray (4), ses enfans, qui étoient allé se diuertir à la
pesche. Ils accoururent ; et, se connoissant mieux que
moy aux maladies, ils luy mirent dans la bouche une
pincée de gros sel ; parce qu'ils jugerent aussitost que ce
pouuoit estre une esquinancie ou une apoplexie. En
effet, elle demeura entreprise de la moitié de son corps,
ne pouuant parler, mais n'ayant pas neantmoins perdu
toute connoissance. Nous la mismes du mieux que nous
pûmes dans son carrosse, et nous allâmes à petit pas à

(1) « Marguerite du Jardin, qu'il avait épousée en 1636. » Communication de M. d'Estaintot.

(2) Seine-Inférieure, arr. d'Yvetot, cant. de Saint-Valery. C'est un
simple « échouage », comme Etretat, plutôt qu'un *port*, nom qui lui
était généralement donné au xviie siècle.

(3) « Lanfranc Bouchard mourut sans enfans et transmit à son
frère Nicolas la vicomté de Blosseville, dont celui-ci rendit aveu au
roi en 1657. » Communication de M. d'Estaintot.

(4) « 1° Alexandre, né en avril 1639, conseiller au parlement de
Rouen en 1660, vicomte de Blosseville et baron de Guibray, au droit
d'Elisabeth Suzanne Marie de Vauquelin, sa femme ; 2° Nicolas,
seigneur de Rouveray, qui épousa, le 28 mars 1678, Isabeau Bau-
doin du Basset, fille d'un Trésorier de France. » Id.

Blosuille (1), lieu de leur demeure, qui n'est éloigné que d'un grand quart de lieuë de Veûle. On enuoya par auance donner auis à Mr Bouchart de l'accident arriué à la dame son épouse, afin qu'il fust moins surpris en la voyant arriuer, et qu'il eust aussi le loisir de songer à la maniere dont il pourroit la traitter. D'abord il la fit coucher bien chaudement, et il luy fit aualler dans du vin chaud un sel de Romarin, préparé à sa maniere, afin de la faire suer et transpirer une partie de l'humeur maligne, qui s'étoit jettée sur ses membres. Au bout de trois ou quatre heures, il lui donna de la pierre de Butler, pour rendre le calme à la nature, et la vigueur aux esprits vitaux. Tout cela se fit, sans agiter en aucune sorte la malade, et sans luy faire aucune douleur ; en luy procurant au contraire tout le repos qu'on pouuoit, et en empeschant qu'on ne fist le moindre bruit ; parce qu'on sçauoit que ces remedes agissent tranquillement et sans effort ; aidant seulement à resoudre et à pousser au dehors, par une transpiration presque insensible, ces sortes d'esprits venimeux, qui attaquent le principe de la vie. Ce qu'il y a de certain, c'est que cet accident étant arriué après le disner, le lendemain, sur les neuf ou dix heures du matin, je donnay la main à la malade, pour aller entendre la messe dans la chappelle de la maison, comme étant parfaittement guérie.

Comme Mr Bouchart me faisoit l'honneur de m'aimer beaucoup, il me donnoit quelquefois de ses remedes. Ayant donc de la pierre de Butler, ainsy nommée, à cause qu'elle est venuë d'un gentilhomme Anglois, nommé *Butler* (2), je m'en seruis une fois entr'autres, auec un

<hr>

(1) Blosseville, quelquefois Blosseville-ès-Plains, au sud de Veules, à un peu plus de deux kilomètres.

(2) Butler (Guillaume), alchimiste irlandais, 1534-1617. Dans le *Tractatus de Morbis* de Van Helmont, il y a un article intitulé

tres grand succès, pour guerir ma mere aussi promptement d'une attaque d'apoplexie dont elle fut prise chez
nous au Fossé. Cet accident auoit été précedé par de
longs et frequens assoupissemens, qui nous donnerent
bien de l'inquietude. Elle n'étoit plus alors sujette à ces
assoupissemens : mais elle nous paroissoit fort abbatuë,
et attaquée audedans par quelque humeur, qui se préparoit à faire quelque grand rauage. En effet, comme nous
étions à table, moy à costé d'elle, et que je la reforçois
de manger d'une becassine que je luy auois seruie, le
valet de chambre, qui étoit encore vis à vis d'elle, s'apperceut de quelque changement dans son visage; et aussitost, sans rien témoigner, il changea de place, par un
secret pressentiment de ce qui deuoit arriuer, et vint se
mettre derriere elle, pour estre en état de la soutenir, si
elle tomboit. Ce fut un coup de sagesse et de jugement à
ce domestique, et un effet de son affection pour sa mais-
tresse. Car presque aussitost après elle tomba en apoplexie, d'une maniere tres violente. Elle perdit absolument et la parole et la connoissance, et nous eûmes toutes
les peines du monde, cinq ou six que nous étions, à la
transporter de la table sur son lict, à cause de son extrême
pesanteur, et de la crainte que nous auions qu'elle n'expi-
rast entre nos mains. J'enuoyay querir promptement le
curé de la parroisse. Je fis monter un homme à cheual,
pour aller chercher un medecin, à quatre lieuës de chez
nous (1). Et l'on courut en même temps à Forges, pour
faire venir un chirurgien. Cependant, de quelque étourdissement d'esprit que nous fussions tous frappez, je
songeay à ma pierre de Butler : mais la grande difficulté

BVTLER, où l'auteur s'étend sur l'efficacité d'une *poudre* qui portait
aussi son nom.

(1) Vraisemblablement à Neufchâtel, à cause de la distance indiquée.

étoit de la faire prendre. Car la malade auoit les dents si serrées qu'il n'y auoit presque point d'esperance de pouuoir les faire ouurir, et de luy donner en même temps ce remede. Cependant, avec le manche d'une cuillier d'argent nous les desserrâmes, et, après beaucoup de résistance, je luy fis entrer dans la bouche l'eau dans laquelle je l'auois fait dissoudre. Comme ce remede, qui est tout esprit, agit en une petite quantité, le peu que nous pûmes luy faire aualler produisit bientost tout l'effet que nous pouuions desirer. Une demye heure après, ou enuiron, la vie commença à se rallumer dans ses yeux ; elle se sentit peu à peu dégagée ; la connoissance luy reuint et la parole. D'abord que je m'apperceus que le remede prenoit le dessus du mal, je fis baisser les rideaux du lict, et sortir beaucoup de personnes inutiles, qui étoient accouruës, ne voulant pas que la vuë de tout ce monde l'effrayast, lorsqu'elle seroit reuenuë à elle. Quand elle put nous parler, elle demanda, un peu étonnée, ce qui étoit donc arriué. On luy répondit que c'étoit une foiblesse. Elle crut bien neantmoins qu'il y auoit quelque chose de plus. Mais on en demeura là pour lors. Je fis congedier le chirurgien, qui étoit déja arriué. Et je renuoyay au deuant du medecin, pour l'empescher de venir ; parce que je crus que nos remedes acheueroient ce qu'ils auoient commencé, et qu'il valloit mieux ne point tenter d'autre voye que celle qui auoit si bien reüssy. Cependant, soit que la malignité de l'humeur se fust jettée sur la langue, ou que ma mere, dans la violence de l'accès se la fust peut estre morduë, il y vint un petit ulcere, qui nous donna beaucoup de peine, et qui nous fit résoudre de la mener à Roüen, dans l'esperance que M' Bouchart auroit la bonté de venir la traitter luy même. Nous y fûmes en effet ; nous la mismes entre ses mains ; et il la guerit parfaittement.

Je voudrois connoistre la composition de ces deux excellens remedes, dont j'ay parlé : car je me ferois un deuoir de charité de les donner au public, comme celuy dont j'ay marqué la préparation cy dessus (1). Mais je n'ay pu la sçauoir : et même ils sont, à ce que j'ay pû en juger, d'une si longue et si difficile préparation que tres peu de gens pourroient y atteindre. Je ne laisseray pas cependant d'en marquer d'autres plus aisez, dans la suitte de ces Memoires, selon que je les ay appris par la communication de cet amy, qui me témoigna toujours depuis une si grande ouuerture de cœur, que si j'auois pu me résoudre de m'appliquer tout entier à ces remedes, ainsy qu'il le souhaittoit, il n'eust rien eû de secret pour moy. Mais, après cette petite digression, que j'ay faitte, au sujet de ma maladie, il faut reprendre la suite historique de ces Memoires.

Après pasques de l'année 1667 (2). nous prîmes resolution, mon frere et moy, d'aller auec le sieur Julien, curé de nostre parroisse, faire un voyage en Poitou, où M[r] d'Hillerin (3), ancien curé de Saint Merry (4), nous inuitoit de l'aller voir, en son prieuré de Saint André (5).

(1) Voir plus haut, p. 15.

(2) Pâques tombait le 10 avril.

(3) Le *Supplément au Nécrologe* dit qu'il faut écrire *Hillerin*, « et non pas *d'Hillerin*, comme l'on a écrit son nom dans le Nécrologe et ailleurs. Son nom de Baptême étoit *Charles* et non *Jacques*, comme on l'a mis dans son Epitaphe. » P. 556. — D'Hillerin ou Hillerin est le nom d'un écrivain religieux né au xvie siècle.

(4) Paroisse de Paris, rue Saint-Martin. Il se démit de sa cure le jour de la Purification 1643, d'après le *Supplément au Nécrologe*, p. 558. M. Sainte-Beuve, *Port-Royal*, t. I, p. 467, dit 1644. Ce doit être la vraie date; car Fontaine qui, tout jeune, l'accompagna dans sa retraite, dit : « Nous partimes le 5 février 1644. » *Mémoires*, I, p. 22.

(5) Petit bénéfice, « qui devint une des solitudes succursales de Port-Royal, dont le nombre çà et là se multipliait. » M. Sainte-Beuve, *ibid.*

Nous allâmes donc, du Fossé à Chartres, et de Chartres
à Orléans ; où ayant loué un grand batteau Nantois, nous
nous mismes sur la Loyre, auec nostre chaise, et nos
cheuaux, et nous fismes tres commodément quatre vint
quatre lieuës de chemin jusques à *Nantes* (1). Ce fut la
premiere fois que nous vismes cette ville, si considerable
par son commerce ; par son port, nommé *la Fosse* de
Nantes, où il y a quantité de riches maisons ; et par la
beauté du canal de la riuiere de Loyre, qui a deux lieuës
de long presque en droite ligne, sur un quart de lieuë de
large. Les ponts de Nantes ont près d'une demye lieuë
de long, à cause des isles formées par diuers bras de la
riuiere, qui se couppe en diuers endroits, et qui produit
une des belles promenades du royaume, dans la premiere de ces isles, où est proprement le cours de la
ville ; et d'où ceux qui se promenent découurent audeuant d'eux ce canal en droitte ligne de près de deux
lieuës, et un bras, à chaque costé, de la largeur d'une
des plus grandes riuieres. C'est assurément une veuë et
une promenade charmante. Mais lorsque de là vous
passez, par dessuz le pont, jusqu'à la Fosse, vous y voyez
un grand nombre de vaisseaux, et une multitude de
marchands tout occupez de leur negoce, qui font dechar-
ger les marchandises qu'on leur enuoye de loin, ou qui
en font au contraire charger d'autres ; châcun d'eux songeant seulement à ce qui regarde son interets particulier ;
et tous ensemble neantmoins trauaillant pour le public,
quoyqu'ils ne cherchent séparément que leur profit
propre. Nous vismes aussi un marché qui nous surprit,
par la quantité prodigieuse de saumons frais et d'aloses
qui le remplissoient : en sorte que ce qu'on estime, et
qu'on achette bien cher à Paris, nous dégoûtoit là par sa

(1) Voir l'Appendice, I.

seule veuë; et que je compris alors tres facilement ce qui se dit d'un certain canton de Flandres, ou d'Hollande, que les seruantes, en se loüant, mettent à leur marché qu'on ne leur fera manger de saumont frais qu'un certain nombre de jours de chaque semaine.

Ayant besoin d'un cheual de selle, j'en achettay un assez cher à Nantes, qui étoit tres bon pour le seruice, mais qui auoit un deffaut que je ne pus reconnoistre que longtemps après, dans la suitte du voyage, et qui fut cause que je le perdis presque entierement. Nous allâmes donc de Nantes en Poitou, non sans plusieurs auantures causées principalement par les chemins, dont la voye est extraordinairement étroitte, et par la longueur des lieuës, si differentes de celles d'auprès de Paris (1), que, lorsque nous prenions nos mesures pour en faire sept, nous ne trouuions point la journée assez longue pour arriuer à la couchée; ce qui nous jettoit dans d'etranges embarras, et nous tenoit dans une continuelle inquietude. Il nous arriua, une fois entre autres, de nous engager dans un chemin taillé dans le roc, si étroit, quoyque ce fust le plus grand chemin (2), que les deux bouts de l'escieu de nostre chaise entrerent à force dans le roc même, par un effort extraordinaire que les cheuaux firent, en sentant

(1) « Lieues communes de France, de 2282. Toises chacune, à 25. au Degré. — Lieues de Poitou de 2600. Toises chacune, à 22. au Degré. » *Description de la France* (par l'abbé Dufour de Longuerue.) — La différence était donc environ d'un septième.

(2) Les anciens chemins avaient très-peu de largeur, comme on peut le voir par ce qui reste de celui de Paris à Rouen, sur la côte Sainte-Catherine, à l'Est du bois Bagnères. — Ce n'est que vers le milieu du règne de Louis XV que la France

> Eut ces vastes chemins en tous lieux départis,
> Où l'étranger, à l'aise achevant son voyage,
> Pense au nom des Trudaine et bénit leur ouvrage.
> André CHÉNIER, Hymne à la France.

Encore n'était-ce bien vrai que pour les environs de Paris.

de la résistance. Et ainsi nous nous trouuâmes si bien arrétez qu'il nous étoit impossible absolument d'auancer ni de reculer. Il fallut donc enuoyer chercher, dans une mettayrie, un leuier de fer, et du monde pour nous secourir, sans quoy nous aurions couché la nuit'au milieu de la campagne. Et nous eûmes toutes les peines du monde à arracher nostre chaise de ce roc creusé, où elle étoit prise des deux costez, et de la faire passer par dessuz.

Mais si nous eûmes bien des chagrins à essuyer, dans le chemin de trauerse, depuis Nantes jusqu'au prieuré de Saint André, en Poitou (1), celuy que nous eûmes, en y arriuant, ne fut pas moindre que tous les autres. Car nous apprîmes que celuy pour lequel nous auions fait cent cinquante lieuës, c'est à dire M. d'Hillerin, n'y étoit point ; et que, depuis quelque temps, il demeuroit à Angers. Mais comme le sieur Julien (2) auoit demeuré à ce prieuré auec M. d'Hillerin, et qu'il connoissoit particulierement celuy que le prieur auoit établi pour en prendre soin, nous ne laissâmes pas d'y loger et d'y estre régalez, comme si le maistre y auoit été. Nous y séjournâmes quatre ou cinq jours, tant pour nous reposer nous mêmes qu'à cause du cheual que j'auois achetté en Bretagne, qui commença à jetter sa gourme, aussitost qu'il eut changé d'air et de noürriture. La scituation de ce

---

(1) « Saint-André-sur-Sèvre, canton de Cérizay, arrond. de Bressuire, départem. des Deux-Sèvres. » Dû à l'obligeance de M. Richard, archiviste du départ. de la Vienne.

(2) Le nom de ce curé du Fossé a été dénaturé dans les *Mémoires de Fontaine*, où se lisent ces deux passages : « Sur quoi M. *Juliers*, cet Ecclésiastique pénitent de sa parroisse qui l'avoit accompagné, et qui faisoit penitence à feu et à sang.... » Et plus loin : « Mais M. *Juliers*, ce sage Ecclésiastique, compagnon de sa retraite et de sa pénitence, avoit une autre profondeur d'esprit. » T, I, p. 21 et 23. Il faut lire *Julien*, comme le prouve ce passage de notre auteur.

prieuré est la chose du monde la plus affreuse. Il est dans un fonds, audessus duquel s'éleuent des montagnes, toutes pleines de rochers et de bois, où fourmillent les viperes et les aspics, attirez et par la chaleur excessiue de ce lieu, et par la retraitte qu'ils trouuent dans ces ro-chers, et particulierement par une petite riuiere (1), large de douze ou quinze pieds, noire comme le Styx fabuleux, qui passe le long du prieuré. Ces viperes, au printemps, et lorsqu'elles frayent, s'assemblent en si grand nombre, et sont alors si furieuses que l'on n'oseroit passer où elles sont, et qu'il y auroit de la témerité à entreprendre de les attaquer. Cependant les gens du païs y sont faits, et il arriue assez rarement qu'ils en soient mordus.

Le sieur Julien nous conta que, lorsqu'il y demeuroit auec M. d'Hillerin, il pensa estre mordu d'un serpent, lorsqu'il y songeoit le moins. Se promenant, un matin, dans un sentier du bois qu'il nous montra, comme il s'arréta souz un arbre, pendant quelque temps, pour lire dans son breuiaire, il entendit quelque bruit sur sa teste. Il leua les yeux pour voir ce que ce pouuoit estre; et il apperceut un serpent monstrueux en grosseur, qui étoit entortillé à cet arbre, et qui, en baissant sa teste vers luy, sembloit faire effort pour l'atteindre et pour le mordre. Il se sauua promptement fort effrayé, et courut à la maison pour auertir qué l'on apportast quelques armes pour le tuer. Mais, quand on y vint, on trouua qu'il s'étoit déja retiré dans les rochers. Il est certain que l'on a veu quelquefois, dans le Poitou, des serpens d'une grosseur monstrueuse. Et je me souuiens que M. d'As-son, de qui j'ay déja parlé (2), m'en conta un jour une chose surprenante. Des paysans marchoient dans un

(1) « La Sèvre nantaise. » M. Richard.
(2) T. I, 209-111, 186 ; t. II, 119, 122, 136-138.

champ, sans songer à rien, lorsqu'ils apperceurent, dans un creux, la teste d'un serpent qui s'éleuoit fort haut, comme pour obseruer ce qui se passoit audessuz du fonds où il s'étoit retiré. La frayeur les saisit, et ils coururent, dans le moment, en donner auis au château d'Asson, qui n'étoit pas éloigné (1). Ces messieurs, qui étoient des gentilshommes sans peur (2), prirent aussitost leurs armes, pour s'en aller le chercher. Mais les païsans, par une certaine superstition du païs, faisoient difficulté de leur enseigner l'endroit où ils l'auoient veû, disant que, si on le tuoit, il arriueroit quelque malheur. Ils les menacerent et se firent désigner l'endroit. Mais ils ne l'y trouuerent plus : car il s'étoit retiré aussitost après. Ils le suiuirent à la piste, dans une prairie par laquelle il auoit passé; et il sembloit qu'on y eust roulé un demy muids de boisson (3), tant l'herbe étoit abbattuë et foullée par la pesanteur de son corps; ce qui peut faire juger de sa grandeur et de sa grosseur. Ils s'attendoient bien neantmoins de l'attaquer : mais, ayant suiuy ce train jusques à une riuiere qui étoit dans la prairie, ils en perdirent la trace, parcequ'il s'étoit jetté dans l'eau.

Nous vismes, dans le même fonds du prieuré de Saint André, une chose assez curieuse, qui sont des moulins à papier. Ces moulins sont sur la riuiere dont j'ay parlé.

(1) Cette famille habitait dans la partie du Poitou voisine de la Vendée, non loin du prieuré de Saint-André. De là vint en partie la conversion de M. Baudri de Saint-Gilles d'Asson. « Il fut touché d'avoir vu M. Hillerin aux environs de son ermitage du Poitou : par lui il lut *la Fréquente Communion* et connut Port-Royal. » M. Sainte-Beuve, *ibid.*, t. II, p. 289.

(2) « M. d'Asson étoit fort grand et robuste, aussi bien qu'onze frères qui étoient de même taille. » *Mémoires de Fontaine*, t. II, p. 353. Un peu plus haut, p. 352, on lit : « C'étoit un homme à tout, à la plume et au poil. »

(3) Locution propre à la Normandie, patrie de l'auteur.

Et les rouës, que l'eau fait marcher, font tomber incessamment plusieurs pillons dans des especes de mortiers,
où l'on met tous les chiffons que ramassent les pauures
dans les ruës, et que l'on a bien lauez et blanchis auparauant. Ces chiffons ainsy battus se reduisent, à la fin,
comme en une espece d'eau blanche. On la met dans des
baquets en réserue. Et, pour faire du papier, on remuë
cette eau auec un baston, à cause que ce qu'il y a d'épais
va au fonds ; et auec un cadre fait de fil de fer fort delié,
de la grandeur que l'on veut donner à la feüille de papier, on enleue adroittement une superficie de cette eau,
qui se prend, aussitost après, en forme de colle, et que
l'on étend sur un morceau de serge fine de la même grandeur : ainsy, entre chaque feüille, il y a toujours un
morceau de serge, pour empescher qu'une feüille ne
s'attache contre l'autre. Et dans la suitte on la passe par
l'eau de colle, pour empescher le papier de boire, et pour
luy donner plus de consistance.

Quand mon cheual commença à se porter mieux de sa
gourme, et qu'on le vit en état de pouuoir marcher, nous
partismes du prieuré de Saint André, dans le dessein
d'aller voir nostre hoste à Angers. Je dis que c'étoit pour
l'aller voir : car, quoyque le saint Euesque, qui gouuer-
noit alors ce diocese, fust le propre frere de M. d'Andilly (1),
qui auoit une si grande bonté pour moy, nous ne pensions
uniquement, en y allant, qu'à M. d'Hillerin, ne croyant
point estre connus de ce prelat, et ne songeant point non
plus à nous faire beaucoup connoistre dans cette ville.
Nous pensâmes nous précipiter, en arriuant au Pont de
Cé. Ayant quitté le chemin, nous nous égarâmes insen-

(1) Henri Arnauld, né en 1597, frère puîné d'Arnauld d'Andilly, et
le deuxième des quatre fils qui restaient, avec six filles, sur les vingt-
deux enfants qu'avait eus leur père.

pressé et tourmenté au dehors, pour ne s'estre pas trouué d'abord à la procession auec moy. J'admiray l'exactitude auec laquelle ce prelat s'appliquoit à ses fonctions, sans manquer à la moindre ceremonie, qu'il paroissoit sçauoir mieux, en quelque sorte, que les officiers ses assistans. Car il faisoit bien tout ce qu'il faisoit; et il paroissoit occupé entierement de chaque chose dont il s'acquittoit, ne faisant point négligemment, mais auec attention, l'œuure de Dieu.

Il nous pria à disner, le lendemain, et il nous traitta magnifiquement, étant aussi genereux enuers ses hostes que sobre et dur sur luy même. Ayant même remarqué que j'aimois beaucoup la musique, et que celle de la feste m'auoit fort plû; et voulant d'ailleurs dédommager en quelque sorte mon frere de ce qu'il auoit perdu, lorsqu'il n'auoit point assisté auec moy à la ceremonie, il pria les musiciens, qui étoient venus à Angers de diuers endroits pour la feste, de vouloir bien chanter, au salut d'un des jours de l'octaue, les mêmes motets qu'ils auoient chanté, la veille de la solennité. Et il nous dit de nous y trouuer, parce qu'il les auoit inuitez exprès pour l'amour de nous, et que ces motets luy auoient paru tres beaux. Nous nous y rendismes, auec le sieur Julien; et il nous plaça tres commodément dans le sanctuaire. Enfin on peut dire que ce saint prelat n'oublia rien pour nous témoigner qu'il entroit tout à fait dans les sentimens de M. d'Andilly, son frere, à nostre égard. Et il n'eust pu faire dauantage, quand nous aurions eû dès lors l'honneur de son alliance, que nous auons euë depuis, lorsque mon frere eut le bonheur d'épouser sa petite niece (1), comme je le marqueray en son lieu.

Il fit ce qu'il put, pour nous retenir plus longtemps à

____

(1) Dix ans plus tard, en 1677.

Angers, et il usa pour cela de tous les termes les plus pressants; en sorte que nous n'aurions pu honnestement ne nous y pas rendre, si le sieur Julien, rappellé à sa parroisse par le deuoir de sa charge, ne luy eust representé qu'il auoit donné parole de se trouuer parmy son peuple à la feste de l'Ascension (1), et qu'il ne restoit que le temps necessaire pour s'y rendre. Nous prîmes donc congé de ce saint prelat, comblez de toutes ses honnestetez : et, ayant receu sa benediction, nous partismes d'Angers, où mon frere deuoit reuenir, sans qu'il y songeast alors, en qualité de son petit neucu, au bout de vint·cinq années (2).

D'Angers, nous allâmes à *la Flèche*, où nous admirâmes la magnificence de la maison des RR. Peres Jesuites, qui étoit anciennement une des maisons royales (3), et la beauté auec les richesses de leur église (4). De la Flèche, nous allâmes au *Mans*, qui est une ville épiscopale, et nous vismes, dans quelques unes de ses églises (5), des ouurages admirables de la main du fameux Pilon, l'un des plus habiles sculpteurs que nous ayons eûs (6). Car

(1) Le 19 mai.

(2) Plus exactement « vingt-quatre ans, » le premier voyage étant de 1667, et le second de 1691, comme il sera dit plus loin.

(3) « Le Collége Royal de la Flèche a été fondé et donné aux Jésuites par le Roi Henri le Grand en l'année 1603, par Lettres expédiées à Rouen au mois de septembre. Il donna pour ce nouvel établissement son Châteauneuf de la Flèche avec son jardin et son parc. » *Nouvelle Description de la France*, par Piganiol de la Force, t. VI, p. 124. La maison reçut de grands accroissements. Il y avait seize régents, quatre de Théologie, trois de Philosophie, deux de Mathématiques, deux de Rhétorique et cinq d'Humanités. Descartes y fut élevé.

(4) « L'Eglise qui sert au Collége est grande et belle. L'on y voit les cœurs d'Henri le Grand, et de la Reine Marie de Medicis son épouse. » Id., *ibid.*, p. 125.

(5) Dans la cathédrale, le mausolée de Guillaume du Bellay.

(6) Originaire, sinon natif de Loué, près du Mans, cet artiste avait enrichi de ses chefs-d'œuvre les monuments de la capitale du Maine.

les figures qu'a faittes cet excellent ouurier ont un caractere singulier, qui les rend comme viuantes; en sorte
que l'on peut dire qu'il ne leur manque que la parole (1).
Comme nous ne faisions que passer partout, sans nous
arrêter, songeant à nous rendre, le jour marqué, au
Fossé, je ne puis rien dire des autres particularitez de
ces villes. Du Mans, nous allâmes à *Nogent le Rotrou* (2):
Et ce fut là qu'il arriua, lorsque nous y pensions le
moins, un accident qui me surprit et me chagrina beaucoup. Le cheual, que j'auois achetté en Bretagne, qui
auoit toujours tenu ferré, depuis Nantes jusqu'à Nogent,
se trouua enfin deferré d'un pied, à l'hostellerie. Nos
gens, qui ne s'en étoient point apperceus, nous vinrent
dire, lorsque je les pressois d'atteler, qu'il falloit ferrer
un cheual. Je les blâmay fort d'auoir attendu si tard, et
je leur dis de se haster de faire venir le maréchal. Mais,
lorsque je m'attendois que ce seroit seulement un retardement d'un quart d'heure, on me vint dire que ce cheual
étoit un demon, et qu'on ne pouuoit absolument en ap-
procher, pour luy attacher le fer. Nous dismes qu'on le
menast à la forge. Mais ce fut encore pis qu'auparauant.
Et, comme il auoit été apparemment maltraitté par les
maréchaux pour ce sujet, il fut impossible de le ferrer;
même dans le trauail, dont il fit plier une barre de fer,
par le violent effort auec lequel il s'agittoit et brisoit tout.
Nous y courûmes, pour en estre nous mêmes témoins,
ne pouuant le croire, et pour tâcher de trouuer quelque
moyen de le dompter. On n'en trouua point d'autre que
de l'abbattre tout à fait dans le trauail, et de luy tenir les
pieds auec des cordes, pour l'empescher de ruer. On en
vint ainsy à bout, auec des peines infinies et un grand

(1) Témoin les Trois Grâces et toutes les sculptures de lui placées
au Louvre.

(2) Eure-et-Loire, sur la route du Mans à Chartres.

péril ; parce que, de la force dont il étoit, rien ne parrois-
soit à l'épreuue des violentes secousses qu'il donnoit à
ceux qui vouloient le retenir. On fut donc plus de deux
heures à faire l'ouurage d'un quart d'heure ; et nous
vîmes même le moment que nous serions obligez de demeurer tout à fait, sans sçauoir à quoy nous résoudre ;
à cause que tout le monde étoit rebuté, et que chacun ap-
préhendoit auec raison de mettre sa vie à l'épreuue d'un
coup de pied, qui frappe et qui tuë, auant qu'on l'ait veû.
Ce deffaut si essentiel m'obligea depuis de me deffaire
d'un cheual qui étoit trop fort et trop violent pour moy.
Et je perdis, en le vendant, plus de la moitié de ce qu'il
m'auoit couté.

De Nogent, nous allâmes à *Vernon* ; et de Vernon, nous
nous rendîmes au Fossé, l'auant veille de la feste de
l'Ascension (1). Ce fut alors que, me trouuant dans une
certaine vie peu fixe, tantost au Fossé, et surtout à
Roüen, selon que les affaires de ma mere, auec qui nous
demeurions, le demandoient, je songeay à profiter de la
connoissance qu'elle m'auoit donnée de M. Bouchart, pour
étudier quelque chose de ce qu'il sçauoit ; car je crus
qu'une medecine comme la sienne, qui ne tendoit qu'au
rétablissement de la nature, sans rien risquer, ne pouuoit estre négligée par un homme raisonnable, qui em-
ploye ordinairement plusieurs années à étudier d'autres
sciences, qui luy sont sans comparaison moins importantes. Et en effet, quoyqu'il y ait dans le monde des
gens établis pour exercer publiquement la medecine, je
ne vois pas que ce soit une raison suffisante pour nous
dispenser de l'étudier ; et que chacun n'ait pas droit de
prendre connoissance de ce qui regarde en particulier les

(1) Le mardi 17 mai 1667, l'Ascension tombant le jeudi 19.

maladies et la guérison de son corps (1) ; rien n'étant plus proche de luy que sâ propre chair, et nul autre ne sentant mieux que nous ce qui nous est bon, et ce qui nous est contraire, si nous voulons l'obseruer exactement. Aussi je me souuiens que ce fut cette raison même qui engagea un de mes amis intimes, nommé l'abbé de Luçay , dont la qualité distinguée se trouue jointe à une profonde capacité (2), à entreprendre l'étude de la medecine pour son intérets particulier. Car, comme dans sa jeunesse, il tomba malade d'une maladie que les medecins ne pouuoient guérir, quoyqu'ils luy fissent beaucoup de remedes, il commença à faire en luy même ce raisonnement : « Mais je suis bien fou de liurer ainsy mon corps et ma vie entre les mains de personnes qui ne me connoissent

(1) L'exemple du solitaire Hamon, ancien médecin, qui parcourut à pied tous les villages voisins de Port-Royal des Champs , pour y donner des consultations et des remèdes; celui des Religieuses de cette abbaye pansant les malades, et préparant, dans leur pharmacie, tout ce qu'il fallait pour les guérir durent aussi porter du Fossè à se livrer à l'étude de la médecine. C'était une tradition de Port-Royal.

(2) Nous renoncions à l'espoir de fournir quelque renseignement sur cet abbé, quand M. de Bouis, avec une obligeance extrême, nous a donné, après de nombreuses recherches, la note suivante; qui paraît fort plausible : « Louis Henri de Bourbon, de Soissons, dit le chevalier de Soissons, comte de Noyers, seigneur de Lusarches, chevalier de Malte et Abbé de la Couture, fils naturel de Louis comte de Soissons, né à Sedan, d'Elisabeth Deshayes, veuve du nommé La Tour, Ministre, au mois d'Août 1640, légitimé par Lettres patentes de Louis XIV, en 1643. Les seigneuries de Bonnestable et de Lucé appartenaient toutes les deux à son aïeule, Anne de Montafié, qui les avait portées dans la famille des comtes de Soissons, se rattachant aux ducs de Bourbon. De là lui serait venu, tout d'abord, le nom d'abbé de Lucé, qu'il aurait porté au moins jusqu'en 1679, comme on le verra plus loin. Puis il aurait quitté ce nom, quand cette seigneurie passa par vente en d'autres mains. Il serait question de Lucé, aujourd'hui Grand-Lucé, département de la Sarthe où il n'y avait pas d'abbaye. »

point; et qui ne me traittent que par une connoissance vague qu'ils ont de la medecine en general. J'ay employé tant de temps dans l'étude de la rhetorique, qui ne tend qu'à faire admirer une éloquence souuent fort sterile. J'ay passé plusieurs années à étudier la philosophie, qui doit m'apprendre à bien raisonner; et il semble qu'elle ne m'ait au contraire appris qu'à raisonner contre le bon sens, lorsque je consume également et ma bourse et ma santé à faire sans cesse des remedes non seulement inutiles pour ma guerison, mais contraires à la nature. J'ay enfin donné beaucoup dans l'étude de la Theologie scholastique, dont les trop grandes subtilitez ont souuent gasté un esprit solide, en l'accoutumant à disputer contre les veritez les mieux établies, souz prétexte de l'exercer. Quoy donc! Il n'y aura que la medecine dont l'étude me sera interditte! Et ce qui m'est le plus necessaire sera pour moy le plus négligé; comme si la medecine appartenoit à ceux là seuls qui portent le nom de medecins, et qu'ils eussent droit de s'en emparer comme d'un bien qui ne dust pas estre commun generalement à tous les hommes! Il n'y a encore rien de perdu. Je suis jeune. Et l'état même, où je me trouue réduit par mes continuelles infirmitez, m'auertit de songer à moy. Je veux m'appliquer à l'étude de moy même, autant de mon corps que de mon esprit. Je veux m'attacher à la recherche de la veritable medecine et puiser dans les sources originales, tant des plus anciens autheurs, qui en ont traitté à fonds, que de la nature, qui renferme, dans les mineraux et dans les simples, ce qu'il y a de plus specifique pour la guerison des maladies. » Tel fut le raisonnement du celebre abbé de Luçay, si connu dans tout Paris, et telle fut la résolution qu'il commença à exécuter, au même temps qu'il la prit, et qu'il a poussée si loin qu'on peut dire qu'il est paruenu, par son trauail assidu, par sa

longue expérience, et par la solidité de son jugement, à
une tres grande habileté.

Quoyque je n'eusse pas encore le bonheur de connoistre
cet abbé (1), je ne laissay de suiure à peu près ses mêmes
principes, dans l'engagement où mes infirmitez me mirent
aussi d'abord, en quelque sorte, d'étudier la medecine.
Je voyois souuent M. Bouchart. Je l'entendois raisonner.
J'étois present, quand il trauailloit. Et je tirois tous les
jours quelques nouuelles lumieres de ses entretiens. Car,
quoyqu'il n'eust pas toute la justesse, ni la force du raisonnement de l'abbé dont j'ay parlé, qui est, à mon jugement, le plus profond de tous ceux que j'aye connus, sa
pratique étoit excellente ; et il suppleoit, d'une maniere
tres auantageuse, à ce qui pouuoit manquer à son raisonnement, par l'excellence de ses remedes, les plus
efficaces qui se puissent desirer. Je lus auec soin Van
Elmont (2), non pour approuuer tous ses principes, qui
paroissent quelquefois aller un peu loin, mais pour y
apprendre la vraye maniere de traitter les maladies, par
des remedes specifiques et naturels. J'en fis deux extraits
tout differens, mais tres beaux, dont l'un fort ample regardoit particulierement la connoissance des maladies ;
et l'autre, sans comparaison plus court, ne contenoit que

(1) Vers 1666, pendant son exil en Normandie.

(2) Jean Baptiste Van Helmont, né à Bruxelles, 1577-1644, chimiste
métaphysicien, physiologiste et médecin, a fait faire des progrès à
diverses sciences. On l'appelait *Medicus per ignem*, par allusion à la
source d'où provenaient ses remèdes. Son ouvrage le plus important
a pour titre : ORTUS MEDICINÆ, *id est initia Physicæ inaudita, pro-
gressus Medicinæ novus in morborum ultionem ad vitam longam*, etc.
La quatrième édition, publiée à Lyon, chez Devenet, en 1655, forme
un volume in-f°, à deux colonnes, écrit en latin, et contenant plusieurs autres de ses ouvrages. Il en parlait avec modestie : « Peut-
être, disait-il, ne suis-je qu'une cloche destinée à convier les fidèles,
tout en restant moi-même en dehors du sanctuaire. »

les remedes et la maniere de traitter les differens maux (1).
C'est là où j'appris la ptisanne faitte auec les cendres du
tilleul, qui m'est, depuis trente ans, d'un grand secours,
dans mes rhumes, pour addoucir l'acreté de l'humeur,
qui se jettoit ordinairement sur ma poitrine et sur ma
gorge, et qui m'y causoit de grandes douleurs. C'est de
là que j'ay tiré le souffre éminent d'Antimoine, dont j'ay
donné cy dessuz la description (2). C'est là où j'ay veû la
maniere de préparer les Zenextons (3), auec les crapaux,
qui sont l'antidote le plus efficace contre la peste; l'eau
de bouleau, qui est specifique contre les douleurs de la
pierre et de la nephretique; les esprits du vitriol, qui
sont d'une si grande pénétration, et d'une vertu si singuliere contre les fieures et autres maladies. Il faudroit
donner l'extrait tout entier pour faire voir combien cet
auteur a trauaillé pour le public (4). Car, quoyque la
mauuaise disposition, où il voyoit la plus part des gens,
le rendoit un peu mysterieux, et l'empeschoit de s'expliquer clairement partout (5), ne voulant, pour le dire

(1) Une sorte de *Traité de Médecine* et un *Formulaire*.

(2) Voir plus haut, pp. 15-16.

(3) A la fin de l'ouvrage de Van Helmont, *Ortus Medicinæ*, etc., ce
« mot de l'Art, » est expliqué ainsi : « *Zenexton* Paracelsi, amuletum
contra Pestem. » Le *Dictionnaire de Trévoux* l'appelle *Zeneton* et le
définit : « Terme de Philosophie hermétique. C'est un pentacule ou
composition constellée, propre contre la peste. »

(4) « On doit à Van Helmont l'huile de soufre *per campanum*, d'abord
appelée esprit de soufre, un laudanum analogue à celui de Paracelse,
l'esprit de corne de cerf, un sel volatil huileux, l'esprit de sang humain, la liqueur des cailloux, solution de silice dans un excès d'al-
cali, etc. Avec l'*esprit d'urine* (ammoniaque) et l'alcool absolu, il pré-
parait un produit qui porte, d'après lui, le nom de *Offa Helmontii.* »
Biographie générale de Hoefer.

(5) « Il fit des cures si surprenantes par ses remèdes, qu'on le mit
à l'inquisition, sur le soupçon qu'on eut que ce qu'il faisait était au-
dessus des forces de la nature. Il prouva le contraire, et se retira en

ainsy, donner qu'au trauail la connoissance des grands secrets de la nature, il en dit plusieurs de fort clairs. Et quant aux autres, l'exemple de M. Bouchart, qui, par son application et son grand trauail, en acquit l'intelligence, fait bien connoistre qu'on doit s'accuser un peu soy même de négligence, lorsqu'on n'y paruient pas : *Dii vendunt laboribus artes* (1).

Je ne me donnay pas neantmoins tout entier à cette étude, et elle ne m'empescha pas de trauailler, pour ma propre édification, à une autre plus sainte. Je m'appliquay donc, dans ce même temps de mon exil en Normandie, à l'explication des pseaumes de Dauid (2), où je trouuois tant d'onction et des sentimens si pleins d'ardeur, pour l'objet unique du cœur de ce prince, qui étoit Dieu même, que cette étude, toute de pieté, me seruit beaucoup à me soutenir dans l'éloignement où je viuois du monde, au milieu du monde même.

Cependant mon frere, qui n'auoit point d'inclination à

Hollande, pour y être plus en liberté. » *Dictionnaire de Moreri.* — Cette peur de l'inquisition peut s'ajouter au motif donné par M. Cap, pour expliquer l'obscurité partielle de ses ouvrages : « Il enveloppe ses pensées dans une forme allégorique qui annonce de l'incertitude. » Notice dans le *Journal de Pharmacie et de Chimie*, 1852..

(1) Virgile dit que Jupiter à la félicité de l'âge d'or fit succéder les privations et les maux :

> Ut varias usus meditando extunderet artes
> Paulatim.
>
> *Géorgiques*, I, v. 133.

(2) « Les *Explications tirées des Saints Pères sur différens livres de l'Ecriture sainte,* sont communément attribuées à M. de Saci. Cependant on sait que plusieurs parties de cet ouvrage, et entre autres les Psaumes, ont du Fossé pour auteur. On croit qu'il commença ces explications, après la mort de M. de Saci, en 1684. » *Liste des ouvrages de M. du Fossé,* p. xxxiv de la *Vie* placée en tête de l'édition de ses Mémoires, en 1739. On voit, par ce passage, qu'il travaillait à l'explication des Psaumes, dès 1667 ou 1668, au plus tard.

s'occuper dans le cabinet, et qui sembloit n'estre pas né
pour soutenir cette vie, songea à s'établir dans le monde.
Mais, auant que de se marier, il achetta une charge de
Maistre des Comptes à Rouën (1), de M. de Mathan, qui,
après auoir acheué ses carauanes de Cheualier de Malthe,
s'étoit auisé de changer d'état et de prendre le party de
la robbe. Mon frere, étant donc reuétu de cette charge,
s'en acquitta auec soin et auec honneur, et il songea à
s'engager dans le mariage. On proposa plusieurs partis ;
et quelques uns mêmes parurent assez sortables, en sorte
que les affaires étoient déjà auancées. Mais il se trouua
toujours quelque obstacle, qui les faisoit rompre. Car il
étoit destiné pour autre chose, ainsy que je le diray dans
la suitte.

(1) En 1668. Voir, aux Pièces justificatives, II, ses Lettres de provision.

CHAPITRE XXIII.

— 1668 –1669. —

La paix de l'Eglise. — Détails rétrospectifs. — L'enlèvement des Religieuses de Port-Royal de Paris n'a pas le résultat espéré par
Monseigneur de Péréfixe. — Intrigues des sœurs Flavie et Dorothée. — L'archevêque renvoie à Port Royal des Champs les Religieuses de Port-Royal de Paris, ayant refusé la signature du Formulaire. — Il y réunit celles qu'il avait fait enlever. — Troubles,
à l'occasion des mandements des évêques d'Alet, de Pamiers,
de Beauvais et d'Angers au sujet du Formulaire. — Le Pape
Alexandre VII nomme des commissaires pour informer contre eux
avec des pouvoirs fort étendus. — Intervention d'un grand nombre
d'évêques de France auprès de son successeur, Clément IX. —
Efforts contraires des adversaires. — Démarches prudentes de
M. de Gondrin, archevêque de Sens, auprès du Nonce du Pape,
Monsignor Bargellini, pour arriver à la pacification de l'Eglise. —
Il est aidé par l'évêque de Châlons, M. Vialart. — Mesures con-
certées pour donner satisfaction au Saint-Siége. — Révocation du
mandement ; signature au bas des procès-verbaux. — Le plus profond secret est gardé sur toutes ces négociations. — L'accommodement doit s'étendre à tous les Ecclésiastiques et aux Religieuses
de Port-Royal. — L'archevêque de Paris, informé de la paix pro-
jetée, y donne les mains. — Consternation des auteurs des troubles. — Louis XIV leur impose silence. — Joie générale. — Visite
de l'archevêque de Paris au roi qui lui conseille de ménager les
Religieuses de Port-Royal. — Il se contente de la signature offerte
par elles depuis longtemps, — Importance de ce fait pour apprécier les persécutions futures. — Réflexions à ce sujet. — Présentation d'Arnauld au Nonce. — Mot flatteur de ce dernier. — Présentation à Louis XIV. — Réflexions sur la réhabilitation d'Arnauld opposée aux attaques de l'avenir. — M. de Saci sort de la
Bastille. — Sa vie en prison ; sa délivrance et ses visites. — Séparation complète de Port-Royal de Paris et de Port-Royal des
Champs. — Elle est le fait des intrigues ourdies par les ennemis
de cette Abbaye. — Institution de deux abbesses, répartition iné-
gale des revenus. — La sœur Dorothée abbesse de Port-Royal
de Paris. — Ses remords. — Apparition nocturne de la Mère Angélique dans le chœur de cette église. — L'abbesse intruse y voit
un présage de mort. — Sa mort bientôt après (1).

Pour moy, on peut bien juger que j'étois en un état
violent dans mon païs propre ; puisque, dès l'âge de neuf

(1) Tout ce chapitre, se rapportant à l'histoire de Port-Royal, a été
publié en entier par le premier éditeur, à l'exception d'une cinquan-
taine de lignes.

ans, j'en étois sorty (1), et auois fait toutes mes habitudes du costé de Paris, où j'aspirois incessamment de retourner y demeurer. Mais il falloit pour cela que l'état des affaires de l'Eglise changeast, et que tant de troubles excitez contre nos amis s'apaisassent. C'est ce qu'on n'auroit presque osé jamais esperer, tant les affaires paroissoient broüillées. Mais Dieu se plaist à surprendre ses seruiteurs, quand ils s'y attendent le moins. Et c'est ce qui arriua en l'année 1668, par le calme qui fut rendu tout d'un coup à l'Eglise, lorsque la persecution que souffroit Port Royal, et tous ses amis, étoit la plus violente. Mais, pour donner plus de jour à ce grand éuénement, et faire paroistre dauantage la toute puissance de Dieu dans la maniere dont il assista ceux qui ne pouuoient esperer qu'en luy, il faut reprendre les choses d'un peu plus haut.

M. l'archeuesque (2) auoit fait, comme je l'ay dit auparauant (3), enleuer de Port Royal de Paris les Meres et quelques unes des Sœurs, qu'il jugea les plus capables de soutenir toutes les autres, dans l'esperance qu'il eut de venir plus facilement à bout du reste, quand les principales n'y seroient plus. Mais il parut qu'il se trompoit dans ses mesures et dans son raisonnement, et qu'il jugeoit de cette œuure, comme si elle eust été purement humaine, au lieu qu'on peut assurer que c'étoit l'œuure de Dieu même et de son esprit, qui remplit de sa vertu les plus foibles, quand il veut : comme il abandonne aussi les plus forts, qui ne mettent pas leur principale confiance en luy. On en vit alors un exemple formidable en la personne d'une des Religieuses, qui se distinguoit en quelque sorte le plus des autres. Elle s'appelloit la sœur

(1) V. t. I, pp. 54 et 55.
(2) Hardouin de Péréfixe archevêque de Paris.
(3) T. II, p. 181.

Flauie (1), et elle auoit une singuliere obligation aux Meres, qui l'auoient receuë auec quelque répugnance, à cause qu'elle étoit Religieuse d'une autre maison. Cependant, contre son deuoir, et par une ingratitude qui parut horrible à tous ceux qui la connoissoient, elle fit une secrète intrigue; elle, et une autre nommée la sœur Dorothée (2), au frere de laquelle on auoit rendu, par charité, ce qu'elle auoit apporté de bien en Religion, elle s'intrigua, dis je, secrettement auec M. Chamillard et M. l'archeuesque, contre ses Meres et ses Sœurs, pour s'attribuer dans la maison une superiorité à laquelle il auoit toujours paru que son cœur auoit du penchant. Ce mystere d'iniquité ne se deueloppa neantmoins qu'au bout de quelques années : et cette intrigue se conduisit auec toute la prudence des enfans du siecle. L'archeuesque, voyant donc que toute cette grande communauté, à l'exception de cinq ou six qui se joignirent à la sœur Flauie, étoit plus ferme que jamais, et que tous les traittemens si durs, dont on usoit enuers elles, sembloient ne seruir qu'à les fortifier encore dans leur premiere résolution, prit un party tout à fait extraordinaire. Il résolut, auec ceux qui le conduisoient, de renuoyer à Port Royal des Champs toutes celles qui demeuroient fermes à refuser le serment qu'on leur demandoit (3), et il obtint de Sa Majesté un ordre aussy surpre-

(1) Sœur Catherine de sainte Flavie Passart, Maîtresse des enfants, lors du miracle de la Sainte-Epine. — C'était son emploi dans l'abbaye de Gif, voisine de Port-Royal des Champs.

(2) Sœur Marie de sainte Dorothée Perdreau.

(3) « Le cinquième de septembre de l'année 1665. Monseigneur l'Archevêque de Paris fit sortir de la Maison de Port-Royal de Paris deux de Nos Sœurs qui étoient celles qui n'avoient point signé, et une Sœur converse, pour les envoyer à la Maison des Champs. » C'est ainsi que débute la *Relation* que la sœur de du Fossé, Religieuse à Port-Royal de Paris, sous le nom de Sainte Melcthilde, a faite des événemens

nant que tout ce qu'on auoit veû jusques alors, qui fut de les y faire garder, comme des prisonnieres d'Etat, et de premier rang, par l'Exempt et les quatre Gardes du corps dont j'ay parlé auparauant (1). Mais, par un ordre secret de la diuine prouidence, auquel on peut dire qu'il n'auoit point d'autre part que celle d'en estre l'executeur, sans bien connoistre ce qu'il faisoit, il fit reuenir en même temps et les Meres et les principales Religieuses, qu'il auoit, comme je l'ay rapporté (2), fait enleuer en differens monasteres, et il les réünit auec celles qu'il enuoya à la campagne (3). C'est ainsi qu'il rejoignit, par un mouuement de l'Esprit de Dieu, qui luy faisoit accomplir sa volonté, sans qu'il y pensast, les Meres auec leurs Filles, et les Sœurs auec les Sœurs : et cette réünion leur causa à toutes une si grande consolation qu'elles se regardérent presque comme libres, au milieu de leurs liens, se voyant heureusement déliurées de cette autre captiuité, qui les empeschoit auparauant de se parler les unes aux autres à cœur ouuert, et de se pouuoir soutenir mutuellement dans la priuation de tous les soutiens spirituels, dont leurs ennemis les auoient priuées.

Cependant il arriua de nouueaux troubles en France,

arrivés en ce monastère de 1665 à 1669. — Voir le RECUEIL D'UTRECHT, p. 455. Une note de l'éditeur ajoute : « Il en sortit encore plusieurs autres qui étoient dans le même cas, jusqu'à ce qu'enfin au commencement de septembre il ne resta plus à Paris que douze Religieuses, qui avoient signé, et quatre ou cinq converses. » C'est vers les premiers jours de juillet 1665 que l'archevêque avait commencé à envoyer à Port-Royal des Champs les Religieuses opposantes, qui étaient encore à Port-Royal de Paris. *Ibid.*, p. 454.

(1) T. II, p. 186.

(2) T. II, p. 181.

(3) Au commencement de juillet 1665, en même temps qu'il y envoyait les opposantes. Des seize Religieuses dispersées en différens monastères, le 26 août 1664, il n'en revint que treize à Port-Royal des Champs. — *Recueil d'Utrecht*, p. 454. — Voir l'Appendice III.

à l'occasion des quatre éuesques d'Alet, de Pamiers, de Beauuais et d'Angers (1). Et ces mêmes troubles deuinrent, dans la suitte, par un effet de la misericorde de Dieu sur son Eglise, la source d'une paix aussi heureuse qu'elle étoit inespérée. Ces quatre prelats, qui songeoient également à conseruer la pureté de la doctrine, et l'union de la charité dans leurs dioceses, ayant receu le Formulaire du pape Alexandre VII (2), se crurent indispensablement obligez de préuenir tous les scrupules et tous les troubles, qu'ils préuoyoient que la signature de ce Formulaire exciteroit dans les consciences de plusieurs personnes. Ainsi, dans leurs mandemens, ils déclarèrent que, selon l'esprit de l'Eglise, ils ne demandoient la soumission de foy que pour les dogmes, et seulement une soumission de respect pour les faits. Mais ceux qui, dans la poursuitte qu'ils auoient faitte auec tant de chaleur de la condamnation des cinq fameuses propositions, y auoient principalement enuisagé le liure de Jansenius, qu'ils vouloient condamner comme en étant l'autheur, s'éleuerent aussitost auec grande force contre la distinction employée dans ces mandemens des quatre éuesques ; ils en firent beaucoup de bruit auprès du Pape, qui étoit alors moribond (3), et ils luy persuaderent facilement, dans l'état où il se trouuoit, que ces prelats s'éleuoient contre son authorité, et prétendoient même soutenir le dogme condamné, souz prétexte de cette distinction du fait.

Alexandre VII, surpris par ces fâcheuses préuentions,

(1) Nicolas Pavillon, de Caulet, de Buzanval et Henri Arnauld. — Alet ou Aleth, dans l'Aude ; Pamiers, dans l'Ariége.

(2) Voir t. II, p. 157.

(3) En 1667, « de Lyonne, secrétaire d'Etat pour les affaires étrangères, reçut une lettre, datée du 14 avril, qui assuroit sa mort. » *Mémoires du P. René Rapin*, t. II, p. 393, édition de M. Léon Aubineau.

qu'on luy donna contre les quatre prelats, se laissa aller jusqu'à nommer, pour commissaires, neuf éuesques (1), à qui il fit expedier un pouuoir de les contraindre de signer et de faire signer sans aucune restriction le Formulaire; et même, en cas de refus, d'agir contr'eux par les peines de suspense, d'interdit et autres plus griéues, qu'il remettoit à leur jugement (2). Ce bref surprit tous ceux qui étoient instruits des vrays sentimens de l'Eglise touchant la decision des faits; et ils ne pouuoient assez admirer jusqu'où le credit des ennemis des quatre éuesques auoit pu commettre l'authorité du Saint Siege, en l'engageant à agir contre les plus saints prelats du royaume, par une violence inoüie jusqu'alors, et qui ne pouuoit à la fin que retomber sur eux mêmes. Mais Alexandre VII étant mort (3), et le cardinal Rospigliosi ayant été éleué au souuerain pontificat, sous le nom de Clement IX. au mois de juillet de l'année 1667. (4), un grand nombre d'Euesques (5) de France se hâtèrent de préuenir le scandale que causeroit dans l'Eglise l'execution du dernier Bref d'Alexandre VII. Ils écriuirent au nouueau Pape (6) pour la justification des mandemens des quatre prelats leurs confreres, et de la distinction du droit et du fait qu'ils y auoient inserée, en luy décla-

(1) Il y avait deux archevêques et sept évêques, nommés par un Bref du 27 avril 1667. L'éditeur des *Mémoires du P. Rapin* a donné leurs noms, t. III, p. 428. Le texte de Rapin porte, à tort sans doute, « *trois* archevêques et *six* évêques nommés dans le bref. » T. III, p 424.

(2) On trouvera encore, dans une note des mêmes *Mémoires, ibid.*, la teneur du Bref, envoyé aussi le 27 avril 1667, dont du Fossé ne présente que le résumé.

(3) Le 10 mai 1667.

(4) Jules Rospigliosi fut élu pape le 20 juin 1667.

(5) Le chiffre exact de ceux qui signèrent la lettre fut de dix-neuf. *Mémoires du P. Rapin*, t. III, p. 432.

(6) Cette lettre au pape Clément IX, écrite en latin, datée du 1er décembre 1667, fut envoyée à Rome en 1668. *Ibid.*

rant que c'étoit un dogme inoüi qu'on dust regarder les
décisions de l'Eglise touchant les faits comme infailli-
bles; et que ce qu'auoient fait les quatre prelats, pour
marquer la difference de la soumission qui étoit düe
dans les choses de la foy ou dans les choses du fait, plusieurs d'entr'eux s'étoient cru obligez de le faire, quoy
qu'en des manieres differentes.

Cependant les ennemis de la paix et de l'honneur de
l'Episcopat employoient tout leur credit, tant à Rome
qu'en France, pour faire executer la commission adressée aux neuf éuesques contre les quatre prelats (1). Et
ils auroient infailliblement flestri de cette tache la dignité
épiscopale, si l'archeuesque de Sens, nommé de Gon-
drain (2), qui aimoit tres sincerement l'honneur de
l'Eglise et la Verité, n'eust agy secrettement auec tout
le zele, toute la lumiere et toute la sagesse possible, auprès du Nonce de Sa Sainteté (3), pour luy faire comprendre combien il seroit glorieux et facile en même
temps au Pape d'étouffer cette affaire, et de donner
la paix à l'Eglise. Il luy fit voir la surprise dont on auoit
usé à l'égard d'Alexandre VII. et la parfaitte sincerité
auec laquelle les quatre éuesques condamnoient les cinq
propositions condamnées, ne croyant pas seulement
pouuoir obliger en conscience ceux qui leur étoient soumis à croire un fait de même qu'un dogme de foy; et
étant d'ailleurs disposez à donner au Saint Siege tous les
témoignages les plus sinceres de leur respect. Le Nonce,
qui auoit de tres bonnes intentions, et qui même, auant

(1) Mais, de son côté, la duchesse de Longueville mettait tout en
œuvre pour entraver l'œuvre des neuf commissaires. *Ibid.*, 431, 432.

(2) Louis Henri de Pardaillan de Gondrin, coadjuteur de Sens, en
1644, et archevêque au même siége, le 16 août 1646.

(3) Nicolas Bargellini, nommé, le 6 janvier 1668, nonce à Paris, où
il fit son entrée le 19 avril suivant.

que de partir de Rome, auoit receu ordre de trauailler à pacifier les troubles de l'Eglise de France, fut raui que l'archeuesque de Sens lui eust donné cette ouuerture pour s'appliquer tout de bon à ce grand ouurage. L'éuesque de Châlons, nommé Vialard (1), qui étoit un saint prelat, se joignit à l'archeuesque de Sens dans cette negociation importante. Et ces deux prelats s'employèrent tant auprès des quatre éuesques, pour les disposer à donner au Pape quelque nouueau témoignage de leur respect, sans blesser leur conscience, qu'auprès des Ministres pour les engager à faire goûter, à Sa Majesté et au Nonce de Sa Sainteté (2), les moyens qu'ils proposoient pour conclure l'accommodement. Ces moyens furent que les quatre prelats réuoqueroient leurs mandemens, dont le Saint Siege auoit témoigné estre choqué, mais qu'ils feroient, en la place, des procès verbaux qui contiendroient la même distinction touchant le droit et le fait ; et que ce seroit au bas de ces procès verbaux que signeroient ceux qu'on obligeroit de signer, afin qu'il ne pust leur rester aucun scrupule en signant (3).

Comme on agissoit de tres bonne foy de part et d'autre, et que les autheurs des troubles n'auoient aucune part dans cette negociation, qui fut tenuë jusqu'à la fin tres secrette, pour empescher qu'elle ne fust trauersée, les

(1) Félix Vialart, sacré évêque de Châlons-sur-Marne, le 6 juillet 1642.

(2) Le nonce avait, dès le 8 juin 1668, écrit au cardinal Rospigliosi (Jacques), neveu de Clément IX, que : « le vrai désir de Sa Majesté étoit que l'on n'en vînt pas à la condamnation des quatre évêques, pour ne pas faire naître des troubles dans son royaume. » Note de M. Aubineau, *Mémoires du P. Rapin,* t. III, p. 453.

(3) La négociation ne dura pas moins de quinze mois, avec des détails assez compliqués et des péripéties variées. M. Varet, grand vicaire de l'archevêque de Sens, en a écrit l'histoire, sous le titre de : *Relation de ce qui s'est passé dans l'affaire de la Paix de l'Eglise,* etc. 2 vol. in-12, 1706.

quatre éuesques consentirent de tout leur cœur à cet accommodement, où leur conscience et celle de leurs Ecclesiastiques n'étoient blessées en aucune sorte. Et le Pape aussy, persuadé de la parfaitte sincerité de ces quatre éuesques, y donna les mains auec une grande joye. Ce qu'il y eut de remarquable, c'est que les saints éuesques d'Alet et de Pamiers (1) demanderent, pour une des conditions essentielles, que l'accommodement seroit general, tant pour tous les Ecclesiastiques du royaume que pour les Religieuses de Port Royal en particulier. Car ils sçauoient bien que c'étoit principalement à cause d'elles et de ceux qui les conduisoient, que tous ces troubles auoient été excitez : et ils auroient cru prendre part à la persecution qu'on leur faisoit souffrir, si, en songeant seulement à leurs propres interets, ils auoient négligé ceux de ces saintes Epouses de Jésus Christ.

Enfin, pour abbreger ce récit, qui pourroit paroistre ennuyeux dans ces Memoires, lorsque l'on fut conuenu de toutes choses, et que le Pape eut témoigné agréer ce que les quatre prelats auoient fait (2), c'est à dire les procès verbaux où ils déclaroient distinctement la soumission de foy qu'ils exigeoient pour les dogmes de la foy, et la soumission de respect et de silence qu'ils demandoient pour le fait qui regardoit le liure de Jansenius (3); l'archeuesque de Sens et l'éuesque de Cha-

(1) Nicolas Pavillon et de Caulet.

(2) « Le courrier, qui pressoit la réponse du pape, rapporta en diligence un bref au roy, du 28 septembre (1668), par lequel il l'assuroit qu'il étoit pleinement satisfait de la soumission des quatre évêques, tant par leur signature au formulaire d'Alexandre que par les lettres qu'ils lui avoient écrites pour l'assurer de leur obéissance, qui l'ont porté à oublier tout ce qui s'étoit passé dans les dernières contestations. » *Mémoires du P. Rapin*, t. III, p. 467.

(3) Telle a été l'opinion toujours soutenue par les Jansénistes, le Père Quesnel entre autres. Mais leurs adversaires, le Père Rapin en

lons (1) allerent conjointement trouuer l'archeuesque de Paris et luy firent confidence de la paix de l'Eglise, pour l'engager plus facilement à se faire honneur de rétablir les Religieuses de Port Royal, et de leur faire goûter en particulier les fruits si agréables de cette paix generale. Ce prelat, quoyque surpris d'une nouuelle à laquelle il s'étoit si peu attendu, leur témoigna neantmoins estre disposé à suiure de fort bon cœur les intentions de Sa Sainteté, comme il croyoit les auoir suiuies dans tout ce qu'il auoit fait jusques alors.

Mais cette nouuelle s'étant répanduë bientost excita des mouuemens bien differens dans les esprits, selon les dispositions differentes où ils étoient. Ceux qui auoient suscité les troubles dans l'Eglise en furent extraordinairement allarmez. Et l'un même des principaux d'entre eux (2) ne put s'empescher de dire au Nonce, dans le desespoir où il étoit de cette paix, dont le secret neantmoins lui étoit encore inconnu : *Qu'il auoit ruiné par la foiblesse d'un quart d'heure l'ouurage de vint années.* Ils employerent aussi tout ce qu'ils auoient d'artifice pour tâcher de persuader au Roy que cette paix alloit à la ruine de la Religion et de l'Etat. Mais ce prince tres judicieux leur ferma la bouche par cette réponse également pleine de sagesse et de fermeté : *Pour ce qui est de la Religion, c'est l'affaire du Pape. S'il est content, tout le monde le doit estre. Et pour ce qui regarde mon Etat, je vous conseille de ne vous en mettre pas en peine.* Que si les autheurs des troubles s'efforcerent d'étouffer la paix, auant même qu'elle eust été publiée, tous ceux au con-

---

tête, ont au contraire prétendu que le pape Clément IX avait été induit en erreur. Voir les *Mémoires du P. Rapin*, t. III, p. 473, avec la note où sont rappelées les autorités à l'appui de son dire.

(1) De Gondrin et Vialart.

(2) Un jésuite, « le Père Annat, » nommé dans l'Imprimé. P. 309.

traire qui aimoient sincerement la Verité et l'Eglise, se réjoüirent comme de la meilleure nouuelle qu'on pust leur donner (1). Et il y eut chez le Nonce une affluence de toutes sortes de personnes, qui allèrent à l'enuy le congratuler d'un ouurage si digne de son caractere (2).

L'archeuesque de Paris, ayant été trouuer le Roy, sur ce que l'archeuesque de Sens luy auoit dit, Sa Majesté, qui comprit bien la peine qu'il pouuoit sentir d'auoir été engagé dans de si grandes violences contre Port Royal et de voir la paix concluë, sans y auoir la moindre part, le préuint auec bonté sur les plaintes qu'il vouloit luy faire et luy dit : *Soyez persuadé, Monsieur de Paris, que je vous ay eû particulierement en veuë dans cette paix ; et que j'ay songé à vous procurer du repos, en vous tirant de l'embarras où je vous voyois. Il ne reste plus que les Religieuses de Port Royal à tirer d'affaires. Voyez bonnement ce que vous pouuez faire, sur le pied de ce que le Pape a fait pour les quatre éuesques.* Il n'y auoit point d'autre party à prendre pour ce prelat que celuy de répondre auec toutes sortes de témoignages de reconnoissance à ce que le Roy auoit eu la bonté de luy dire : et il résolut dès lors de se contenter de la signature des Religieuses, telle qu'elles luy auoient toujours offert de la faire, puisque le Pape n'en demandoit point non plus d'autre aux quatre Euesques, en réta-

(1) « Le courrier qui apportait au roi le Bref, par lequel le pape confirmait la paix, arriva le 8 octobre 1668, et la chose fut rendue publique dans Paris le 11. » M. Sainte-Beuve, *Port-Royal*, t. IV, p. 283. — Il avait donc mis dix jours pour apporter, de Rome à Paris, le bref signé le 28 septembre. Aussi, le 6, Rapin a constaté « sa diligence. » Voir plus haut, p. 53. — Cependant il le fait arriver « le 10 d'octobre 1668. » T. III, p. 470.

(2) Voir, pour la contre-partie, le récit du P. Rapin, dans le livre XX de ses *Mémoires* (t. III, pp. 411-511), consacré presque tout entier à cette *Paix de l'Eglise*.

blissant la paix dans l'Eglise que ces contestations trou-
bloient depuis si longtemps (1).

Voila donc le point important, le point essentiel, auquel je supplie tous ceux qui pourroient lire ces Memoires d'aréter leur veuë. Voila l'époque infaillible à
laquelle il faut qu'ils rappellent leur souuenir, lorsque,
dans la suitte, ils verront encore les affaires changer de
face ; et cette paix, si justement ménagée par les plus
saints prelats du royaume et affermie si puissamment par
les deux plus grandes authoritez de l'Eglise et de l'Etat,
c'est à dire par le Pape et par le Roy, rompuë de nouueau
par les cabales et les calomnies perpetuelles des ennemis
de Port Royal (2). Car enfin ces saintes Religieuses auoient
signé, auant qu'on leur interdist les sacremens de l'Eglise,
dans le même sens qu'elles signèrent, pour y estre rétablies. Celles qui auoient été décriées comme heretiques,
comme des rebelles, et comme des vierges folles, et trait-
tées, comme on l'a veû, auec les dernieres indignitez,
sont reconnuës maintenant bonnes catholiques et soumises à l'Eglise, et, comme telles, rétablies dans l'usage
des sacremens ; quoyqu'elles n'aient rien fait de nouueau
qui ait donné lieu de croire qu'il soit arriué aucun changement en elles ; ayant toujours témoigné la même soumission de respect et de silence pour le fait qui regardoit
Jansenius. Qu'on s'affermisse donc bien dans cette consideration importante, d'où dépend tout le dénoüement
d'une affaire, qui paroist d'ailleurs si embroüillée. Comme

(1) L'arrêté fondamental de la Paix de l'Eglise est celui que Louis XIV
rendit, de l'avis de son conseil, le 23 octobre 1668. — Les troubles du-
raient depuis onze ou douze ans. Voir t. II, p. 157.

(2) Ce fut vingt-huit ans plus tard. Il y eut une première alerte par
l'*Arrêt du camp de Ninove*, le 30 mai 1676 ; mais la guerre ouverte
n'éclatera qu'en 1696.

c'étoit le zele amer des ennemis de cette sainte Maison
qui luy auoit suscité une persecution si étonnante, et non
l'amour de la Verité et de l'Eglise, souz le prétexte duquel neantmoins ils couuroient l'injustice de leur haine,
il ne faut point estre surpris qu'on ait cessé de la persecuter, et que l'Eglise ait recouuré son premier calme, du
moment que ces ennemis de la paix ont cessé de faire agir
les puissances contre les personnes qu'ils haïssoient. Et
ils ont cessé de les faire agir, non par l'effet d'aucune
bonne volonté, qui leur fût venuë d'en haut, puisqu'ils
s'en étoient rendu indignes, par l'aueuglement volontaire
de leur malice; mais à cause du secret inuiolable qui fut
gardé dans la negociation de la paix, tant du costé de la
Cour que du Saint Siege; car le Nonce auoit témoigné
luy même, en plusieurs rencontres, combien le secret et
la diligence étoient necessaires pour pouuoir faire réüssir
une œuure si auantageuse à l'Eglise. Ainsy il est de la
derniere consequence de faire bien remarquer icy que,
lorsqu'on verra, quelques années après, ces mêmes Religieuses de Port Royal décriées encore, comme heretiques
et comme rebelles au Saint Siege, ce n'est pas qu'elles
aient rien fait de nouueau qui ait dû leur attirer un semblable traittement; mais c'est que leurs ennemis, jaloux
de la paix que l'Eglise leur auoit fait recouurer, se sont
donné, comme auparauant, toute liberté de crier contr'elles, et de les noircir par leurs medisances, et ont
joüi à la fin du fruit malheureux de leur animosité, en
persuadant aux Puissances, à force de leur répeter sans
cesse les mêmes choses, ou d'autres semblables, que
celles qu'ils décrioient étoient veritablement coupables
des crimes qu'ils leur imputoient. Ceux qui ont lû l'Histoire Ecclesiastique des premiers siècles, y remarquent
mille exemples qui les empeschent de se scandaliser de
ces sortes d'euenemens. Et quand ils voyent qu'un saint

Athanase (1), ce céleste deffenseur de la diuinité de Jesus
Christ contre les Arriens, a esté chassé cinq ou six fois
de sa ville épiscopale, et rétably autant de fois, souz le
regne du grand Constantin et d'autres Empereurs chrestiens, ils n'ont pas de peine à comprendre que Dieu per-
mette encore aujourd'huy que de saintes Religieuses
éprouuent de semblables vicissitudes de la bonne ou de
la mauuaise volonté des hommes ; et que, de la tempeste
passant tout d'un coup dans le calme, elles soient ensuitte
jettées de nouueau dans la tempeste, par un effet de la
justice misericordieuse de leur Epoux, qui veut des
épouses conformes à l'image de sa passion et de ses
souffrances (2).

M. Arnauld fut un de ceux qui, ayant eû plus de part
à la persecution, goûta aussi auec plus de gloire les premiers fruits de la paix. Ce docteur, que les plus illustres
éuesques de France regardoient comme un des grands
ornemens de leur siecle, fut conduit (3), par l'archeuesque de Sens et l'éuesque de Chalons, chez le Nonce de
Sa Sainteté, qui le receut auec des témoignages extraordinaires de bonté et d'estime, et qui, bien éloigné des
sentimens de ses ennemis qui l'accusoient de tremper
sa plume dans le fiel, luy fit en deux mots l'éloge de
ses excellens écrits : « Vostre plume, luy dit il, Monsieur, est une plume d'or : *una penna d'auro*. (4). » Le

(1) Père de l'Eglise grecque, qui avait brillé au Concile de Nicée,
en 325 et 326, comme patriarche d'Alexandrie.

(2) Ces paroles, écrites en 1698, sont contemporaines de la nouvelle
persécution de Port-Royal.

(3) Le samedi 13 octobre 1668.

(4) Ce mot, que les Jansénistes se plurent à répéter avec orgueil, est
confirmé par le P. Rapin, aussi bien què l'accueil fait à Arnauld.
« Le nonce l'embrassa en le relevant, lui fit de grandes caresses, appe-
lant la plume qu'il offroit pour la défense de l'Eglise *une plume d'or*:
il n'oublia rien enfin pour le bien traiter. » *Mémoires*, t. III, p. 476.

Roy témoigna luy même souhaitter aussy de voir cet homme(1), que ses longues persecutions et ses excellentes apologies rendoient si illustre. Il le dit à M. de Lionne (2), Secrettaire et Ministre d'Etat, qui auertit M. de Pomponne, son neueu, lequel le mena à Saint Germain, où la Cour étoit alors (3). Et là celuy que ses ennemis s'étoient efforcé, par mille impostures, de faire passer dans le public pour un ennemy de l'Eglise et de l'Etat, eut l'honneur de saluer le Roy, de l'assurer de son inuio-lable fidelité, et de receuoir de ce grand Prince, à la veuë de tout le monde (4), des marques toutes singulieres de sa bonté. C'est ici que j'ose encore demander à tout le public la même justice à l'égard de cet illustre docteur, que j'ay déja demandée à l'égard des Religicuses de Port Royal. Le voila donc reconnu, et par le Nonce de Sa Sain-teté, et par le Roy, et depuis encore par l'archeuesque de Paris, non seulement pour bon catholique, mais pour un des grands hommes de l'Eglise, et pour le Chrysostôme, c'est à dire la bouche d'or de son siècle. Il n'auoit rien fait cependant qui dust ainsy le faire passer tout d'un coup de la noirceur du corbeau à la blancheur de la co-lombe, et, sans qu'il soit obligé de reconnoistre Janse-nius pour heretique, sans qu'on luy demande qu'il se

(1) Le P. Rapin dit que l'initiative ne vint pas du roi : « Après qu'Arnauld eut salué le nonce, *on disposa le Roy,* qui revenoit de Chambord, à le voir. » *Ibid.*

(2) Hugues de Lyonne, ou Lionne, marquis de Berny, ambassadeur de France en diverses cours. — Son action sur la politique étrangère de la France a été prépondérante, pendant près de trente ans. Voir Hugues de Lionne : *Les Ambassades en Italie,* que M. J. Valfrey vient de pu-blier.

(3) Il prit Arnauld, à l'hôtel de Longueville, où il logeait, le 24 octo-bre au matin.

(4) L'audience d'Arnauld eut lieu en présence de trois personnes seulement, MM. de Lionne, du Pomponne et Le Tellier.

retracte luy même de la proposition qu'une cabale de moynes passionnez et déuouëz à ses ennemis auoient condamnée dans sa seconde Lettre à un seigneur de la Cour, il reçoit les plus grands éloges et du Saint Siege, et des principaux d'entre les éuesques, et du Roy même. Qu'on s'arrête donc encore une fois à cette époque importante, afin qu'on soit moins surpris si ceux qui n'eurent aucune part à cet accommodement, et qui même en furent si choquez (1), eurent dans la suitte assez de credit et de malice pour flétrir tout de nouueau la réputation de ce sçauant homme, par les mêmes accusations toujours rebattuës, quoyque cent fois refutées. Qu'on se souuienne toujours, et que l'on n'oublie jamais que le grand Arnauld a toujours été le même, soit dans les persecutions qui ont précedé la paix de l'Eglise ; soit dans le temps de cette paix où toute la France s'accordoit à rendre justice à son innocence et à son merite ; soit dans les troubles qui succederont à la paix dont nous parlons. Et que l'exemple du chef adorable de l'Eglise, dont les Juifs demanderent la mort, quelques jours après l'auoir receu en triomphe dans Jerusalem, serue à affermir ses disciples contre ces sortes de scandales et de bouleuersemens si étranges qui arriuent à leur égard.

M. de Sacy, qui étoit, comme je l'ay dit (2), demeuré à la Bastille, lorsque j'en sortis auec mon frere, eut part aussi des premiers aux fruits de la paix. Il y auoit deux

(1) Le chancelier Le Tellier « publioit partout que les jésuites étoient les seuls qui fussent mécontens de l'accommodement. Il disoit qu'il y avoit de la passion en leur procédé, et qu'ils sembloient trop s'intéresser à entretenir cette querelle et à ne vouloir point de paix. » *Mémoires du P. Rapin*, T. III, p. 470. L'esprit et le ton général de cet ouvrage, surtout dans la partie concernant *la paix de l'Eglise*, donnent raison à l'opinion du chancelier conforme à celle de du Fossé.

(2) T. II, p. 295.

ans et demy (1) qu'il édifioit tous les prisonniers et les officiers, par l'exemple de sa rare pieté et par une égalité d'esprit et de vie, que l'on admiroit plutost qu'on ne pouuoit la comprendre. Il viuoit dans la Bastille comme s'il eust dû y mourir. Il y viuoit dans la veuë continuelle de la misericorde de Dieu sur luy, qui purifioit par cette longue prison les taches, dont les plus justes se reconnoissent coupables en sa presence. Il y viuoit sans inquiétude, étant plus assuré que jamais qu'il étoit alors dans l'ordre de Dieu. Et quoyqu'il se vist toujours dans la priuation de ce qu'il auoit de plus cher au monde et qu'il desiroit auec le plus d'ardeur, qui étoit la communion au corps adorable de Jesus Christ, il s'efforçoit d'autant plus d'attirer en soy la vertu de son Esprit Saint que la violence de ses ennemis l'empeschoit de participer à sa chair diuine. Enfin toute la Bastille étoit embaumée de l'odeur de sa pieté (2), et il ne songeoit luy même qu'à faire un tres saint usage de sa prison, tant pour soy que pour l'Eglise, au seruice de laquelle il trauailloit, comme je l'ay dit ailleurs (3), en traduisant actuellement l'Ecriture Sainte, lorsqu'on vint luy apporter l'ordre de son élargissement (4). Ce furent M. de Pomponne et l'abbé Ar-

(1) En nombre rond; en réalité deux ans cinq mois et quelques jours, puisqu'il y avait été mis le 26 mai 1666. Voir t. II, p. 276 et 282.

(2) A rapprocher de ce qu'il a dit de la captivité de l'abbé de Saint-Cyran, à Vincennes. T. I, p. 37.

(3) T. II, p. 296.

(4) Son compagnon de captivité, M. Fontaine, qui l'aida dans cette tâche, dit : « Dieu ne le mit à la Bastille que pour lui donner plus de loisir de s'appliquer à la Version de l'ancien Testament, et il parait que c'étoit tellement pour cet Ouvrage que Dieu l'avoit placé dans ce lieu paisible, que par un coup extraordinaire de la providence il lui procura tous les secours et les Livres nécessaires, pour cela, et que l'ayant achevée et revue un mois après y avoir donné tous les jours un tems égal, on vint le lendemain dès le matin lui apporter l'ordre de le

nauld, ses cousins germains, qui se chargerent de luy
aller annoncer cette nouuelle. Mais ils ne voulurent pas
la luy dire tout d'un coup, étant bien aises de se donner
le plaisir de voir de nouueau le calme dont il joüissoit au
milieu de ses liens. Ils ne luy firent donc rien paroistre
d'abord de la joye qu'ils ressentoient d'estre assurez de
sa liberté! Et luy de son costé ne leur témoignant non
plus aucun empressement pour apprendre d'eux l'état
des affaires, il se mit à leur parler de tout autre chose,
de même que s'il eust receu dans sa maison une visite
ordinaire de quelques uns de ses amis. Quoyque ce qu'il
leur disoit leur parust tres édifiant, ils se lassèrent neantmoins bientost d'un si grand calme ; et, ne pouuant retenir leur joye plus longtemps, ils s'en ouurirent à luy
tout d'un coup, en luy disant : « qu'ils étoient venus cette
fois, non pour l'entendre parler des choses de Dieu, mais
pour luy annoncer de la part du Roy sa liberté. » La
maniere dont il receut cette nouuelle, toujours égal à luy
même, et toujours également attentif à la volonté de celuy
qu'il enuisageoit principalement dans tous les ordres des
hommes, les charma et les étonna en même temps (1). Il

tirer de la Bastille, comme ayant fait tout ce qu'il y devoit faire. »
Mémoires, t. II, p. 361. — Cette traduction fut donc terminée le 30 oc-
tobre 1668; car, « ce fut la veille de la Toussaints en 1668. que M. de
Saci sortit de la Bastille. » *Ibid.* p. 383.

(1) Les détails sur cette délivrance sont plus complets que dans les
Mémoires de M. Fontaine, si intéressants d'ailleurs dans toute la partie
qui traite de la captivité de M. de Saci à la Bastille. Voir t. II, pp. 306-
383. Il se borne à dire : « M. de Pomponne, son cher cousin, lui apporta, sur les dix heures du matin, l'ordre où je ne fus pas oublié.
J'avoue ma foiblesse : j'avois si grand peur que son grand nom n'ob-
scurcît le mien, que j'avois bien prié qu'en servant l'un on eût soin
aussi d'y joindre l'autre. Un an dans la Bastille avec M. de Saci ne
m'étoit rien, mais un jour sans lui m'eût duré cent ans. » T. II, p. 383.
Cet aveu naïf fait honneur à la sincérité et au dévouement de l'auteur.
— Les *Mémoires de l'abbé Arnauld*, témoin oculaire, sont plus complets, comme ceux de du Fossé.

sortit donc de la Bastille, non pas comme un criminel,
à qui le prince fait grâce, mais comme un juste, dont Dieu
prend plaisir à faire éclatter l'innocence aux yeux de ses
ennemis. Il alla saluer l'archeuesque de Paris, qui ne se
contenta pas de luy témoigner une estime singuliere pour
sa personne, mais qui voulut même se charger de le mener
auec M. de Pompoune à Saint Germain, pour le presenter
au Roy (1). Sa Majesté luy fit un accüeil aussy fauorable
qu'elle auoit fait à M. Arnauld son oncle, et voulut bien
luy témoigner la joie qu'elle auoit de voir tous les troubles
appaisez.

Cependant, au milieu de cette joye generale, l'Abbaye
de Port Royal eut un sujet de douleur tres sensible (2).
L'innocence des Religieuses de cette maison ayant été
reconnuë si publiquement, tant à Rome qu'à la Cour de
France, il sembloit estre de la justice que leur retablissement fust entier, et que toutes choses fussent remises
dans le même état où elles étoient auant leur persecution. Mais la sœur Flauie et la sœur Dorothée, de qui j'ay
déja parlé, auoient trop grand interets à secoüer entierement le joug de leurs Meres, après s'estre déclarées
contr'elles auec chaleur en plusieurs rencontres. Et comme
l'ambition, et l'amour secret de la domination, auoit
trouué une entrée dans leur cœur, elles agirent si adroittement, comme je l'ay dit (3), par leurs intrigues secrettes
auec M. Chamillard, leur superieur, et l'archeuesque de

(1) La visite à l'archevêque eut lieu, le jour même de la sortie,
31 octobre, et la présentation au roi, quelques jours plus tard, mais
à Paris; au Louvre, suivant l'abbé Arnauld; aux Tuileries, suivant
Varet, dans sa *Relation de la Paix de l'Eglise.* T. II, p. 360.

(2) La rédaction primitive de ce passage était : « l'ennemy commença à semer bientôt son yvraye, et l'abbaye de Port Royal fut la
première qui se ressentit des effets de sa mauuaise volonté. » Du Fossé
l'a biffée et remplacée par le dernier membre de cette phrase.

(3) Voir plus haut, pp. 46-47.

Paris, qu'elles obtinrent du Roy que les deux Maisons de Port Royal des Champs et de Port Royal de Paris, qui n'auoient fait qu'une seule communauté, souz la conduitte d'une seule abbesse, seroient separées entierement, en sorte que le bien seroit partagé, et que la maison de Paris auroit son abbesse particuliere, et une abbesse titulaire (1). Ainsi ces deux Religieuses, qui auoient été receues, comme j'ay dit (2), auec une si grande charité dans Port Royal, eurent le courage d'enleuer à leurs Meres, par la plus horrible ingratitude dont on ait jamais entendu parler, une Maison aussi considérable qu'étoit celle de Paris, auec un tiers de tout le reuenu, quoyqu'il n'y eust auec elles que cinq ou six Religieuses, qui s'étoient rangées de leur party : au lieu que celles qui composoient la Communauté de Port Royal des Champs étoient au nombre de soixante et quinze Religieuses de chœur et de vint cinq ou trente conuerses (3). On auroit peine à conceuoir un tel traittement, si on ne sçauoit, par l'experience de tant d'années, jusqu'où peut aller le credit de leurs ennemis, toujours vigilans pour pouuoir préuenir les Puissances contre ceux qu'ils n'aiment pas, et

(1) L'Arrêt du Conseil d'Etat est du 13 mai 1669. Il fut signifié le 7 juin, et, à cette occasion, Arnauld écrivait à Madame Périer : « Port Royal est divisé en deux abbayes distinctes et séparées, dont celle de Paris avec une abbesse perpétuelle, à la nomination du Roi : et celle des Champs, avec une abbesse élective de trois en trois ans. Cela est fort bien établi. »

(2) Voir plus haut, p. 47.

(3) On ne fut pas trop mécontent d'abord, comme le montre la suite de la lettre d'Arnauld : « Pour le bien, on en laisse un *tiers* à celle (l'abbaye) de Paris ; mais on leur donne par *préciput*, et sans leur tenir lieu du tiers, les maisons qui sont au dehors. Hors cette injustice, la partition en est bien faite ; les pensions suivent les personnes, et les terres, qui sont autour de Port-Royal, demeurent à celle des Champs. » Mais on releva plus tard l'injustice de ce partage, comme le fait ici du Fossé. Voir l'Appendice IV.

toujours à portée pour leur faire ressentir les effets de
leur mauuaise volonté. Ce ne fut pas neantmoins la sœur
Flauie que l'on établit abbesse de Port Royal de Paris;
mais ce fut la sœur Dorothée (1). Elle joüit paisiblement,
durant le cours de plusieurs années, du fruit de son usurpation; mais non toutefois sans plusieurs remords de
conscience. On dit même qu'elle desira à la fin d'auoir
la consolation de parler à quelqu'un de ceux qu'elle connoissoit de l'ancien temps et qu'elle ne put l'obtenir : ce
qui la plongea dans un extrême chagrin. Ce qu'il y a de
certain, et ce qu'on a appris de plusieurs Religieuses
de la maison même, qui n'ont point pu s'en cacher, est ce
que je vay rapporter, qui arriua quelque temps auant sa
mort. C'est une coutume de cette Maison qu'il y ait toujours des Religieuses deuant le Saint Sacrement, aussi
bien la nuit que le jour. Lors donc que deux sœurs étoient
une nuit à cette assistance, selon la coutume, elles entendirent quelque bruit derriere elles : et, s'étant retour-
nées, elles crurent voir la Mere Marie Angélique Arnauld,
derniere abbesse titulaire de Port Royal, qui s'étoit demise volontairement de son titre, par le seul amour d'une
plus grande regularité, et auoit rendu, auec l'agrement
du Roy et du Pape, son abbaye électiue (2); elles crurent,
dis je, voir distinctement cette Mere s'asseoir dans sa
chaire abbatiale et donner ordre en même temps à une
autre Religieuse, qui l'accompagnoit, d'aller querir quelque personne. Un moment après, elles virent compa-

(1) L'élection eut lieu le 16 novembre 1665. Il y avait neuf ou dix
Religieuses dans la maison; la sœur Dorothée obtint sept voix, et
l'archevêque la déclara abbesse. Voir la *Relation* de la sœur Melcthilde
(Catherine du Fossé), RECUEIL D'UTRECHT, p. 463. Plus tard elle devint
abbesse par brevet et en reçut les Bulles de provision en 1668. *Ibid.*,
pp. 486 et 503. — Le roi la confirma en 1669.

(2) Par lettres patentes de Louis XIII du mois de janvier 1629.

roistre, deuant cette Mere, la sœur Dorothée dans une posture supliante, à qui elles la virent parler auec grande authorité, comme si elle luy eust reproché l'usurpation par laquelle elle auoit détruit dans cette abbaye tout le bien qu'elle auoit tâché d'y établir, en la rendant électiue, et comme si elle l'eust citée deuant le tribunal redoutable du souuerain juge, pour y rendre compte de sa conduitte. Elles ne purent neantmoins entendre ce que la Mere Angelique luy disoit. Mais, le lendemain, lorsque ces sœurs rapporterent à leur abbesse ce qu'elles auoient veû pendant la nuit, elle comprit tout d'un coup que cela la regardoit tres réellement; et toute transportée hors d'elle : « Hà, c'est ma mort, dit elle en s'écriant, que cette vision me prédit. » Elle en fut effectiuement si pénetrée qu'elle tomba malade et mourut quelque temps après (1), dans de grandes peines d'esprit, que ceux qui la condui-soient s'efforcerent inutilement de calmer. Car elle connoissoit mieux qu'eux la grandeur du scandale qu'elle auoit causé, et l'indignité de son entrée ambitieuse dans une charge dont une Religieuse aussi sainte que la Mere Marie Angelique Arnauld s'étoit dépoüillée par humi-lité (2).

(1) Cette apparition a été supprimée par le premier éditeur. — Le Recueil d'Utrecht, dans l'*Addition* à la *Relation* de la sœur Melcthilde, la place « vers le milieu du mois de Decembre de l'année 1684. » Après son résumé, il ajoute : « Elle mourut en effet environ quinze jours après, le 4. janvier 1585. » (1685.) P. 529 et 530. — L'éditeur de ce *Recueil* a mis en note : « On a sçu ce fait surprenant de Port Royal de Paris même, où l'on avoit encore un grand respect pour la Mere Angelique. On peut voir à ce sujet une lettre de M. du Fossé p. 515 de ses Mémoires. » Voir l'Appendice V.

(2) En 1650. Voir t. I, p. 199.

CHAPITRE XXIV.

— 1669—1671. —

Le Roy ayant confirmé la paix de l'Eglise, par un arrêts celebre de son Conseil (1), où il deffendoit expressé-

(1) 23 octobre 1668. — Voir plus haut, p. 56.

ment à tous ses sujets de se donner à l'auenir les noms odieux dont on se seruoit pour décrier ceux qui viuoient d'une maniere plus réguliere dans l'Eglise, on auoit lieu d'espérer que l'union des deux puissances ecclesiastique et seculiere, qui établissoient conjointement cette paix si necessaire, la rendroit stable pour toujours. En effet on fut un temps que l'on en goûtoit les fruits auec d'autant plus de douceur que l'on se vit tout d'un coup dans un grand calme, après la plus furieuse tempeste, et qu'il paroissoit visiblement que c'étoit la main du Tout puissant qui auoit agy, par le ministere des hommes, pour donner quelque relâche à ses seruiteurs et à ses seruantes, qui auoient gémi longtemps souz la dure oppression de leurs ennemis (1).

Quelque petite que fust la place que je tinsse parmy tant de seruiteurs de Dieu, je crus deuoir prendre part à leur bonheur. Et, comme j'étois exilé en quelque sorte dans mon païs, pour la même cause, je songeay à sortir de mon exil, en reuenant à Paris, lorsque l'Eglise commença à joüir de cette paix. Je me liay de nouueau auec M. de Tillemont, qui se trouuoit dans les mêmes sentimens et les mêmes occupations où j'étois. Et nous conuinsmes de nous établir ensemble. Je priay quelques uns de nos amis, qui demeuroient dans le faubourg Saint Marceau (2), de nous y loüer une maison auec un jardin :

(1) « Il y eut bien encore de petites épines dans cette joie, quelques pointes cachées que plus tard les Jésuites, revenus du coup, se sont efforcés de faire sentir... Enfin le cri de la paix, pour le moment, couvrait tout : on brusquait le triomphe. La Paix de l'Eglise avait le pas sur celle d'Aix-la-Chapelle. » M. Sainte-Beuve, *ibid.*, t. IV, pp. 284, 285.

(2) Comme le faubourg Saint-Jacques, le faubourg Saint-Marceau avait les préférences des Port-Royalistes, attirés sans doute par le voisinage du couvent de Port-Royal.

ce qu'ils firent dans la ruë des Vignes (1), proche la ruë des Postes (2). Je partis donc de Roüen, vers le temps de Pasques de l'année 1669 (3) et vins me rendre en cette maison, où se rendit aussi M. de Tillemont. Nous la trouuâmes tres incommode pour le logement, et pour le quartier, qui étoit un vray coupe gorge (4). Il est vray que le jardin, qui étoit tres agreable, seruit un peu à addoucir le chagrin que nous causoit le quartier et le logement. Et l'auantage que nous auions d'estre voisins de M. Arnauld, qui logeoit dans la ruë des Postes, étoit pour nous un attrait capable de nous faire passer pardessus beaucoup de considerations. Comme d'ailleurs c'étoit le temps de l'été, nous nous apperceuions beaucoup moins alors de l'incommodité d'un tel quartier. Nous auions donc la consolation d'aller souuent après le souper nous promener auec M. Arnauld dans un grand enclos qui étoit de la dépendance de la maison qu'il loüoit (5).

Ce grand homme, que ses aduersaires auoient décrié

(1) Son vrai nom était « *Saint Symphorien* et *Saint Symphorien des Vignes*; on l'appeloit ainsi parce que le quarré que forme cette rue avec celle de Reins, et des Sept-Voies et de Saint Etienne des Grès étoit un clos planté en vignes. » Jaillot, Recherches sur la ville de Paris, (*Quartier Saint-Benoît*), p. 44. Plus tard elle prit le nom de rue des Cholets, du collége situé dans son voisinage. Les jardins de ce dernier ont disparu au profit de Louis-le-Grand, et la rue au profit de Sainte-Barbe.

(2) Pour s'y rendre, il n'y avait que la place Sainte-Geneviève (du Panthéon) à traverser, et l'on arrivait à la place de l'Estrapade, où commençait la rue des Postes (Lhomond aujourd'hui).

(3) Pâques tombait le 21 avril. L'exil de l'auteur avait donc duré un peu moins de trois ans, depuis juin 1666, soit au Fossé, soit à Rouen.

(4) La plupart des rues et ruelles de la Montagne Sainte-Geneviève n'offraient guère plus de sécurité, même jusqu'en ces derniers temps.

(5) Vers 1840, derrière l'ancien collége Rollin, situé rue des Postes, il y avait encore bien des jardins et des terrains vagues à usage de chantiers.

tant de fois comme un ennemi déclaré de l'Eglise, et qu'ils s'étoient efforcé de faire passer pour chef de parti et pour heretique, n'ayant plus alors à se justifier touchant sa foy, après qu'il auoit été reconnu publiquement pour tres catholique, consacroit sa plume et son temps à la deffense de l'Eglise contre l'un des plus redoutables de ses aduersaires, qui étoit le Ministre Claude (1). Cet homme, dont le genie auoit de l'éleuation, dont l'esprit étoit fécond en subtilitez et en sophismes, sa plus grande force, et qui sçauoit enuelopper d'un stile ébloüissant, d'une éloquence pompeuse, et d'un certain air de confiance les choses même les plus fausses, auoit surpris d'une étrange sorte toutes les personnes de son party. Ils le regardoient comme le plus grand homme de son siecle, et on pouuoit dire qu'il paroissoit parmi eux comme parut autrefois parmy les Philistins ce geant si redoutable, ce Goliath si fameux par ses impietez contre le vray Dieu et par les insultes qu'il osoit faire à tout Israël, et qui le deuint encore plus par sa chutte si honteuse. Ce n'étoient pas seulement les heretiques qui faisoient l'éloge de ce ministre. Car plusieurs des catholiques mêmes se laissèrent ébloüir par le faux éclat de ses vains raisonnemens (2) : et il étoit d'une extrème consequence de rabbattre la fierté de ce sophiste, qui se confioit, si on peut parler ainsy, en la force de ses mensonges et de ses enchantemens. Il y auoit des corps il-

(1) Jean Claude, célèbre controversiste protestant, ministre du consistoire de Charenton, en 1666.

(2) « Il faut avoüer que son éloquence étoit mâle, vigoureuse, soutenuë de raisonnemens bien poussez, et très-propres à persuader ceux qui estoient prévenus des mêmes principes que lui. Ses écrits sont du même caractère ; et dans leur style exact et serré, on découvre avec beaucoup d'érudition, une grande justesse d'esprit, et une adresse merveilleuse à mettre en œuvre toutes les finesses de la logique. » *Dictionnaire de Moréri* (1725), t. III. Art. CLAUDE.

lustres et des congregations tres sçauantes dans l'Eglise (1),
à qui il sembloit qu'il appartînt de combattre cet ennemy
si redoutable de la Verité, comme il y auoit, du temps de
Goliath, une armée puissante dans Israël, que son deuoir,
et l'honneur de la cause du vray Dieu engageoit à le
combattre et à le vaincre. Mais le même Dieu, qui auoit
choisi Dauid, à la veuë du Roy et de toute l'armée d'Israël,
pour confondre et pour terrasser ce blasphemateur de son
nom, choisit aussi M. Arnauld, à la veuë de toute la
France, pour desarmer le ministre Claude et pour découurir aux yeux de tous les sçauans la fausseté et la
foiblesse de tous ses raisonnemens. Il le fit d'une maniere
si conuainquante que le Marechal de Turenne, qui songeoit sérieusement à se conuertir, et qui fut un peu ébloüi
par l'ouurage qui parut du ministre Claude, n'eut pas
plutost veû la réponse qu'y auoit faitte M. Arnauld qu'il
se rendit auec joie à la Verité, qui produisoit à la lumiere du jour et qui confondoit les vaines subtilitez de
cet habile sophiste (2). M. Nicole, que ses excellens ou-

(1) La Sorbonne et les Jésuites. — «La Providence jetta les yeux, non
sur la grande et nombreuse Société des Jésuites qui remplit le monde;
mais sur la petite Société que M. Arnauld et son ami (Nicole) composoient dans un petit coin de la Terre, et que cette immense Société
persécutoit de tout son pouvoir. Il la choisit, dis-je, pour défendre
d'une manière toute nouvelle la vérité de l'Eucharistie contre les
Ministres hérétiques, comme elle avoit appellé autrefois ce Théologien
à en défendre la sainteté contre le relâchement de quelques Docteurs
catholiques et contre la profanation de beaucoup de mauvais Chré.
tiens. » (Le livre de la Fréquente Communion.) — *Histoire abrégée de
la Vie et des ouvrages de M. Arnauld*, p. 145.

(2) Il s'agit du tome Ier de la grande *Perpétuité de la Foy de l'Eglise
catholique touchant l'Eucharistie*, que Turenne connut en manuscrit;
car son abjuration est du 23 octobre 1668, et l'impression de 1669.
C'est ainsi qu'il faut entendre l'assertion de du Fossé, et des Jansénistes, qui ont toujours rapporté à cet ouvrage l'honneur de la conversion de Turenne. D'autres l'attribuent à Bossuet et à son livre, également manuscrit, à cette époque, de l'*Exposition de la foi catholique*.

urages ont rendu depuis si celebre, demeuroit alors auec M. Arnauld, et le secondoit puissamment dans les ecrits qu'ils composoient conjointement contre le ministre Claude(1). Car il auoit une grande justesse d'esprit, une profonde connoissance de tout le fort et le foible des heretiques et une merueilleuse subtilité pour démesler jusques aux moindres équiuoques qu'ils opposoient à la Verité, et pour la mettre elle même dans une grande éuidence et hors de toutes atteintes.

Il est vrai que plusieurs personnes trouuerent que ces écrits, qui ont terrassé le ministre Claude, et qui luy coupérent, pour le dire ainsy, sinon la teste, comme à Goliath, au moins la langue, puisqu'ils le réduisirent enfin à un silence forcé, étoient eux mêmes un peu trop subtils et remplis d'une certaine scolastique, qui les rend moins agreables et moins proportionnez au goust et à la portée du commun des fidelles. Et je fus même prié par des personnes considerables d'en parler à ces illustres autheurs, auec qui j'étois souuent, à cause du voisinage; et de leur representer combien il auroit été plus auantageux, s'il auoit été possible, de mesler dans ces ouurages quelque chose de cette onction et de cette éloquence toute chrestienne des autres liures de M. Arnauld, qui char-

(1) On peut même dire que l'idée et l'exécution de l'ouvrage appartiennent presque en entier à Nicole. En 1664, il fait la petite *Perpétuité de la Foi*, sous le nom de « sieur Barthelemy. » Arnauld a donné seulement quelques avis pour le tome Ier de la *Grande Perpétuité*, qui parut en 1669, in-4°. Les deux autres sont en entier de Nicole. « Quoique M. Nicole en fût proprement l'Auteur, et que M. Arnauld n'y eût concouru que de ses avis, il ne voulut point que ce livre parût sous son nom et il exigea de M. Arnauld qu'il le prît sous le sien. *Vous êtes Prêtre et Docteur*, lui dit-il, *et moi je ne suis qu'un simple Clerc: il est convenable qu'on n'envisage que vous dans ce travail, où il faut parler au nom de l'Eglise, et défendre la Foi dans des points si importans.* » Vies choisies de Port-Royal. Voir *Nouvelle Histoire abrégée de Port-Royal*, (1789), t. IV. p. 154.

moit et qui enleuoit les cœurs (1). Je me chargeay donc
de cette commission; et, pour m'en mieux acquitter, je
priay M. de Tillemont, qui étoit dans les mêmes sentimens, de me seconder. J'en fis l'ouuerture à ces Messieurs, en présence d'un sçauant Docteur, qui se trouua
là. Et je tâchay, auec tout le respect que je deuois à
M. Arnauld, de luy faire entendre le sentiment de nos
amis. Je luy témoignay, entr'autres choses, qu'il paroissoit estre un peu fâcheux que, le deffenseur de l'heresie ayant sceu mesler je ne sçay quel agréement
dans un ouurage qu'il auoit fait pour empoisonner les
ames (2), en sorte que tous ceux qui le lisoient le faisoient auec plaisir, le contre poison au contraire, qu'il y
opposoit, ne fust soutenu que par la force de la verité,
enueloppé de termes scolastiques, et destitué de ces
charmes d'une éloquence toute ecclésiastique et chrestienne, dont il auoit sceu jusques alors accompagner tous
ses ouurages (3). Il me répondit, aussi bien que le Docteur, qui se trouua auec luy: que cet ouurage se deuoit
considerer uniquement par la fin qu'on s'y étoit proposée;
qu'on auoit à faire au plus grand sophiste qui eust paru
dans l'Eglise, et dont toute la force consistoit dans la
subtilité de ses faux raisonnemens; qu'il s'agissoit donc
de découurir la fausseté de ses sophismes et d'opposer la

(1) Cette mission, supprimée en entier par le premier éditeur, montre bien en quelle estime les Port-Royalistes tenoient du Fossé. Il la
remplit entre Pâques et l'hiver de 1669, avant de quitter son domicile
de la rue des Vignes.

(2) Les différentes *Réponses* faites par Claude et publiées en 1665,
qui portèrent Nicole à composer le premier volume de la grande *Perpétuité*.

(3) L'éloge de du Fossé était mérité, même dans *la Logique ou l'Art
de penser*, faite en commun par Arnauld et Nicole et publiée en 1662.
On ne peut apporter, dans l'exposition des arides préceptes de la logique, plus d'ordre, d'élégance et de clarté qu'Arnauld.

verité toute pure à ses mensonges étudiez; que, pourueu qu'on satisfist à ce qu'on s'étoit proposé, selon que tous les sçauans en tomboient d'accord, on rendoit un grand seruice à l'Eglise, parceque c'étoit desarmer le mensonge, et, en déuoilant l'hypocrite, exposer sa confusion aux yeux de tout le public. Je luy repliquay qu'en s'acquittant, comme il auoit fait, d'une maniere si conuainquante, de ce qu'il auoit entrepris, il eust pu encore, ce me sembloit, y ajouter quelque chose de cet agréement dont je parlois, afin qu'il ne manquast rien à la perfection d'un ouurage si important, et qu'opposant la force de la verité à la fausse lueur de l'hérésie, il la reuestist encore de ses ornemens naturels, qui la rendroient plus agreable aux Catholiques, au lieu que le ministre qu'il réfutoit auoit affecté de reuétir ses erreurs de mille ornemens empruntez et étrangers, qui ne conuenoient nullement au mensonge. Je croyois auoir raison dans ce que je prenois la liberté de luy representer de la part de plusieurs de ses amis (1). Mais j'ay reconnu depuis que ce grand homme auoit une raison particuliere pour deffendre cet ouurage tel qu'il étoit. C'est que, comme M. Nicole auoit la plus grande part à tous ces raisonnemens scolastiques, par lesquels il suiuoit et pressoit le ministre Claude jusques dans ses derniers réduits, il ne croyoit pas pouuoir condamner, dans son amy, ce qui auoit reüssy d'une maniere si admirable pour confondre cet ennemy artificieux, qui mettoit toute sa force dans ses artifices et dans ses subtilitez metaphysiques, et qu'il étoit necessaire de refuter, en répondant, comme parle l'Ecriture, au fou selon sa follie (2).

(1) Les remarques de du Fossé et les réponses d'Arnauld donnent une haute idée du goût de l'un et du caractère de l'autre.

(2) Cette explication est postérieure à la démarche de du Fossé, dictée par la nécessité de combattre la méthode de Nicole, exposée et

Ce qu'il y a de certain, c'est que cet ouurage, qui porte
le nom de *Perpetuité de la Foy* (1), fit tomber dans la derniere confusion ce ministre si fier et tout son party; en
sorte qu'ils n'ont jamais pu répondre à des argumens qui
étoient, selon l'expression d'un ancien, composez, pour
le dire ainsy, des rayons même de la lumiere, et qui ne
découuroient pas seulement toute la foiblesse de ceux de
l'erreur, mais qui établissoient d'une maniere inuincible
la tradition constante de l'Eglise catholique touchant la
réalité de l'Eucharistie. Ainsy les autheurs de cet excellent ouurage ne pouuoient estre assez loüez d'auoir fermé
pour toujours une bouche accoutumée à proferer des
blasphêmes, comme si ç'auoient été de tres grandes

justifiée dans le livre premier de la *Perpétuité*, où il pose les principes suivants :

« Chacun sçait qu'il y a deux méthodes de traitter les controverses.
L'une, dans laquelle on propose en particulier les preuves de tous les
points contestez, et on répond à toutes les objections que l'on fait
contre la doctrine que l'on veut établir : et c'est pour quoy on la peut
appeller *la méthode de discussion.*

« L'autre se peut nommer *la méthode de prescription ;* et c'est celle
dans laquelle par l'examen de certains points capitaux on décide ou
toutes les controverses, ou quelques dogmes fort étendus, et qu'il seroit long de discuter en détail. »

Nicole en vient, dans le courant de la démonstration de ses principes, à dire : « Il faut que les écrits selon la méthode de prescription ne contiennent precisément que ce qui est necessaire pour mettre dans tout son jour la preuve dont on se sert. » T. Ier, pp. 32 et 35
de la seconde édition (1713).

En d'autres termes les ornemens sont superflus, le raisonnement
seul est nécessaire pour établir la preuve. C'est le contraire de ce que
du Fossé demandait au nom de ses amis.

(1) LA PERPÉTUITÉ DE LA FOY DE L'EGLISE CATHOLIQUE DANS L'EUCHA-
RISTIE, *deffenduë contre le livre de M. Claude, ministre de Charenton*
(par Antoine Arnauld). Paris, Ch. Savreux 1669-1676, 3 vol. in-4. —
Le premier est de 1669, le deuxième de 1672, et le troisième de 1676.
L'achevé d'imprimer du tome Ier est du 25 février 1669.

veritez : et l'on deuoit s'arréter peu aux moyens dont ils auoient cru deuoir se seruir pour operer cette espece de prodige, puisque l'Eglise ne pouuoit assez reconnoistre le seruice qu'ils luy auoient rendu en ce point si impor·tant. C'est en effet ce que plusieurs papes témoignèrent depuis eux mêmes à M. Arnauld, ou luy firent témoigner par des cardinaux qui luy écriuirent de leur part (1). Cependant il est bon de remarquer que c'est là cet homme que ses aduersaires auoient osé, par la plus noire de toutes les calomnies, accuser d'estre d'intelligence auec Genéue, pour détruire la verité du S. Sacrement de nos autels. Mais il n'est pas étonnant que le disciple soit traitté comme le Maistre, qui, lorsqu'il chassoit les démons des corps, fut accusé de ne le faire que par la vertu de Beelsebut prince des démons.

Ce qui donna comme le dernier coup à l'orgüeil du ministre Claude, fut ce que fit M. Arnauld, en Orient, par le moyen de l'ambassadeur du Roy à Constantinople. Ce ministre auoit osé auancer, auec une hardiesse incroyable, dans la certitude qu'il croyoit auoir de ne pouuoir estre démenty, que, dans toutes les Eglises orientales, on ne croyoit point la transubstantiation, et la presence réelle de Jesus Christ dans l'Eucharistie ; et il prétendoit se seruir de cet argument pour prouuer que la créance qu'on en auoit en Occident étoit une de ces innouations

(1) « Clément IX reçut avec plaisir la dédicace que M. Arnauld lui fit de la *Perpétuité de la Foi* ; Clément X lui fit dire par son Nonce, qu'il le prioit de lui envoyer tous ses écrits ; Innocent XI lui fit écrire par le Cardinal Cibo son neveu, et par l'illustrissime Favoriti son Secretaire, pour l'assurer de sa tendre bienveillance, de l'estime toute singuliere qu'il faisoit de sa personne, et de la part qu'il prenoit à toutes les vexations que lui causoit la malice de ses ennemis et de ses envieux. » *Nouvelle Histoire abrégée de l'abbaye de Port-Royal*, t. IV, p. 114. Ces divers témoignages se rapportent à la publication successive des trois volumes, de 1669 à 1676.

que tous ceux de son party se donnent le droit de reprocher, auec de grandes insultes, à l'Eglise romaine.
Il paroissoit donc de la derniere consequence de faire
taire ce déclamateur sur ce point aussi bien que sur tous
les autres. Et Dieu presenta à M. Arnauld un moyen tres
auantageux pour le faire. Celuy qui étoit alors ambassadeur pour le Roy à Constantinople se nommoit M. de
Nointel, homme sçaùant, qui aimoit l'Eglise, et qui étoit
même parent de M. Arnauld. Il crut donc pouuoir s'a-
dresser à cet ambassadeur, pour solliciter, par son
moyen, les attestations des Patriarches et des Archeuesques d'Orient touchant leur créance sur le sujet de
l'Eucharistie. Et, afin de rendre la chose plus authen-
tique et en même temps plus facile, il engagea M. de
Pomponne, son neueu, qui étoit alors Secrétaire et
Ministre d'Etat pour les affaires étrangeres, d'en écrire à
M. de Nointel (1). Cet ambassadeur s'acquitta, auec tout
le zele possible, d'une commission si honorable et si importante pour la gloire de l'Eglise. Et, par les soins presque incroyables qu'il prit pour se satisfaire luy même,
dans l'ardeur qu'il ressentoit de pouuoir contribuer
quelque chose à la deffense d'une verité capitale de nostre
Religion, il recüeillit ce grand nombre, et, pour parler
comme l'Ecriture, cette nuée de témoignages et d'attestations de Patriarches et d'Archeuesques des differentes
Eglises orientales, que l'on imprima depuis à la fin du
troisieme tome de la *Perpetuité de la Foy* (2). Il est vray

.(1) Charles François Oliez, marquis de Nointel, fut ambassadeur de
France à Constantinople de 1670 à 1679. Outre le service rappelé plus
bas, il recueillit, en Asie-Mineure et en Grèce, un grand nombre de
bas-reliefs, de médailles et d'inscriptions qu'il rapporta en France.

(2) En 1676. — « La traduction des passages et Actes originaux écrits
en grec vulgaire, en arabe, en syriaque ou en cophte avait été faite
par l'abbé Renaudot, alors fort jeune, et que ce service lia tres-inti-

que, lorsque ces attestations si authentiques parurent en France, jamais on ne vit un homme plus déconcerté que le ministre Claude (1), ni même plus décredité, en toutes manieres, parmy ceux de son party qui ne vouloient pas entierement s'aueugler. Car, plus sa fierté presque incroyable à assurer un fait aussy faux que celuy là auoit releué les esperances de ceux qui le regardoient alors comme leur principal soutient, plus ils furent indignez de la confusion publique qu'il auoit ainsy attirée sur tout le party, n'ayant rien à opposer à des témoignages reuétus de tout ce qui les deuoit rendre incontestables.

Quelque auantage que nous eussions, M. de Tillemont et moy, dans le voisinage de M. Arnauld et des amis qui demeuroient auec luy, nous nous vîmes obligez de sortir d'une maison où nous étions tres mal logez, et d'un quaitier où nous jugeâmes qu'il ne feroit pas sûr pour nous de passer l'hyuer (2). Ce qui acheua de nous y faire

mement avec MM. de Port-Royal... Galland, le futur conteur des *Mille et une Nuits*, qui avait d'abord été élève du docteur Petitpied, alla à Constantinople avec M. de Nointel et rapporta en 1675 ces attestations des Eglises grecques sur les articles de foi, pour être insérées dans la *Perpétuité.* » M. Sainte-Beuve, *ibid.*, t. IV, note des pages 342-343. — Le livre huitième du t. III de la *Perpétuité* contient les « Preuves authentiques de l'union de l'Eglise d'Orient avec l'Eglise sur l'Eucharistie, » pp. 561-810 (édit. de 1713). On y trouve un grand nombre de lettres écrites par l'ambassadeur de Nointel donnant des détails sur ces Attestations.

(1) La raillerie s'en mêlant, on disait qu'Arnauld avait *désorienté* M. Claude. Toutefois ce ne fut qu'en 1676. — Aux arguments du tome Ier Claude opposa bientôt une Réponse au livre de M. Arnauld, intitulé : *La perpétuité de la foy de l'Eglise catholique touchant l'Eucharistie defendue.* Rouen, Lucas, 1670, 1 vol. in-4.

(2) Le quartier Saint-Benoît, où se trouvait la rue des Vignes voisine de la rue des Postes. Voir plus haut, p. 69. — Le premier éditeur a supprimé tout le paragraphe.

résoudre fut deux accidens qui nous arriuèrent. Un matin, comme l'on ouurit la porte de nostre maison, l'on trouua qu'une femme y auoit été égorgéc la nuit : ce qui nous donna une grande auersion de cc lieu. Une autre fois, comme j'étois descendu dans la maison, sur le soir, et que la seruante, qui étoit sortie pour un moment, auoit laissé la porte de la maison entr'ouuerte, j'entendis du bruit à cette porte. Et, m'étant à l'heure même auancé, j'y trouuay un homme de fort mauuaise mine, vétu en ecclesiastique, qui entroit assez doucement et qui fermoit la porte sur luy. Je luy demanday un peu brusquement ce qu'il vouloit. Il me répondit qu'il me prioit de luy donner la caritade. Je luy dis, d'un ton encore plus ferme, qu'il n'étoit pas l'heure d'entrer dans une maison pour demander la charité. Il me repliqua quelque chose auec assez de fierté, et d'un certain air, qui me fit connoistre qu'il ne venoit pas dans un bon dessein. Et, comme je vis qu'il ne vouloit pas sortir, tenant la porte fermée derriere luy, je le pris par le bras, et, le tirant à moy : « Sortez, Monsieur, luy dis je ; et, quand vous serez à la porte, je verray si j'ay quelque charité à vous faire. » Je l'obseruay cependant beaucoup, craignant quelque coup impreueu de poignard : et, quoy-qu'il fist résistance pour ne pas sortir, comme j'étois plus fort que luy, et qu'il put bien craindre qu'il ne vint quelqu'un dans cet entretemps, je trouuay moyen d'ou-urir la porte et de le mettre dehors Alors je luy dis que, quand il viendroit honnestement demander l'aumône, je serois toujours disposé à la luy donner ; mais que la ma-niere dont il en auoit usé, me donnoit sujet de croire qu'il n'étoit pas honneste homme. Je fermay en même temps la porte, et il me dit mille injures auxquelles je crus qu'il étoit indigne de répondre. Cependant M. de Tillemont étoit paisible dans sa chambre, auec deux personnes qui n'entendirent rien de ce qui s'étoit passé ; en sorte que l'on m'auroit égorgé, sans que j'eusse été secouru (1).

Tout cela nous fit donc résoudre à changer de lieu. Et nous loüâmes une maison considerable dans la grande ruë du faubourg de Saint Victor (2). Il n'y auoit point de jardin, mais seulement une grande place fort inegale, où l'on pouuoit en faire un. Ce fut donc pour nous un sujet et d'exercice et de diuertissement ; parce qu'au temps de la recreation, c'est à dire après les repas, nous nous faisions un plaisir de trauailler à faire un jardin qui rendist ce lieu agreable. J'en traçay tout le dessein ; et, comme le terrain étoit inégal, je fis un parterre en terrasse, vis à vis de la maison, et plantant audessouz deux rangées d'acacia (3), j'en fis une grande allée parfaitte-

(1) Ces deux faits prouvent que Boileau pouvait dire, sans exagération, en 1660, qu'une fois la nuit venue,

> Les voleurs à l'instant s'emparent de la ville.
> Le bois le plus funeste et le moins fréquenté
> Est, au prix de Paris, un lieu de sûreté.
>
> Sat. VI, *Les Embarras de Paris*, v. 88-90.

Bien qu'en 1667 le guet eût été doublé, le port d'armes réglé et les lanternes établies, dans les quartiers isolés, on court encore le danger, deux ans plus tard,

> Que votre mort, de tragique mémoire,
> Des massacres fameux aille grossir l'histoire.
>
> *Id.*, *ibid.*

(2) Dans la partie de cette rue, en dehors de la Porte Saint-Victor, et qui a pris les noms de Jussieu et de Linné. Elle s'appelait simplement rue Saint-Victor, à cause de l'Abbaye de ce nom, située dans le faubourg, près du Jardin du Roi. Il ne s'éloignait guère de la rue des Vignes.

(3) « Ce mot est invariable aussi bien que plusieurs autres que nous avons pris du latin : *un acacia, deux acacia.* » De la Touche, grammairien de la seconde moitié du xviie siècle. — La rue Saint-Victor était ouverte sur le penchant de la Montagne Sainte Geneviève, dont la pente était assez rapide, comme on le voit par la rue du Cardinal-Lemoine, autrefois rue des Fossés-Saint-Victor.

ment belle. Aussy je me souuiens que M. Le Nain, Maistre des Requestes, pere de M. de Tillemont, étant venu nous y voir ; comme il regardoit tout le trauail que j'y faisois, il me dit : « Apparemment, Monsieur, cette maison est à vous, puisque vous y faittes tant de dé-pense. » Je luy répondis qu'elle seroit à moy, tant que j'y demeurerois, et que j'esperois y demeurer assez long-temps pour me dédommager de ma dépense et joüir du fruit de mes trauaux. J'y ay en effet demeuré plus de dix sept ans (1). Et la maniere dont j'accommoday cette mai-son ne contribua pas peu à me procurer l'auantage d'y attirer ma mere, mon frere, et ma sœur, ainsy que je le diray dans la suitte.

Ce fut vers les premiers mois de l'année 1671 (2) que nous perdîmes une personne qui auoit, pour ma mere et pour ma sœur Melthide, pour toute nostre famille, une bonté toute singuliere. C'étoit la Reuerende Mere Agnès de Saint Paul, sœur de la Reuerende Mere Marie Ange-lique Arnauld dont j'ay tant parlé, et tante de ma belle sœur (3). Depuis que sa sœur se fut demise de sa qualité d'abbesse titulaire de Port Royal, elle fut éluë plusieurs fois abbesse de cette maison. Et elle la gouuerna auec une telle sagesse, et auec une lumiere, une pieté et une onction de charité si admirable qu'on la regardoit, auec admiration, comme une abbesse accomplie, en qui Dieu auoit réüni toutes les plus excellentes qualitez d'une superieure tres parfaitte. Ce caractere de son esprit sem-bloit estre directement opposé à celuy de la Reuerende Mere Marie Angelique, sa sœur ; parce qu'autant que celle

(1) Il l'occupa donc de 1669 à 1686. Il répétera le même chiffre, quand il quittera cette demeure.

(2) Le 19 février.

(3) Catherine Agnès Le Maitre, connue sous le nom de Mlle de Sericourt, épousera son frère, Augustin Thomas, en 1677.

6

cy étoit viue et toute de feu, autant celle là étoit posée
et paroissoit même d'un temperamment froid et lent.
Cependant un même esprit de picté unissoit parfaittement ces deux sœurs, dans la conduitte de cette grande
communauté, dont elles étoient successiuement l'une abbesse, et l'autre prieure, par la grande estime que toutes
les Religieuses faisoient de ces deux excellentes Meres,
qu'elles regardoient, après Dieu, comme le soutient de
leur Maison, et qu'elles choisissoient à cause de cela
presque toujours pour superieures. Mais quel que fust
le temperamment de la R. Mere Agnès, et quoyque sa
conduitte fust toute pleine de douceur, elle auoit en même
temps un attachement si ferme pour la regularité qu'il
paroissoit bien que cette douceur ne venoit pas de mol-
lesse, mais de charité, et que, si elle sçauoit attirer à
Dieu les ames par l'onction de son esprit, elle sçauoit
aussy les soutenir dans la pieté par la force de ce même
esprit diuin qui la remplissoit.

Cette sainte Mere eut l'auantage audessuz de la M.
Marie Angelique, sa sœur, de soutenir, pour le dire
ainsy, après sa mort, tout le poids de la chaleur des
mauuais jours, ayant vécu lors de la dispersion des Religieuses, dont j'ay parlé autre part (1), et depuis qu'elles
furent toutes renfermées et gardées étroittement comme
prisonnieres jusqu'à la paix de l'Eglise (2)· L'exemple de
sa vertu, toujours égale, toujours uniforme, au milieu
des plus grands bouleuersemens, seruit alors admirablement à consoler et à fortifier tant de saintes filles, qui
ne pouuoient pas n'estre point touchées de voir que ni
son âge, ni ses grandes infirmitez n'étoient point capables d'ébranler sa foy, ni de rien diminuer de l'égalité

(1) T. II, p. 181 et suivantes.
(2) De 1664 à 1668.

de son esprit, dans la souffrance de tant de maux differens, dont quelques uns étoient même tres sensibles à sa
pieté. On peut voir, dans un liure qu'elle a composé, de
La Religieuse parfaitte (1), quels étoient ses sentimens touchant la perfection de la vie religieuse, et en même temps
quel usage elle faisoit de ces lumieres si viues que Dieu
luy donnoit; puisqu'il est certain, par la connoissance
qu'en ont euë toutes les personnes qui luy ont été unies
plus étroittement, que ce qu'elle represente dans cet excellent ouurage n'a pas été seulement des idées steriles
d'une simple contemplation, ou d'une étude séche de l'esprit, mais plutost comme des étincelles du feu diuin dont
son cœur étoit embrasé, selon cette parole du prophete :
Et in meditatione mea exardescet ignis. Aussy toutes ses
paroles étoient pleines de cette lumiere ardente de la
Verité, qui l'éclairoit et l'échauffoit interieurement elle
même. Et l'on ne sortoit jamais de sa conuersation que
consolé et qu'affermi dans la pieté, tant par un effet de
l'onction de ses discours pleins de Dieu que par le veuë
même de son exterieur, qui étoit comme un miroir de
pieté.

Elle eut la consolation, auant sa mort, de voir la paix
renduë à l'Eglise et la maison de Port Royal rétablie
comme auparauant, après de si longues et de si rudes
souffrances. Mais elle ne suruécut ce rétablissement que
de peu d'années (2). Elle étoit sujette à de grands affoi-
blissemens et à de tres fortes palpitations de cœur, qui
la mettoient tres souuent en danger de mort. Son mal
s'étant augmenté, et les medecins qui la traittoient ayant

(1) *L'Image d'une Religieuse parfaite et d'une imparfaite, avec les
occupations intérieures pour toute la journée.* Paris, 1665, 1 vol. in-12.
Il n'y a pas de nom d'auteur.

(2) Deux ans environ. — « Ce verbe régit le datif, ou l'accusatif;
c'est l'oreille qui en doit juger. Il a *survécu* à tous ses parents ou il
a *survécu* tous ses parents. Vaugelas. » *Dictionnaire de Trévoux.*

employé inutilement tous leurs remedes, l'un d'eux, qui
étoit de nos amis tres particuliers, m'écriuit qu'il auoit
sceu que j'auois un remede, auec lequel je m'étois autrefois guéri d'un mal semblable à celuy de la Reuerende
Mere Agnès, et que, si je voulois bien luy en enuoyer,
ils délibereroient ensemble et verroient s'il y auroit lieu
de le hazarder. Comme je sçauois l'état perilleux où elle
étoit, quoyque je me tinsse bien assuré que mon remede
ne pouuoit luy faire de mal; ne voyant pas non plus
d'apparence qu'il pust la tirer de cet état, je fus bien aise
qu'on ne pust pas dire, si elle venoit à mourir, après
l'auoir pris, que ce remede auroit auancé sa mort. Ainsi
je manday à ce medecin, qu'il ne doutoit pas de ma profonde veneration pour la personne dont il auoit pris la
peine de m'écrire, et du zele tres ardent que j'aurois pour
contribuer à sa guerison ; mais que l'état où je sçauois
qu'elle étoit ne me donnoit aucun lieu de croire que mon
remede fust capable de l'en tirer; et que ce seroit une
espece de temerité à moy de prétendre la traitter dans
un aussy grand peril. Il me récriuit tres promptement,
et auec quelque chaleur, que l'on auroit lieu de m'accuser
d'indifference pour la santé d'une personne aussi pretieuse que la Mere Agnès, si je refusois de luy enuoyer
un remede qu'on me demandoit pour elle ; que je n'auois
rien à craindre, puisqu'il seroit en bonne main et qu'on
ne le donneroit que bien à propos. De la maniere dont on
m'écriuit, je ne deliberay pas dauantage à enuoyer mon
remede. Mais nous apprîmes, deux jours après, que cette
excellente Religieuse étoit allée à Dieu dans la même
paix, et, pour le dire ainsy, dans la même deuotion qu'elle
s'approchoit tous les jours de la Sainte Eucharistie. Ce
fut au mois de feurier de l'année 1671 (1). D'abord que

(1) Le 19, comme on vient de le voir, au monastère de Port-Royal
des Champs. « Elle est morte à l'àge de soixante-dix-sept ans passés,

j'appris cette nouuelle, outre l'affliction que je ressen-
tis d'une telle perte, je fus saisi d'une secrette douleur,
dans la crainte que la deffunte n'eust pris mon remede,
et que la cause de sa mort ne retombast en quelque sorte
indirectement sur moy. Mais je fus bientôt détrompé par
l'assurance qu'on me donna que les medecins n'auoient
point jugé à propos de luy donner ce que j'auois enuoyé :
ce qui, je l'auouë, me consola fort ; parceque je m'étois
veü doublement exposé à estre accusé de cette mort, soit
que j'eusse refusé le remede dont j'ay parlé, ou que,
l'ayant enuoyé, comme je fis, on en eust fait prendre à
la malade. On pourra bien m'accuser en cela d'un peu trop
de délicatesse : mais, quand on n'est point de profession
à faire mourir les gens en sureté de conscience, on a lieu
de craindre d'en estre accusé.

Auant que je marque la maniere dont ma mere vint
s'établir auec moy à Paris, il est bon que je parle icy de
la liaison que je fis auec M. le Tourneux, cet homme
deuenu depuis si celebre dans l'Eglise, et la part que j'eus
à son établissement dans la même ville de Paris.

M. le Tourneux étoit de la ville de Roüen (1), n'ayant
rien du costé de sa famille qui pust le releuer, selon le
monde, et sa naissance pouuant estre regardée comme
apostolique, à cause de sa pauureté. Mais il fit paroistre,
dès sa plus petite enfance, beaucoup d'esprit. Et je me
souuiens d'auoir oüi dire à mon pere et à ma mere que,
lorsqu'il n'auoit encore que six ou sept ans, il écoutoit

dont il y avoit soixante-douze qu'elle portoit le voile sacré, et soixante-
deux qu'elle travailloit avec un zéle et une application infatigables à
la conduite de ce Monastére, où elle est inhumée à la porte du côté
gauche du chœur. » *Nécrologe de Port-Roïal des Champs*, p. 92.

(1) Nicolas Le Tourneux y naquit le 30 avril 1640, sur la paroisse
Saint-Vivien, « de parens très-pauvres et qui gagnoient leur vie du
travail de leurs mains. » *Dict. de Moréri*.

les sermons auec tant d'application, et auoit une si prodigieuse memoire qu'il les récitoit dans les mêmes termes
qu'il les auoit entendus. Ainsi l'on prenoit plaisir à le
faire monter sur un fauteüil et à le faire prescher dès lors :
ce qu'il faisoit auec tant de facilité et de hardiesse que
tous ceux qui l'entendoient en étoient dans le dernier
étonnement. Un de nos parens ayant laissé à mon pere,
par son testament, quelque argent qu'il destinoit pour
seruir à éleuer quelques jeunes écoliers, qui n'auroient
pas le moyen de fournir à la dépense de leurs édudes,
mon pere jetta les yeux sur cet enfant dont je parle. Il
jugea, par les indices si merueilleux qu'il donnoit déja
de son esprit, que ce seroit un tres excellent sujet et
digne que l'on exerçast à son égard la charité dont on
l'auoit fait le maistre. Il prit donc dès lors le soin de ses
études. Et, quand il fut en état d'aller au college, il trouua
bon qu'il s'en allast étudier à Paris. Il fut d'abord au
college des Reuerends Peres Jesuites (1), où il reussit si
parfaittement que, pour donner de l'émulation à M. de
Louuoys (2) qui étoit dans le même college et l'obliger
d'auancer dauantage dans ses études, on le luy donnoit
pour antagoniste en Rhetorique ; en sorte que ces Peres
l'obligeoient souuent de luy disputer sa place dans cette
classe (3). Il fit ensuitte son cours de Philosophie au col-

(1) Le Collége de Clermont (Louis-le-Grand, plus tard), rue Saint-
Jacques.

(2) François Michel Le Tellier, futur marquis de Louvois, fils de
Michel Le Tellier, chancelier de France, garde des sceaux, et d'Elisabeth Turpin de Vauvredon, né le 18 janvier 1641. Il était plus jeune
que son condisciple de huit mois et quelques jours. — Il faut y joindre
son frère, Charles Maurice Le Tellier, le futur archevêque de Reims.

(3) C'est ainsi qu'au collége des Dix-Huit le Ministre Le Peletier se
plaira à exciter l'émulation de ses deux fils, en leur opposant Rollin,
et en réglant ses récompenses et ses distinctions entre eux d'après
les places obtenues.

lege des Grassins (1), souz le sieur Hersant (2), dont la science étoit jointe à une grande pieté.

A la fin de ses études, il s'attacha auprès d'un Ecclesiastique d'un grand merite, qui le mena auec luy en Touraine, où ils demeurérent ensemble quelques années, et où il commença à se former en quelque sorte dans cette école de vertu où il ne voyoit que de bons exemples et n'entendoit que de bonnes choses. Mais cet établissement s'étant rompu, il s'en retourna à Roüen. Et se destinant entierement à l'Eglise, il s'engagea dans les ordres sacrez (3). Depuis il fut établi, par la diuine prouidence, vicaire d'une parroisse de Roüen, nommée Saint Etienne des Tonneliers (4). Et ce fut alors qu'il commença à faire éclatter ces talens extraordinaires que toute la France a depuis admirez en luy. Car le curé (5) se reposant pro-

(1) Rue des Amandiers Sainte-Geneviève, près du Collége de Navarre (Ecole Polytechnique).

(2) « M. Jean Hersant fut dans la suite principal de ce collége, et mourut chanoine et cellerier de l'Eglise cathédrale de Sens, le 23 février 1690. » Premier éditeur. On ne doit pas le confondre avec l'oratorien Hersent, ni avec le célèbre professeur d'éloquence, Hersan, le maître de Rollin, qui le remplaça dans sa chaire, au collége du Plessis, en 1683.

(3) « Il s'y engagea dans les ordres inférieurs, et fut chargé d'abord de faire le catéchisme dans la paroisse de S. Vivien où il étoit né. Ce fut avec tant de succès, que les grands vicaires de Roüen, eux-mêmes, le firent ordonner prêtre dès l'âge de 22. ans, et obtinrent pour lui les dispenses d'âge qui lui étoient nécessaires. » *Dict. de Moréri.* — 1662 est donc la date de son ordination.

(4) L'église existe encore, au coin de la rue qui porte son nom et de la rue Jacques Le Lieur (Iroquois), mais mutilée, divisée par des murs et convertie en magasin.

(5) « Noble et venerable personne Messire Pierre du Perroy, chanoine de l'Eglise Notre-Dame de Rouen et curé de ladite paroisse de Saint-Estienne des Tonneliers. » Dû à l'obligeance de M. de Beaurepaire. — C'est ainsi qu'il est désigné dans un Bail du 7 octobre 1666, au bas duquel sa signature est apposée. Dans un autre acte de 1670, il

prement sur luy de la conduitte de sa parroisse, il y fit
connoistre l'Euangile, qui étoit alors beaucoup ignoré (1) :
il y prescha, selon l'ordre que Jesus Christ en a donné à
à tous les prédicateurs euangeliques, la penitence, conformément au veritable esprit de l'Eglise, qui, comme
son diuin Epoux, demande non la mort, mais le salut
des pécheurs, et qui, selon l'exemple du charitable Sama-
ritain, traitte leurs playes mortelles, non pour les entretenir, mais pour les guerir, en y répandant également le
vin et l'huile, symboles de la charitable seuerité, dont on
doit user pour procurer veritablement leur entiere guerison. Dieu fit recüeillir à un grand nombre de personnes
beaucòup de fruit de ses excellentes instructions et de sa
sage conduitte. Et l'on vit des familles entieres, des plus
qualifiées de la parroisse, prendre une parfaitte confiance
en luy, se conduire tout à fait par ses auis et embrasser
une vie vraiment chrestienne.

De cette petite parroisse, où il étoit renfermé, sa réputation se répandit peu à peu : l'on commença à le connoistre dans toute la ville, et on le prioit de prescher dans
les plus grandes parroisses. Il le faisoit auec une certaine simplicité, qui exclüoit toute vaine affectation d'éloquence de ses discours, mais qui paroissoit tres digne
de l'auguste majesté de l'Euangile. Car il ne disoit rien
que de grand, que de veritable, que de conforme à la
dignité de nostre Religion, que d'appuyé sur les plus
grandes authoritez des Conciles et des Peres, et surtout
de l'Ecriture qu'il possédoit parfaittement, et qu'il expli-
quoit d'une maniere si noble et en même temps si naturelle que ceux qui auoient le góust des bonnes choses

est qualifié « d'ancien curé. » L'éloignement de Le Tourneux ne dut
pas être étranger à sa retraite.

(1) Cette remarque sera confirmée plus tard par une réponse de
Boileau à Louis XIV. Voir plus loin, p. 96, note 4.

admiroient en luy ce que tout autre que luy eust pu difficilement imiter (1). Je me souuiens, en effet, que, dans le temps de mon exil à Roüen (2), j'entendis un de ses sermons, à Saint Viuien (3), dont je me sentis viuement touché, et qui depuis ne s'est jamais effacé de mon esprit, quoy qu'il y ait vint six ou vint sept ans (4). Il representa d'une maniere tres forte l'aueuglement, qui empeschoit de voir et de rechercher ce qui seul étoit capable de faire nostre bonheur et de remplir nostre cœur; les amuse-mens de la vie presente, qui nous enchantoient l'esprit et qui formoient un obstacle entre Dieu et nous, en nous arrétant dans la course par laquelle nous deuions tendre sans cesse vers celuy qui étoit et nostre fin et nostre bien souuerain; l'illusion de nostre amour propre, qui nous tenoit si fortement attachez à la terre, lorsque nous nous disions citoyens du Ciel. Et, pour nous mieux faire com-prendre cette importante verité, il nous cita un passage de S. Augustin, où ce saint Euesque, voulant donner le moyen à son peuple de mieux connoistre la veritable disposition de leur cœur, luy faisoit cette demande : « Si on vous donnoit le choix de viure toujours sur la terre, dans la grandeur, dans les richesses, et dans toutes sortes de prosperitez; et qu'on vous dist que ce seroit là vostre partage; mais que vous ne verriez jamais Dieu, et que vous seriez priuez éternellement de la joüissance de ce bien suprême; combien, mes freres, y en a t'il entre ceux qui m'entendent, qui se porteroient à souhait-

(1) Résumé bien complet, dans sa concision, des mérites et des suc-cès de Le Tourneux.comme directeur et comme prédicateur.

(2) De 1666 a 1669.

(3) Paroisse de Rouen, dans la rue du même nom.

(4) C'est même vingt-huit ou vingt-neuf ans au moins, en supposant qu'il entendit ce sermon, en 1669, la dernière année de son exil, puis-que ce passage fut écrit en 1697 ou 1698.

ter cette fausse felicité qui les exclueroit de la souueraine beatitude (1) ? Et cependant peut on dire que ceux qui sont dans cette disposition aiment Dieu, et qu'ils l'aiment par dessuz toutes choses, comme ils sont obligez par le premier et le plus grand de tous les commandemens, puisque ce n'est pas aimer, et encore moins aimer plus que toutes choses, ce qu'on est si indifferent de posseder ? »

La liaison que ce grand homme auoit toujours euë auec nostre famille, pour les raisons que j'ay rapportées, me donna lieu de faire aussy une connoissance particuliere auec luy, dans le temps que je me vis obligé de demeurer à Roüen (2). Et lorsque la paix de l'Eglise eut été concluë, et qu'il vit que je me disposois à retourner à Paris pour m'y établir (3), il s'ouurit à moy confidemment du dessein qu'il auoit pris de quitter l'établissement où il étoit et de s'en venir aussy à Paris pour y chercher le conseil dont il auoit besoin, dans l'état où il se trouuoit. Comme je sçauois les grands biens que sa parroisse (4) retiroit de sa conduitte, je ne pus comprendre la veritable raison qui le pouuoit obliger à sortir d'un engagement où il sembloit que Dieu l'auoit mis, en considerant la grande benediction qu'il y donnoit. Mais il me dit qu'il auoit des raisons de conscience dont il ne pouuoit s'ouurir

(1) Un tour et un mouvement à peu près pareils se retrouvent dans la belle prosopopée du sermon de Massillon sur le petit nombre des Elus, IIIᵉ Partie. « Or je vous demande, et je vous le demande frappé de terreur, etc. » — « C'est, dit Voltaire, la figure la plus hardie et l'un des plus beaux traits d'éloquence qu'on puisse lire chez les anciens et les modernes. » Le Tourneux l'avait ébauchée à la suite de Saint-Augustin.

(2) Pendant les trois années d'exil, de 1666 et 1669, dont il vient de parler.

(3) Après Pâques 1669.

(4) Saint-Etienne-des-Tonneliers, où il était vicaire.

à moy : ce qui me ferma la bouche et me donna lieu seulement de luy témoigner que, s'il étoit résolu de quitter Roüen, et s'il auoit des raisons si considerables pour s'en venir à Paris, je luy offrois ma maison. Il accepta l'offre que je luy faisois de tout mon cœur. Et il disposa depuis ses affaires de telle sorte qu'il fut en état de quitter, dans le temps que nous changeâmes de logis, et que nous vinsmes, M. de Tillemont et moy, comme je l'ay dit, nous établir dans la nouuelle maison du fauxbourg de Saint Victor, dont j'ay parlé (1). Ce fut là que nous commençâmes à former une liaison étroitte entre nous. Et ce fut alors que je luy donnay aussi la connoissance de M. Arnauld et de M. de Sacy. Ces Messieurs, à qui il s'ouurit des sujets qui luy auoient fait quitter Roüen(2), et auec qui il eut plusieurs entretiens, n'eurent pas de peine à découurir en luy ce genie si éminent, cet esprit si juste, et cette pieté si solide, qui le distinguoient de beaucoup d'autres. Et l'un d'eux ne put s'empescher de me dire, bientost après, que cet homme, que j'auois amené de Roüen, était un homme admirable : et ils le regardoient tous deux comme l'un des grands sujets qu'on pust voir. Je voulus alors faire quelques plaintes de ce qu'on ne renuoyoit pas promptement un si grand homme trauailler, comme auparauant, à la vigne du Seigneur. Et en effet il sembloit que la ville de Roüen ayant eu le bonheur de connoistre ce thresor, de le posseder, et d'en tirer de grands auantages, par le changement de vie de plusieurs personnes qui s'étoient mises souz sa conduitte, c'étoit une espece d'injustice de l'en priuer. Mais un laïque,

(1) Voir plus haut, p. 80, et à l'Appencice VI.

(2) « Ces raisons étoient des peines de conscience sur son entrée dans les Ordres et dans le ministère. » *Vies choisies de MM. de Port-Royal* dans la Nouvelle Histoire abrégée de Port-Royal, t. IV, p. 37.

comme j'étois, et jeune encore (1), n'auoit pas droit de connoistre les raisons de conscience qui l'engageoient à se contenter alors de mener une vie particuliere et retirée ; et comme on se contenta de me faire sur cela la même réponse qu'il m'auoit déjà, comme je l'ay dit, faitte luy même, il fallut m'en tenir là, sans pénetrer plus auant dans une chose qui n'étoit en aucune sorte de ma competence.

Le temps qu'il passa chez nous luy fut d'une grande utilité, aussy bien qu'à moy. Car je l'engageay à lire quelques Pères et à en faire des extraits, conformément au dessein que j'auois de trauailler à leur histoire. Aussy, en voulant bien trauailler pour moy, il trauailloit encore plus utilement pour luy même, par les extraits excellens qu'il fit, non seulement par rapport aux veuës que je luy auois données, mais encore par rapport aux siennes, qu'il auoit dans toutes ses lectures, et qui deuoient dans la suitte luy seruir si auantageusement pour son ministere, et pour les ouurages excellens qu'il a donnez au public. Le premier qui parut de luy fut celuy de *la Semaine Sainte* (2). Son humilité le porta à me prier d'en reuoir et d'en corriger la préface, me témoignant simplement que, comme il n'auoit jamais écrit, il ne pouuoit pas juger si son style et sa maniere d'écrire seroit supportable (3). Je la lus donc et j'en fus charmé. Car, quoyqu'il y eust quelque peu de chose dans la diction à réformer, ce qu'il

(1) En 1670, où ces faits durent se passer, du Fossé avait trente-six ans.

(2) « M. Le Tourneux publia, en 1673, par manière d'essai, l'*Office de la semaine sainte* en latin et en français, avec une.Préface et des remarques qui donnèrent idée de ce qu'il pourrait faire. » M. Sainte-Beuve, *ibid.*, t. V, p. 62. — C'était un volume in-12.

(3) On a déjà vu qu'Arnauld d'Andilly le choisit pour réviser la traduction de quelques Vies des Saints (t. II, p. 143-144), tant les hommes de Port-Royal avaient de confiance dans le goût de du Fossé.

me fut très aisé de faire, j'y trouuay une si grande beauté et une telle érudition, pour le fonds des choses, et même une maniere si noble pour exprimer ce qu'il y a de plus grand dans nostre Religion , que je compris facilement qu'un tel genie étoit capable de tout. Je l'assuray donc, en luy rendant compte des petits changemens que j'auois pris la liberté de faire dans cette préface, qu'il pouuoit tout entreprendre ; et qu'un homme qui pensoit et qui s'exprimoit aussy noblement que luy n'auoit rien à craindre du costé de la critique de l'Académie.

Je tombay malade d'une maladie fort considerable, dans le temps qu'il logeoit auec nous, et je me trouuay dans un tel épuisement que je crus presque ne pouuoir jamais me rétablir. Car mon mal étoit venu à un tel point que, lors même que je n'auois plus de fieure et qu'il sembloit que rien ne dust m'empescher de recouurer ma santé, je fus fort longtemps dans une impuissance entiere de m'appliquer à quoyque ce fust. Je receus, pendant le cours de cette maladie, beaucoup d'assistance de mon saint hoste, dont la charité le portoit à venir souuent dans ma chambre pour me tenir compagnie, et même pour me lire de quelque liure de pieté. Mais, ce qui pourroit estre incroyable, si je ne l'auois que trop éprouué, quoyque ce fust luy qui lust, et que le liure qu'il lisoit ne demandast proprement aucune application d'esprit, une demy page de lecture me deuenoit comme un poids insupportable sur la poitrine, en sorte que, tout épuisé et tout hors de moy, j'étois obligé de le prier de s'arréter. Il ne le pouuoit comprendre luy même. Mais il y a dans le corps humain des ressorts cachez, qu'il n'est pas aisé de rétablir, quand ils ont été démontez. Et l'on ne peut croire combien le grand trauail de l'esprit, qu'on n'a pas soin d'interrompre tres souuent, est capable de démonter cette espece de machine à laquelle l'ame est si étroittement unie. Rien ne se guérit

plus difficilement que l'épuisement des esprits, qui se fait
par la trop grande contention. Et, quoyqu'il y ait des
temperammens plus heureux les uns que les autres, c'est
une regle, qu'on peut regarder comme génerale pour
toutes les personnes d'étude, d'entremesler leur trauail
de quelque occupation qui tienne lieu de relâche à leur
esprit; à moins qu'ils ne veüillent s'exposer à tomber
enfin dans des états tres fâcheux dont on se repent trop
tard, et d'où l'on a toutes les peines du monde de se
tirer. (1). M. Bouchart, qui se trouua tres heureusement
à Paris, dans le temps de ma maladie, et qui me vint
voir, me seruit par ses bons conseils à me rétablir, après
un long temps d'inapplication et d'inaction, qui me fut
tres ennuyeux à passer.

Le merite de M. le Tourneux s'étant fait connoistre peu
à peu, on le demanda pour estre chapellain du college
des Grassins (2). C'étoit un établissement peu considerable pour les talens éminens de ce grand homme (3).
Mais Dieu vouloit que la connoissance de son merite vînt
par degrez. Et ce fut là qu'étant engagé à prescher, tous
les dimanches, les pensionnaires, il s'en acquitta d'une
manière qui luy attira plusieurs personnes du dehors, et
des gens de qualité et de consideration. Entre autres,

(1) L'exemple de bien d'autres pourrait servir de preuve à la sagesse
de ces réflexions sur les dangers d'un travail intellectuel trop pro-
longé.

(2) Il prit cette place en 1671, quand la mère de du Fossé vint loger
avec son fils, dans la rue Saint-Victor. *Vies choisies de MM. de Port-
Royal*, dans la Nouvelle Histoire de l'Abbaye de Port-Royal, qui
donne celle de M. Le Tourneux, t. IV, pp. 35-45.

(3) La multiplicité des colléges de Paris, à cette époque même, ne
doit pas faire illusion sur leur importance. « Jusqu'au xviie siècle,
le nombre des bourses ou des écoliers de chaque établissement fut
extrêmement borné. » M. Vallet de Viriville, *Histoire de l'Instruction
publique en Europe*, p. 166.

M, Le Vayer, Maistre des Requestes, qui fut depuis Intendant à Soissons (1), vint l'entendre plusieurs fois :
et, charmé de cette éloquence toute simple et toute chrestienne , qui persuadoit les esprits et qui enleuoit les
cœurs, il fit une liaison particuliere auec luy, et il l'engagea même, dans la suitte, à sortir de ce college, pour
se venir établir chcz luy, en l'assurant que sa maison
seroit la sienne, et qu'il auroit une entière liberté chez
luy de trauailler pour l'Eglise, comme il sembloit que les
talens que Dieu luy auoit donnez l'y engageoient. Il
falloit sans doute qu'il eust d'ailleurs d'autres raisons
pour quitter un lieu où il paroissoit deuoir faire de
grands biens. Car il en sortit effectiuement et s'en alla
demeurer chez M. Le Vayer, où il trauailla beaucoup et
d'une maniere tres utile pour toute l'Eglise, par les excellens ouurages qu'il a donnez au public. Celuy de *la
Vie de Jesus Christ* a été fort estimé, principalement pour
sa préface , qui a été regardée comme une espece de
chef d'œuure, dans la noble simplicité de son éloquence
toute euangelique (2). Sans parler de beaucoup d'autres,
son *Année Chrestienne* (3), qui contient une explication
litterale, spirituelle et morale des Epitres et des Euan-
giles de toute l'année, est un liure qui a attiré l'estime
et l'admiration de tout le public, jusqu'à donner de la
jalousie à ceux qui auoient peine à souffrir qu'un homme
de ce merite se fust joint auec les personnes qu'ils n'aimoient pas.

(1) Roland Le Vayer de Boutigny, jurisconsulte.
(2) *Histoire de la Vie de Notre Seigneur Jésus-Christ.* « Achevé d'imprimer pour la première fois le huitième jour de May 1678. » La Préface,
exposant le système de la chute et de la Rédemption, forme environ
le sixième de l'ouvrage.
(3) « Les deux premiers volumes de *l'Année chrétienne* qui étoient
intitulés *le Carême chrétien*, parurent dans le public en 1682. » *Vies
choisies de Messieurs de Port-Royal.* T. IV, p. 43.

Mais ce qui seruit plus que toutes choses à faire connoistre dans tout Paris les grands talens de M. Le Tourneux, fut le caresme que M. Le Vayer, comme marguillier de Saint Benoist (1), l'engagea à prescher dans cette
parroisse (2). Sa mine peu auantageuse et le peu de nom
qu'il auoit encore firent croire d'abord aux chairrières et
aux bedauts de Saint-Benoist qu'ils ne pouuoient estre
plus mal échus en predicateur, et ils s'attendoient de voir
un grand vide dans leur Auditoire (3) pendant le caresme.
Mais à peine eut il presché, une semaine, que le bruit de
ses sermons commença à se répandre ; chacun auertis-
soit son amy du nouueau predicateur de Saint Benoist.
On s'empressoit à venir l'entendre de toutes parts (4). Et

(1) Dans la rue Saint-Jacques, à droite en montant, presque en face
du Collége de France. Supprimée en 1790, elle servit longtemps de
magasin, et devint une salle de spectacle, en 1832, sous le nom de
Théâtre du Panthéon. Elle a disparu complétement pour l'agrandisse-
ment de la Sorbonne.

(2) Ce fut en 1682, « à la place du Père Quesnel, qui s'étoit retiré, » ajoute l'Imprimé, p. 335. Il était alors Confesseur de Port-Royal
des Champs. « Il logea chez M. Thomas du Fossé, fils de son premier
bienfaiteur, son intime ami. » *Vies choisies de Messieurs de Port-
Royal,* etc., t. IV, p. 41. Cette circonstance explique comment notre
auteur a pu donner les détails et les citations qui vont suivre.

(3) S'entend ici du lieu où les fidèles écoutent la parole divine.

(4) « Le Roi ayant entendu parler de lui alors, demanda un jour à
Boileau Despréaux ce qu'étoit un Prédicateur nommé Le Tourneux,
auquel tout le monde couroit. *Sire,* répondit ce grand Poëte, *Votre
Majesté sait que l'on court toujours à la nouveauté ; c'est un Prédicateur qui prêche l'Evangile.* Le Roi le pressant de dire sérieusement son avis, Despréaux ajouta : *Quand M. le Tourneux monte en
chaire, il fait si peur par sa laideur, qu'on voudroit l'en voir descendre ; mais quand il a commencé à parler, on craint qu'il n'en sorte.* »
Vies choisies de MM. de Port-Royal, etc., t. IV, p. 42. — Son portrait, peint par Arnout et gravé par Habert, prouve que Boileau exa-
gérait sa laideur ; il avait seulement « une mine peu avantageuse, »
comme le dit du Fossé.

l'auditoire de cette Eglise, l'un des plus grands de tout Paris, qu'on croyoit d'abord estre vide, dans tout ce caresme, deuint bientost si remply qu'on auoit peine à y trouuer place. Plus on l'entendoit, plus on desiroit l'entendre. On se disoit communément que jamais homme n'auoit presché l'Euangile comme celuy là; qu'il n'y auoit rien d'affecté dans ses discours ; mais que tout y respiroit la vraye éloquence, qui est celle de la force de la Vérité et de l'onction du Saint Esprit. C'étoit le cœur qui parloit, et un cœur remply de la charité, qui cherche véritablement le salut des âmes et non l'éclat des paroles (1). Aussy c'étoit dans la méditation de la parole de Dieu, et dans la préparation du cœur, toujours attentif à écouter Dieu dans ses Ecritures, qu'il trouuoit de quoy charmer saintement ses auditeurs. Ce n'étoit pas qu'il ne pust, s'il l'auoit voulu, faire des sermons étudiés, comme les autres prédicateurs. Et le seul discours (2) qu'il fit sur Marthe et Marie, pour lequel il remporta à l'Académie le prix de l'éloquence, fait assez juger de ce qu'il auroit été capable de faire, s'il auoit cherché à s'acquérir de la réputation (3). Mais il négligea toujours ces sermons qui luy

(1) C'est ce qu'un juge bien éclairé, Mme de Sévigné, appelait, une année plus tard, « la simplicité apostolique de M. le Tourneux. » Lettre du 20 avril 1683 au comte de Guitaut.

(2) Il en fit un second, également couronné, en 1677, *sur la pureté du corps et de l'esprit, et par occasion de la vie innocente et juste des premiers chrétiens.* M. Sainte-Beuve, à tort, croit « qu'aucun de ses biographes n'en a parlé. » (t. V, p. 63). Guilbert, dans ses *Mémoires biographiques,* en a même cité un passage, t. II, p. 182.

(3) Balzac avait fondé, dans l'Académie française, un prix d'éloquence, qui fut décerné, pour la première fois, en 1671, à Mlle de Scudéry. En 1675, le Tourneux remporta le prix, à son tour, avec grands éloges, pour un discours écrit, en une seule journée, dit-on, la veille même du terme fixé. Le sujet proposé par Balzac était le verset de l'Evangile : « *Marthe, Marthe, vous vous empressez et vous vous troublez dans le soin de plusieurs choses : cependant une seule chose*

paroissoient moins euangeliques (1). Et ayant d'ailleurs un talent extraordinaire pour parler sans s'y estre préparé, il aimoit mieux suiure en cela son genie, et s'aban-donner à la conduitte de l'Esprit de Dieu, dans le dessein qu'il auoit de dire aux hommes ce que Dieu même, après la prière et la meditation de l'Euangile, luy inspireroit pour leur grande édification (2).

Aussy on vit des fruits admirables de ses prédications, qui, venant du cœur, pénetroient jusqu'au fond des cœurs, et les embrasoient d'un saint zele pour leur salut. On vit des duchesses, touchées viuement de ce qu'il auoit presché, le jour de l'Euangile du mauuais riche (3), contre le luxe et la dépense excessiue des ameublemens, qui ôtoit le pain et le vêtement aux pauures, vendre, auant la fin du carême, ce qu'elles auoient de plus precieux, et se reprocher à elles mêmes la nudité de tant de misérables qu'elles sembloient dépoüiller, à proportion de ce qu'elles employoient de superflu dans leurs meubles et leurs habits. Un jour, que la multitude des laquais, qui étoient dans la place de Saint Benoist, y

---

est nécessaire. » — « Son discours a noblesse, solidité, onction, mouvement et nombre. Le lieu commun est bien traité. » M. Sainte-Beuve, *ibid.*, t. V, p. 63. — L'annotateur des *Mémoires de Fontaine* dit, à tort : « C'étoit sur ces paroles : *Que sert à l'homme de gagner le monde entier, s'il perd son âme ?* » T. II. p. 427.

(1) Du Fossé a bien raison d'appeler « sermons » ces premiers discours académiques pour le prix d'Eloquence. En effet, le premier texte, proposé par Balzac, avait été sur *la louange et la gloire qui n'appartiennent en propre qu'à Dieu*. Pour le deuxième, *De la science du salut*, il avait indiqué ces paroles de l'Evangile : « *Vous avez caché ces choses aux sages, et vous les avez révélées aux petits.* »

(2) Ce don de l'improvisation explique en partie ses succès oratoires ; car, à l'exception de Bossuet, presque tous les autres prédicateurs ne faisaient que réciter.

(3) Il se dit le jour de la cinquième férie de la deuxième semaine de Carême. En 1682, ce fut le jeudi, 26 février.

causa un tel désordre que le prédicateur même, au milieu
de son sermon, fut obligé de se taire, par le grand bruit
que l'on entendoit jusques dans l'Eglise, il prit occasion
de ce désordre, quand le trouble fut appaisé, de faire une
excellente apostrophe aux personnes de qualité qui l'écou·
toient, sur ce qui venoit d'arriuer. « C'est Dieu, mes
freres, leur dit il, qui vous parle en cette rencontre, et
vous auertit de vostre deuoir. J'ay tout lieu de croire
que c'est luy que vous cherchez, lorsque vous venez
m'entendre; puisqu'il n'y a rien, dans tout ce que je
vous dis, qui soit capable de satisfaire vostre curiosité.
Comme c'est donc à la seule vérité qu'il paroist que vous
vous attachez, et non pas à l'éloquence, que vous ne
pouuez trouuer dans mes discours; permettez moy de
vous le dire, et de vous faire connoistre que vostre deuoir
vous engage à prendre soin de vos domestiques comme
de vous mêmes, et à fournir à leur instruction comme à
la vostre. Car, si vous souffrez que vos gens offensent
Dieu, dans le temps même que vous venez vous nourrir
de sa parole, il ne peut point agréer un partage si inégal.
Il demande de vous que toute vostre famille (1) soit chrétienne : vous ne le seriez pas vous même, si ceux qui
dépendent de vous ne l'étoient pas. » Ainsi il leur conseille de n'amener auec eux que ceux de leurs domestiques dont ils ne pouuoient se passer, et de faire en
sorte que les uns après les autres entendissent en
quelque lieu la prédication, et surtout qu'ils ne fussent
point en état de causer de tels scandales, qui ruinoient
aux yeux de Dieu et de toute l'Eglise, le bien qu'ils
pourroient faire par eux mêmes (2). Après qu'il eut

(1) Dans le sens du latin *familia*, le personnel de toute la maison.
(2) Le début et le résumé de cette apostrophe, dont le fond roule
sur un détail de mœurs, donnent un curieux échantillon de ses impro-
visations.— Dans l'Imprimé, un résumé de six lignes, p. 337, remplace
la citation textuelle.

acheué de leur donner cet auis si necessaire, il reprit
auec la même présence d'esprit la suitte de son sermon ;
ce qui charma tous les auditeurs.

Mais il n'y eut rien de plus touchant que son Adieu. Ce
fut le jour de l'Annonciation, dont la fête auoit été trans-
férée le lendemain du dimanche de *Quasimodo* (1). Après
qu'il eut admirablement presché, il conclut tout son
carême, à peu près en cette manière : « J'ai tâché, mes
freres, de remplir les fonctions du ministere auquel j'ay
été engagé : c'est à vous à voir si la parole de Dieu a
produit son fruit dans vos âmes. Nous celebrons aujour-
d'huÿ, comme vous sçauez, le mystere de l'Incarnation
du Verbe (2), et nous trouuons, dans ce qui se passe
entre l'ange saint Gabriel et la Sainte Vierge, une image
tres naturelle de ce qui doit se passer entre le predicateur qui annonce la parole de Dieu et ses auditeurs. Cet
esprit céleste s'acquitta exactement de la commission que
le Seigneur luy auoit donnée, pour porter la Sainte
Vierge à consentir que le mystere de l'Incarnation du
Verbe s'accomplist dans son chaste sein. Et, après qu'il
eut obtenu de cette humble seruante du Seigneur son
consentement, pour deuenir la Mere du Fils de Dieu, il
ne parut plus et se retira dans le ciel, d'où il étoit descendu pour estre l'entremetteur de ce grand mystere. Les
predicateurs euangeliques sont aussi des anges (3), c'est
à dire des enuoyez du Seigneur vers les hommes, pour
leur annoncer l'accomplissement du mystere de l'Incar-

(1) En 1682, Pâques tombant le 29 mars, le lundi de la Quasimodo
était le 6 avril, jour qui remplaça le 25 mars.

(2) Nom à ajouter à tous ceux que les anciens donnaient à la fête
de *l'Annonciation*. « La Conception du Christ, » est le plus voisin de
celui de notre auteur.

(3) Dans le sens du mot grec Ἄγγελος, comme il l'explique aussitôt.

nation dans leurs cœurs. C'est à quoy ils ont particulierement trauaillé pendant le cours de ce caresme, où tout
leur dessein a du estre que Jesus Christ fust formé dans
vos âmes, selon que parle saint Paul. Maintenant ces
predicateurs s'éloignent de vous et se retirent, comme
l'ange, dans le secret de leur solitude, pour conuerser
auec Dieu et pour luy parler dans la prière, après auoir
si longtemps parlé aux hommes, dans la chaire de vérité.
C'est donc à vous, mes freres, à examiner presentement
le fonds de vos cœurs, pour voir si le fruit de la parole
du prédicateur a été de vous y faire conceuoir Jesus
Christ d'une maniere toute spirituelle ; comme l'effet de
la parole de l'ange Saint Gabriel fut de faire conceuoir à
la Sainte Vierge, dans ses chastes entrailles, le Verbe
adorable, qui se reuétit dans elle du corps et de l'ame
qui le rendirent dans le temps un veritable homme,
comme il étoit Dieu veritablement auant tous les temps.
Car en vain vous aurions nous parlé et nous auriez vous
entendu, si Jesus Christ ne se trouuoit maintenant formé
dans vos cœurs, et n'y viuoit, en vous faisant viure vous
mêmes de telle sorte qu'on puisse dire, auec l'Apostre :
que ce n'est plus vous qui viuez, c'est à dire le vieil
homme, l'homme pécheur et attaché au péché ; mais que
Jesus Christ est celuy qui vit en vous par sa grace et par
son esprit, vous ayant renouuellez et rendu veritablement, par une vie toute chrestienne, des hommes nouueaux » (1).

Il n'y eust presque personne, dans l'auditoire, qui ne
répandist des larmes, en se voyant sur le point d'estre
priuez de la consolation d'entendre parler un homme,

______

(1) Un résumé de cinq lignes remplace, dans l'Imprimé, p. 338, le
texte de l'Adieu. — Sans l'heureuse circonstance qui fit de Le Tourneux l'hôte de du Fossé, pendant la prédication de son carême à Saint-
Benoit, ces rares vestiges de ses sermons auraient été à jamais ignorés.

aux discours duquel la simplicité et la pauureté de tout
son exterieur sembloient donner une espece de relief ;
paroissant visiblement qu'il n'y auoit rien d'humain et
de recherché dans ses paroles ; mais que ce qui les rendoit si pénetrantes étoit la source même toute remplie
de charité, d'où elles sortoient auec abondance (1). Mais
il ne faut pas s'imaginer qu'il n'eût que des admirateurs.
La verité, dans la bouche de ce saint homme, produisit
l'effet qu'elle auoit produit, étant annoncée par Jesus
Christ même ; c'est à dire qu'elle luy fit beaucoup d'enuieux et d'ennemis, qui chercherent à critiquer ses prédications, dont l'éclat ébloüissoit leurs yeux malades (2).
On voulut même le décrier auprès de son archeuesque (3) ;
quoy que l'on peut assurer que jamais homme ne fut
plus discret et ne donna moins de prise à ceux qui cherchoient de vains pretextes pour rendre le bien inutile,

(1) L'Imprimé ajoute : « On le retint pour plusieurs années ; et
c'étoit à qui se presseroit de lui demander les carêmes suivans. »
P. 338. Cette phrase, qui n'est point dans le Ms., a été intercalée dans
la copie des premiers éditeurs. — A plusieurs reprises, notre auteur
a su apprécier, avec autant de goût que de justesse, l'éloquence de ce
prédicateur, pendant tout le carême de 1682. Comme M. Sainte-Beuve
n'a pas craint de l'affirmer : « On peut dire que M. Le Tourneux entra
à Saint-Benoît obscur, et en sortit célèbre. » *Ibid.*, t. V, p. 64. — « Le
carême qu'il avait prêché à Paris avait tant frappé dans tous les
rangs, que M. Le Tourneux était resté connu même du peuple sous le
nom de *Prédicateur de Saint-Benoît.* » *Id., ibid.*, p. 80. — Le *Diction-
caire des Prédicateurs* ne contient pas un seul mot sur le mérite de
ses sermons ; il se borne à citer les réponses de Boileau à Louis XIV.

(2) « Cette station évangélique rendit M. le Tourneux encore bien
plus célèbre dans Paris qu'il ne l'étoit auparavant ; mais elle l'exposa
en même temps à tous les traits d'une jalousie déja ancienne de la
part des Jésuites. » *Vies choisies de Messieurs de Port-Royal*, t. IV,
p. 42. — « M. Le Tourneux ressuscitait Des Mares, il balançait Bour-
daloue : on le fit taire ou du moins on ne lui permit pas de recommen-
cer. » M. Sainte-Beuve, *ibid.*, t. V, p. 65.

(3) M. de Harlay, archevêque de Paris.

et pour tenir, selon l'expression de l'Ecriture, la verité
comme liée par leurs injustices. Aussi n'eut il pas beaucoup de peine à se justifier sur ce qu'on luy imputoit; et
dès presque qu'il eut ouuert la bouche pour repondre à
ce prelat, il connut son innocence et la mauuaise volonté
de ses ennemis. Comme je trouueray encore des occasions de parler de luy, je n'en diray pas dauantage,
m'étant contenté de marquer, tout de suitte et sans in-
terruption, plusieurs choses qui le regardent, quoyqu'ar-
riuées en diuers temps (1).

(1) L'auteur, en effet, vient de réunir sommairement différentes
phases de la Vie de M. le Tourneux, depuis 1670 jusqu'en 1682, en
interrompant l'ordre chronologique de ses *Mémoires*.

CHAPITRE XXV.

— 1671-1679. —

Projets de la famille Thomas de quitter Rouen pour s'établir à Paris.
L'amour de la retraite en est la cause. — Mme du Fossé consulte
M. Julien, curé du Fossé. — Elle fait à Paris un séjour d'essai. —
Calculs sur la dépense. — Augustin Thomas, sieur de Bosroger,
vend sa charge de maître des comptes et s'établit à Paris, avant sa
mère. — M. de Tillemont est obligé de loger ailleurs. — Mme du
Fossé prend M. Le Tourneux pour directeur. — Son éloge en cette
qualité. — Maladie de Catherine Thomas, sœur de l'auteur. — Sa
guérison par M. Deslandres. — Eloge de ses remèdes. — Il guérit
aussi d'un asthme une Religieuse de Port-Royal des Champs. —
— Etat maladif de Catherine Thomas. — Projets de mariage d'Auguste Thomas. — La sœur de la Haye, religieuse de Port-Royal
des Champs, indique Mlle Le Maître de Saint-Elme à Mme du
Fossé. — Embarras de l'auteur dans une visite à M. de Saci. — Il
fait la demande en mariage. — Explication du retard de la réponse. — Hésitations de Mlle Le Maître. — Générosité de M. de
Saci à l'occasion de ce mariage. — Sa célébration à Saint-Séverin,
par M. Arnauld. — Son allocution aux époux. — Mme de Bosroger
se platt dans sa nouvelle famille. — M. Arnauld est le parrain du
premier enfant avec Mme du Fossé. — Mort de la sœur de la
Haye. — Dernière maladie et mort de la duchesse de Longueville.
— Eloge de cette protectrice de Port-Royal. — La famille s'adresse
à du Fossé pour obtenir les remèdes de l'abbé de Luçay. — Visite
nocturne à ce dernier. — Son refus. — Mécontentement de la
famille de Longueville. — Elle a recours à du Fossé. — L'or potable. — Il en porte lui-même. — Les médecins l'empêchent de
le donner à la malade. — Mal administré, il produit cependant
quelque effet. — Mort de la duchesse de Longueville (1).

Je viens presentement à ce qui regarde l'établissement
de ma mere et de sa famille auec moy. Il me semble
d'abord que c'est me rendre en quelque sorte ridicule de

---

(1) Tout ce chapitre est résumé en sept pages de texte par le premier éditeur. Voir Livre III, ch. 6 et 7, pp. 341-348.

dire qu'elle auoit dessein de se retirer à Paris, pour y
estre plus en état de penser à son salut. Car, quand on
compare cette grande ville auec celle de Roüen, on y
trouue une si prodigieuse disproportion que l'on a peine
à comprendre comment, en quittant Roüen, qui est une
espece de solitude, au prix de Paris, on peut auoir la
pensée de venir chercher la retraitte dans Paris même.
Cependant il n'y a rien de plus vray que la ville de Paris
est celle de toute la France où l'on peut viure plus aisément retiré. Ceux qui l'éprouuent, comme moy, n'ont
pas besoin de nouuelles preuues, pour en estre conuaincus. Mais d'ailleurs les alliances et la multitude des
connoissances, que ma mere auoit dans Roüen, la mettant
presque dans l'impuissance de viure retirée dans cette
ville, elle ne pouuoit manquer de trouuer dans Paris une
retraitte sans comparaison plus grande, puisqu'elle y
auoit beaucoup moins de connoissances : car celles mêmes
qu'elle y auoit, quoyque tres considerables, comme de la
duchesse de Longueuille, qui luy témoignoit une singulière bonté ; de Madame de Chauigny, dont la fille auoit
épousé son neueu (1) ; de M. des Hameaux, conseiller
d'Etat, dont la sœur auoit épousé son frere (2) ; de Madame de Raffetot (3), fille du Marechal du Plessis (4),

(1) « Mme de Chavigny était Anne Phélypeaux, fille unique de Jean,
seigneur de Villesavin, comte de Buzançois, secrétaire des commandemens de la reine Marie de Médicis. — Sa fille était Renée de Bouthillier de Chavigny. » Dû à l'obligeance de M. d'Estaintot. — Cette
dernière épousa Jean Beuzelin, sieur de Bosmelet, président au Parlement de Rouen. Voir t. I, p. 13, note 3.

(2) Sur Jean Dyel, seigneur des Hameaux, voir t. I, p. 13. — « Sa
sœur était Antoinette Dyel, femme de Jean Beuzelin de Bosmelet,
conseiller au Parlement de Rouen. » M. d'Estaintot.

(3) « Françoise de Choiseul du Plessis-Praslin, épousa Alexandre
de Canouville, chevalier, seigneur de Raffetot, Gueurres, qui servit à
l'armée. » Id.

(4) César de Choiseul, comte, puis duc du Plessis-Praslin, maréchal
de France en 1645.

autrefois son amie intime, et de MM. de Varengeuille,
ses proches parents (1), étoient, comme l'on peut bien
juger, des personnes à ne pas venir troubler sa retraitte
dans Paris, dès qu'elle se seroit mise sur le pied de demeurer dans son logis et de ne pas voir le monde. Cependant ma mere, accoutumée à une certaine vie de
Roüen, ne laissoit pas d'apprehender celle de Paris. Elle
y regardoit aussy la dépense, comme étant beaucoup
plus grande et capable de l'incommoder. Et enfin un
certain amour de son païs l'y tenoit encore attachée, et
luy donnoit de la peine à rompre ainsy tout d'un coup
des liens formez depuis longtemps. Comme je fus obligé
de faire un voyage au Fossé, où elle étoit, elle me parla
de son dessein. Mais, sans vouloir l'engager à un changement, qui pouuoit auoir de grandes suittes et dont
même elle pourroit se repentir, je luy conseillay d'en
parler au sieur Julien, curé du Fossé, homme de teste
et de bon conseil, et de suiure son auis (2). Elle le fit.
Et il luy parla si sagement sur la proposition qu'elle luy
faisoit, ne la portant point à rien précipiter, mais luy
conseillant d'auoir seulement en veuë son propre salut,
sans écouter toutes les suggestions de la chair et de
l'amour propre, et de prier pour cela beaucoup Dieu,
qu'elle prit sa resolution de venir à Paris, l'année suiuante (3), pour y faire comme une espece d'essay, en
passant quelques mois chez nous, où je luy auois reserué
et meublé un appartement. C'est ce qu'elle exécuta,
quand le beau temps fut venu. Et l'on peut bien croire
que, dans le dessein que j'auois de la retirer de la pro-

(1) Jacques Roque, père et fils, sieurs de Varengeville. — Voir
sur cette parenté, à l'Appendice VII, une note des plus complètes,
due à l'obligeance de M. d'Estaintot.

(2) Voir t. II, pp. 228-229, et plus haut, p. 22, 25 et suivantes.

(3) Vraisemblablement au printemps de 1671.

uince, je n'oubliay rien pour luy rendre le séjour de
Paris le moins incommode qu'il me fut possible. Elle
passa donc six semaines auec moy, et, luy leuant une
de ses plus grandes difficultez, qui étoit celle de la dépense, je luy fis voir, les jettons à la main (1), et articles
par articles, à quoy elle se montoit par an, selon l'experience que j'en auois. Elle eut d'abord un peu de peine
à me croire, craignant le mécompte dans mon calcul.
Mais elle fut dans la suitte conuaincuë de l'exactitude de
mes comptes. Elle prit donc sa résolution de donner ordre
à ses affaires, et de reuenir, l'année d'après (2), s'établir
dans nostre maison à Paris. Mon frere, qui en auoit encore plus d'enuie qu'elle, vendit sa charge (3), et, la
préuenant de quelques mois, vint demeurer auec moy.
Mais, si je receus de la consolation de ce costé là, en retirant de la ville de Roüen ma mere, mon frere et ma
sœur (4), je me vis priué en même temps d'un autre
auantage, qui étoit celuy de la compagnie de M. de Tillemont, mon ancien amy, qui fut obligé de prendre ailleurs son party (5), n'y ayant pas de logement pour

(1) « Petite pièce ronde faite en guise de monnaie, dont on se sert
« pour calculer plusieurs sommes. » *Dictionnaire de Trévoux.* — C'est
avec des jetons qu'Argan compte les parties de son apothicaire Fleu-
rant, dans *le Malade imaginaire*, acte I, sc. 1.

(2) 1672.

(3) Les lettres de provision à l'office de Conseiller Maître ordinaire,
en la Chambre des Comptes de Rouen, accordées à David Tompson,
au lieu et place d'Augustin Thomas, sieur de Bosroger, furent données à Versailles, le 25 avril 1672. — Archives de la Seine-Inférieure,
Registres de la Chambre des Comptes, année 1672, f° 76.

(4) Catherine Thomas, dont il a été question précédemment.

(5) « Son goût pour la retraite le porta ensuite à se retirer dans un
lieu nommé le Moûtier, situé dans la paroisse Saint-Lambert, près
de Port-Royal des Champs. » *Vies choisies de MM. de Port-Royal.*
t. IV, p. 179 dans la Nouvelle Histoire Abrégée de Port-Royal.
Saint-Lambert est à huit hectomètres au sud de Port-Royal.

nostre famille et pour luy, qui ne pouuoit pas non plus
s'accommoder d'une vie qui n'étoit plus celle qu'il vouloit mener. Aussy M. de Sacy songeoit à l'engager dans
les Ordres sacrez, afin qu'il fust en état de rendre seruice
à la maison de Port Royal des Champs, comme il le fit,
dans la suitte, auec cette pieté et cette sagesse que tout
le monde admiroit en luy (1).

Ma mere, étant à Paris, se mit souz la conduitte de
M. Le Tourneux; et elle trouua dans luy cet amy fidelle
et ce guide sage et assuré, dont l'Ecriture nous parle en
plusieurs endroits, et que les Saints nous recommandent
de chercher entre mille et dix mille, comme quelque
chose de difficile à trouuer. Tous ceux, en effet, qui l'ont
connu plus particulierement, et qui ont eu occasion de le
consulter dans leurs doutes, ont éprouué que sa lumiere
n'étoit point semblable à celle de ces faux pasteurs qui,
par crainte ou par politique, engagent dans l'égarement
ceux qui se confient en eux, mais qu'elle conduisoit les
ames dans les droits sentiers de la justice euangelique;
que l'exactitude de son zele pour la discipline de l'Eglise
étoit toujours temperée par la charité et par une sage
condescendance pour les ames, dont il sçauoit ménager
la foiblesse, non pour les tromper et les perdre, mais
pour leur donner moyen de croistre peu à peu dans une
plus grande perfection (2). Aussy, en considerant combien le pasteur souuerain des ames auoit supporté les
imperfections de ses disciples, dans le temps qu'il auoit
presché, et pendant les quarante jours qu'il passa encore
au milieu d'eux, depuis sa résurrection, il se contentoit,

(1) « M. de Sacy son Directeur lui fit recevoir le sous-diaconat,
puis le Diaconat. Enfin en 1676, il l'envoya à la Prêtrise. » *Ibid.*,
p. 180.

(2) Voilà l'idéal du Directeur, tel que les gens sensés le désiraient,
au xviie siècle, et tel qu'on le retrouvera dans Fénelon.

à l'égard de plusieurs ames encore foibles, de les soutenir dans la pieté où elles étoient entrées ; et il disoit de
ces personnes imparfaittes, mais humbles dans leurs
imperfections, que, pourueu qu'elles trauaillassent à se
corriger, et que Dieu, lorsqu'il les appelleroit à luy, les
trouuast appliquées à l'ouurage de leur salut, elles
auoient lieu d'esperer que la charité abondante de Jesus
Christ, et le merite infini de ses souffrances, couuriroit
la multitude de leurs deffauts. Mais il témoignoit au
contraire craindre beaucoup pour les autres, qui, peu
touchez de leurs fautes, semblent oublier les ennemis
qu'ils ont à combattre ; comme si quelques passions secrettes les mettoient d'accord en quelque sorte auec l'ennemy de leur salut, qui se plaist à ne point troubler la
paix de ceux qu'il tient à luy par quelque endroit que ce
puisse estre.

Ma mere receut des secours de ce saint prestre que je
ne puis exprimer. Elle ne sortoit jamais d'auec luy que
plus forte, parce qu'elle en étoit plus humble. N'ayant
rien de caché pour un homme en qui elle auoit mis, après
Dieu, toute sa confiance, elle trouuoit, dans cette même
ouuerture qu'elle auoit pour luy, les remedes les plus
propres pour toutes ses peines ; et elle les receuoit auec
une soumission qui la rendoit digne de plus en plus que
Dieu éclairast pour son salut celuy qu'il luy auoit destiné
pour directeur. On s'étonnera peut estre de ce que je dis
à la loüange de M. Le Tourneux. Mais je n'en dis rien
qui ne soit connu de ceux qui ont eû une liaison particuliere auec luy. Et je me souuiens que, parlant un jour
auec une personne fort distinguée, par sa qualité et par
son esprit, des dons éminens qui étoient en luy, elle me
dit, ce que je croyois aussi bien qu'elle, qu'on n'auoit
guere veû d'homme, en nos jours, qui eust une plus
grande lumiere et un jugement plus solide. A quoy j'a-

joutay qu'il me paroissoit auoir quelque chose de l'intelligence des anges, à qui, sans aucun raisonnement, la lumiere de la verité se découure tout d'un coup ; parce qu'il me paroissoit aussy que, dans toutes les affaires les plus embroüillées, il raisonnoit peu et découuroit tout d'un coup le conseil qu'il falloit prendre, comme n'ayant pas besoin d'arriuer, par beaucoup de degrez, à la connoissance de la verité ; ce qui est l'effet du raisonnement et la marque même de la foiblesse de l'esprit de l'homme. Cette personne fut rauie de ce que je luy donnay cette ouuerture pour exprimer à peu près les mêmes choses qu'elle pensoit.

Dieu, qui mesle toujours des amertumes dans les douceurs de la vie presente, pour empescher que ses seruiteurs ne s'y attachent, ne permit pas que nous joûissions de la consolation toute pure que nous donnoit l'union si chrestienne de ma mere auec sa famille, dans les mêmes sentimens et dans le même dessein de scruir Dieu. J'ay dejà parlé, au commencement de ces Memoires (1), de ma sœur, la plus jeune de toutes (2), qui demeuroit auec ma mere, et que ses infirmitez empeschoient d'estre Religieuse (3), quoyqu'elle vécust dans le monde comme une personne qui y auoit renoncé. Elle auoit été, comme je crois l'auoir dit, pensionnaire à Port Royal (4). Et ce fut là que commença son indisposition, qui fut d'abord une fluxion qui se jeta sur ses jambes. Quelque soin que

(1) T. I, pages 17, 153, 154 ; t. II, pages 201, 210, 211.

(2) Catherine Thomas, sa sœur puînée, était le septième des enfants de cette famille. Voir t. I, p. 17.

(3) Elle avait dû tenter de l'être, et son nom, en Religion, nous paraît avoir été : « Sœur Catherine de Sainte-Colombe Thomas. » En voir la raison à l'Appendice VII *bis*.

(4) Il l'a dit de ses deux sœurs Madeleine et Anne, et non de sa sœur Catherine. T. I, p. 152, 153.

l'on en prist, le mal deuint à la fin si grand qu'il fallut luy faire de terribles incisions, et qu'on luy tira une grande partie du gros os, qui étoit tout carié. Elle souffrit des douleurs presque incroyables, tant de son mal que des chirurgiens qui, bien qu'habiles, la martyrisoient tous les jours, sans pouuoir faire refermer cette plaie monstrueuse, que l'on auoit peine à voir. Enfin, M. Deslandres, de qui j'ay parlé ailleurs, à l'occasion de M. Guilbert, curé de Rouuille (1), et qui étoit fort amy de nostre maison et tres habile dans la chirurgie aussi bien que dans la medecine, étant venu à Port Royal (2), et ayant veû, non pas seulement la playe de la jambe de ma sœur, mais encore la maniere dont on la traittoit, en fut touché de compassion : il fit voir en quoy l'on manquoit et ce qui causoit alors ses plus cruelles douleurs : il changea entierement la maniere de la panser, en deffendant que l'on mist à l'auenir dans la playe cette quantité de charpie, qui ne seruoit qu'à reculer la guerison et à augmenter les souffrances de la malade : il donna d'un baume, qu'il appelloit de l'huile 'd'or, qui calma en un instant, comme par un effet miraculeux, toutes ses douleurs, et enfin il mit le mal en état de pouuoir estre guéry assez promptement. Ce charitable gentilhomme auoit des remedes si excellens qu'il fit, dans la même maison, une autre espece de miracle. Comme il demanda s'il n'y auoit point d'autres malades, et qu'on luy eut dit que non, une des Religieuses ajouta : « Car nous ne vous parlons point, Monsieur, d'une de nos sœurs, qui est asthmatique depuis lonngtemps. Et pourquoy, répliqua t'il, ne m'en parlez vous point? C'est, Monsieur, dit elle,

(1) T. I, p. 140.
(2) En 1661, il y avait, à Port-Royal de Paris, une de ses filles, « sœur Jeanne de Sainte-Aldegonde des Landres. »

que nous regardons ce mal comme incurable. » Il demanda à la voir. Et, l'ayant veuë et examinée, il donna un remede specifique pour l'asthme, et declara la maniere dont il falloit s'en seruir. Il eut tout l'effet qu'on eust pu attendre d'un vray miracle. Car la malade en fut tres parfaittement guérie, et l'on connut qu'il y a, dans la vraye medecine, des remedes où il semble que le Créateur ait renfermé quelque chose de sa vertu toute puissante. Le tout est de les découurir. Et c'est à quoy l'on n'arriue guere par la voye de l'interets et de l'auarice, qui est, selon Hippocrate même, le prince des medecins, l'un des grands obstacles à la connoissance de la veritable medecine.

Pour reuenir à ma sœur, quoyqu'elle guérit de ce mal si furieux, et que sa playe se referma entierement, il luy resta neantmoins un mauuais leuain, ou un ferment de malignité, qui, toujours prets à s'aigrir ou à s'enflammer, luy causoit de temps en temps des douleurs insupportables, tantost à la cuisse, tantost à la jambe : et il luy sembloit que ses nerfs, et jusqu'à la moëlle de ses os, étoient pénetrez de l'acreté si cuisante de cette humeur. C'étoit sans doute pour ma mere et pour nous tous un sujet presque continuel d'affliction. Car, quoyque ma sœur eust une patience extraordinaire, qui luy faisoit, pour parler ainsy, déuorer souuent une partie de son mal, sans nous en rien témoigner, il luy suruenoit neantmoins, de temps en temps, des accès si furieux de douleur qu'il n'y auoit pas moyen de nous les cacher ; et que, malgré soy, elle nous donnoit lieu de prendre part à sa croix ; étant impossible de la voir souffrir si cruellement sans souffrir beaucoup auec elle. On peut donc dire que la souffrance presque continuelle a été son vray partage, et que, n'ayant pu s'engager à porter la croix de la vie religieuse, Dieu même luy en imposa une sans compa-

raison plus pesante et plus penible, dont elle ne fut proprement déchargée que par la mort. Comme son mal augmenta un jour en sorte que les chirurgiens jugerent qu'il
y auoit un abcès formé assez auant dans la cuisse, et
qu'il falloît le percer, en y faisant une incision considerable, elle ne voulut y consentir qu'à la condition que
je la tiendrois moy même, pendant l'opération. J'auouë
que j'eus toutes les peines du monde à m'y résoudre,
n'ayant point le cœur de voir ainsy charcuter une personne que j'aimois si tendrement. Cependant, comme la
confiance qu'elle auoit en moy la fit demeurer ferme
dans sa résolution, je fus obligé de me rendre, et je
souffris presque autant qu'elle, en luy voyant faire cette
cruelle incision. Elle ne fit que languir depuis jusqu'à
sa mort dont je parleray ailleurs.

Quoy que mon frere eust vendu sa charge et qu'il se
fust retiré, comme je l'ay dit (1) auec nous, il n'auoit
pas neantmoins renoncé au mariage. Et apparemment
Dieu le demandoit en cet état, puisque l'exemple des
personnes auec qui il demeuroit ne luy pust jamais oster
la pensée de s'établir, quand il le pourroit ; et que je puis
dire aussi que Dieu fit enfin connoistre, par celle qu'il
luy destinoit, qu'il auoit des veuës de misericorde sur
luy, en l'alliant, par un mariage vraiment chrestien, auec
les personnes que nous honorions le plus, pour leur
merite, et auec qui nous auions, depuis tant d'années,
une liaison si étroitte. La maniere dont se fit ce mariage
a quelque chose de singulier et qui marquoit, ce me
semble, que Dieu même s'en mesloit. Premierement, il
est bon de remarquer que mon frere auoit été, quelque
temps auparauant, sur le point de se marier auec une
veuue de merite, alliée fort proche de Madame d'Aubi-

(1) En 1672. Voir plus haut, p. 107.

8

gny, et que les choses furent même si auancées que, les bans ayant été publiez, le jour auoit été pris pour le mariage (1). La seule irresolution de cette dame, qui vouloit et qui craignoit en même temps l'engagement, le fit rompre : ou, pour mieux dire et parler plus juste, ce fut la volonté de Dieu qui en ordonnoit ainsy, pour faire épouser à mon frere celle qu'il luy auoit destinée.

Il y auoit, à Port Royal des Champs, une Religieuse, parente de ma mere, nommée sœur de la Haye (2), cousine germaine de Madame de Motteuille (3), qui auoit été en grande considération auprès de la Reyne (4). Ma mere aimoit tendrement cette Religieuse et auoit même une confiance particulière en elle. Aussy il est vray qu'elle auoit une sagesse et une vertu qui la distinguoient de beaucoup d'autres. Un jour que ma mere s'entretenoit confidemment auec elle et lui parloit, entr'autres choses, de la peine que luy donnoit l'établissement de mon frere, et de la crainte qu'elle auoit d'une belle fille, dont l'humeur et la conduitte sympathisent ordinairement si peu auec une belle mere, cette bonne Religieuse s'auança, je ne sçay comment, de luy dire : «J'en sçay une, ma cousine, qui seroit bien telle qu'il la faut pour mon cousin et pour vous, et dont vous auriez tous de la consolation.» Ayant ainsi excité la curiosité de ma mere, qui luy demanda auec assez d'empressement qui c'étoit, elle ajouta que : C'étoit la niece de Monsieur de Sacy, et la petite

(1) Il a déjà été question de projets de mariage, plus haut, p. 44, mais avec moins de détails.

(2) Sœur Genevieve de Sainte Madeleine de la Haye.

(3) Françoise Bertaut, qui avait épousé, en 1639, Nicolas Langlois, seigneur de Motteville, premier président de la Chambre des Comptes de Normandie, dont elle devint veuve en 1641.

(4) En 1643, à la mort de Louis XIII, Anne d'Autriche la rappela près d'elle pour la faire vivre dans son intimité. Ses *Mémoires* sont restés célèbres.

nièce de la feu Mere Marie Angélique Arnauld, de la
Mere Agnès, de Monsieur d'Andilly, de Monsieur l'Eucs-
que d'Angers, et de Monsieur Arnauld, qui portoit alors
le nom de Mlle de Sericourt (1), qui auoit toujours été
élevée à Port Royal, et dont l'éducation si chrestienne
et la sagesse, aussi bien que de celle de Monsieur de Bosroger, donnoient sujet d'esperer qu'un tel mariage attireroit la benediction de Dieu, et donneroit à l'Eglise des
enfants dont la vertu répondroit à tant de grands exemples domestiques de piété. Quelque répugnance naturelle
qu'eust ma mere, comme j'ay dit, pour une belle fille, elle
ne la sentit point de même pour celle cy ; soit à cause de
celle qui luy en faisoit l'ouuerture et pour qui elle auoit
une parfaitte confiance ; soit à cause de la veneration tres
sincere qu'elle conseruoit depuis si longtemps pour toute
cette famille si illustre, et même de la connoissance particuliere qu'elle auoit de Madame le Maistre, mere de la
demoiselle de Sericourt. Elle receut donc fort agreablement la proposition que luy auoit faitte cette bonne
Religieuse, et luy témoigna que, pour celle là, elle se
sentoit disposée à passer pardessuz ses craintes et à faire
ce que Dieu demanderoit d'elle en cette rencontre. L'affaire en demeura là pour lors ; si ce n'est que cette Religieuse, nostre cousine, ne put s'empescher sans doute de
dire à Monsieur de Sacy l'ouuerture qu'elle auoit fait d'elle
même à ma mere sur le mariage de sa niéce que l'on vouloit établir, et la réponse que ma mere y auoit faitte. Car
pour ce qui est de ma mere, elle ne me parla point du
tout de son entretient auec la Religieuse.

(1) Catherine Agnès Le Maître, l'aînée des trois filles de Jean
Le Maître de Saint-Elme et de Louise de Boignes. — Le second nom
avait été porté par son oncle, Simon Le Maître, sieur de Séricourt,
un des solitaires de Port-Royal, mort en 1650.

Je fis quelque temps après un voyage à Port Royal (1), où je vis Monsieur de Sacy, comme à l'ordinaire, sans qu'il me parlast de rien : comme en effet ce n'étoit pas à luy à m'en parler le premier. Mais il se passa quelque chose de fort singulier dans nostre conuersation. Car comme j'auois à m'ouurir à luy d'une affaire de consequence, et que je sentois beaucoup de peine à me resoudre de luy parler de cette affaire, que je sçauois deuoir luy causer quelque chagrin ; il s'apperceut, en effet, que je déliberois à m'ouurir à luy de quelque chose, et il crut que c'étoit sur le sujet du mariage de sa niéce et de mon frere. Sur cela, il me pressa de luy déclarer confidemment ce que j'auois à lui dire. Mais m'étant douté aussitost moy même de la raison qui le portoit à me presser de luy parler, parce que la Religieuse, ma cousine, m'auoit rapporté son entretien auec ma mere, je n'osois plus luy parler de l'affaire chagrinante dont j'auois à l'entretenir, ni luy proposer non plus ce mariage, pour lequel je ne pouuois pas comprendre que ma mere eust été, contre sa coutume, si secrette à mon égard. Je me trouuay donc, dans cet instant, l'homme du monde le plus déconcerté, ne sçachant du tout à quoy me résoudre ni que luy dire. Cependant, plus il me vit interdit, plus il me pressa de ne luy point cacher ce que j'auois à lui dire, persuadé qu'il étoit qu'une certaine timidité m'empeschoit de luy proposer ce qu'il désiroit luy même beaucoup. Et, comme il me vit si embarrassé, il me donna cette nouuelle ouuerture en me disant : Que je ne deuois faire aucune difficulté de luy déclarer ce que j'auois dans le cœur ; parce qu'on manquoit quelquefois des affaires pour n'en auoir pas parlé dans l'occasion ; et qu'on ne pouuoit ensuitte y reuenir, lorsqu'on le vouloit. C'étoit trop s'ouurir à moy ;

(1) **Port-Royal des Champs, vers la fin de novembre 1676.**

et, à moins que de me dire tout ouuertement la chose, il
ne pouuoit guere s'expliquer plus clairement. Ainsy il
arriua, non sans un effet visible de la prouidence, que la
peine que j'auois à luy déclarer une chose, qui n'auoit
aucun rapport au mariage de mon frere, m'engagea insensiblement dans une espece de necessité de luy parler de
ce mariage, quoyque je ne le voulusse pas ; puisque, ne
pouuant douter, après ce qu'il venoit de me dire, qu'il
souhaittoit que je luy en parlasse le premier, il ne me fut
plus possible de reculer, ni de luy parler de cette autre
affaire, qu'il auroit été bien moins disposé à écouter, lorsqu'il s'attendoit à toute autre chose. Je me vis donc engagé, en cette manière si surprenante, à luy dire qu'il
m'étoit venu la pensée, aussi bien qu'à quelques autres
personnes, que, comme on songeoit toujours à établir
Mademoiselle sa niéce et qu'il sçauoit que mon frere songeoit toujours à se marier, il sembloit que l'on pouuoit
faire un mariage vraiment chrestien de ces deux personnes éleuées dans les mêmes sentimens et unies déja en
quelque sorte par les liens de la pieté et de la crainte de
Dieu. Dès que je luy en eûs fait la proposition, il m'en
témoigna une joye tres grande, me faisant entendre qu'il
auroit bien souhaitté que sa niéce eust pu joüir du même
bonheur que tant de parentes, qui s'étoient genereuse-
ment consacrées à Jesus Christ dans cette sainte maison ;
mais que, Dieu ne luy faisant point cette grace, qui n'est
pas donnée à tous, ce qu'il desiroit uniquement étoit que
sa niéce, qu'il aimoit pour Dieu, fust assez heureuse pour
entrer dans une famille chrestienne, et pour auoir un
époux qui eust de la piété et de la crainte du Seigneur ;
qu'il trouuoit ce qu'il desiroit dans l'affaire que je luy
proposois, et que, s'il auoit cinquante mille écus, il les
donneroit de bon cœur pour procurer cet établissement
à sa niéce. Je répondis, comme je deuois, auec toute la

reconnoissance possible, à la maniere si genereuse dont
il me parloit. Et je luy dis seulement que, comme ma
mere auoit toujours témoigné une si grande répugnance
pour prendre chez elle une belle fille, et que d'ailleurs je
ne luy auois point parlé de cette proposition, que j'auois
pris la liberté de luy faire de moy même, il falloit que je
ménageasse son esprit pour la luy faire agréer, auant
qu'on parlast de rien. Il me témoigna qu'il s'en reposoit
entierement sur moy et qu'il attendroit que je luy fisse
sçauoir sur cela de mes nouuelles. Me voila donc engagé,
par la rencontre du monde la plus extraordinaire, à né-
gotier un mariage auquel je ne pensois point. Et m'y
voila engagé d'honneur, d'une manière à ne pouuoir reculer, ayant donné ma parole à la personne du monde
que j'aimois et que j'honorois le plus. Aussi, toutes les
fois que j'y ay fait réflexion depuis, je n'ay pu n'y pas
remarquer le doigt de Dieu, qui sçait faire réüssir les
affaires qui sont dans son ordre, comme j'ay tout lieu
de croire que celle là l'étoit, par des moyens auxquels la
prudence humaine a le moins de part.

Je ne manquay point, étant de retour à Paris, de dire
à ma mere la pensée qui m'étoit venuë sur ce mariage,
et de luy en faire voir tous les auantages, à cause des
alliances si honorables, de la liaison si étroitte que nous
auions auec toute cette famille, et de l'excellente éducation aussi bien que des bonnes qualités de la personne
dont il s'agissoit. Je la trouuay sur cela dans la meilleure
disposition du monde. Car, outre que M. le Tourneux,
qui la conduisoit, luy auoit déja fait entendre, en d'autres rencontres, qu'il croyoit que Dieu demandoit d'elle
un sacrifice de la répugnance qu'elle sentoit pour une
belle fille, s'agissant de l'établissement et peut estre du
salut de son fils, la veneration toute singuliére qu'elle
auoit pour toutes les personnes de cette illustre famille,

et la liaison même qu'elle auoit, comme je l'ay dit (1),
auec Madame Le Maistre, mere de la demoiselle, l'engagé-
rent à receuoir auec joye la proposition que je luy en fis.
« Hò, pour celle là, me dit elle, ce sera de bien bon cœur
que je la prendray pour ma belle fille. » Et non seulement
elle agréa que j'en écriuisse, mais elle me pressa même
de le faire d'une maniere qui me surprit et qui me ré-
joüit également.

Je le fis donc, en écriuant aussitost à M. de Sacy pour
luy rendre compte de ma négotiation, et pour luy faire
connoistre combien ma mere auoit témoigné de joye de
l'affaire que je luy auois proposée. Mais il arriua le plus
fâcheux contre temps, qui pensa tout rompre et refroidir
la bonne volonté de ma mere. La lettre que j'écriuis à
M. de Sacy luy fut renduë, lorsqu'il étoit occupé à confesser les Religieuses (2). Et la fonction où il étoit ne luy
ayant pas permis de regarder l'écriture ni de faire réflexion à celuy qui luy écriuoit, il mit cette lettre dans
sa poche, où il l'oublia entierement. C'étoit au commencement de l'Auent qu'il la receut ; et nous fûmes, tout
le reste de l'Auent, à attendre qu'il répondist à ma
lettre ; comme luy, de son costé, attendoit aussy de mes
nouuelles auec quelque sorte d'inquietude. Cependant il
se disoit à luy même, comme il me le témoigna depuis : « M. du Fossé est un homme exact ; et, puisqu'il
ne me donne point de ses nouuelles, c'est qu'il ménage
l'esprit de Mme sa mere : il faut attendre. » C'est ainsy
qu'il raisonnoit, lorsqu'il auoit ma réponse dans sa poche.
Et nous, de même, nous nous disions : « Que signifie ce

(1) Voir plus haut, p. 115.

(2) Il fut leur confesseur de 1675 à 1678. Voir le *Catalogue des Confesseurs de Port-Royal*, en tête du Nécrologe de Port-Roïal des
Champs, p. LXXI.

silence ? Est ce que la proposition n'agrée point ? » Pour moy, je sçauois très bien qu'elle agréoit parfaittement ; mais je ne pouuois comprendre quelle pouuoit estre la cause qui empeschoit qu'on ne me rendist réponse. Ma mere inquiette me demanda d'elle même ce que j'en pensois. Je ne sceus que lui répondre. Elle me pressa d'écrire de nouueau, n'étant pas d'humeur à attendre plus longtemps. Mais tout ce mystere se déueloppa tout d'un coup, lorsque M. de Sacy ayant mis un jour sa main dans sa poche, il fut bien surpris d'y trouuer ma lettre toute cachettée, et telle qu'il l'auoit reçeuë, étant au confessionnal. Il se hasta de la lire et y trouua la réponse qu'il attendoit depuis si longtemps et qu'il souhaittoit beaucoup. Jugeant donc, par sa propre inquietude, de celle où nous deuions estre de nostre costé, il m'écriuit aussitost pour me marquer la veritable raison d'un si long retardement, et pour m'assurer qu'aussitost après les festes il se rendroit à Paris pour conclurre cette affaire.

Lorsqu'il y fut arriué, on ne perdit point beaucoup de temps à disputer, de part et d'autre, pour les interets de chacune des parties. La sincérité étant toute entiere du costé de M. de Sacy, qui tenoit lieu de pere, en cette rencontre, à la damoiselle sa niéce, et du nostre aussi, on regarda également l'auantage des deux personnes dont le sacrement de mariage ne feroit qu'un dans la suitte. Et l'on peut dire que les choses furent proposées et concluës presque en même temps. La damoiselle cependant, ayant appris cette nouuelle, fut saisie d'une profonde tristesse. Aimant tendrement la dame sa mere, elle ne pouuoit se résoudre de la quitter. D'ailleurs elle regardoit nostre maison comme une espece de cloistre, dans lequel elle alloit s'engager, après qu'elle étoit sortie d'un autre, où elle n'auoit pas eû la

force de demeurer (1). La grauité de ma mere, l'une des
dames de France dont l'exterieur étoit plus capable
d'imprimer de la retenuë et du respect, luy faisoit peur.
Elle ne connoissoit point du tout mon frere. Et, quoy
que j'allasse souuent chez Madame sa mere, elle ne me
connoissoit guere dauantage, ayant seulement une idée
de moy comme d'une personne retirée, qui trouuoit tout
son diuertissement dans son cabinet. Ainsi, toute pénétrée de douleur, elle pleuroit et fondoit en larmes, jusques là que la Dame sa mere, s'étant fâchée tout de bon
contr'elle, lui dit un jour : Que le party qu'on luy propo-
soit luy paroissoit si auantageux qu'elle donneroit de
bon cœur quarante mille écus pour le lui procurer, si elle
les auoit ; et que, si elle le refusoit, elle n'auoit plus qu'à
se retirer en un monastere. Elle prit donc sa résolution,
pour obéïr à sa mere et à ses oncles, qui connoissoient
beaucoup mieux qu'elle ce qui luy étoit auantageux. Le
jour fut marqué pour le mariage (2). Et M. de Sacy, qui
songeoit principalement à le rendre vraiment chrestien,
et à attirer la benediction de Dieu sur ceux qui deuoient
le contracter, enuoya, la veille, quatre cents liures à
l'Hospice General (3), afin que, par les prieres et les
voeux des pauures, il acquist à sa niéce et à son neueu
le plus grand de tous les thresors, qui est celuy d'une
veritable pieté. Ce fut M. Arnauld, grand oncle de
la damoiselle, qui fit le mariage dans l'église de Saint

(1) Port-Royal, où son oncle, M. de Saci, avait bien désiré la voir
entrer. Voir plus haut, p. 117.

(3) Vers le commencement de 1677. On lira plus loin : « Le premier
« enfant né au bout de deux ans, c'est-à-dire au commencement de
« l'année 1679. » Voir p. 128.

(3) Ou plutôt : « L'Hôpital-Général, » comme dans la « Déclaration
du Roy pour la subsistance des pauvres de l'Hôtel-Dieu et l'*Hôpital
Général* de Paris. » 1709.

Seuerin (1). Et , quoyque la chose eust été tres peu
diuulguée, et concluë en si peu de temps, il s'y trouua
neantmoins un assez grand nombre de personnes, atti-
rées par le bruit du mariage d'une des niéces de M. Arnauld et de M. de Sacy. La maniere dont ce grand homme
parla aux deux personnes qu'il marioit, est si digne de
la sainteté et de la grandeur de nostre Religion, que je
crois qu'on ne sera point fâché que j'en rapporte en ce
lieu un abbregé, qui fait connoistre admirablement, à
tous ceux qui s'engagent dans cet état, auec quel respect
et dans quelles veuës ils s'y doiuent engager.

« Ce m'est, leur dit il, une consolation sensible, de ce
« que, la premiere fois, que je me trouue engagé à par-
« ler de ce que Saint Paul appelle *un grand sacrement* ;
« j'ay à le faire à des personnes, que Dieu même en a
« déja si bien instruittes. Car je sçay, et c'est le sujet de
« ma joye et de ma confiance en Nostre Seigneur, que ce
« n'est ni la chair et le sang, ni la recherche des biens
« temporels , ni aucune autre consideration humaine,
« mais la seule veuë de Dieu, et le desir de mener une
« vie vrayment chrestienne, qui vous porte à vous unir
« ensemble par ce nœud sacré. Et ainsy, comme Saint
« Paul disoit aux fidelles de Thessalonique, qu'il n'auoit
« point besoin de leur écrire de la charité fraternelle;
« par ce, leur dit il, que vous auez appris de Dieu même
« à vous aimer les uns les autres ; et que la preuue,
« qu'il apporte , pour montrer, que c'estoit de Dieu
« qu'ils l'auoient appris, est qu'ils le faisoient ; parce
« qu'il n'y a que cette maniere d'enseigner, où Dieu
« parle au cœur par son Esprit Saint, qui fasse faire in-
« failliblement ce que l'on a appris que l'on deuoit faire,

(1) A Paris, rue du même nom, entre la rue Saint-Jacques et le
Boulevard Saint-Michel.

« je puis vous tenir aussy le même langage. Il n'est pas
« besoin que les hommes vous parlent, après que Dieu
« vous a parlé. Les veuës qu'il vous a données, de faire
« chrestiennement ce que l'on fait d'ordinaire d'une ma-
« niere si prophane, ne sçauroient estre que l'effet de
« cette parole interieure, qui se fait entendre au fonds
« du cœur, qu'inspire en même temps la connoissance
« et l'amour, la lumiere qui nous découure ce que Dieu
« demande de nous, et un plaisir celeste qui nous le fait
« accomplir. C'est cette inspiration diuine, qui a fait que
« vous éleuant audessuz des sens et de la nature, vous
« estes allez chercher auec Saint Paul dans Jesus Christ
« même, et dans son union ineffable et toute diuine auec
« sa diuine Epouse, qui est l'Eglise, la sainteté de l'état
« auquel il vous a appellez, le modele des vertus que
« vous y deuez prattiquer, et le fondement des obliga-
« tions que vous y auez contractées.

« Nous ne sçaurions mieux comprendre, à quel point
« de grandeur et de dignité, le mariage a été eleué dans
« la loi nouuelle, qu'en considerant ce que nous apprend
« Saint Paul, que Dieu a voulu, qu'il fust l'image du
« chef d'œuure de sa sagesse, et de son amour. Car, en
« quoy la sagesse infinie de Dieu, et la tendresse de son
« amour enuers les hommes pouuoient elles plus pa-
« roistre, qu'en ce qu'il ne s'est pas contenté de leur
« pardonner leurs pechez, par la foy de son Fils, mais
« qu'il a voulu encore, pour auoir plus de sujet de les
« aimer en ce Fils bien aimé, qui est l'objet de toutes ses
« delices, qu'ils contractassent auec luy la plus étroitte
« et la plus aimable de toutes les alliances, qui est celle
« d'une épouse auec son époux.

« On doit donc auertir les chrestiens qui se marient,
« selon le Seigneur, *in Domino*, comme dit Saint Paul, de
« ne jamais oublier, que leur mariage a l'honneur, d'estre

« l'image de celuy de Jesus Christ auec l'Eglise. Ils ne
« sçauroient estre occuppez de cette pensée, sans estre
« portez d'une part à traitter saintement une chose aussi
« sainte, qu'est leur union conjugale, et à prattiquer ce
« que dit l'Apostre aux personnes mariées ; *Que chacun*
« *sçache posseder le vase de son corps saintement et hon-*
« *nestement, et non en suiuant les mouuemens de la concupis-*
« *cence, comme les payens, qui ne connoissent point Dieu:*
« et sans auoir de l'autre une grande confiance, que Dieu
« ne manquera pas de leur donner les secours neces-
« saires pour viure dans cet état, d'une maniere *digne de*
« *Dieu*, comme parle Saint Paul. Car leur mariage étant
« la figure de celuy du diuin Epoux auec son Epouse,
« n'en est pas une figure vide, sans efficace, et sans
« vertu, comme étoient celles de la vieille Loy. Jesus
« Christ y a joint sa grace, pour en rendre le lien plus
« doux, en même temps qu'il l'a plus serré, par la decla-
» ration qu'il a faitte, qu'il n'y auoit que la mort qui le
« pouuoit rompre. C'est ce qu'il nous a fait entendre,
« en assistant à des noces. Car, pour marquer qu'il les
« benissoit, et qu'il en vouloit faire un des mysteres de
« sa nouuelle Religion, il y a changé l'eau en vin ; c'est
« à dire, l'infirmité de la chair, en la force de son Esprit.
» Il deuoit à sa bonté et au soin qu'il prend de nous, ins-
« tituer un sacrement plein de benediction et de graces,
« pour retenir la concupiscence dans ses justes bornes,
« et donner moyen aux Chrestiens, de remplir tous les
« deuoirs de cette condition.

« Ces deuoirs sont grands ; puisqu'il ne sçauroit y
« auoir de plus parfaits modelles, que ceux auxquels ils
« sont obligez de se conformer. Il faut, dit Saint Paul,
« que les femmes soient soumises à leurs maris, comme
« l'Eglise l'est à Jesus Christ, qui la regarde comme son
« corps, dont il est le sauueur. Et vous, ô maris, ajoute

« ce grand apostre, aimez vos femmes, comme Jesus
« Christ a aimé l'Eglise, et s'est liuré luy même pour
« elle, afin de la sanctifier, et de la faire paroistre deuant
« luy pleine de gloire. Pouuoit il marquer d'une maniere
« plus touchante, combien l'amour mutuel des personnes
« mariées doit estre saint et spirituel, puisque le salut
« de l'un et de l'autre, doit estre sa fin principale, comme
« le but de l'amour que Jesus Christ a pour son Eglise,
« est sa sanctification et son bonheur éternel? C'est là
« le grand fondement de toutes les obligations des per-
« sonnes mariées. Comme ils ne se doiuent aimer qu'en
« Dieu et pour Dieu; c'est aussy en luy, et pour luy,
« qu'ils doiuent aimer ceux qui leur sont joints par ce
« lien commun, comme sont les parens de l'un et de
« l'autre, et surtout les enfans, qui sont la fin et le fruit
« de leur mariage. Ils doiuent estre dans la disposition
« de pouuoir dire auec le jeune Tobie : Vous sçauez, Sei-
« gneur, que ce n'est point, par un desir sensuel que j'ay
« pris ma sœur pour mon épouse, ou que j'ay pris mon
« frere pour mon époux, mais pour auoir une posterité
« qui vous louëra éternellement ; c'est à dire, pour don-
« ner des enfans à Dieu, des membres à Jesus Christ,
« et des saints à son Eglise. Car Dieu n'est vraiment
« louë que par son Fils, et par ceux qui luy appartenant
« par la grace qui les rend saints, ne font auec luy qu'un
« même Christ. Rien n'est plus digne de la sainteté du
« Christianisme, qui va bien audelà de ce que disoient
« les payens, que leur sage n'étoit pere et mary que pour
« la patrie (1). Mais rien aussy n'est plus capable de faire
« trembler, quand on pense serieusement à quoy elle
« engage. Il faut que la passion dominante des peres et

(1) Le premier éditeur a supprimé, dans cette allocution, tout ce
qui précède.

« des meres, soit de rendre leurs enfans vraiment chres-
« tiens. Mais ils se flatteroient en vain d'estre dans cette
« disposition, si leur conscience ne leur rendoit ce té-
« moignage, qu'ils rapportent à cette fin tout ce qu'ils
« font pour eux ; leur éducation, leurs études, les em-
« plois qu'ils leur donnent, les conditions où ils les des-
« tinent. Je vous auouë, que cette consideration me
« donne de l'effroy pour vous ; tant cette charge me
« paroist grande. J'ay commencé par vous témoigner
« ma joye ; et je finis, par vous témoigner ma crainte.
« On peut entrer saintement dans un état saint, sans
« que la fin en soit heureuse, parce que l'on peut se re-
« lascher dans la suitte, et manquer par infidelité, ou
« par négligence, à en accomplir les deuoirs. Il ne suffit
« pas d'estre bien appellé à quelque état que ce soit : il
« faut perseuerer dans la grace de sa vocation ; ce qu'on
« ne peut faire sans une nouuelle grace. Plus on aura
« receu de faueurs de Dieu, et plus on en aura de comptes
« à rendre. Tout cela nous fait voir, qu'il n'y aura que
« dans l'autre monde, où l'on sera dans une entiere assu-
« rance ; mais que dans celuy cy, qui est un lieu de
« tentation et de combat, il ne nous reste qu'à operer
« nostre salut auec crainte et tremblement. Je puis dire
« neantmoins, pour temperer vostre crainte (1), que ce
« vous est un grand sujet de confiance, de vous trouuer
« dans les dispositions où Dieu vous a mis ; parce qu'on
« a lieu de les regarder comme un effet et une marque
« de son amour éternel pour vous, et que c'est de cet
« amour que dépend nostre salut. Il vous a préuenus de
« ses graces, parce qu'il vous a aimez. Il acheuera son
« œuure en vous par ces mêmes graces ; parce qu'il ne

(1) Ici le premier éditeur met un etc. et supprime la fin de l'allocution.

« vous a aimez, qu'afin que vous l'aimiez dans le temps,
« et dans l'éternité. Viuez dans cette esperance. Fortifiez
« vous dans cette humble confiance en sa misericorde,
« par un continuel exercice de pieté, et la prattique de
« toutes sortes de bonnes œuures. Et ne doutez point,
« que vous n'en recüeilliez le fruit dans le ciel. C'est ce
« que je souhaitte, et que je vas demander à Dieu pour
« vous, en luy offrant cette victime adorable, par laquelle
« seule nous pouuons auoir accés au thrône de Sa Ma-
« jesté, pour obtenir de luy ce qui nous est necessaire
« pour nostre salut (1). »

C'est ainsy que ce grand homme representa à sa niéce
et à son neueu, en les mariant, les engagemens si étroits,
où le lien sacré du mariage les mettoit, tant à l'égard de
Dieu, qu'à l'égard l'un de l'autre, et des enfants qu'ils
auroient. [Ils profiterent des exemples du jeune Tobie,
qu'il leur auoit proposé afin de sanctifier leur mariage.
Ils se souuinrent de ce que l'Ecriture nous dit ; Qu'il
exhorta la nuit de ses noces son épouse en luy disant :
*Sara, leuez vous et prions Dieu aujourd'huy, et demain, et
après demain, parce que durant ces trois nuits nous deuons
nous unir à Dieu : après la troisieme nous nous unirons dans
nostre mariage ; car*] *nous sommes les enfans des saints, et
nous ne deuons pas nous marier comme les payens qui ne connoissent point Dieu.* Ils comprirent par ces paroles de
Tobie ; qu'auant que de consommer leur mariage, ils
auoient une œuure plus importante à accomplir ; qui
étoit de s'appliquer auec ardeur à unir leur esprit et leur

(1) Comme partout, outre le texte scrupuleusement reproduit, nous
conservons, dans cette citation, l'accentuation et la ponctuation telles
qu'elles sont dans le Ms. — Cette allocution est un des rares vestiges
de l'éloquence religieuse d'Arnauld, et c'est en vain que nous l'avons
cherchée dans ses œuvres, où la théologie, la philosophie et les controverses religieuses occupent la plus grande place.

ame à Dieu, par une espece de mariage tout spirituel et ineffable, qui deuoit estre l'effet de leurs prieres, et comme la source de toute la benediction qu'ils auoient lieu d'esperer sur leur union conjugale (1). Aussy je puis dire, dans la verité, que cette jeune femme, qui auoit d'abord apprehendé nostre famille, comme trop reguliere en quelque façon pour elle, y a trouué dans la suitte plus de consolation qu'elle n'auroit osé esperer ; qu'elle a fait sa plus grande joye de demeurer dans sa maison, et de prendre soin des enfans que le Seigneur luy a donnez, de les instruire de leurs obligations en qualité de chrestiens, de leur inspirer les sentimens du vray honneur, qui est inseparable de la pieté, et de les pousser même dans leurs études, autant qu'il étoit possible, pour les détourner du mal qui suit ordinairement l'oysiueté (2).

Dieu ayant versé sa benediction sur le mariage de mon frere, il eut au bout de deux ans, c'est à dire au commencement de l'année 1679, un fils que M. Arnauld, son grand oncle, tint sur les fonds du baptême, auec ma mere, et qu'il nomma, de son nom et de celuy de mon frere, *Antoine Augustin* (3). La maniere dont M. de Sacy en usa, à la naissance de ce fils, fut une chose tres digne de la grandeur de sa foy. Car, comme il auoit d'abord

(1) Les réflexions de du Fossé ont été aussi supprimées, et les parties mises entre deux crochets, biffées et brouillées, après la transcription du Ms.

(2) Des trois filles de M. de Saint-Elme l'une mourut jeune, et Fontaine fait ainsi l'éloge des deux autres, dont Mme de Bosroger était l'aînée. Il les appelle « deux filles d'un excellent esprit, dont l'aînée, qui étoit si chérie de M. de Saci son oncle, a été l'exemple de toutes les Dames chrétiennes. » *Mémoires*, t. I, p. 121.

(3) « Thomas de la Mothe. » Généalogie manuscrite de la Famille par notre auteur. C'est sous ce nom qu'il avait publié, en 1675, la *Vie de Tertullien et d'Origènes*. Voir t. II, p. 227.

enuoyé 400 liures aux pauures (1), pour attirer la benediction de Dieu sur le mariage de sa niéce; aussy voulant attirer cette même benediction du ciel sur le premier
fils qui en étoit né, il fit faire une layette, en même
temps qu'il en donna une à son petit neueu, pour seruir
à éleuer un enfant pauure ; afin que la charité qu'il exer-
ceroit à l'égard de cet enfant, engageast Dieu en quelque
sorte à prendre un soin tout particulier du premier fruit
du mariage de sa niéce, et à le combler de ses graces.
On ne sçauroit faire assez de réflexion sur ces choses,
qui peuuent paroistre petites aux gens du monde, tout
plongez dans la vie des sens, et tout occuppez de ce qui
peut seulement augmenter leur prosperité temporelle,
mais qui sont grandes aux yeux de la foy. Car, comme
ceux qui approchent de la personne des rois ne trouuent
rien de petit de tout ce qui peut plaire au prince qu'ils
seruent, et luy rendre leur seruice plus agreable ; aussi
ceux qui sont appliquez uniquement à seruir Dieu, trouuent grand tout ce qui est fait pour sa gloire et pour son
amour ; conuaincus qu'ils sont de la verité de cette parole
d'un grand du siecle, deuenu l'humble seruiteur de
Jesus Christ; Que c'est estre roy, en quelque sorte,
d'estre enrollé au seruice d'un si grand maistre : *Cui
seruire, regnare est* (2).

Ce fut quelque temps après que la Religieuse, nostre
parente, dont j'ay parlé, qui auoit fait la première ouuerture du mariage de mon frere auec la niéce de M. de
Sacy, mourut à Port Royal des Champs (3). Et sa mort

(1) Voir plus haut, p. 121.
(2) « S. Paulin. » Ms.
(3) Son nom, oublié dans le *Nécrologe*, est ainsi donné par le *Supplément*, p. 555. « Ce même jour (12 avril) 1679, mourut âgée d'environ
60 ans, ma sœur Genevieve de Ste Madeleine de la Haïe, Religieuse
Professe de ce Monastere. »

9

toucha tres sensiblement ma mere, qui, ayant appris
l'extrémité de sa maladie et s'étant hâtée d'y aller, ne
put auoir la consolation de la voir, parce qu'elle la trouua
morte en arriuant. Elle reuint toute pénétrée de douleur,
ayant pour cette excellente Religieuse une affection et
une confiance toute singuliere.

Mais il arriua, vers ce même temps (1). une autre mort
de bien plus grande consequence, et qui eut de terribles
suittes pour la maison même de Port Royal. J'entends
celle de la Duchesse de Longueuille. Cette princesse
auoit une singuliere veneration pour cette sainte abbaye,
où elle voyoit que l'on seruoit Dieu en esprit et en
vérité. Car, depuis que Dieu lui auoit fait la grace, aussi
bien qu'au prince de Conty, son frere, de connoistre la
grandeur et la sainteté de nostre Religion et de songer
serieusement à son salut (2), elle auoit jetté les yeux sur
Port Royal, comme une maison où la piété solide étoit
prattiquée, où tous les exemples qu'on y voyoit portoient
à Dieu, et où les maximes de la morale de l'Euangile
étoient enseignées dans leur pureté, autant par les

« Elle avoit été baptisée le 17. de septembre 1619. Elle prit l'habit
de Novice le 27. Octobre 1654. et fit profession le 30. Decembre de
l'année suivante 1655. »

(1) Trois jours après, le 15 avril 1679.

(2) « Ce fut dans le temps qu'elle se retira du monde, et qu'elle fit
sa paix avec le roi, environ 1655 ou 1656, qu'elle recommença de nouveau à se donner à Dieu, et depuis ce temps-là elle n'a plus tourné
la tête en arrière, mais a vécu dans une très grande piété, étant si
affectionnée à la mortification et à la pénitence jusques aux disciplines
et aux ceintures de fer, que ses confesseurs étoient obligés de la retenir. » Lettre d'Arnauld au Landgrave de Hesse-Rhinfels, 19 avril
1683. — La curieuse pièce intitulée : *Retraite de Madame de Longueville*,
écrite par elle, montre qu'à la fin de 1661, la conversion était bien
définitive. Voir SUPPLÉMENT AU NÉCROLOGE, pages 137-150. La conversion de son frère, le prince de Conti, œuvre de Pavillon, évêque
d'Alet, est de 1657.

œuures que par les paroles. Cet esprit juste et ce jugement plein de lumiere, que tous ceux qui ont eû l'honneur de la connoistre admiroient en elle, ne la laissèrent
point ébranler par tous les bruits que la jalousie et la
malice publioient contre cette sainte Communauté. Elle
sceut toujours discerner parfaittement la vérité d'auec le
mensonge et honorer la vertu, lors même qu'elle paroissoit attachée à la croix auec Jesus Christ, et couuerte
des opprobes de la Passion. Ainsy, sans se mettre en
peine de toutes les calomnies que l'on répandoit contre
celles dont elle connoissoit par elle même la pureté de la
foy et de la conduitte, elle s'étoit fait bâtir, depuis la
paix de l'Eglise, une assez grande maison, dans l'enceinte
de cette abbaye (1), pour s'y venir retirer de temps en
temps (2).

La consideration de cette grande princesse, et du
prince de Condé, son frere, soutint donc en quelque sorte
Port Royal, pendant sa vie, contre la mauuaise volonté

(1) En 1671, à l'Est du monastère de Port-Royal. — Avec la maison
de Mlle de Vertus, l'Hôtel de Madame de Longueville offrait un ensemble de bâtiments assez considérables. Il n'en reste plus qu'un nom
et des ruines. Le visiteur, quittant le Pavé de Saint-Lambert, et prenant un petit sentier qui y débouche, à l'Est de Port-Royal, trouve
le long des vieux murs de l'Abbaye, à sa gauche, faisant face au Nord,
la *Porte de Longueville*, par laquelle il pénètre dans l'enceinte de ce
lieu célèbre. Il voit aussitôt, à gauche, des pierres amoncelées, et,
plus loin, une ouverture formée par une voûte, improprement appelée
Cave de Longueville, puisqu'elle faisait partie de la maison de Mlle des
Vertus. C'est tout ce qui reste de cet Hôtel et de cette Maison, élevés
sur un terrain, couvert aujourd'hui de ronces et de débris ou livré à
la culture. Voir l'Appendice VIII.

(2) « Elle se partageoit entre la solitude de Port-Royal et celle des
Carmélites (de Paris), pour tous les temps libres qu'elle avoit. Elle eût
bien voulu établir une résidence entière à Port-Royal ; mais l'état de
ses affaires la demandoit souvent à Paris ou dans ses Terres. » (En
1671). — Nouvelle Histoire abrégée de l'Abbaye de Port-Royal,
Vies choisies des Religieuses, t. II, p. 231.

de ses ennemis, à qui la paix de l'Eglise n'auoit pu oster du cœur le mauuais leuain qu'ils y nourrissoient depuis si longtemps. Mais sa mort apporta un grand changement à cette maison, comme je le diray bientost. Cette princesse étant tombée malade d'inanition (1), ce qu'il y auoit de plus habiles medecins dans Paris s'appliquerent de tout leur pouuoir à conseruer une vie si pretieuse à l'Eglise, qu'elle édifioit par l'exemple de la pieté, et à tous les gens de bien, qu'elle protegeoit, autant qu'il étoit en son pouuoir. Mais pour elle, il parut qu'elle étoit plus occuppée de ce qui regardoit son ame que son corps. Et elle songea tout de bon à se préparer à la mort. Son curé (2), en qui elle auoit une parfaitte confiance, luy fut pour cela d'un grand secours, la soutenant continuellement contre les justes apprehensions de cette heure redoutable. La maladie augmentant toujours, et ses forces diminuant, la faculté de medecine se trouua à bout ; et le prince de Condé, qui aimoit beaucoup la princesse sa sœur, songea, mais un peu tard, à auoir recours à l'abbé de Luçay, qui auoit l'honneur de luy estre allié, et qu'on luy dit auoir retiré des personnes d'entre les bras de la mort. Un de mes amis, qui se trouua dans ce temps à l'hostel de Longueuille (3), ayant dit à son Altesse que j'auois une union tres étroitte auec cet abbé, il fut arrété qu'on m'enuerroit sur le champ un carrosse de la prin-

(1) C'était la conséquence de ses austérités et de ses mortifications.

(2) Marcel, curé de Saint-Jacques-du-Haut-Pas, sa paroisse alors, comme on le voit par la note ci-après.

(3) Ce n'était plus celui de la rue Saint-Thomas du Louvre (voir t. II, p. 151), que les Port-Royalistes appellent souvent *l'Hôtel*, mais celui du Faubourg Saint-Jacques. « Depuis la mort de son fils qui fut tué au passage du Rhin (12 juin 1672), elle quitta l'hôtel de Longueville et s'alla loger au dehors des Carmélites du faubourg Saint-Jacques où elle avoit droit d'entrer, comme elle faisait souvent. » Lettre d'Arnauld au Landgrave de Hesse-Rhinfels, 1683.

cesse, auec la persone qui auoit donné cet auis, pour me
prier d'aller trouuer à l'heure même l'abbé de Luçay, et
de faire en sorte que je l'amenasse à l'hostel. Il étoit dix
heures et demye du soir, lorsqu'on vint frapper en
grande haste à la porte de nostre maison (1), et je me
mettois actuellement dans le lict. Je courus à la fenestre
pour voir qui c'étoit. Et je vis entrer chez nous un carrosse de la princesse; ce qui me surprit beaucoup. Je
demanday ce que l'on vouloit et de quoy il s'agissoit. On
me fit entendre que, Madame de Longueuille étant tres
mal, M. le Prince m'enuoyoit prier d'aller trouuer de sa
part l'abbé de Luçay, pour l'engager à venir voir cette
princesse. Je répondis que j'étois fort disposé à faire
toutes choses pour procurer du soulagement, s'il étoit
possible, à une personne d'un si grand mérite et d'un si
haut rang; mais que, connoissant l'abbé de Luçay,
comme je faisois, je me tenois tres assuré de perdre ma
peine; qu'il étoit une heure induë pour une personne
comme luy; que d'ailleurs, il ne pourroit se résoudre de
s'aller commettre inutillement auec tous les medecins
qui obsedoient la malade (2); et qu'enfin je doutois même
qu'à l'heure qu'il étoit j'eusse le crédit de faire ouurir la
porte de son appartement. On me repliqua qu'on ne refusoit point un prince du sang, et qu'il sembloit que je ne
pourrois au moins me dispenser d'en faire la tentatiue.
Il me fallut donc résoudre de m'habiller promptement et
de monter en carrosse, pour aller courir les rües de
Paris, à onze heures du soir, [et m'exposer aux insultes
de quelques voleurs] (3), sans esperance de réüssir et
d'obtenir ce qu'on souhaittoit. Nous eusmes d'abord

(1) Rue du Faubourg Saint-Victor, comme on l'a vu plus haut, p. 80.
(2) Son médecin ordinaire était Dodart.
(3) Biffé sur le Ms.

assez de peine à faire ouurir la porte de la Ville, qui étoit celle de Saint Victor (1). Mais nous en eûmes encore plus à faire ouurir la porte de la maison où logeoit l'abbé de Luçay. Et quand elle fut ouuerte, quelque chose que je pusse dire à son valet de chambre pour l'obliger de m'ouurir la porte de l'appartement de son maistre, il demeuroit ferme à me refuser, en me disant qu'il ne luy pardonneroit pas de l'estre venu ainsi éueiller au milieu de la nuit et de son premier sommeil. On auoit beau luy parler de M. le Prince et de Madame de Longueuille. Tous ces grands noms ne faisoient aucune impression sur l'esprit d'un valet, qui ne connoissoit et qui ne craignoit que son maistre. Enfin neantmoins je le priay tant, en l'assurant que je répondrois de sa faute enuers l'abbé de Luçay, dont il sçauoit que j'étois aimé, qu'il m'ouurit la porte.

Quand je fus entré et que j'eus dit à cet abbé le sujet qui m'amenoit, luy faisant en même temps mille excuses d'auoir forcé en quelque sorte son valet à m'ouurir sa chambre, pour ne pas manquer à la commission dont M. le Prince m'auoit chargé ; je vis un homme si chagrin et dans un tel embarras que j'aurois bien souhaitté alors que toutes les auenuës m'eussent été tout à fait fermées, pour n'estre pas exposé à me charger d'un refus tel que celuy que je préuoyois : « Voilà, Monsieur, me dit il, la plus méchante commission dont vous pouuiez vous charger à mon égard. Je sçay le respect que je dois à Monsieur le Prince. Et j'aurois aussy une forte inclination à faire ce que je pourrois pour soulager une princesse du merite de Madame de Longueuille. Mais que voulez vous que j'aille faire au milieu des medecins qui luy ont fait

(1) Au bout de la grande rue du Faubourg Saint-Victor, à la hauteur de l'ancienne rue des Fossés-Saint-Victor (aujourd'hui rue du Cardinal-Lemoine).

inutillement ce qu'ils ont pu ; et qui, dans l'extrémité où est cette princesse, pourroient bien dire encore que je serois cause de sa mort, si je luy donnois quelque remede qui ne la retirast pas de l'état où ils l'ont mise ? Quand donc j'irois là, ce ne seroit que pour estre controllé par ceux qui la traittent. Tirez moy, je vous conjure, de ce mauuais pas ; faittes agréer mes excuses à Monsieur le Prince, lequel est trop équitable pour n'y pas entrer. En un mot, Monsieur, je ne puis point me résoudre d'y aller. » Je le priay de considérer qu'il seroit peut estre plus honneste qu'il vinst luy même luy faire entendre ses raisons. Mais il persista à me prier de luy rendre le plus grand seruice qu'il pouuoit attendre de moy en cette rencontre, en le dégageant honnestement de cette visite qui luy seroit tout à fait à charge.

Je le quittay, pour m'en aller promptement à l'hostel de Longueuille. Mais je trouuay que Monsieur le Prince, qui s'ennuya de l'attendre, étoit party et auoit remis la chose au lendemain. Dès que j'entray dans l'antichambre, une personne de qualité, des parentes de la Princesse, vint à moy fort empressée, pour apprendre la réponse. Et comme je luy témoignay, le plus à l'auantage de l'abbé de Luçay qu'il me fut possible, les raisons qu'il auoit euës pour ne pas venir, on se mit fort en colere contre luy et contre moy. « C'est bien comme cela, me dit on, qu'on traitte les princes et les princesses du sang. Madame de Longueuille meritoit bien que Monsieur l'abbé fist un effort pour se leuer et pour venir. » Je tachay, le mieux que je pus, de la faire entrer en raison sur ce que je luy disois. Mais il n'y eut pas moyen : et tout le fruit que je recüeillis des peines que je m'étois données, [et du péril où je m'étois exposé] (1), fut de porter seul tout le

(1) Cette nouvelle remarque sur le peu de sécurité des rues de Paris a été biffée dans le Ms. — Du Fossé devait traverser, pour se rendre

chagrin d'un tel refus. Cependant, comme l'on sçauoit que j'auois moy même quelque connoissance des maladies, je demanday à entrer dans la chambre où la princesse étoit malade. Et il est vray que, d'abord que je l'apperceus, je la trouuay en un si pitoyable état que je ne pus pas comprendre que l'on eust voulu faire venir l'abbé de Luçay pour estre plutost témoin de sa mort que pour l'en tirer. Elle auoit perdu toute connoissance, et à chaque respiration, sa poitrine s'éleuoit d'un demi pied de haut. Alors, touché et effraye d'un tel spectacle, je dis tout bas à l'oreille d'un des médecins, qui étoit de mes amis : « Hé, Monsieur, pouuez vous encore assurer quelque chose ? » Il m'auoüa que non. « Et pourquoy donc, ajoutay je, fatiguer inutillement un homme, pour venir estre témoin de la mort de cette princesse ? » Il me témoigna entrer dans ma pensée ; car il est fort honneste homme.

Cependant, le lendemain, il arriua quelque changement, et je fus surpris que, de grand matin, le jour suiuant, on vint encore chez nous me demander une pilule de l'or potable de Cornaro (1) pour la princesse. Je ne sais si j'ay parlé ailleurs (2) de cet excellent or potable, qui est sans doute tres different de tous ceux que plusieurs chimistes se vantent d'auoir. Car ce n'est pas une simple teinture, comme ces autres, ou même une résolution apparente de l'or, faitte auec quelque dissoluant, de

---

rue du faubourg Saint-Jacques, plusieurs des rues du quartier de la Montagne Sainte-Geneviève, qu'il avait présentées comme un coupe-gorge. Voir p. 78.

(1) On connaît un Cornaro (Louis), hygiéniste italien, né à Padoue en 1467, mort en 1566, auteur des *Discorsi della vita sobria*, Padoue, 1558, in-8°, où il a résumé ses remarques sur l'hygiène. Il composa ses *Discours* au nombre de quatre, de 83 à 95 ans.

(2) Il n'en a rien dit jusqu'ici dans ses *Mémoires*.

ceux qui sont trop connus. Mais c'est une résolution radicale, qui réduit l'or veritablement dans les premiers principes d'où il a été formé (1); en sorte qu'il ne peut plus reuenir en or que par la même opération que la nature a faitte pour le produire. Le vray dissoluant de l'or n'est point une chose fort commune, ainsy que le croyent plusieurs : mais c'est au contraire une chose rare et plus pretieuse en quelque sorte que l'or même. Elle est naturelle. Et quoyque l'art contribuë à la perfectionner, c'est neantmoins la nature même, aidée de l'art, qui luy donne sa perfection. C'est un esprit tellement doux, si penetrant, si agreable, et si plein de vie qu'il est luy même comme le premier agent de toutes les guerisons que produit l'or potable (2); quoyque l'union qui se fait de ces deux esprits souuerains de la nature est si parfaitte que l'on ne peut attribuer séparément à l'un ny à l'autre ce qu'ils ne produisent que tous deux ensemble. Voila ce que l'on peut dire de tres sincere touchant cette excellent remede, qui fera juger sans doute que tout ce qui reluit, comme l'on dit, n'est pas or ; et que l'on se trompe souuent, en prenant pour de l'or potable ce qui n'en est point, comme l'on se trompe quelquefois en rejettant le veritable, à cause des

(1) « Les chymistes appellent *or potable*, une médecine faite du corps même de l'or, et réduite sans aucun corrosif en une gomme ou substance semblable au miel, et de couleur de sang. Cette gomme détrempée avec de l'esprit de vin, acquiert une couleur de rubis, et s'appelle *teinture d'or*. Une once de cette teinture avec 16 onces d'autre liqueur, s'appelle proprement *or potable*, à cause qu'elle a une couleur d'*or* vif et brillant, et l'on dit que c'est un remède souverain contre plusieurs maladies. » *Dictionnaire de Trévoux*.

(2) On jugera de la vogue de ce remède par les miracles que l'opinion populaire lui prêtait, et que Molière exagère encore pour les tourner en ridicule, dans *le Médecin malgré lui*, représenté le 9 août 1666. Voir l'Appendice IX.

mauuais effets qu'on a veû produire à celuy qui ne l'est
pas (1). Feu M. Seguier, chancelier de France (2), qui
auoit, comme l'on sçait, un grand jugement, sceut faire
en cela, comme en beaucoup d'autres choses, le discernement du vray d'auec le faux ; et ayant connu, par une
longue experience, la bonté de ce remede, il offrit au
sieur de Cornaro (3) dix mille écus, pour en auoir le
secret, sans le pouuoir obtenir, et receut, les vint dernieres années de sa vie, un secours considerable, d'un
remede si excellent, dont il achetoit la petite phiole
jusqu'à cinq loüis d'or (4).

Comme j'auois eû la connoissance de la veuue de M. de
Cornaro, et qu'elle m'auoit prié de l'aider à faire connoistre son remede dans Paris, j'en auois éprouué la bonté
en la personne de plusieurs malades desesperez. Ainsy
l'on vint s'addresser à moy et m'en demander pour la
Duchesse de Longueuille. Je ne voulus le confier à qui
que ce soit, et je me crus obligé de l'aller porter moy
même. Les medecins vinrent me trouuer dans l'antichambre, et, me témoignant que la princesse n'étoit
point alors en état qu'on pust le lui faire prendre, à cause

(1) Par exemple « une composition que faisaient les charlatans, qui
était jaune, et qu'ils faisaient accroire être de l'*or* dissous, pour la
mieux vendre. » *Dictionnaire de Trévoux.*

(2) Séguier (Pierre), né à Paris en 1588, successivement conseiller
au Parlement, maître des requêtes, intendant de Guyenne, président
à mortier au Parlement de Paris, garde des sceaux en 1633, devint
chancelier de France en 1635, et mourut en 1672.

(3) Vraisemblablement un parent ou un allié de celui qui était mort
en 1566..

(4) Dans la seconde moitié du XVIIe siècle, les remèdes ou compo-
sitions des charlatans firent fureur. A l'*or potable* de Cornaro, il faut
joindre les recettes d'un autre Italien, Caretti, dont parlent Mme de
Sévigné, La Bruyère et Saint-Simon. L'auteur des CARACTÈRES en a
fait bonne justice dans son chapitre : *De quelques usages.* Voir l'Appendice X.

que l'on venoit de luy donner un remede, que je sceus
depuis estre de l'émetique, ils me prierent de leur laisser la phiole, parce qu'ils luy en donneroient eux mêmes,
aussitost qu'il seroit temps. Sur cela, nous eûmes quelque contestation, car je voulois estre present, lorsqu'on
la luy donneroit; et ainsy je me disposois à m'en retourner auec ma phiole. Eux, au contraire, voulant en estre
les maistres, me prioient de la leur laisser, et de ne faire
pas de difficulté de me fier pour mon remede à ceux à
qui la princesse se fioit bien pour sa vie. J'eus bien de la
peine à y consentir, croyant que c'étoit rendre inutile un
tres excellent remede que de l'exposer à la discretion de
gens qui ne sçauroient pas s'en seruir. Aussy je sceus,
dans la suitte, non sans beaucoup de chagrin, qu'ils le
donnerent à la malade entre deux émetiques; c'est à
dire qu'ils prirent tres justement toutes les mesures qu'il
falloit pour en empescher tout le fruit qu'on auroit pu
esperer. Car l'effet naturel de cet or potable est de calmer
la nature et d'appaiser l'irritation des esprits; au lieu
que l'effet de l'émetique est d'agiter et de mettre tout en
mouuement. Cependant l'excellence de ce remede
souuerain ne laissa pas de se faire sentir à la malade,
qui n'en eut pas plutost pris qu'elle s'écria, en disant à
ceux qui étoient presens : « Hà ! cela va jusqu'au cœur :
que ce remede est excellent et penetrant. » (1) On vint en
effet m'en redemander encore une seconde phiole. Mais
le principe de la vie étoit éteint dans un corps entierement épuisé. Et elle mourut en l'année 1679 (2), laissant

(1) Il est question, dans *La véritable Vie de la duchesse de Longueville*, (par Bourgoin de Villefore) pendant sa dernière maladie, de
« l'opération d'un remède qui sembloit avoir un peu réussi. » T. II,
p. 168, de l'édition d'Amsterdam, 1739.

(2) « Elle mourut avec toute sa présence d'esprit, le 15 avril 1679,
âgée de 59 ans (et 7 mois). Son corps fut porté aux Carmélites, et son

à tout le royaume un grand exemple du mépris que la foy inspire des grandeurs du monde à ceux que Dieu a touchez de son amour et de l'esperance des biens éternels (1).

cœur à Port-Royal (des Champs) ; car elle avoit déclaré qu'elle vouloit qu'on l'enterrât dans celle des deux maisons où elle mourroit, et qu'on donnât son cœur à l'autre. M. Marcel, son curé, obtint de la famille qu'on déposeroit ses entrailles dans son église. » Nouvelle Histoire abrégée de l'Abbaye de Port-Royal, t. II, *Vies choisies des Religieuses de Port-Royal*, p. 234. « A l'exhumation des corps de Port-Royal des Champs, ce cœur fut transporté à Saint-Jacques-du-Haut-Pas. » *Nécrologe*, note de la page 159. Une simple inscription, placée dans cette église, rappelle que les « entrailles » ont été déposées en face d'une chapelle, à droite du maître autel, sans parler du « cœur » de la princesse.

(1) La fin de ce chapitre, entièrement inédite, ajoute des détails intimes et inconnus sur la dernière maladie de la duchesse de Longueville, à ceux de son biographe de Villefore. *Ibid.*, pp. 104-170. Ils montrent aussi le rôle actif de du Fossé qu'on est loin de soupçonner.

CHAPITRE XXVI.

Nouvelle persécution contre Port-Royal des Champs. — Des ennemis
excitent contre lui l'archevêque de Paris, Harlay de Champvallon.
— Sa visite à ce monastère. — Défense d'y recevoir des Religieuses professes. — Ordre de renvoyer les Pensionnaires et les
Religieuses professes et conseil aux Confesseurs de se retirer. —
Mort de M. Arnauld d'Andilly. — Retraite des Confesseurs en
divers endroits. — Eloge de M. de Sainte-Marthe. — Justification
des Religieuses et de leurs Confesseurs. — Maladie de Mme Le
Maitre de Saint-Elme, mère de Mme de Bosroger. — Son caractère.
— Discussion de du Fossé avec le médecin de cette dame. — Sa
mort. — Nouvelle persécution contre le grand Arnauld. — Fausse
accusation de fomenter des cabales. — Il quitte la France. — Sa
retraite sert à sa justification et à l'Eglise. — Sa disposition d'esprit. — Citation d'un passage de ses écrits. — Maladie, à Paris, des
domestiques de la famille Thomas. — Dernière maladie et mort de
Catherine Thomas, sœur de l'auteur. — Il travaille à différentes
Vies des Saints, d'après le conseil de M. de Saci.

Aussytost après sa mort (1), ceux qui haïssoient la
maison de Port Royal, qu'elle auoit toujours aimée, se
hâterent d'exécuter contr'elle ce qu'ils souhaittoient auec
ardeur, et ils prirent pour cela les moyens qu'ils jugerent les plus propres pour venir à bout de leur dessein.
Ils gagnerent donc l'archeuesque de Paris (2) et l'enga-

---

(1) La duchesse de Longueville mourut le 15 avril 1679. Voir plus
haut, p. 139. — « M. de Billy a ouï M. le Duc dire à Monseigneur son
père (c'est-à-dire au grand Condé), que le roi avait dit que la considération de Mme de Longueville avait retardé de deux ans l'exécution
de ce qui s'est fait à Port-Royal et au faubourg Saint-Jacques. »
Fragment d'une lettre contemporaine, cité par M. Sainte-Beuve, *ibid.*,
t. V, p. 6.

(2) François III de Harlay de Champvallon, archevêque de Paris,
en 1671, après avoir été archevêque de Rouen pendant les vingt années
précédentes.

gèrent à s'unir à eux pour faire entendre conjointement aux Puissances que, tant que la maison de Port Royal subsisteroit, il s'y feroit des cabales de Jansénisme ; et que pour éteindre parfaittement le party, il falloit éteindre cette maison qui en étoit comme le centre, et où se faisoient tous les ralliemens. Rien n'est plus facile que de surprendre la religion des princes, quand ceux que leur caractere rend plus croyables parlent seuls, et que nul de ceux contre qui ils parlent n'a d'accès pour pouuoir justifier leur innocence. Ainsy il ne faut pas s'étonner si l'on vit partir bientost de la Cour un ordre pour mettre en execution la mauuaise volonté des ennemis de cette sainte Maison (1). L'archeuesque de Paris s'en chargea luy même et y vint, non pour apporter sa benediction, comme un pasteur, mais pour y répandre la frayeur et la désolation. Etant arriué à Port Royal (2), il demanda à parler à l'abbesse (3), et luy déclara de la part du Roy : que Sa Majesté ayant fait réflexion sur le grand nombre de Religieuses qui composoient sa maison (4), et qui y étoient à charge, auoit jugé à propos de le réduire à un moindre nombre ; et qu'ainsy son intention étoit qu'on ne receust plus aucune fille à la profession

(1) De Port-Royal des Champs, car Port-Royal de Paris s'était soumis entièrement depuis 1665. Voir plus haut, p. 47.

(2) Le mercredi, 17 mai 1679, vers neuf heures du matin.

(3) La mère Angélique de Saint-Jean Arnauld, qui avait succédé, le 3 août 1678, à la Mère Henriette Marie de Sainte Madeleine Du Fargis, trois fois élue depuis juillet 1669. — Catalogue des Abbesses, en tête du *Nécrologe*, p. LXX.

(4) Dans un entretien avec l'abbé Fromageau, venu le 9 mai 1679, de la part de l'archevêque, pour faire une sorte d'enquête, la mère Angélique de Saint-Jean avait déclaré : « qu'on était à peu près 73 religieuses de chœur, 20 converses, 2 novices seulement et plusieurs postulantes. » — Il parut étonné, en ajoutant qu'on la disait de 100 religieuses. — M. Sainte-Beuve, *ibid.*, t. V, p. 14.

religieuse, que leur nombre ne fust réduit à celuy de cinquante. Il ajouta que la multitude de leurs pensionnaires donnoit aussi de l'ombrage (1) ; et que le Roy auoit témoigné vouloir qu'on les renuoyast toutes incessamment chez leurs parens. Comme c'étoit l'archeuesque et le supérieur qui parloit, et qu'il parloit de la part du Roy, il n'y auoit rien à répliquer (2). Et quelque visible que fust la mauuaise volonté de ceux qui, comme les premiers ressorts, remuoient et faisoient agir toute cette machine, il fallut enuisager, dans l'ordre des hommes, la volonté supérieure de celuy qui se sert d'eux, comme il luy plaist, pour executer sur ses élus des desseins toujours justes et adorables.

Quand ce prelat eut donné ses ordres à l'abbesse, pour le dedans de la maison, il demanda à parler aux confesseurs, qui étoient M. de Sacy, M. de Sainte Marthe, etc. Et le compliment qu'il leur fit leur parut aussi surprenant que la conclusion qu'il en tira aussitost. « Je puis, leur dit il, vous assurer que le Roy est tres content de la sagesse de vostre conduitte, et de la maniere dont vous auez gouuerné jusqu'à présent ce Monastere. Mais je suis en même temps obligé de vous dire que vous auez des ennemis, et qu'il faut céder pour quelque temps à leur mauuaise volonté. C'est pourquoi je viens vous déclarer en amy que vous vous retiriez, pour laisser passer ce mauuais temps. Cela ne durera pas (3). » Ces seules pa-

(1) Le chiffre donné par l'abbesse fut de 42. *Ibid.*

(2) D'autant mieux qu'après le traité de Nimègue (10 août 1678), « Louis XIV avait dit un jour avec humeur qu'il ne trouvait plus que des Jansénistes en son chemin , *ces Messieurs de Port-Royal, toujours ces Messieurs*, mais qu'il viendrait à bout de la cabale, qu'il en faisait son affaire, et qu'il serait en cela plus Jésuite que les Jésuites euxmêmes. » M. Sainte-Beuve, *ibid.*, t. V, P. 7. — Nous avons déjà signalé des dispositions semblables dans la note 2 du tome II, p. 62.

(3) M. Sainte-Beuve a bien démasqué la « rigueur en douceur » de

roles font mieux connoistre que tout ce que je pourrois y ajouster, ce qu'on deuoit croire de la vraye raison qui attiroit un tel ordre à de saintes filles, qui n'auoient rien fait, depuis la paix de l'Eglise, qui eust mérité l'indignation du Roy ; à qui on n'auoit rien demandé, et qui ne s'étoient uniquement occupées que de s'acquitter, auec le plus de fidélité qu'elles auoient pû, des deuoirs de leur état. Toute la France fut dans le dernier étonnement, aussitost que cette nouuelle y fut répanduë. Et tous ceux qui aiment l'Eglise ne purent voir, sans gemir, que la porte d'un si saint azile eust été ainsy fermée tout d'un coup à tant d'âmes qui n'y cherchoient qu'à mettre leur salut en assurance.

Dieu, qui voulut épargner à M. d'Andilly une douleur si affligeante, qui auroit été capable de le faire mourir, l'auoit appelé à luy, quelques années auparauant (1), dans une grande vieillesse. Il auoit fini sa course à l'âge de 89. ans (2), ayant encore la même netteté d'esprit et force de jugement, que l'on admira en luy dans la vigueur de son âge. Et se seruant de cette même liberté pour faire à Dieu, auec une plus grande plenitude de cœur, le sacrifice entier de sa vie, il auoit laissé, par sa mort,

cet archevêque. Ainsi, Mgr Harlay fait prononcer par M. de Saci, à la mère Angélique, l'arrêt sur les novices et sur les pensionnaires ; il confie à Mlle de Vertus le renvoi des confesseurs, qu'il n'a pu se résoudre à dire en face à l'Abbesse ; « et, en s'en allant à son carrosse, il dit *agréablement* à M. de Saci que c'étoit *même* l'intention du roi qu'il ne demeurât plus ici ni lui, ni pas un des autres ecclésiastiques qui y étaient, qu'il lui conseillait de se retirer, et leur accorda seulement quinze jours. » *Relation* de la Mère Angélique. Port-Royal, t. V, pp. 21-28. — Ainsi s'accomplit la destruction complète des Ecoles de Port-Royal pour les jeunes personnes. Celles des jeunes gens n'existaient plus depuis 1656. Voir t. I, p. 245.

(1) Cinq ans auparavant, le 27 septembre 1674.

(2) Né en avril 1588, il avait 85 ans 5 mois. Le chiffre de 89 ans n'a pas été rectifié dans l'Imprimé, p. 351.

comme un legz de pieté et une semence de benediction à tous ceux de sa famille.

Quant aux autres, qui se trouuerent à Port Royal, dans le temps de cette visite si peu fauorable de l'archeuesque de Paris, ils se virent obligez de se retirer, chacun de son costé. M. de Sacy, et M. de Luzancy (1), l'un des fils de M. d'Andilly, se retirerent à Pomponne. Et M. de Sainte Marthe (2) choisit Corbeuille, qui appartient au Conseiller de la Cour des Aides du même nom (3), pour le lieu de sa retraitte. Comme je ne me souuiens point d'en auoir rien dit dans ces Memoires (4), et que cependant j'ay eû une liaison particuliere auec luy, et qu'il rendit de tres grands seruices à cette Sainte Maison si persecutée, j'en parleray en ce lieu. Il étoit de la celebre famille des Sainte Marthe, si connuë en France (5). Sa sœur auoit épousé M. de Montelon (6) fils et petit-fils de

(1) Voir t. I, p. 134.

(2) Claude de Sainte-Marthe, né le 8 juin 1620.

(3) Le château de Corbeville, Seine-et-Oise, près d'Orsay, à 14 kilomètres à l'Est de Port-Royal des Champs. Il appartenait à Abel de Sainte-Marthe, seigneur de Corbeville, mort doyen des conseillers de la Cour des Aides et Garde à la Bibliothèque du Roi, le 30 octobre 1706, à 81 ans. *Dict. de Moréri.*

(4) Il n'en a rien dit encore.

(5) Famille de savants qui doit sa célébrité à de nombreux ouvrages d'histoire, de généalogie et d'érudition. Leur nom patronymique était *Gaucher*, changé en celui de *Scévole*, qui a le même sens en latin. — « Il étoit fils de François de Sainte-Marthe, Avocat au Parlement de Paris, et petit-fils de Scévole de Sainte-Marthe. » *Vies choisies de MM. de Port-Royal*, t. IV p. 79. Moréri le fait fils de *Jacques*, mort en 1570. Il a été impossible d'établir la généalogie de Claude dans les divers auteurs qui parlent de cette famille.

(6) Ce nom a été mis dans l'Imprimé; mais il faut lire *Montolon*, ou plutôt *Montholon*. Ni le P. Anselme, ni Moréri ne parlent de cette alliance. Le nom de cette sœur ne se trouve pas non plus parmi les documens dûs à M. Jal sur cette famille. (*Dict. de Biographie.*) Il y eut, à Port-Royal des Champs, une Madame Françoise de Sainte-

gardes des Sceaux, et étoit un cœur à peu près semblable à celuy de son frere; c'est à dire qu'elle ne craignoit rien, et que la veuë d'aucune fortune n'étoit point capable de luy faire faire une lâcheté. Mr de Sainte Marthe étoit un homme sçauant, tres humble et tres penitent. Il s'étoit donné à la maison de Port Royal, dans la seule veuë de Dieu, honorant la pieté si solide de ces saintes filles, et leur rendant, sans aucune crainte, tous les seruices dont il étoit capable (1). Aussy, auant la paix de l'Eglise, et lorsqu'on les tourmentoit sur la signature, il prit tout publiquement leur deffense, par des ecrits qu'il composa pour leur justification (2) et s'engagea même dans des conferences auec M. Chamillard, qu'il confondit par la force de ses raisons, en presence de personnes tres capables d'en juger. Il ne les abandonna point non plus dans cette dernière persecution ; mais, du lieu de sa retraite (3), il les soutenoit dans tous leurs besoins, par ses excellentes lettres, aussy bien que M. de Sacy (4). Et ces deux

Agathe de Sainte-Marthe (*Nécrologe*, p. 361), qui doit se rattacher à cette famille.

(1) La traduction d'une épitaphe latine placée dans l'église de Port-Royal des Champs, où fut déposé son corps, disait : « Aïant été appelé dans ce Monastère pour y faire les fonctions de Prédicateur et de Confesseur, il les remplit pendant 23. ans, avec une attention à nous faire plus sentir l'utilité de ses services, que l'autorité de son ministère. » *Nécrologe*, p. 402.

(2) En juin 1664, il écrivit une belle lettre à M. de Péréfixe, Archevêque de Paris, dans laquelle il lui demande grâce pour lui-même, et pour les Religieuses de Port-Royal persécutées au sujet de la signature du Formulaire. *Supplément au Nécrologe de Port-Royal*, pp. 197-204. — Il travailla avec Nicole et Arnauld à l'*Apologie pour les Religieuses de Port-Royal* (1665), et fit seul la *Défense des Religieuses de Port-Royal et de leurs Directeurs, sur tous les faits allégués par M. Chamillard, Docteur de Sorbonne, dans ses deux libelles...* (1667).

(3) De Corbeville, voir plus haut, p. 145.

(4) « M. de Sainte-Marthe ne partit (de Port-Royal) que le 20 juin

amis, vraiment fidelles dans l'aduersité comme dans la prospérité, se donnoient la main mutuellement pour secourir de saintes filles dont le crime étoit d'estre unies à des personnes dont la morale, pour estre trop euangelique, ne s'accordoit pas auec les ménagements d'une conduitte plus politique (1).

Tels étoient ceux que Dieu donna à cette celebre abbaye pour la gouuerner; gens sans aucunes considerations humaines, sans ambition, sans crainte, sans prudence charnelle, sans interets; toujours attachez à ce que Dieu demandoit d'eux, et aussi indifférents pour toutes les choses du monde qu'ardens pour tout ce qui regardoit l'interets et la gloire de l'Eglise. C'est la peinture à peu près que Tertullien fit autrefois des Chrestiens de son temps. Et ce sont ces sortes de gens, qui ne tiennent par aucun endroit au monde, que le monde a accoutumé de haïr le plus et de traitter auec le plus de dureté. Qu'on ne s'étonne donc point de voir ces grands hommes et ces saintes filles persecutez de nouueau si gratuittement. Si l'on ne voit point de leur costé aucun fondement à la persecution qu'on leur faisoit, il y en auoit un tres grand du costé du monde, qui ne peut manquer, selon que l'assure Jesus Christ, de haïr et d'outrager ceux qui ne sont point de ce monde corrompu et plongé dans le péché. C'est là le vray caractère auquel il veut qu'on connoisse ses disciples. On ne suit point Jesus Christ dans les routes étroittes de l'Euangile, que l'on ne choque

---

(1679); il resta le dernier, faute de prêtres confesseurs qui vinssent le remplacer. » M. Sainte-Beuve, *ibid.*, t. V, p. 38.— Après sa mort, on publia deux volumes de ses *Lettres*.

(1) Son nom vit encore à Port-Royal. On montre, le long du mur d'enceinte, à l'Ouest, assez délabrée, la *Maison de M. Sainte-Marthe*, à peu de distance du fameux colombier, resté seul debout et intact au milieu de tant de ruines. — Voir l'appendice XI.

l'orgüeil de ceux qui marchent dans la voye large. Ces deux sortes de personnes se feront sans cesse la guerre, tant qu'elles vivront sur la terre; les unes en condamnant le relâchement du monde par la pureté de leur conduitte; et les autres, en persecutant la vertu de tant de gens de bien qui leur fait ombrage.

Ma belle sœur eut, au bout de quelque temps, l'affliction de voir mourir la dame sa mère (1), par un effet, si je l'ose dire, du grand zele qu'un medecin, son amy particulier, témoigna pour la conseruer. Cette dame étoit originaire de Bourdeaux (2) et de fort bonne famille. Elle auoit naturellement d'excellentes qualitez, qui lui attiroient l'estime de beaucoup de gens d'honneur et d'esprit. Et, auant même le mariage de mon frere, j'auois l'honneur de la connoistre particulierement et de la voir assez souuent, à cause de M. de Sacy, son beau frère (3), auec qui j'auois une union si étroitte. Mais, entre ses excellentes qualitez que ses amis remarquoient en elle, elle auoit peut estre, si je l'ose dire, le cœur trop grand et l'esprit trop vif. Car, voulant juger des autres par elle-même et trouuer en eux tout ce qu'elle trouuoit en soy (4), elle souffroit quelquefois d'extrêmes peines, par le peu de correspondance qu'elle croyoit remarquer en eux; et ces mêmes peines s'augmentoient beaucoup en elle par la grande viuacité de son esprit. Ce fut sans doute ce qui

(1) Mme Louise de Boignes, épouse de Jean Le Maître de Saint-Elme, et mère de Madame de Bosroger. Voir plus haut, p. 115.

(2) L'Imprimé ajoute : « et parente de M. l'Abbé de la Lane, qui étoit le nom de sa mère. » P. 354.

(3) Isaac Le Maître, dit M. de Saci, était frère de Jean Le Maître de Saint-Elme.

(4) Le pronom réfléchi s'employait alors, à l'exemple du Latin qui faisait loi au xviie siècle. — Les détails sur cette maladie et les réflexions sur les Médecins sont inédits.

put contribuer, en partie, à luy attirer une infirmité qui
la fit languir longtemps, et qui, augmentée par l'âge
même où elle se trouuoit alors, la réduisit à la fin à la
derniere extrémité. Elle auoit (1) au nombre de ses amis
un medecin, qui auoit beaucoup d'esprit, et qui sympa-
thisoit admirablement auec le sien, étant d'une viuacité
si extraordinaire qu'il sembloit estre tout de feu et de
salpêtre; mais qui étoit en même temps si partisan de la
saignée qu'il regardoit ce remede comme le plus grand et
le souuerain de la medecine (2); peut estre à cause que,
se sentant déuoré par un grand feu et comme accablé par
la multitude et par la viuacité des esprits, il croyoit que
l'éuacuation étoit le secret infaillible pour décharger et
soulager la nature. J'eus cependant des entretiens un peu
forts auec luy sur ce sujet. Et, quoyque sa qualité de
medecin et de medecin de la Faculté de Paris luy inspi-
rast un grand ascendant sur moy, qu'il regardoit comme
un auanturier dans la medecine, je ne laissois pas de
raisonner auec lui d'une maniere qui l'embarrassoit d'autant plus que la connoissance que j'auois de sa promptitude extraordinaire me portoit à disputer froidement et
à ne rien auancer qui fust capable de le choquer, si ce

(1) Le mot « malheureusement, » tout juste qu'il est, a été biffé ici
sur le Ms.; mais il revient plus loin, p. 151.

(2) Ainsi Argan, dans la cérémonie de sa réception, au grade de
docteur en médecine, répond à l'examinateur : « Postea seignare...
Ensuita reseignare. » *Malade imaginaire*, acte III, Intermède. Molière
et du Fossé se sont rencontrés pour condamner cet abus de la saignée, l'un en 1673, l'autre six ans plus tard. — Un médecin de cette
époque, Guy de Labrosse, pensait comme eux, sur ce point, à son lit
de mort. « On la lui proposa, dit Guy Patin, grand partisan de la
saignée; il répondit que c'était le remède des pédants sanguinaires
et qu'il aimait mieux mourir que d'être saigné. Ainsi a-t-il fait. Le
diable le saignera en l'autre monde, comme le mérite un fourbe, un
athée. » (*Lettres*).

n'étoit la force des raisons mêmes que j'employois contre luy. Il se trouuoit, par exemple, fort embarrassé à me répondre, quand je me seruois de la comparaison du vin qui s'agite dans les vaisseaux, au temps de la fleur de la vigne. « Croyez vous, Monsieur, luy disois je, que, pour rétablir ce vin, ce fust un fort bon moyen d'en tirer 8. ou 10. pintes. Car celui qui resteroit dans le vaisseau seroit toujours également troublé et gasté. Mais voulez vous le rétablir? Jettez y d'un sel propre à appaiser cette fermentation et ce boüillonnement des esprits, et vous obtenez ce que vous demandez. Ou si vous n'auez point ce secret, contentez vous de fortifier vostre vaisseau; et le vin se rétablira de luy même en peu de temps, comme l'experience infaillible de tous les ans le fait trop connoistre. De même si l'eau d'une chaudiere qui est sur le feu s'enfuit en boüillant, s'auise t'on alors d'oster de cette eau? Non sans doute; mais on diminüe le feu qui cause le trop grand boüillonnement. Il en est de même de la fermentation violente qui se fait dans le sang, et qui cause ces grandes pertes, dont la dame de qui je parle se trouuoit alors si mal. Est il question et est ce raisonner juste d'oster alors beaucoup de sang par de frequentes saignées? Non assurément. Mais il faut chercher un remede qui appaise cette grande irritation des esprits; et vous arrêtez par là tout d'un coup le boüillonnement qu'elle causoit et la perte du sang, dans lequel, comme parle l'Ecriture, est la vie de l'homme. » Tel est le remède de la pierre de Butler, dont j'ay parlé autre part (1), la racine d'ortie, et plusieurs autres qu'on peut apprendre, quand on n'est point preuenu. Aussy la malade, tres conuaincuë de ce que je lui disois, encore plus par le sentiment du mal que luy causoient ces fréquentes éuacuations que par

(1) Plus haut, p. 17-20.

mon raisonnement, disputoit souuent de sa vie auec son medecin, en lui disant quelquefois qu'elle sentoit que chaque saignée luy faisoit faire une auance vers la mort. Mais elle auoit le malheur de l'auoir pour son amy et de ne pouuoir honnestement congedier un homme qui ne la faisoit mourir que parce qu'il auoit pour elle une singuliere veneration, et qu'il regardoit tous les remedes qu'il n'employoit pas comme des remedes de neant en comparaison de ceux de la Faculté qu'il appelloit les seuls grands remedes (1).

Cependant il arriua que luy et un autre medecin, qu'il auoit fait venir à son secours, étant à bout et ne pouuant ni l'un ni l'autre arrêter, par toutes leurs éuacuations réïterées, le sang que la malade perdoit à toute heure et qui la mettoit en péril éuident de mort, ils me députérent un de nos amis communs, tres zelé pour la guerison de cette dame, mais tres ignorant dans la medecine, pour me prier de luy enuoyer sur le champ un remede que j'auois et qui arrétoit la perte de sang (2). Je demanday à ce jeune homme si les medecins y auoient fait réflexion, et s'ils auoient considéré que ce remede feroit plus de

---

(1) L'esquisse de ce médecin rappelle le portrait que Béralde fait de M. Purgon. « C'est un homme tout médecin de la tête aux pieds; un homme qui croit à ses règles plus qu'à toutes démonstrations des mathématiques, et qui croiroit du crime à les vouloir examiner; qui ne voit rien d'obscur dans la médecine, rien de douteux, rien de difficile; et qui avec une impétuosité de prévention, une roideur de confiance, une brutalité de sens commun et de raison, donne au travers des purgations et des saignées, et ne balance aucune chose. » Molière, *Malade imaginaire*, acte III, scène 3. C'est en ces termes pleins de raison et de courage que Molière poursuivait sa guerre contre les Médecins. Du Fossé pense de même dans ses *Mémoires*.

(2) Décidément du Fossé avait, à Paris, une certaine notoriété comme possesseur de recettes médicales. On l'a vu déjà remplir le même rôle auprès de la duchesse de Longueville, la veille de sa mort. Voir plus haut, p. 113 et suivantes.

mal que de bien à Madame Le Maistre ; parce qu'il **ne** gueriroit pas la cause de l'irritation des esprits du sang, et qu'en arrétant seulement le sang par bas il le feroit remonter en haut et causeroit un étrange bouleuersement dans tout le corps de la malade. Luy, que les medecins auoient instruit de ce qu'il auoit à me dire, me repliqua qu'ils n'étoient en peine que de trouuer moyen d'arréter le sang par bas et qu'ils répondoient du reste. Je luy répartis que je sçauois bien que ce seroit tout risquer que de vouloir arréter le sang de la sorte. Il me pressa cependant et me conjura si fort de luy donner le remede que je le fis, quoy qu'auec beaucoup de répugnance, voyant clairement, ce me sembloit, ce qui arriua aussitost après. En effet, lorsqu'ils l'eurent donné à la malade, on vit quelque chose de semblable à ce qui arriue, quand on ferme le passage à un torrent, lequel se grossit, et, se faisant ouuerture par un autre endroit, cause de plus grands rauages. Ainsy le sang arrété par bas ne manqua point de remonter auec violence et auroit infailliblement suffoqué la personne, s'il n'eust trouué une ouuerture pour se décharger. Et ce passage qu'il trouua fut un des plus extraordinaires dont on eust jamais entendu parler. Car ce fut par les genciues, qui coulérent tout d'un coup, comme une source de sang, et qui, depuis ce temps là, mirent celle qu'on auoit si maltraitée dans l'impuissance de reposer, parce qu'au moment qu'elle vouloit s'assoupir, le sang qui luy couloit dans la gorge la suffoquoit.

Comme on agissoit sans principes, ou au moins sur des principes tres faux, on ne trouua point d'autre moyen pour arréter ce desordre que d'en venir de nouueau à la saignée, et à la saignée du pied, afin d'attirer de nouueau en bas ce qu'on auoit fait remonter si mal à propos. Je me trouuay dans la chambre, quand le medecin vint ordonner et faire luy même cette saignée du pied. La malade s'y opposa tant qu'elle put. Pour moy, fatigué de contester inutilement, je me contentay de dire un mot pour appuyer sa pensée. Mais, comme il étoit reuetu de toute l'authorité de la Faculté, et que sa qualité de tres bon amy ne donnoit aucun sujet de douter qu'il ne fist tout de son mieux, je luy ayday même, en ce que je pus, à faire cette sanglante operation. Un moment après qu'il luy eut ouuert la veine, elle tomba entre mes mains dans une violente conuulsion, qui surprit fort le medecin et qui m'affligea beaucoup. Nous eûmes assez de peine à la remettre de cette agitation si contraire à la nature. Et nous demeurâmes conuaincus, plus que jamais, que la saignée, qui peut soulager plusieurs personnes, lui étoit mortelle. Elle songea tout de bon à se préparer à la mort; et elle auoit eû la consolation, quelques mois auparauant, de faire un renouuellement general entre les mains de M. Arnauld, son oncle, qui étoit encore à Paris, et qui, comme je le diray bientost, se retira peu de temps après (1). Elle receut donc les sacrements, qui luy furent administrez par le curé de Saint Jacques du haut pas, son pasteur. Et la nuit d'ensuitte elle mourut auec une fermeté et une presence d'esprit qui m'étonna; laissant seulement deux filles, dont l'aînée auoit épousé mon frere, ainsi que je l'ay fait voir, et la cadette, étant sortie de Port Royal auec les autres pensionnaires, en execution de l'ordre du Roy dont j'ay parlé (2), arriua assez à temps pour assister la dame sa mere dans sa derniere

(1) Arnauld ayant quitté la France le 17 juin 1679, la dernière maladie de Mme Le Maître de Saint-Elme est voisine de cette date.

(2) Voir plus haut, p. 143. Comme l'archevêque Harlay avait donné, le 17 mai 1679, l'ordre de faire sortir toutes les pensionnaires dans la quinzaine, la mort de Mme Le Maître, se place dans les premiers jours de juin au plus tard.

maladie, et est demeurée, depuis sa mort jusques à present, sans se marier (1).

La mauuaise volonté de ceux qui auoient fait sortir les pensionnaires de Port Royal, deffendre à cette sainte maison de receuoir des Religieuses à l'auenir, et obligé les confesseurs de se retirer, n'auoit garde d'épargner le celebre Monsieur Arnauld, qu'ils regardoient comme le soutient principal de ces saintes filles, et qui étoit par consequent le plus grand objet de leur animosité. Ils n'oublièrent donc rien pour décrier, dans l'esprit du Roy, celuy que Sa Majesté, au temps de la paix de l'Eglise, auoit receu auec une si grande bonté, et que le pape auoit honoré de toutes marques qu'il put luy donner de sa bienueillance (2). Il n'y auoit plus aucune apparence de le traitter d'heretique, après qu'il auoit été si pleinement justifié de toute heresie, sous le pontificat de Clement IX. C'est pourquoy on eut recours à des accusations vagues et l'on fit entrer en consideration l'interets même de l'Etat comme la chose la plus capable de donner du mouuement aux princes (3). Ainsy on luy fit entendre qu'il se faisoit des cabales chez ce Docteur, dont on luy representa la maison comme un rendé vous de toutes sortes de personnes qui s'y assembloient, pour tenir des conferences qui pouuoient passer pour suspectes. C'est la raison pour la quelle M. Arnauld receut un ordre de Sa Majesté de ne pas souffrir qu'on tinst d'assemblées chez luy (4): ce qui le surprit un peu, parce qu'il sça-

(1) Le nom de cette demoiselle Le Maître de Saint-Elme doit être ajouté à la liste complète des pensionnaires de Port-Royal expulsées, que M. Sainte-Beuve a donnée. *Ibid.*, t. V, note de la page 37.

(2) Voir plus haut, pp. 58-59.

(3) « Mettre le prince en mouvement. » Premier éditeur, p. 355.

(4) M. de Pomponne lui porta, le 5 mai 1679, cet ordre de la part du roi. M. Sainte-Beuve, *ibid.*, t. V, p. 12.

uoit que ces assemblées, dont on l'accusoit, n'étoient autre chose que des visites ordinaires de ses amis. Mais il jugea bien, en même temps, d'où pouuoit venir une telle accusation, étant accoutumé, depuis tant d'années, à voir décrier ses actions les plus innocentes. On n'en demeura pas encore là. Et on vint luy déclarer que Sa Majesté trouuoit à propos qu'il ne demeurast plus au faùbourg Saint Jacques (1). Il se mit donc en deuoir de donner au Roy, sans retardement, des preuues de son obeissance. Mais, comparant ce désir de Sa Majesté auec cet autre ordre, qu'elle luy auoit déja fait donner de ne pas souffrir qu'on tinst d'assemblées chez luy, il vit bien que ce ne pouuoit estre que pour cela qu'elle souhaittoit qu'il changeast de logis : ce qui le jetta dans une plus grande inquietude. Car il sçauoit bien qu'il ne s'étoit point tenu d'assemblée chez luy et qu'ainsy la pensée que le Roy en auoit euë n'auoit pu venir que de ce que ceux qui le persecutoient, depuis près de 40. ans (2), luy auoient fait passer pour des assemblées, qui deuoient luy estre suspectes, les visites de ses parens, de ses amis et de ceux qui le venoient consulter ou sur des difficultez de conscience, ou dans le desir de se conuertir à la Religion catholique, ou quelquefois sur des matieres de science. Il ne put donc voir à quoy ce changement de demeure luy pourroit seruir pour oster à ses ennemis l'occasion de le calomnier auprès de Sa Majesté, et de changer leurs anciens reproches en cette nouuelle accusation de cabale, à quoy se réduisoit alors tout ce qu'on disoit contre luy. Il joignit à cela ce que l'archeuesque de Paris luy auoit fait sçauoir, que, s'il auoit fait souf-

(1) Vraisemblablement dans la rue des Postes, où il était dix ans auparavant. Voir plus haut, p. 69.

(2) Exactement 36 ans, à partir de la publication du livre *De la Fréquente Communion*, en 1643. Voir t. I, pp. 105-116.

frir, par l'ordre du Roy, à des personnes qui luy étoient tres étroittement unies, un traittement assez rude, ce n'étoit pas à cause de sa doctrine, dont le Roy ne se rendoit point le juge; mais que ce qui auoit déplu à Sa Majesté étoit qu'il paroissoit, dans sa conduitte, un air de cabale, qui luy donnoit de justes soupçons contre le party, dont on le regardoit comme un des principaux chefs; que sa maison ne désemplissoit point de monde; que s'il y auoit quelques Ecclesiastiques mécontens dans les prouinces, ils ne manquoient point de s'addresser à luy; qu'on étoit informé de tout ce qui se faisoit chez luy, des personnes qui y venoient, des discours qui s'y tenoient, par des gens qu'il croyoit de ses amis, et qu'il ne s'y passoit rien dont le Roy ne fust informé. Plus donc il fit réflexion à toutes ces choses, plus il demeura conuaincu qu'en quelque lieu qu'il demeurast dans Paris, on auroit toujours le même pretexte de luy rendre ce mauuais office auprès de Sa Majesté. Car, quand il auroit logé en un autre quartier que le faùbourg St Jacques, cela n'eust pas empesché que les mêmes personnes ne l'y vinssent voir, et que les Ecclesiastiqnes des prouinces ne luy écriuissent, s'ils le jugeoient à propos; qu'ainsy l'on auroit toujours le même pretexte de rendre sa conduitte suspecte à Sa Majesté, en luy faisant croire qu'il continuoit à tenir des assemblées préjudiciables à son seruice; en supposant qu'il étoit trahy par des gens à qui il se confioit, et qui découuroient ses secrets, et en prenant occasion de la premiere lettre interceptée, qu'il n'auroit seulement pas veuë, pour confirmer ce prince dans la pensée qu'on luy auoit donnée qu'il se mesloit de toutes choses. Il est vray pourtant qu'il se seroit mis peu en peine de tout cela, se reposant sur le témoignage de sa conscience contre toutes ces calomnies,

s'il n'auoit cru, selon qu'il le protesta depuis au même
prelat, qu'il étoit de la veneration qu'il deuoit à un
si grand prince, sous lequel Dieu l'auoit fait naistre,
de n'auoir pas d'indifference pour la bonne ou la mauuaise opinion qu'on pouuoit donner de luy à Sa Majesté (1). N'ayant donc jamais eû, ni luy ni tous ceux
de sa famille, qu'un zele ardent et une inuiolable fidelité pour le seruice du Roy, il luy deuoit estre tres
sensible que des médisances si mal fondées le fissent
passer, dans son esprit, pour un homme d'intrigues
et de cabales, sur qui on deuoit veiller, pour préuenir
les maux qu'il pourroit faire à l'Etat. C'est pourquoy,
comme toutes les voyes qu'il eust pu auoir pour éclaircir Sa Majesté luy étoient fermées, il se sentit obligé
d'oster au moins à ses ennemis ce qu'il apprenoit
auoir été le prétexte de le noircir auprès d'elle. Or le
seul moyen de le leur oster étoit que l'on ne vinst
plus le voir, et qu'on ne pust luy écrire à l'auenir des
prouinces. Et il ne trouua point d'autre moyen assuré
d'empescher l'un et l'autre que de se soustraire à la connoissance du public, en se remettant au même état où
il s'étoit veû réduit, pendant vint quatre ans, par la
prouidence de Dieu (2). Voila quelle fut la veritable

(1) Cette dernière phrase, comme presque tout le reste de ce passage,
est extraite textuellement de la *Lettre de Monsieur Arnauld docteur
de la Sorbonne sur sa retraite, à Monseigneur l'Archevesque de
Paris,* en 1679, lettre qui se trouve dans *l'Histoire abrégée de la Vie et
des ouvrages de M. Arnauld,* Cologne, 1695, où du Fossé a pu la lire
pour la résumer.

(2) « Durant le second âge (de sa vie), qui dura près de vingt-cinq
ans, M. Arnauld étoit toujours demeuré ou caché en divers lieux, ou
comme solitaire à Port-Roïal des Champs. » *Histoire abrégée de la Vie
et des ouvrages de M. Arnauld,* p. 119. L'auteur entend parler des
luttes nées du livre de la *Fréquente Communion,* de la *censure* de la
Sorbonne, et de ses attaques contre la *morale relâchée,* qui l'obli-
gèrent à la retraite, et même à se cacher depuis 1643-1668.

raison pour laquelle il se retira de la France, (1) au
mois de Juin de l'année 1679 (2). Que si quelques uns
s'efforcerent de faire passer cette retraitte pour un crime,
c'étoit à ses ennemis qu'ils le deuoient imputer, puisque
leurs propres calomnies en auoient été la cause. Mais,
comme ce que j'ay dit fait voir clairement que, bien loin
d'estre un crime, c'étoit même une preuue de son respect
pour le Roy et de son amour pour la paix, ce fut sans
doute une honte, à ceux qui auoient le plus contribué
par leurs medisances, de luy en faire, comme ils firent
tres souuent, des reproches, d'une maniere si lâche et si
indigne de gens qui ont tant soit peu d'honneur.

On peut assurer aussy qu'ils se trompérent grossiere-
ment dans leurs mesures. Car ils ne s'attendoient pas,
sans doute, que, l'ayant ainsi obligé de se retirer, ils luy
donneroient une entiere liberté de se justifier contre toutes leurs impostures, et de deffendre en même temps la
verité, qu'ils attaquoient en differentes, manieres. C'est
cependant ce qu'il fit toujours, pendant tout le temps de
sa retraitte, qui fut de 14. ou 15. années (3). Et il est
visible que la diuine Prouidence, qui fait seruir à ses
desseins la mauuaise volonté des hommes, se seruit du
mal que la calomnie fit souffrir à ce grand homme, pour
procurer, par son ministere, de tres grands biens à

(1) « Il eut un moment la pensée d'aller à Rome... Il se décida pour
la Flandre espagnole et partit de Paris le 17 juin, à six heures du
soir, dans un carrosse à six chevaux, déguisé et accompagné de deux
de ses amis. Il n'avait fait part de son dessein à personne autre qu'à
la mère Angélique de Saint-Jean (sa nièce). Il était dans sa 68e année. »
M. Sainte-Beuve, *ibid.*, t. V, p. 136.

(2) Nous avons rétabli la rédaction primitive, remplacée par la date
inexacte de 1681, que l'Imprimé avait corrigée (p. 359). La correction
du Ms. s'explique par un passage qui se trouve un peu plus loin.

(3) 15 ans 1 mois et 7 semaines, puisqu'il mourut le 8 août 1694.

l'Eglise et à l'Etat même, par les ouurages excellens qu'il composa dans la suitte et qui ont été l'admiration du public (1). Tels furent, entr'autres, les deux volumes qui portent pour titre : *Apologie pour les Catholiques* (2), volumes qui sont seuls capables de détromper toutes les personnes non preuenuës touchant les idées fâcheuses qu'on auoit voulu donner à l'Etat de son esprit et de sa conduitte (3).

Je croirois manquer à ce que je dois à la memoire de ce grand homme, à la famille duquel mon frere a l'honneur d'estre allié si étroittement par son mariage (4), si je manquois à marquer icy les admirables dispositions où il étoit, dans tout le temps qu'il demeura éloigné de sa patrie et de ses amis, c'est à dire tout le reste de sa vie. Et je ne puis mieux les representer que par ses propres paroles, qui ont fait l'admiration d'un grand Chancelier de France (5), lequel ne pouuoit se lasser de les

(1) On ne compte pas moins de trente-trois ouvrages, traités ou écrits composés par lui, pendant son exil. On en peut voir la liste dans le *Dictionnaire de Moréri*, édition de 1725, t. I, p. 712.

(2) « APOLOGIE POUR LES CATHOLIQUES, contre les faussetés et les calomnies d'un livre intitulé : *La Politique du Clergé de France*, en 1681 et 1682. » *Ibid.* — Le livre auquel répondait Arnauld était de Jurieu, ministre protestant, qui fut obligé de se retirer en Hollande.

(3) La phrase a été supprimée par le premier éditeur.

(4) Il l'a déjà dit, c'est par son mariage avec Mlle de Séricourt, fille de M. Le Maître Saint-Elme, et nièce d'Arnauld et des Le Maître. Voir plus haut, p. 115. Il y reviendra encore plus d'une fois. Le premier éditeur avait supprimé la redite.

(5) En marge du Ms. « M. Le Tellier. » — *Sa lettre à Monseigneur Le Tellier, chancelier de France*, où sont donnés les motifs de son exil volontaire, avait dû bien disposer le chancelier en sa faveur. Voir cette lettre écrite en 1679, *Histoire abrégée de M. Arnauld*, pp. 259-263. Mais il faut lire surtout sa *Déclaration en forme de Testament des véritables dispositions de mon âme dans toutes les rencontres importantes de ma vie*, écrite le 16 septembre 1679, l'année même de son exil. *Ibid.*, pp. 271-288. Rien de plus touchant ni de plus éloquent.

lire et de les relire à ses amis, telles qu'on les trouue
dans un des liures qu'il composa pour la deffense de la
traduction du Nouueau Testament contre les injures et
les inuectiues du sieur Mallet (1), chanoine de Roüen,
l'un des plus pieux medisans dont on ait peut estre entendu parler (2). Après donc qu'il a parlé de la conduitte
adorable de Dieu à l'égard de ses seruiteurs, qu'il permet estre exposez à toutes sortes de persecutions, pendant que leurs ennemis triomphent par leur credit, il
ajoute : « Nous n'auons pas lieu de nous étonner si fort
« de cette conduitte. Dieu la permet; Dieu l'ordonne
« pour le bien de ses élus. Et la considerant dans cette
« veuë, nous ne deuons pas seulement nous y soumettre,
« mais l'adorer, et baiser la main qui nous frappe. Oüi,
« mon Dieu, j'adore vos voyes, de misericorde sur les
« uns, et de justice sur les autres. J'adore l'infinie varieté
« de vos ordres toujours justes, toujours saints, dans le
« gouuernement de vos creatures, et anciennes, et
« nouuelles ; c'est à dire, et du monde, et de l'Eglise. Ce
« seroit auoir peu de foy dans vos promesses, que d'es-
« tre touché de ce qui se passe dans ces jours de nuages
« et d'obscurité : *In diebus nubis et caliginis,* comme vous

(1) Voici le titre complet : *Nouvelle Défense de la Traduction du
Nouveau Testament imprimé à Mons, contre le Livre de M. Mallet
Docteur de Sorbonne, Chanoine et Archidiacre de Roüen, où les passages qu'il attaque sont justifiez, ses calomnies confonduës, et ses
erreurs contre la foi réfutées.* A Cologne 1680. 2 vol. in-8°.

(2) Charles Mallet, prêtre du diocèse d'Amiens, docteur de Sorbonne,
chanoine de Rouen, le 11 août 1645, archidiacre du Vexin normand,
le 24 mai 1670, fut grand vicaire de Mgr Médavy, archevêque de
Rouen. En 1676, il avait écrit contre le Nouveau Testament de Mons,
contre les traductions en langue vulgaire, et contre les traducteurs,
tous de Port-Royal. Arnauld voulut lui répondre. La crainte de l'exil
ou de la Bastille l'empêcha de publier le volume préparé. Il compléta
son travail, à Mons, lieu de son exil, et publia la *Nouvelle Défense* ci-
dessus. Mallet en mourut comme foudroyé, le 20 août 1680.

« appellez, dans vostre Ecriture, ces temps de troubles
« et de tempestes, où il semble que vous abandonniez
« l'innocence à la fureur des méchans, et que vous pre-
« niez plaisir à laisser triompher le vice, l'injustice et la
« violence. Que peuuent ils faire après tout à ceux, qui
« ne mettent leur confiance qu'en vous, et qui n'ont
« d'amour que pour les biens éternels ?

« Ils surprennent les princes, et leur font prendre pour
« leurs ennemis, leurs plus fidelles seruiteurs. Mais le
« cœur des rois est entre vos mains ; et vous pouuez en
« un moment le changer, en leur découurant ce qu'on
« leur donne. Que s'il ne vous plaist pas de dissiper
« encore ces nuages, ne doit il pas suffire à vos serui-
« teurs, que le fonds de leur cœur vous soit connu, en
« attendant que vous fassiez la grace aux princes que
« l'on irrite contr'eux, de pénetrer les artifices dont on
« les préuient, et de n'user de leur pouuoir, que pour la
« punition des méchans, et la protection des bons, comme
« vos apôtres déclarent, que ce n'est que pour cela, que
« vous le leur auez donné ?

« Cependant on les proscrira, on les bannira, on les
« priuera de la liberté. Un chrestien, à qui toute la terre
« est un lieu d'exil, et une prison, peut il estre fort en
« peine du changement de son cachot ? On vous trouue
« partout, mon Dieu. Au milieu des fers, on est plus
« libre, que les rois mêmes, quand on vous 'possede. Il
« n'y a de prison à craindre, que celle d'une ame, que ses
« vices et ses passions tiennent resserrée, et empes-
« chent de joüir de la liberté des enfans de Dieu. C'est
« ce qui a fait dire à un de vos saints ; que la cons-
« cience d'un méchant homme est remplie de tene-
« bres plus funestes, et plus horribles, non seulement
« que toutes les prisons, mais que l'enfer même : *Hor-*
« *rendis et feralibus tenebris, omnes non solùm carceres,*

11

« *sed etiam inferos, vincit scelerati hominis conscientia* (1).

« Mais on pourra bien mourir des fatigues et des tra-
« uaux qui accompagnent une vie errante. L'éuitera
« t'on (2), quand on seroit le plus à son aise? Un peu
« plus tôt, un peu plus tard, qu'est ce que cela, quand on
« le compare à l'éternité? Vous auez conté nos jours. On
« n'est entré dans ce monde, que quand vous l'auez
« voulu; et on n'en sort que quand il vous plaist. Les
« maux de ce monde effrayent, quand on les regarde de
« loin: on s'y fait, quand on y est, et vostre grace rend
« tout supportable: outre qu'ils sont toujours moindres,
« que ce que nous meritons par nos peschez. Vous nous
« auez appris par vostre apostre, que tous ceux qui vous
« seruent, doiuent estre disposez à dire comme luy.
« *Je sçais viure pauurement; je sçay viure dans l'abondance.*
« *Ayant éprouué de tout, je suis fait à tout; au bon traitte-*
« *ment, et à la faim; à l'abondance, et à l'indigence. Je puis*
« *tout en celuy qui me fortifie.* Mais combien est on encore
« éloigné de l'état de ceux, dont ce même apôtre a dit;
« *Qu'ils étoient abandonnez, affligez, persecutez; eux dont le*
« *monde n'étoit pas digne, errant dans les deserts, et dans les*
« *montagnes, et se retirant dans les antres, et dans les cauer-*
« *nes de la terre?*

« Nous n'auons donc, Seigneur, qu'à reconnoistre vos-
« tre bonté, qui auez la condescendance de traitter en
« foibles, ceux que vous connoissez n'auoir pas encore
« beaucoup de force. Vous accomplissez en leur faueur
« les promesses de vostre Euangile, et vous leur faites
« trouuer, en la place de ce qu'ils ont pu quitter en

(1) « Augustin. » A la marge du Ms.

(2) M. Sainte-Beuve, citant également le même morceau, sauf quelques petites coupures, ajoute en note sur cet *on* : « Je ne sais si je
m'abuse, mais cet *on* de Port-Royal me paraît avoir ici sa bien fière
et modeste éloquence. » *Ibid.*, t. V, p. 143.

« l'amour de vous, des peres, des meres, des freres, des
« sœurs, à qui vous inspirez une charité si tendre, en-
« uers ceux qu'ils regardent comme souffrant quelque
« chose pour la verité, et une si grande application à
« suppléer à tous leurs besoins, que par une bonté toute
« singuliere, vous changez les croix mêmes que vous
« leur imposez, en douceurs, et en consolations. Mais
« ils esperent de vostre misericorde, que si vous les pré-
« parez à de plus rudes épreuues, vous leur donnerez
« aussy plus de grace, et une plus grande abondance de
« vostre Esprit, pour les leur faire supporter en vrais
« Chrestiens. C'est l'unique fondement de leur confiance.
« Car ils sçauent assez, que nous ne pouuons rien sans
« vous ; et que, quelque persuadé que l'on soit des
« veritez que vous nous faittes connoistre, on ne les
« prattique, que quand vous nous les faittes passer de
« l'esprit dans le cœur, et que vous accomplissez ce qu'a
« dit un de vos saints (1) ; Que c'est vous seul qui appli-
« quez la volonté à la bonne œuure, et qui en applanis-
« sez les difficultez, pour la rendre facile à la volonté :
« *Qui et voluntatem applicas operi, et opus explicas voluntati.*
« Je suis donc prest, mon Dieu, de vous suuire partout,
« où il vous plaira de me mener : et quand je marche-
« rois parmi les ombres de la mort, je ne craindray rien,
« tant que vous me tiendrez par la main. C'est dans cette
« esperance, que je me reposeray. Et j'attendray sans im-
« patience, qu'étant fléchi par les prieres de tant de bon-
« nes ames, vous rendiez à vostre Eglise la tranquillité,
« dont elle ne sçauroit joüir, si vous ne faittes taire, par
« l'authorité de vos ministres, les vents impetueux des
« opinions humaines, qui se veulent éleuer audessuz

(1) « S. Bernard. » Ms. L'Imprimé ajoute : « De grat. et lib. arb.
cap. 14. n. 51. » (p.365.) c'est-à-dire : « *De la grâce et du libre arbitre,*
l'un de ses ouvrages.

« de veritez de vostre Euangile ; et que vous n'appais-
« siez, par vostre parole, les tempestes qu'excitent les
« hommes charnels, quand on les trouble dans la pos-
« session où ils pensent estre, de viure en payens, et de
« n'en attendre pas moins les recompenses de l'autre vie,
« que vous n'auez promises qu'aux vrais Chrestiens (1). »

Voila quelles étoient les dispositions sincères du cœur
de celuy qu'on s'efforçoit de faire passer pour chef de
party. Un tel langage ne conuient en aucune sorte à un
homme de caballe. Et, comme on ne peut douter que,
s'addressant à Dieu même comme au témoin infaillible
de ses sentimens, il ne lui parlast auec toute la sincerité
possible, il faut auouër que c'étoit bien abuser de la
Religion des princes de vouloir le faire passer, dans leur
esprit, pour une personne capable de causer des renuer-
semens dans leurs Etats. Mais si l'on a imputé la même
chose à Jesus Christ, dans le temps qu'il combloit de
biens tous les peuples, et leur inspiroit, par son exemple
et par ses paroles, la soumission qu'ils deuoient aux
Empereurs, qui s'étonnera que l'on traitte les disciples
comme le maistre ? Mais il est vray que, si la parole du
même Sauueur : *Que nul prophète n'est en honneur dans son*

---

(1) « *Nouvelle Défense*, liv. XII, cap. xii. » Premier éditeur. — Après
la citation, M. Sainte-Beuve, avec son grand sens et son talent de critique, juge ainsi ce morceau : « Bien des hommes ont parlé de leurs
infortunes, de leurs disgrâces imméritées, de leur pauvreté fière, et en
ont même tiré parti pour se draper avec faste. Ce qui rend les paroles
qu'on vient de lire vraiment mémorables, c'est qu'il n'y a pas une
seule syllabe qui ne soit sincère, qu'Arnauld n'en dit pas plus qu'il
ne sent et qu'il ne soit prêt à faire à l'instant même : le caractère de
celui qui écrit confirme et achève l'éloquence. » *Ibid.*, t. V, p. 144.
Puis il ajoute : « J'ai dû citer tout ce morceau autrefois célèbre : il est
classique dans l'histoire d'Arnauld. » Le passage des *Mémoires de
du Fossé* et la citation qu'il en fait en sont la preuve, et ses réflexions
avaient devancé le jugement de M. Sainte-Beuve.

païs, fut verifiée en la personne, de ce saint Docteur, on rendit à son merite, dans les païs étrangers, toute la justice qu'il meritoit, et que ceux de sa patrie lui refusoient. Car tous ceux qui le connurent en Flandre, et partout ailleurs (1), où il se retira, lui firent un si grand accüeil et l'assistèrent auec tant de generosité que c'est tres sincerement qu'il proteste, en parlant à Dieu, qu'il a bien voulu luy faire trouuer, en la place de ce qu'il auoit quitté pour l'amour de luy, des peres, des meres, des freres et des sœurs, qui faisoient paroistre une application si singuliere à suppléer à tous ses besoins. Les princes mêmes et les magistrats prenoient soin de pouruoir à sa sureté (2), conuaincus de son innocence et de l'injustice de l'animosité de ses aduersaires. Comme j'auray occasion d'en parler dans la suitte, je m'abstiens d'en dire icy dauantage.

J'auois oublié de marquer que, l'année d'auparauant (3), c'est à dire en l'année 1680. nostre famille receut une nouuelle affliction, par les grandes souffrances et par la mort de ma sœur, qui demeuroit auec nous (4). Nous eûmes d'abord trois ou quatre de nos domestiques ma-

(1) Il demeura successivement à Mons, à Tournai, à Courtrai, à Gand, à Bruxelles, à Delft, en Hollande. Il revint à Bruxelles, et retourna en Hollande, à Delft, puis séjourna à Maestricht, à Liége, et rèvint mourir à Bruxelles.

(2) M. de Sainte-Beuve en a rappelé de nombreux exemples, *ibid.* t. V, pp. 144-155.

(3) Voilà le passage qui, mal compris, a fait substituer 1681 au 1679, pour la date de l'exil d'Arnauld. Cette dernière date se trouvait tout d'abord sur le Ms. (Voir plus haut, p. 158). Les mots « d'année auparavant » ne se rapportent pas au départ d'Arnauld, mais à la publication du I⁰ʳ tome de l'*Apologie pour les Catholiques*, qui est bien de 1681. — On conçoit que l'auteur s'accuse d'un oubli; car la rigueur de l'ordre chronologique exigeait que le récit de la maladie de 1680 suivît immédiatement celui des faits de l'année 1679.

(4) Catherine Thomas, dont il a parlé plus haut, pp. 110-111

lades, qui nous donnerent un grand exercice de charité. Et, comme nous vismes qu'ils tomboient ainsi tous malades au retour de la campagne (1), nous y renuoyâmes le cocher auec ses cheuaux, dans la crainte que, s'il étoit pris comme les autres, nous ne fussions surchargez et accablez en quelque sorte : ce qui pensa neantmoins causer la perte de ces cheuaux mêmes, que la mauuaise conduitte d'un cocher, abandonné à luy même et infidelle, réduisit en un tres mauuais état. Cependant ma mere, se voyant deuenuë l'infirmiere de ses gens, fit paroistre une charité admirable. Elle regardoit alors sa maison (2) comme une espece d'hôpital, dont Dieu même l'auoit chargée : et, n'épargnant rien pour procurer à ses malades tous les secours corporels et spirituels, sans mettre de difference entre ses enfans et ses domestiques, lorsque Dieu les visitoit par la maladie, elle merita que le curé de la parroisse dist à quelques uns de ses principaux parroissiens qu'il n'auoit jamais veû, une plus grande charité dans une mere de famille.

Nos malades étoient tous au viatique ou à l'extreme onction, et nous fûmes obligez de prendre plusieurs gardes pour nous aider, auec ce qui nous restoit de gens. Il y eut, entre les autres, une cuisiniere qui fut si malade que nous luy fîmes les prieres des agonisans, et ensuitte celles des morts, la croyant tout à fait morte. Mais, après que nous eûmes acheué ces prieres, nous la vîmes tout d'un coup reuenir à elle, et comme ressusciter, par une forte extention qu'elle fit de l'un de ses bras, qui fut suiuie de si terribles conuulsions que nous demeurâmes tout effrayez. Un grand laquais ayant été

(1) Le château du Fossé, dans le pays de Bray, où la famille Thomas allait passer la belle saison.

(2) A Paris, dans la rue du Faubourg Saint-Victor. Voir plus haut, p. 80.

saigné au pied par l'ordre du medecin, il tomba ensuitte
dans une fieure chaude et une furieuse phrenesie, qui
nous donnoit plus de peine que tous les autres malades
ensemble ; parce qu'il étoit continuellement appliqué à
vouloir se leuer, malgré les gardes qui étoient toujours
dans la chambre. Le medecin étant reuenu eut peine à
comprendre une telle suitte de son ordonnance : aussi
pouuoit il y auoir eû de la faute du malade, qui s'étoit
leué étant en sueur et auoit souffert quelque froid. Quoyqu'il en soit, comme je le vis embarrassé, je luy proposay
de faire prendre au malade du souffre d'antimoine, que
M. Bouchart, dont j'ay parlé, m'auoit enseigné, et qui
produisoit, comme je l'ay dit, d'excellens effets (1). Il le
voulut bien. Nous en mismes dans une cullerée de vin
enuiron le poids d'un demy grain et le luy fîmes prendre.
Quelques heures après, il s'assoupit doucement et dor-
mit d'un sommeil tranquille, près de quinze heures, se
réueillant neantmoins pour prendre quelque nourriture.
Et, lorsqu'il eut bien dormy, il se trouua presque sans
fieure ; ce qui étonna autant le medecin qu'il l'auoit été
de la suitte de sa saignée, et luy fit connoistre, plus que
jamais, qu'il y auoit d'excellens remedes inconnus au
commun des medecins.

Pour ce qui est de ma sœur, ayant souffert plusieurs
mois de grandes douleurs à la jambe, elle parut estre
dans un meilleur interualle, pendant lequel ma mere crut
que nous pouuions tous aller à la campagne, dont l'air
pourroit même luy faire du bien (2). Mais elle étoit interieurement frappée à la mort. Et elle s'y attendoit, depuis
qu'un jour, comme elle étoit seule dans sa chambre et
couchée, on lui vint dire qu'on l'auoit entendu frapper,
et qu'on lui demanda en même temps ce qu'elle vouloit.

(1) Voir plus haut, pp. 15-16.
(2) Au Fossé.

Car sçachant bien qu'elle n'auoit point frappé, et ne doutant point que le grand coup qu'elle auoit entendu ne luy fust une prediction de sa mort, elle s'assura dès lors qu'elle mourroit de ce mal (1). Nous allâmes cependant au Fossé tous ensemble. Et il nous parut d'abord que le voyage luy fit du bien. Mais le lendemain que nous fûmes arriuez, l'ayant été voir le matin, je trouuay qu'elle se leuoit et s'habilloit d'une maniere si languissante que j'en fus surpris. Et je crus même qu'il y auoit en cela quelque chose d'extraordinaire. Elle fut quatre fois plus longtemps à s'habiller qu'elle n'auoit de coutume *(sic)*. Et c'étoit veritablement que la malignité de l'humeur, qui se se jettoit auparauant sur les jambes, commençoit déja à monter et à luy gagner la teste. On se hasta de lui préparer une autre chambre plus commode. Et, comme je m'apperceus de quelque sorte de changement dans sa maniere et dans ses paroles, je lui persuaday de se coucher. Après qu'elle fut couchée, je la vis et l'examinay un peu : et je dis ensuitte au vicaire de la parroisse (2), qui auoit accoutumé de la confesser ; que je la trouuois fort mal et que je croyois qu'il n'y auoit point de temps à perdre pour la faire confesser ; quoyqu'elle se fust confessée immediattement auant que de partir de Paris, et que sa vie fust une continuelle priere et souffrance. Il auoit peine à me croire, ne faisant que de la quitter et n'ayant rien remarqué de ce que je luy disois. Mais il jugea bien ensuitte que je m'y connoissois mieux que

(1) Elle avait dû plus d'une fois entendre son frère rappeler les coups mystérieux qui l'avaient effrayé, à Port-Royal des Champs, et qui furent interprétés comme un présage de la mort de M. Le Maître. Voir t. II, pp. 8-11, 15, 25.

(2) « Denis, de Beauvais, était vicaire de Nicolas Bouvet, de Rouen, curé du Fossé, depuis 1674, après la mort du curé Julien, qui eut lieu en 1673. » Communication de M. Malicorne.

luy. Il la confessa et l'on remit au lendemain à luy faire
receuoir Nostre Seigneur. Cependant le transport se fit
au cerueau, dès la nuit même; ce qui nous causa une
grande affliction. Mais Dieu permit qu'après quelques
remedes, et entr'autres l'or potable de Cornaro, dont
nous auions quelques phioles (1), il lui suruint un assez
bon interualle, pendant lequel le curé de la parroisse lui
vint apporter le Saint Viatique. Son mieux dura jusqu'au
soir. Mais elle tomba alors dans une profonde létargie.
Elle receut l'extreme onction, sans connoissance; et, le
lendemain, après quelques conuulsions assez violentes,
qui marquoient qu'elle auoit encore de la vigueur et que
les principes de la vie étoient bons, quoyque la grandeur
du mal prist le dessus, elle mourut sur le midy (2), fort
regrettée de tous ceux qui la connoissoient, et surtout des
pauures, qui auoient souuent éprouué le secours de sa
charité, dans leurs maladies et dans leurs blessures. Car,
outre que par elle même elle étoit fort charitable, elle
auoit aussi un genie et un talent singulier pour panser
les plaies et soulager les malades : en sorte que tout le
païs s'interressa à cette perte comme étant commune à
tous.

Je m'occupois cependant, par l'auis de Mr de Sacy, à

(1) Orthographe inusitée, bien qu'elle soit plus conforme au mot
grec Φιάλη , dont vient le mot français : *fiole*.

(2) « Elle décéda le 10 juillet, et son frère assista à ses funérailles
qui eurent lieu le 12 juillet 1680. » Communication de M. Malicorne.
— « Elle mourut à l'âge de quarante ans, et fut enterrée dans l'église
du Fossé deuant la chappelle de la Sainte Vierge. » *Généalogie manuscrite* de la famille, communiquée par M. de Bosmelet. — Cette chapelle se trouve dans le transept de gauche, et son corps doit reposer
sous le pavage neuf de l'Eglise. — Le premier éditeur a déplacé, pour
le réunir à ce passage, ce que l'auteur avait dit plus haut, p. 111, d'une
autre maladie de sa sœur, et le tout fait à peine deux pages. —
Liv. III, ch. 9, pp. 366-368

composer différentes Vies des Saints, selon que je les trouuois plus belles, et me seruois des Memoires que Mr de Tillemont, mon ancien amy, me communiquoit auec une bonté vraiment genereuse et chrestienne (1), songeant seulement au bien qu'il croyoit pouuoir en reuenir à l'Eglise. Il est vray que, quelques années auparauant, m'étant engagé peut estre un peu trop legerement à y trauailler, le même Mr de Sacy, qui sçauoit quels auoient été sur ce trauail les sentimens de feu M^r Le Maistre son frere (2), et qui le consideroit comme un ouurage presque impossible, m'auoit détourné de l'entreprendre (3) : ce qui fut une cause que cet ouurage demeura ainsy beaucoup reculé. Mais depuis, ayant jetté les yeux sur quelques unes de ces Vies que j'auois faittes, il en fut assez content, et il jugea que, si je pouuois continuer à trauailler sur le même pied, ce pourroit estre un ouurage utile au public. Ainsy, au lieu de m'en détourner, il m'y exhorta : et ainsy je recommençay à m'y appliquer tout de bon (4), regardant alors mon trauail comme celuy que Dieu m'auoit imposé, et pour lequel je peux dire qu'il me donna une inclination et même une facilité extraordinaire. Car je sentois, autant que j'étois capable d'en juger, que c'étoit là proprement à quoy il me destinoit; puisque, quelque grand et penible que fust le trauail, j'y trouuois de la douceur, et que, chaque Vie de Saint étant

(1) Du Fossé avait travaillé avec lui à l'*Histoire ecclésiastique.* Voir t. II, p. 55 et la note (1) sur ce désintéressement littéraire.

(2) Voir t. II, p. 17, la lettre où du Fossé en parle.

(3) Est-ce en l'engageant à s'occuper de la *Vie de Dom Barthélemy des Martyrs?* Voir t. II, p. 32.

(4) « Il avoit commencé cet Ouvrage (*La Vie des Saints*) avec M. Le Maître en 1657, et en avoit preparé quelques matériaux dans les tems où il en avoit eu le loisir et la commodité, mais il ne s'y appliqua serieusement que vers 1681. » Liste des *Ouvrages de M. du Fossé,* en tête de la première édition de ses Mémoires, p. xxxiv.

acheuée, la fin de chacune me paroissoit estre une espece de repos pour moy. La longueur presque infinie d'un tel ouurage ne pouuoit donc m'étonner, parce que chacune de ses parties me bornoit en quelque sorte et fixoit ma veuë, pour n'en estre pas effrayé. Et, comme le fils de Dieu, voulant arréter nos vaines inquïétudes sur les soins de cette vie, nous déclare : *Qu'à chaque jour suffit son mal,* je croyois aussy que je deuois me contenter du trauail de chaque jour et le faire paisiblement, comme si je n'auois eû à trauailler que ce jour là même. On va bien loin, en marchant ainsy, sans perdre de temps (1). Et, quoyque la maniere dont je crus deuoir composer ces Vies, leur donnant une assez juste longueur, pour ne rien omettre de ce qui pouuoit les rendre plus édifiantes et marquer mieux le caractere de chaque saint (2), m'eust peut estre conduit trop loin, j'ose dire neantmoins que j'aurois beaucoup auancé cet ouurage, si Mr de Sacy ne me l'auoit fait discontinuer plusieurs années pendant sa vie, et si sa mort, comme je le ferai voir dans la suitte, ne me l'auoit fait quitter (3), ayant été engagé, lorsque j'y songeois le moins, à trauailler à autre chose et à continuer ce que luy même auoit commencé.

---

(1) Voltaire répétera, plus d'une fois dans ses Lettres, ce proverbe qu'il s'appliquait à lui-même : « Qui emploie sa journée fait bien des choses. » Lettre au comte d'Argental, 20 janvier 1739.

(2) Voir, à l'Appendice XI bis, une *Remarque critique sur les* Vies des Saints.

(3) En 1684, quand il avait déjà terminé les *Vies des Saints* pour les mois de Janvier et de Février.

CHAPITRE XXVII.

— 1682-1683. —

C'est à ce grand ouurage que je m'occupois, lorsqu'au
mois de septembre (2) de l'année 1682, étant au Fossé,
je crus deuoir me donner quelque relâche, et je résolus,
auec mon frere, de faire un voyage en Flandre, et de
pousser encore plus loin, si le temps nous le permettoit (3).
Il étoit tres naturel qu'un neueu allast voir son oncle (4),
et qu'ayant besoin de me promener, pour estre ensuitte
plus en état de trauailler, j'accompagnasse mon frere
dans cette visite, ayant une liaison si étroitte et si ancienne auec celuy dont je lui auois procuré l'alliance.

---

(1) Le premier éditeur a supprimé tout ce long et curieux voyage,
sans même le mentionner.

(2) Au commencement du mois. — Il travaillait alors à la *Vie des
Saints*. Voir plus haut, p. 170.

(3) Dans la Flandre française et dans diverses parties des Pays-Bas
espagnols.

(4) Son frère, M. de Bosroger, pour visiter M. Arnauld, alors en exil
volontaire en Hollande. Voir plus haut, p. 157.

Nous allâmes donc d'abord à *Amiens,* qui est à quatorze lieuës de chez nous (1). Et de là nous renuoyâmes nos cheuaux, voulant faire le voyage par les voitures publiques et sans embarras. Il y a dans cette ville une place d'où l'on voit comme une étoile de sept grandes ruës qui y rendent (2). La citadelle, qui est du côté de la porte de Saint Pierre (3), est demeurée imparfaitte, n'ayant qu'un seul bastion d'acheué, lequel est fort beau et d'une hauteur prodigieuse (4), qui n'empeschoit pas neantmoins que les soldats de la garnison ne hazardassent autrefois souuent leur vie pour y descendre et aller querir du faux sel, dont ils faisoient sourdement trafic dans la ville. La cathedrale est dediée à la Sainte Vierge, et peut passer pour une des plus grandes et des plus belles églises de France. On en admire principalement la nef. Les chaises du chœur sont un ouurage acheué en fait de gothique. Le Roy Loüis XIII. et le Cardinal de Richelieu, demandant un jour à un grand sculpteur qui étoit present s'il ne pourroit point faire imiter un si bel ouurage, il répondit qu'il n'y auoit plus ni instrumens, ni ouuriers, tels qu'étoient ceux de ce temps là (5). Il ne se peut effectiuement rien voir de plus délicat et de plus parfait. A main gauche du chœur est une chapelle haute, où l'on monte par plusieurs degrez, et où l'on prétend auoir le chef de Saint Jean Baptiste, qui est en-

(1) Du Château du Fossé, devant lequel passait alors la route de Rouen à Amiens par Blainville, Forges, Gaillefontaine et Poix.

(2) La place Périgord.

(3) L'une de ses cinq portes, par laquelle passait, au Nord, le chemin de Doulens. Henri IV fit bâtir la citadelle, après avoir repris Amiens sur les Espagnols, en 1597. Elle est au Nord et commande la Somme.

(4) Elle subsiste encore. Investie par les Prussiens, le 28 novembre 1870, elle capitula deux jours après.

(5) La même anecdote se répète pour plusieurs autres choses sans plus de fondement.

chassé dans de l'argent. La chasse de Saint Firmin, martyr et premier éuesque d'Amiens, qui est audessuz du grand autel, tout au milieu, et qui peut auoir cinq pieds de long, est d'or ducat (1). Nous vîmes, le dimanche de l'octaue de la Toussaints (2), une ceremonie fort auguste, qui se fait tous les premiers dimanches du mois. C'est le renouuellement de la sainte Hostie, qui est dans la suspension. Durant l'Epitre quatre chanoines viennent au pied de l'autel, auec quatre flambeaux de cire blanche ; et cependant on descend le pauillon. A la communion, le prestre éleue un peu en s'agenoüillant l'ancienne hostie, auant que de la consumer. Il éleue encore après, en s'agenoüillant aussi, la nouuelle hostie, qu'il doit mettre dans la suspension. Puis les quatre chanoines, qui étoient venus assister à la descente, reuiennent encore prendre quatre flambeaux, tandisque l'on remonte le Saint Sacrement. Et cependant, tout le monde étant à genoux, on chante cette antienne : *Quis est qui ascendit in cœlum, nisi qui descendit de cœlo, Filius hominis,* etc. Cela dure assez longtemps, parce qu'on monte la suspension fort doucement. Et le prestre, aux oraisons de la post communion, en ajoute une pour demander à Dieu : que, comme il nous a promis qu'étant éleué il attireroit tout à luy, il daigne nous faire la grace de nous éleuer auec luy, en détachant nos cœurs de la terre. Cette ceremonie se fait auec un profond recüeillement et inspire quelque chose de cette disposition respectueuse où se

(1) « On appelle *Or de ducat,* le meilleur or qu'on emploie pour dorer. On dit plus ordinairement *Or ducat,* l'usage l'ayant ainsi voulu. » *Dictionnaire de Trévoux.* — Saint Firmin Ier fut évêque d'Amiens vers 300.

(2) A la fin du voyage, quand ils repassèrent par Amiens, dans les premiers jours de novembre.

trouuèrent les apostres à l'égard de Jesus Christ, lorsqu'ils le virent monter au ciel (1).

Le couuent des Celestins est tres magnifique, à cause des grands bâtiments qu'on y a fait depuis quelque temps. Et ce que nous admirâmes fut qu'un jeune Religieux nous parla, au milieu de cette magnificence, de l'amour qu'auoit Saint Pierre Celestin pour la pauureté et le mépris. On voit dans l'église, au milieu du chœur, ce qu'on appelle *le Pas de S. Martin*, c'est à dire l'endroit où l'on tient qu'il donna à un pauure, étant caualier, une partie de son manteau. Car, c'est là que l'on prétend qu'étoit autrefois l'entrée de la ville (2).

L'église des Ursulines est singuliere, pour ses magnifiques décorations, qui sont d'autant plus à estimer qu'elles ne coûtent presque rien, et que c'est l'art seul qui en fait toute la richesse et la beauté. Les tableaux de tapisserie et tous les autres ornemens, comme colonnes et corniches, n'étant que de carte, mais faits auec un art merueilleux et reuêtus d'or, surprennent et charment les yeux de telle sorte qu'on a peine à se persuader, quand même on le sçait, qu'une matiere si commune puisse estre releuée par le genie de l'ouurier, jusqu'à égaler en quelque sorte les matieres les plus pretieuses.

(1) Ici et ailleurs, en même temps que le Bénédictin dom Mabillon *De Liturgiâ Gallicanâ*, 1685), et avant le Rouennais Le Brun des Marettes, (*Voyages liturgiques de France*, 1718), du Fossé s'occupe de la Liturgie. Ces détails et ceux qui vont suivre sont d'autant plus précieux que le nom d'Amiens et de plusieurs autres villes, dont il parlera, ne se trouve même pas dans ce dernier ouvrage.

(2) Bien que nous ayons fait à peu près le même voyage que notre auteur, il nous est impossible de contrôler toutes ses observations. Les institutions, les coutumes, les monuments ont disparu, pour la plupart, et tous les rapprochements avec le présent ne peuvent être faits que par ceux qui possèdent une connaissance plus approfondie de ces diverses localités et de leurs monuments.

Le cimetiere de la ville est un lieu à voir, à cause de sa grandeur, de la beauté des galeries qui l'enuironnent et du grand nombre des croix de fer, curieusement trauaillées, que diuers particuliers ont fait éleuer sur la sépulture de leur famille (2), sans parler des differentes épitaphes qu'on ne peut lire sans admirer la simplicité ou même la naïueté du genie de ceux qui les ont faittes.

Nous allâmes voir, à un quart de lieuë d'Amiens, l'abbaye de *S. Acheüil* (2), ditte *Nostre Dame des Martyrs,* où sont établis les chanoines reguliers de la congregation de Sainte Geneuieue. C'est là qu'on prétend que S. Firmin fonda la première Eglise, dans la maison d'un sénateur romain. Il y fust aussy enterré; et son corps y fut depuis transporté, vers le septième siecle, dans l'église de Nostre Dame d'Amiens, par l'éuesque S. Salue (3), qui osta le nom de Saint Firmin à ce lieu, et luy donna celuy de Saint Acheüil martyr (4); ce qui n'a pas empesché que le peuple n'ait eû, depuis ce temps là, la même deuotion pour ce lieu, où il va en foulle, tous les ans, le jour de la feste de Saint Firmin (5), et reçoit auec foy de la terre de son tombeau, dont un Religieux, parisien, nous assure qu'il

(1) La même remarque s'applique aux croix des autres cimetières et aux calvaires du département de la Somme. Le fer y est travaillé avec beaucoup de goût.

(2) « Il y a à la porte de Noyon un faux-bourg où est l'Abbaye de Saint Acheu (sic). » *Dictionnaire géographique* de Th. Corneille. — Le Ms. donne *Acheüil*, et plus bas *Acheuil.* Le vrai nom est *Acheul,* comme on le voit dans le *Martyrologe.*

(3) Saint Sauve fut évêque d'Amiens, vers 600. Son nom latin est *Salvius.* — Ce passage sert à rectifier le *Martyrologe,* quand il dit, à la date du 1er septembre . « A Amiens, S. Firmin le Confès, Evêque, dont le tombeau est à Saint-Acheul près cette ville. »

(4) Le 1er Mai on honore « à Amiens, St Ache et St Acheul, Maryrs. » *Martyrologe.* En latin *Acius* et *Aciolus.*

(5) Le 1er septembre, comme on vient de le voir.

auoit luy même éprouué en sa personne la vertu miraculeuse, en ayant été guery d'une maladie fort opiniâtre, pour laquelle il auoit fait inutilement bien des remedes. C'est une tradition populaire qu'au temps de la translation du corps de S. Firmin, de l'abbaye de S. Acheüil dans l'église de Nostre Dame, il se fit comme un nouueau printemps dans l'hyuer, les arbres ayant verdy et fleury, au mois de januier. Mais ce qui paroit plus vraysemblable dans cette tradition, c'est sans doute que le temps deuint extraordinairement beau et chaud, comme il arriue quelquefois à la Saint Martin : aussi on l'appelle communément l'été de Saint Martin. On rapporte, comme une chose certaine, qu'il paroissoit un rayon de lumiere sur le tombeau de Saint Firmin, et que Saint Salue eut une reuelation expresse touchant ses sacrées Reliques ; comme le saint prestre Lucien en eut une touchant celles de S. Estienne, premier martyr. On assure aussy que, lorsqu'on ouurit le tombeau, il se répandit une admirable odeur de tous costez. Et ce fust en ce même temps que se fit la guérison miraculeuse de la lépre du comte de Beaugency, dont j'ai parlé, au commeucement de ces Mémoires, à l'occasion de Saint Gentien (1).

D'Amiens nous allâmes à *Arras*. Mais auant que d'y arriuer il suruint à nostre voiture un accident qui pensa estre cause que nous tombassions malade (2), mon frere et moy. C'étoit un dimanche, et au matin, qu'une des rouës du chariot (3) fut rompuë, au milieu d'une campagne. Comme nous étions encore à deux grandes lieuës

(1) T. I, pp. 4 et 5.

(2) Telle était l'orthographe suivie à cette époque. On en a déjà vu bien des exemples.

(3) Le *chariot* devait différer du *coche* et des *carrosses*, dont il parlera plus loin, et laisser encore plus à désirer que les deux autres modes de transporter les voyageurs.

12

de la ville, et que nous craignîmes de perdre la messe, nous nous agitâmes beaucoup, entendant sonner à des villages éloignez d'une demye lieuë, dans la pensée que nous pourrions y aller entendre la messe de parroisse. Mais nous vismes bientost après quelques curez trauerser les champs; et l'on nous assura qu'ayant dit la messe dans les parroisses, que nous voyions de plus près, ils alloient la dire encore en d'autres plus éloignées ; parce que, comme il y auoit en ce païs là tres peu de prestres, ils auoient permission de dire ainsy plusieurs fois la messe, les jours de festes et de dimanches, pour la commodité des parroisses où il manquoit des curez. Nous nous vimes donc dans le plus grand embarras du monde. Mais nous prîmes cependant nostre resolution de marcher toujours et en diligence vers Arras, quelque chaud qu'il fist ce jour là. Et ce qui nous causa un peu de chagrin de nous estre ainsy tuez inutilement fut que, nous étant retournez, pour jetter les yeux sur le chemin d'où nous venions, nous aperçûmes, à un quart de lieuë, nostre chariot, auquel ou auoit remis une autre rouë, et qui arriua presque en même temps que nous à Arras. Je crois neantmoins que Dieu accepta le sacrifice de nostre bonne volonté, qui pensa me causer une pleuresie.

Arras a deux places principales, l'une tres grande et l'autre un peu moindre, qui se joignent l'une à l'autre par un coin, et qui toutes deux ensemble font une grande beauté (1). L'on voit, au milieu de la petite place, une chapelle bastie en rond et qui s'éleue en dôme, toute de pierre de taille (2), depuis le bas jusqu'en haut, qu'on

(1) La *Grande Place* et la *Place de l'Hôtel de Ville,* entourée de maisons et de portiques uniformes, comme la Place Royale à Paris. — On les appelait la *Place du Grand Marché* et le *Petit Marché.* Voir DICTIONNAIRE DE T. CORNEILLE.

(2) Il n'y a plus de traces de la chapelle.

appelle *la Sainte Chandelle* ; à cause qu'on y conserue une chandelle, qu'on prétend auoir été enuoyée du ciel par la Vierge, et ne se consumer point, lorsqu'elle brûle. On en publie un grand nombre de miracles, et l'on donne de ce qui en coule comme prétieux present. Quoyqu'il y ait bien des gens qui ne soient pas bien persuadez de tout ce que l'on en dit, il ne feroit pas sûr pour eux de le réuoquer en doute étant sur le lieu, et les peuples, préuenus en faueur de cette chandelle miraculeuse, leur pourroient faire un méchant party (1).

Le beufroy, qui est une tour ou comme un clocher destiné pour seruir à découurir de fort loin les ennemis, est un ouurage tres beau et prodigieusement éleué au-dessuz de l'Hostel de Ville (2). On y voit encore tout au haut un grand lion de bronze, tout droit sur un de ses pieds, qui regarde vers le ciel. Le lion, comme l'on sçait, est les armes d'Espagne, à qui Arras appartenoit autrefois (3). Et l'on tient que ses habitans ont toujours le cœur fort Espagnol (4). Aussi je n'ay point veû. dans tous les Païs bas, aucune ville si bien gardée, et où il y ait plus de corps de garde et de sentinelles répandus dans tous les quartiers. Il y a une cloche dans ce beufroy, comme dans tous ceux des places de guerre, que la sentinelle sonne d'une maniere lugubre comme le toxin, même en temps de paix, toutes les fois qu'il voit parois-

(1) Cependant, au xviii° siécle, on vit la publication des *Etrennes aux gens d'Eglise ou la Chandelle d'Arras*, poëme héroï-comique en dix-huit chants, (par Dulaurens). *Arras*, 1766, 1 vol. in-12.

(2) Le Beffroi, de 75 mètres de hauteur, domine l'Hôtel-de-Ville récemment construit sur le modèle de l'ancien, dont il est question, ici.

(3) Depuis Charles-Quint, en 1519, jusqu'en 1640, où Louis XIII reprit Arras et l'Artois.

(4) Rien d'étonnant, puisqu'ils étaient restés 121 ans sous la domination espagnole.

tre quelques trouppes (1). Et ces trouppes sont arrétées à la porte, jusqu'à ce que le Gouuerneur, ou le Lieutenant du Roy, ou le Major, ait donné ordre de les faire entrer : ce qui arriue, toutes les fois que de la Cauallerie ou de l'Infanterie vient ou pour demeurer en garnison, ou pour passer en d'autres villes. Je diray icy, en passant, que ces trouppes vont d'abord se ranger dans la grande place, afin d'y receuoir les ordres pour leur logement, et de là se rendre, par compagnies, dans les quartiers qu'on leur assigne. Ces quartiers sont, pour celles qui demeurent, des casernes, c'est à dire de grand bâtimens que le Roy a fait faire, en diuers endroits des villes frontières, pour y loger toutes les trouppes des garnisons (2). C'est dans cette même place, dont j'ay parlé, que se rendent, tous les jours, sur les trois ou quatre heures après midy, tous les soldats qui doiuent monter la garde. On en choisit un certain nombre de toutes les compagnies Suisses et Françoises, que l'on mesle les uns auec les autres, et qu'on separe ensuitte en differentes esquades (3), pour aller prendre possession de tous les postes differens qui leur sont échus par billets (4). Ordi-

---

(1) Dans la crainte d'une attaque soudaine de la part d'un ennemi astucieux et vigilant. On se souvenait toujours de la surprise d'Amiens en 1597, de la prise de Corbie en 1636, et du siége d'Arras en 1654, vingt-huit ans seulement avant ce voyage.

(2) Les troupes de passage prenaient leur logement chez l'habitant. Il en était de même, dans les villes de l'intérieur, pour toutes les troupes. La création de la caserne, à Paris, est de 1692. On lit, dans le *Journal de Dangeau* : « Louis XIV a ordonné au prévôt des marchands de faire bâtir des casernes pour loger les gardes françaises et suisses. Ce sera un grand soulagement pour les habitans de la ville et des faubourgs de Paris. » — Voilà pourquoi du Fossé explique le mot et l'usage des *casernes*, en 1682.

(3) Que l'on devait prononcer *esquouades* et qui s'écrit habituellement *escouades*.

(4) Probablement pour déjouer tout complot de trahison.

nairement, dans les grandes places, comme Arras, Tournay, Valenciennes, Ypres, Donquerques, il y a bien 400. hommes, qui montent ainsy tous les jours la garde. Les officiers sont obligez de coucher au corps de garde, et l'on en voit qui s'y font porter de ces grandes chaises à malades, qui se haussent et se baissent, pour s'y reposer pendant la nuit (1).

Il y a, dans le chœur de la cathedrale d'Arras, une horloge toute figurée, qui est une tres belle machine. Lorsque l'heure sonne, on voit passer toutes les figures de la vie et de la mort de Jesus Christ. Il y a aussi trois anges qui sonnent de la trompette immédiatement deuant ; et les quarts, qui précedent l'heure, sonnent, en joüant quelque air ; ce qui est generalement dans toutes les villes des Païs bas, où les quarts sont quelquefois l'espace de deux *miserere* à sonner et à chanter des airs (2). C'est un zodiaque qui est representé sur le cadran de celle cy ; et audessouz, par une ouuerture, on voit le jour du mois.

On nous parla de la fermeté de l'éuesque qui, pour n'auoir pas voulu prendre part à ce qu'auoient fait plusieurs de ses confreres contre Rome, auoit été obligé de se retirer en son diocese, qu'il ne regardoit nullement comme un lieu d'exil pour luy, mais comme celuy de sa

(1) Jusqu'à nos jours, on en a vu quelques spécimens dans les postes de la garde nationale.

(2) L'auteur veut parler des *carillons*, mis en mouvement par un ingénieux mécanisme, et inventés dans la ville flamande d'Alost. Les Eglises ou les Hôtels-de-Ville du nord de la France, qui faisait autrefois partie des Pays-Bas, en sont ordinairement pourvus. — Une autre particularité à signaler, c'est qu'à la demie la sonnerie accuse l'heure qui va suivre. Suivant l'air changé, plus ou moins souvent, d'après l'habitude de chaque ville, le jeu dure deux ou trois minutes avant l'heure, et l'heure sonne ensuite. L'harmonie de ces carillons est généralement agréable. — Cette cathédrale a été détruite.

résidence épiscopale, où il s'occupoit continuellement à la conduitte et à la visite de son peuple, qui auoit pour luy une grande estime (1).

L'une des plus celebres abbayes de France est celle de Saint Vuast d'Arras (2), dont l'église est d'une grande beauté ; mais le chœur surtout a quelque chose qui surprend la veuë. L'on voit tout autour, à la hauteur de deux picques (3), une corniche de sculpture, d'une grandeur prodigieuse, qui a été faitte par necessité, à cause que la voute se dementoit, mais qui y donne un grand ornement. Les chaires du chœur sont d'une magnificence qui surpasse tout ce qu'on voit dans Paris, à cause de leur hauteur et de la beauté de la sculpture, qui represente, d'une maniere tres delicate, en deux rangs, l'un sur l'autre, et en autant de quarrez qu'il y a de chaises, la figure et la verité ; c'est à dire les differentes histoires de l'Ancien et du Nouueau Testament, et quelquefois par rapport l'un à l'autre. Je passe beaucoup de choses, pour abbréger ces Memoires ; comme l'église des R. R. P. P. Jesuites (4), qui est d'un exaucement (5) et d'une beauté

(1) Gui de Sève de Rochechouart, évêque d'Arras, depuis le 30 novembre 1670, avait déféré, avec l'évêque de Saint-Pons (M. de Montgaillard), en 1677, au nouveau Pape, Innocent XI, quelques propositions scandaleuses des Casuistes relâchés, en se servant de la plume de Nicole. Ce motif ne dut pas être non plus étranger à la mesure prise contre lui.

(2) Elle remplaça le petit oratoire bâti par saint Wast, évêque d'Arras, au vi° siècle, et qui devint le noyau de la ville neuve. C'est à la place de cette abbaye, démolie en 1741 par le cardinal de Rohan, qu'on a élevé la nouvelle cathédrale.

(3) 28 Pieds, le bois de la pique étant long de 14 pieds. *Dictionnaire de Trévoux.*

(4) « Le Collège des Jesuites, leur Maison et leur Eglise, ne font qu'un seul bâtiment, mais tres magnifique. » Th. Corneille, *ibid.*

(5) « Bien des gens prennent *exaucement* pour l'élévation, la hauteur, *evectio, altitudo ;* mais il ne faut pas confondre l'un et l'autre,

admirable, et où l'on voit, en symetrie, quatorze grands et superbes tribunaux (1), d'une tres riche sculpture ; la place d'armes de la ville ; et, au bout de cette place, une citadelle tres forte.

D'Arras nous allâmes à *Doüay*, qui n'est qu'à 7. lieuës. Cette ville est grande ; ses ruës larges ; et plusieurs tres bien bâties, mais peu peuplées. La fonderie est ce qu'il y a de plus curieux à voir (2). L'on y fondoit, toutes les trois semaines, dix huit pieces de canon, auec des mortiers d'une prodigieuse grosseur. L'on en voit faire les moules de terre, que l'on fortifie par differens licts de fil d'archal, et que l'on enferme enfin dans de gros cerceaus de fer, afin qu'ils puissent résister à la pesanteur du metail fondu. Ou cuit ensuitte ces moules au feu auec du charbon vif, qu'on allume souz chaque moule, qui est éleué au dessuz, à peu près comme les broches de rotisseurs le sont audessuz du feu, où ils font rotir la viande. Lorsque ces moules sont tout à fait préparez, on les plante tout debout et par rangs, dans une fosse tres profonde, qui est au dessouz des fourneaux, et on les soutient auec la terre, que l'on jette tout autour, et qu'on pile à force, où ils sont ainsi enfoüis. On met ensuite le feu aux fourneaux ; et le metail étant fondu, on le fait couler, par un canal, dans tous ces moules, qui sont disposez pour le receuoir. Le metail étant refroidy, on retire les mêmes moules de la terre, où ils étoient enfoüis ; et, à

exaucement et *exhaussement.* » Dictionnaire de Trévoux. C'est par respect pour le texte que nous laissons ce mot ici et ailleurs.

(1) « On appelle le *Tribunal* de la Confession, le Sacrement de Pénitence, et le Confessionnal même. » *Ibid.*

(2) Les historiens parlent bien de l'Ecole d'Artillerie, établie à Douai par Louis XIV, qui avait enlevé cette place aux Espagnols en 1667 ; mais ils sont muets sur la fonderie de canons que du Fossé nous montre en pleine activité, quinze ans plus tard.

grands coups de grands marteaux de fer, on les casse,
auec l'écume de la fonte qui s'est attachée aux canons.
Comme ces canons sont toujours de quatre ou cinq pieds
plus longs qu'il ne faut, il est necessaire d'en coupper
les deux extremitez qui sont moins fortes. Et, pour cet
effet, il y a un tour, sur lequel on les monte facilement,
et en peu de temps, par le moyen de machines qui y sont
propres ; et, étant éleuez tout droit sur un piuot propor-
tionné à la pesanteur du canon, une grande rouë, qui est
dans un étage audessouz, et qui est tirée en rond par des
cheuaux, fait tourner le canon sur le piuot qui le soutient, en même temps qu'un espece de gros ciseau, qui
est d'une trempe excellente, le couppe aussy aisément
que si c'étoit de la cire (1). Et la machine qui sert ensuitte
à le polir par dedans est aussy tres curieuse. Mais je ne
m'en souuiens point assez pour la décrire en ce lieu.
L'arsenal merite d'estre veû, à cause du grand nombre
de canons et des manufactures où l'on trauaille à les
monter.

L'Eglise collegiale (2) de Doüay est Saint Amé, dont la
nef est une tres belle piece, aussi bien que le jubé, tout
enrichi de colonnes et de differens ornemens de marbre.

Le fort de Scarpe est à un bon quart de lieüe de Doüay,
et est composé de sept ou huit bastions tres reguliers,
auec plusieurs redoutes et fortifications auancées, qui

(1) La fabrication des moules et la coulée, pour les canons, étaient
restées à peu près les mêmes, dans le même arsenal, jusqu'en 1846,
quand on y fondait les quinze cents pièces d'artillerie destinées à l'armement de Paris, dont les fortifications venaient d'être achevées.

(2) On sait qu'on entend par *Collégiales* une église dans laquelle il
n'y a point de siége épiscopal, à la différence des églises *cathédrales*,
qui tirent leur nom du siége épiscopal ou chaise de l'évêque. Toutes
les deux, collégiale ou cathédrale, sont desservies par des chanoines
séculiers ou réguliers.

seruent à deffendre la riuière de la Scarpe et l'entrée de
Doüay (1). On éleue tous les ans, le 22. septembre, dans
la place de Doüay, qui est plus petite que celle d'Arras,
un arbre d'une hauteur prodigieuse (2), qui est le signal
de la foire franche, qui se tient le jour de Saint Remy (3)
et qui dure trois semaines. Ce jour même de la Saint
Remy, ceux qui sont bannis de la ville ont droit d'y
venir, pourueu qu'ils en sortent le même jour. Et, dans
tout le temps de cette foire, ceux qui sont chargez de dettes
ont la liberté d'y venir aussy, sans qu'on puisse les
arréter.

Les Reuerends Peres Jesuites ont, à Doüay, une
maison digne d'estre comparée aux plus beaux édifices
de Paris, pour sa grandeur et pour sa magnificence. Il y
a une parfaittement belle bibliotheque, où nous vismes
plusieurs raretez de la Chine, et entr'autres un Jesuite
habillé, comme ils sont en ce païs là, que nous crusmes
voir en corps et en âme : je dis en corps et en âme, parce
qu'effectiuement on y est trompé, et que quiconque le
regarde le croit viuant. Un de ceux de la maison nous dit
qu'on y enuoyoit ceux de leurs peres qui étoient les plus
habiles géomètres; parce que le Roy de la Chine aime et
estime cette science, et que par là ils deuiennent considerables et tres puissans à sa cour. Auant que de nous
quitter, il nous demanda si nous sçauions bien la per-

(1) « Le Fort de Scarpe est situé sur la riviere dont il porte le
nom, et est à une portée de canon de Douai. C'est un pentagone régulier, entouré d'un fossé plein d'eau, dans lequel il y a trois demi-
lunes revêtues d'un chemin couvert et d'un glacis. Au delà de ce glacis
est encore un avant-fossé accompagné d'une grande inondation. »
Piganiol de la Force, *Nouvelle Description de la France* (1719). T. VI,
p. 207.

(2) L'auteur doit parler ici *de visu*, le 22 septembre correspondant
au temps nécessaire pour venir du Fossé jusqu'à Douai.

(3) Le 1er octobre.

secution qu'on auoit faitte à leurs Peres à Paris. Nous
luy répondismes que nous n'en auions point ouï parler.
Et nous n'auions garde en effet de deuiner quelle pouuoit
estre cette persecution, n'ayant pas veû jusqu'alors que
le partage de ces Peres eust été de se voir persecuter par
le monde. Mais il nous déueloppa bientost ce mystere, et
nous donna lieu de juger que nous ne nous trompions
pas, en effet, lorsqu'il nous dit que c'étoit à l'occasion du
college du Mans, que leurs ennemis s'étoient efforcez,
par toutes sortes de moyens, de leur enleuer (1). J'auoüe
qu'un tel langage me surprit si fort que je pensay en estre
interdit, parce que je sçauois que ce college appartenoit
à l'Uniuersité de Paris, et que je ne comprenois pas comment ceux qui vouloient luy prendre son bien l'accusoient
de les auoir persecutez, lorsqu'elle s'étoit contentée de
deffendre légitimement son droit. Mais il n'auroit pas été
honneste de leur faire une espece de querelle chez eux,
en leur expliquant sur cela nos sentiments. Et des voyageurs, comme nous étions, inconnus et sans appui, étoient
obligez de se ménager. Car, quoyque nous fussions
parens du lieutenant du Roy, nommé Mʳ de Saint Oüen,
officier d'un grand merite et estimé particulierement de
Sa Majesté, nous allions partout *incognito,* pour éuiter
l'embarras et la gesne des ceremonies. Pour viure donc
en paix auec ce bon Religieux, qui, étant Flamand,
n'auoit pas peut estre toute l'intelligence de la vraie signi-
fication des mots de notre langue, je me contentay de luy
répondre que j'auois oüi parler en effet de cette affaire;

(1) Il s'agit du collége du Mans, que les évêques de ce diocèse
avaient établi, rue de Reims, à Paris, et qui fut, pendant plus d'un
demi-siècle, le sujet de grandes contestations entre l'Université de
Paris et les Jésuites. La dernière lutte est de l'année 1682, et du Fossé
en retrouvait l'écho à Douai. Voir l'Appendice XII.

mais que je ne doutois pas que leurs Peres, qui auoient tant de credit, n'eussent bien sceu le soutenir en cette rencontre. Nous le quittâmes sur cela : car ç'auoit été, en nous reconduisant à la porte de leur Maison, qu'il nous auoit fait ce compliment.

Les casernes des fantassins et des caualliers sont si grandes, à Doüay, qu'il y auoit dans une seule cour douze cents hommes logez du régiment de Saint Laurent, auec quatre compagnies Françoises. Il y en a une, entr'autres, entourée de bâtimens, où étoient près de cinq cents caualliers auec leurs cheuaux. Les Ecluses, qui sont entre la porte d'Arras et une autre porte, sont pour noyer, quand on veut, une lieuë de pays, du côté du fort de Scarpe (1).

De Doüay nous allâmes à *Lisle* (2), l'une des plus belles villes de toute la Flandre et des plus peuplées, où la riuière de Lice (3) passe. Les deux grandes places, l'Hostel de Ville et la Bourse des Marchands, sont dignes de Paris. On y voit rouller les carrosses et les chariots, et le monde s'y remuer, comme dans les plus grandes villes de l'Europe. Ils ont la coutume, en ces païs là, de dresser de gros chiens au harnois, comme des cheuaux (4). Et l'on est d'abord surpris de voir ces bestes, qu'on regarde ordinairement comme incapables du joug, traisner

(1) Voir plus haut, p 184.

(2) « L'*Isle*, au Latin *Insula, Isla*, que par un usage entièrement opposé à la raison l'on écrit *Lille*, a pris le nom qu'elle porte de sa situation entre *la Lis* et *la Deule*. » Piganiol de la Force, *ibid.*, p. 201. La forme, *Lisle*, plus voisine de celle qu'il propose, à l'apostrophe près, est donc plus conforme à l'étymologie, donnée ici, mais contestée par l'abbé Dufour de Longuerue. *Description de la France*, IIᵉ partie, p. 81.

(3) *La Lys* aujourd'hui, appelée alors *La Lis* ou *Le Lis*, qui prend sa source en France et va se jeter dans l'Escaut, à Gand.

(4) La coutume subsiste encore à Lille aussi bien qu'en Belgique.

de petits chariots avec une charge considerable : ce qui est d'un grand profit pour la ville, parce qu'ils ne coûtent rien ni à ferrer ni à nourrir, mangeant les trippes qui sortent de la boucherie. Il y en a quantité dans Lisle, où l'on rencontre partout de ces pauures animaux traînant leurs petits chariots et tirant la langue d'un pié de long (1).

Il y a plusieurs collegiales considerables dans cette ville. Celle de Saint Pierre, dont l'église peut passer pour belle, quoiqu'imparfaitte, a un preuost, quarante chanoines et soixantes chappellains. L'église des Jacobins a cecy de particulier qu'il y a de grandes et spacieuses galeries qui régnent en haut autour de la nef. La citadelle étoit alors la plus grande des Païs bas. Elle est composée de cinq tres beaux bastions, accompagnez de quatre demy lunes, et de plusieurs autres trauaux auancez : et tout le tour des fortifications est planté régulierement d'une allée d'ormes. Les fossez sont tres larges et pleins d'eau. Outre la citadelle, il y a un fort tres joly, à quatre bastions, qu'on nomme le réduit, qui sert à deffendre un autre costé de la ville (2). Il y a une parfaittement belle place d'armes (3), entre la citadelle et la ville, plantée d'un costé de peupliers. Il y auoit dans l'arsenal de quoy armer trente mille hommes : et toutes ces armes y

(1) Un peintre de nos jours a représenté ainsi l'un de ces attelages, avec ce titre : « Un chien de métier et un métier de chien. »

(2) Louis XIV, après la conquête de Lille en 1667, sur les Espagnols, enferma un faubourg dans la ville, par de nouvelles fortifications. « Ces fortifications y joignent la citadelle bâtie en même temps et flanquée de cinq grands bastions royaux... Elle a deux citadelles qui la défendent. La plus grande est un pentagone irrégulier dont les travaux font l'admiration de l'Architecture militaire. » Th. Corneille, *ibid*. C'est la première que le maréchal Vauban ait fait construire sur notre frontière du Nord qui lui en doit un si grand nombre.

(3) Son vrai nom est *l'Esplanade*, qui mérite encore ces éloges.

étoient dans le plus bel ordre et dans le meilleur état du monde.

Nous passâmes de Lisle à *Tournay* (1), qui est aussy une tres belle ville. L'eglise cathedrale est uue des plus ornées de Flandre. Le jubé, qui separe le chœur de la nef, est soutenu par huit colonnes de marbre, couleur de jaspe : de chaque costé, il y a une magnifique porte, dont l'ornement est de quatre grandes colonnes de marbre blanc ; et toutes les décorations de même matiere, ou de marbre noir, auec de grandes figures de marbre blanc audessuz. A costé de chaque porte, dont l'entrée est de cuiure et tres bien trauaillé, est un grand autel entouré de balustrade de cuiure, auec de grandes colonnes du même metail. Tout ce magnifique frontispice est borné de chaque costé par une demy lune, qui fait le bout de la croisée, et qui est toute de colonnes et de balustrades de couleur de jaspe. Les deux aîles, à costé du chœur, sont de la même décoration, le long des chapelles, c'est à dire de colonnes et de balustrades du même marbre, couleur de jaspe ; ce qui fait une beauté admirable, à cause de ces aîles qui ont quatre vint de mes pas en droitte ligne. Les balustrades du chœur, depuis les portes des costez, et tout le derrière sont de marbre blanc et noir, d'un tres bel et riche ouurage (2). Les chanoines sont tous vêtus de violet, comme les éuesques, et ont un rochet pardessuz un surplis, le tout fort plein de dentelles. Nous auions alors, parmy ces chanoines, un de nos amis, l'un des fils de M. Deslandres, dont j'ay parlé autre part (3).

(1) Prise par Louis XIV, en 1667, la capitale du Tournésis appartenait alors à la France, qui la cédera à l'Autriche par le traité d'Utrecht, 1713. Elle appartient à la Belgique, et fait partie du Hainaut.

(2) Cette description est encore vraie aujourd'hui dans la plupart de ses détails.

(3) Voir t. I, pp. 140, 145, 150, 168, 210 et 305. Il est à présumer

Comme il s'étoit attaché auprez de l'éuesque de Tournay,
dès le temps qu'il étoit encore éuesque de Comminges (1),
il le suiuit à Tournay; et ce prelat luy donna une
prebande dans sa cathredale. Mais ne faisant, comme
j'ay dit, que passer, en voyageurs, dans les villes, nous
nous contentâmes de le voir de loin dans le chœur, et
d'estre édifiez de la maniere dont il prioit et paroissoit
recüeilly, se sentant de la bonne éducation qu'il auoit
receuë, comme nous, par les soins et la charité de ceux
dont on décrioit la piété (2).

L'Abbaye de Saint Martin de Tournay a une des plus
belles eglises que nous ayons veuës en Flandre. L'abbé
est régulier et fait de furieuses dépenses pour l'acheuer. C'est un édifice digne d'un Roy.

Il y a un parlement à Tournay, qu'on appelle le conseil
souuerain (3). Il n'étoit alors composé que de deux pre-
sidens et de douze conseillers, que le Roy choisit parmy
les plus habiles auocats de Lisle, et à qui il donna ces
charges gratuittement. Le palais étoit seulement commencé.

Nous arriuâmes à Tournay, au temps de la foire, qui

que le fils est celui que du Fossé vit à Port-Royal et dans l'abbaye de
Saint-Cyran. V. t. I, pp. 210, 211 et 305.

(1) Gilbert du Plessis-Pralin de Choiseul avait été évêque de Comminges (Haute-Gascogne), depuis le 23 mai 1644 jusqu'au 5 janvier
1671. Il fut évêque de Tournai, sous le nom de Gilbert II de Choiseul,
du 5 janvier 1671 au 31 décembre 1689.

(2) D'abord à Rouville, chez un curé du pays de Caux, t. I, p. 150,
puis aux Petites Ecoles de Port-Royal.

(3) « Ce Tribunal fut establi par le feu Roy Loüis XIV. dans la
Ville de Tournay l'an 1667. et il n'eut d'abord que le titre de *Conseil
souverain*; mais depuis il fut érigé en Parlement. » *Description de la
France* (par l'abbé de Longuerue), IIe partie, p. 84. — La prise de
Tournai en 1709 le fera transférer à Valenciennes, puis à Douai.
Ibid.

est fort belle (1), et qui se tient dans des galeries, comme celles du Palais de Paris (2).

De Tournay, nous fismes cinq lieuës, et arriuâmes à *Ath*, premiere ville de la dependance du Roy d'Espagne (3). Le Roy l'ayant prise, dans les guerres précedentes (4), l'auoit fait fortifier toute entiere, aussi régulierement qu'une citadelle. C'est en effet un bijou en fait de fortifications ; et tout le tour de la ville, c'est à dire tous les ramparts étant plantez de tilleuls et d'ormes forment la plus belle promenade du monde. Les armes de France sont arborées de tous costez, à la plus part des tourelles, qui forment la corne des bastions, et dans la grande place, sur deux hautes colonnes, qui soutiennent une façon d'arc de triomphe, et aux portes de la ville : ce qui, je l'auouë, nous causa un grand mal de cœur, en considerant que nous n'auions si bien fortifié cette place que pour la rendre à nos ennemis (5).

D'Ath nous allâmes à *Mons*, ville principale du Haynaut, qui est tres forte, à cause des eaux qui en ferment les

---

(1) « Il se tient à Tournay deux grandes foires par an, l'une qui commence le jeudi le plus rapproché du 13 septembre, et l'autre le jeudi le plus rapproché du 15 mai ; elles durent chacune dix jours. » *Guide illustré du Voyageur en Belgique*, Bruxelles, in-12, p. 186.

(2) Le Palais de Justice de Paris, où l'on voit encore des boutiques. — La *Galerie du Palais* de Corneille constate le nom et la chose, aussi bien que le nom de *Galerie marchande* aujourd'hui.

(3) Notre frontière était alors a deux myriamètres plus loin que celle d'aujourd'hui.

(4) Dans la guerre de Flandre. Il la prit sur les Espagnols le 18 juin 1667, et elle lui fut assurée par le traité d'Aix-la-Chapelle, 1668.

(5) Au roi d'Espagne Charles II, par le traité de Nimègue, en 1678, qui mit fin à la guerre de Hollande. Elle était donc retournée à l'Espagne quatre ans avant la visite de du Fossé. La paix de Ryswick, 1697, et surtout celle d'Utrecht, 1713, imposeront la même douleur à la France, sur cette partie de sa frontière, pour nous en tenir au siècle de Louis XIV.

auenuës ; quoyque les bois, dont elle est enuironnée, la mettent en état d'estre bloquée facilement. Il y a, dans cette ville, un celebre chapitre de chanoinesses, fondé par Saint Audru (1). Ce sont toutes filles d'une ancienne et illustre noblesse, qui chantent l'office dans le chœur, comme des chanoines. Leur habit est fort ordinaire. Elles ont des aumusses de toile fine, des voiles fins, qui seruent à les parer et non à les couurir, des robes doublées de petit gris et des fraises, mais plusieurs ont des mouchoirs de point et sont assez endentellées (2). Elles se marient, quand elles veulent, et perdent alors leur chanoinie. Elles ont leur ménage particulier, après six ou sept ans de profession. Elles sont peu modestes dans l'eglise : et il paroist fort, à leur contenance et à leur marche, qu'elles se considerent plutost comme des filles de qualité et du monde que comme Chrestiennes et appliquées particulierement au seruice de l'Eglise. Saint Audru est, comme j'ay dit, leur fondateur : et leur église, qui est la plus magnifique de Mons, est dédiée sous son nom (3). Le jubé passe pour la plus belle piece de l'Europe, à cause des figures et des representations de marbre blanc, qu'on prétend estre des plus acheuées. On y estime principalement une Resurection de Nostre Seigneur, qui se voit du costé du chœur, et qu'on re-

(1) Double erreur : ce saint est une sainte, et son nom est, en latin : *Vallrudis*, en français, *Vallrude* ou *Vaudrue*, et en flamand, *Waudru*.

(2) Mot heureusement forgé par notre auteur. — « Elles portent de grosses fraises godronnées, qui font partie de leur habit d'Eglise. » Th. Corneille, *ibid*.

(3) Voici la vérité sur ce point. « 688. A Mons en Hainaut, S⟨te⟩ Vaudrue, veuve ; Patronne des chanoinesses de la grande église de cette ville. » Sa fête est le 6 avril. *Martyrologe universel*. On l'appelle, en effet, à Mons, l'*Eglise de Sainte Waudru*, bâtie en 1460, sur l'emplacement de la chapelle fondée par cette sainte.

garde comme un chef d'œuure en fait de sculpture (1).
De Mons nous passâmes à *Songnie* (2), 'qui est une petite
ville, à demy ruinée, sur le chemin de Bruselles. Il y
resté, entr'autres choses, une église collegiale, fondée
par Saint Audru, qui est un grand et fort beau vaisseau (3). Il y a une musique excellente, composéc de
trente six chappellains. Et c'e t une chose generale en
Flandres que l'inclination pour la symphonie (4). Ainsy il
est fort commun en ce païs là de voir enterrer les morts
en musique. Ils prétendent peut estre charmer par là leur
douleur.

Nous allâmes de Songnie à *Halle* (5), près de Bruselles, petite ville tres celebre, à cause de Nostre Dame
de Halle, qui est un fameux pellerinage, dont Lipse a
fait un liure exprès (6). L'église, qui est grande et belle,
est une parroisse. Mais la chappelle de la Vierge, qui est
dans cette église parroissiale, appartient aux Reuerends

(1) « On y voit entre autres les quatre Vertus Cardinales, et l'on y
admire une Resurrection qui est audessus de ce Jubé. » Thomas
Corneille, *ibid*.

(2) *Songnies*, nom tiré du latin *Sogniacum, Sonegiacum*, ou *Sone-
giæ*, mais habituellement *Soignies*, dans le Hainaut. — Ces ruines
rappelaient la guerre de 1667.

(3) « L'église de Saint-Vincent passe pour le plus ancien monument de la province. — Le monastère auquel la ville doit son origine,
aurait été fondé par Maldegaire, époux de Sainte Waudru, l'an 650. »
Guide illustré du Voyageur en Belgique, p. 180.

(4) Le goût est resté le même. On le voit par les nombreuses sociétés
chorales et instrumentales de la Belgique.

(5) Dans le Brabant, à 14 kilomètres au Sud-Ouest de Bruxelles.
Quelques cartes belges donnant *Hal* et non *Halle* ou *Hall*.

(6) En voici le titre : I. *Lipsii Diva Virgo Hallensis*. Beneficia eius
et Miracvla fide atque ordine descripta. Parisiis, Apud Petrvm Chevalier, in Monte D. Hilarij. M.DC.IIII. In-12. — L'ouvrage, écrit en
prose et en vers, a 36 chapitres. L'auteur en fut si content qu'il fit
attacher, près de l'image de la Vierge, une plume d'argent, comme un
hommage de sa reconnaissance.

13

Peres Jesuites (1). Et l'on voit la figure de Saint Ignace et celle de Saint Xauier, à costé de la Sainte Vierge, quoy qu'audessouz (2). Je n'eus point la curiosité de m'informer comment ces Peres s'en étoient mis en possession ; paroissant plus naturel que le curé de la parroisse fust maistre de la chappelle, comme de l'église qui l'enferme (3). Cette chapelle est fort enrichie des dons differens que la pieté des fidelles y a offerts. On y voit jusqu'à quarante lampes d'argent, auec de tres beaux chandeliers à branches aussy d'argent ; sans compter un nombre infiny de cœurs, de bras etc., qui paroissent estre les monumens de plusieurs miracles. A costé de cette chappelle, il y en a une petite où l'on voit, audessuz de

(1) « L'image de la Vierge, à laquelle chacun va rendre ses vœux, est dans une Chapelle à main gauche de l'Eglise, qui est très-belle, et desservie par des Jésuites. Cette image est de bois doré, et couronnée de fin or. La Vierge porte son fils Jésus d'une main, et tient de l'autre une fleur de lys. Elle a sur son estomac six grosses perles avec un beau rubis au milieu, et est revêtuë ordinairement de l'une des robes que les Deputez de douze Villes et Bourgades qui ont senti sa protection, lui apportent tous les ans le premier dimanche de septembre, pour lui en rendre grâces publiquement. Ce jour là il se fait une procession solennelle, où l'Image est portée dans toute la Ville et dans les Fauxbourgs, par les Deputez de ces douze lieux, qui sont Athe, Bruxelles, Tournay, Valenciennes, Condé, Namur, Lembec, Quievrain, Crespin, Braine, Bausiquies et Sainctes. » Th. Corneille, *ibid.*, art. HALL.

(2) « Ce fut Urbain VIII qui, le jour même de son exaltation (6 août 1623), publia les bulles apostoliques par lesquelles l'Eglise réunissait sur le même autel, confondait par les mêmes hommages et celui qui avait fondé la Compagnie de Jésus et le sublime disciple qui avait porté la foi du Christ aux confins du monde. » *Histoire de la Compagnie de Jésus*, par M. Crétineau-Joly, t. 3, p. 467. — Nous retrouverons encore l'image de ces deux saints, dans l'église des Jésuites, à Anvers. Voir, p. 204.

(3) Les succès des Jésuites aux Pays-Bas, sous la protection d'Alexandre Farnèse, duc de Parme, expliquent ce privilége extraordinaire. M. Crétineau-Joly, *ibid.*, p. 23.

l'autel, un grand Saint Ignace d'argent, de hauteur de figure d'homme, qui est enchassé dans un verre.

Nous arriuâmes ensuitte à *Bruselles,* ville dépendante de l'archeuesché de Malines. L'église collegiale de Sainte Hergoul, *S. Gudila* (1), est en même temps une parroisse et une des plus belles églises de Flandres. Les Reuerends Peres de l'Oratoire, qui n'ont point d'église chez eux, mais seulement une petite chapelle domestique, possedent, dans cette église de Sainte Hergoul, sept places de chapelains, pour y faire les fonctions ecclesiastiques ; c'est à dire pour y confesser et pour y prescher, sous l'authorité du curé, qu'on nomme pasteur en Flandres, du nom de *pascere,* qui signifie paistre et nourrir; car c'est proprement la qualité essentielle que Jesus Christ demande à tous ses ministres, ainsy qu'il le déclara à Saint Pierre, le premier de tous les pasteurs, lorsqu'après l'auoir pressé par trois fois de luy dire s'il l'aimoit, il luy ordonna, pour marque de son amour, de paistre ses brebis et ses agneaux. Il y auoit vint deux mille communians dans cette seule parroisse, et vint huit mille dans une autre ; sans parler de cinq autres parroisses qui sont encore dans Bruselles, quoyque plus petites ; ce qui peut faire juger de la grandeur de cette ville.

Il y a, dans la même église de Sainte Hergoul, une grande et magnifique chapelle du Saint Sacrement, où est un grand tabernacle d'argent fort riche, dans lequel se conseruent trois saintes Hosties, qui furent percées par les Juifs et qui jetterent du sang, pour conuaincre l'impieté de ces aueugles. On les voit encore ensanglan-

(1) « Gudila, vers 712. Près de Morzelle, en Brabant, Sainte Gudule, Vierge, patrone de Bruxelles, où ses reliques sont prétieusement conservées dans l'église principale qui porte son nom. » *Martyrologe universel,* 8 janvier.

tées, dans une niche tres riche de vermeil ou d'or ciselé (1). Il y a une grande vierge, auec l'enfant Jesus, tout d'albâtre sur le tabernacle, qui est un present de l'Infante (2). Je vis aussy une grande croix d'or ou vermeil doré, dans laquelle est enchassé un morceau de la vraye croix, long d'un pied et épais d'un pouce et demy au moins. Nous entendîmes chanter, dans cette église, la messe de *Requiem*, en musique, pour la fille d'un procureur qu'on enterroit. On remarque beaucoup de deuotion dans Bruselles. Et il est commun d'y voir, le matin, les hommes marcher dans les ruës, nuë teste, priant Dieu, et disant leur chapelet : ce qui nous surprit d'abord ; mais, comme c'est la coutume, on s'y fait bientost ; et l'on peut juger par là que ce qui empesche si souuent de faire le bien est la crainte de passer pour singulier ; quoyque la singularité, lorsqu'elle est euangelique, ne doit jamais estre regardée qu'auec veneration, et que c'est même estre singulier d'une maniere tres criminelle de s'écarter de la regle de l'Euangile, qui est prescritte generalement à tous les Chrestiens.

La ville de Bruselles pourroit estre comparée à Paris, pour la multitude des carrosses. [qu'on disoit estre jusqu'au nombre de douze ou quinze cents] (3). Il y a beaucoup de places où l'on voit de tres belles maisons et de grands hostels. Le palais, qu'on appelle la Cour, où logent les Gouuerneurs, et qui est le

(1) Le vol et le miracle sont du xiv⁰ siècle. Ces hosties ont disparu, mais le souvenir en est resté dans des tapisseries de haute lisse représentant le miracle, et exposées dans le chœur, à certains jours de fète.

(2) L'Infante Isabelle, morte en 1633, et enterrée en costume de religieuse Claire, dans un caveau, à droite de l'autel de la chapelle du Saint Sacrement, bâtie en février 1534.

(3) Ce membre de phrase a été biffé.

siege des Conscils souuerains, est un ouurage à l'antique, mais un petit Louure (1). On y voit, lors
même que le Gouuerneur des Païs bas n'y est point,
une grande garde d'halbardiers, d'archers de la garde
et de soldats, auec beaucoup d'officiers et de gentilshommes, qui font paroistre ce lieu comme un vray
Louure. Nous y vismes les pages du Gouuerneur, aussi
bien faits et vêtus aussi richement que ceux de la
chambre du Roy, faire l'exercice du cheual. Ce Louure
est accompagné d'une espece de parc (2), grand comme
les deux tiers du Luxembourg, rempli de daims forts
priuez, et tout couuert de vieux arbres, les plus beaux
du monde, qui, par l'ombre épaisse qu'ils font, rendent
le lieu également auguste et charmant (3). La place de
l'Hostel de Ville est digne des plus belles qu'on voit à
Paris, et cet Hostel peut passer pour un des plus excellens ouurages de l'Europe, à la gothique (4). Ce qu'on
appelle la ruë neuue (5) a quelque chose d'aussy beau
que ce qu'on voit de plus beau dans les plus grandes
villes, si ce n'est que les maisons n'y sont pas ordinairement si hautes. Il y a un autre quartier, qui est

(1) Il se composait de deux hôtels séparés, réunis aujourd'hui par
un porche en saillie. Le tout forme à présent le *Palais du Roi*.

(2) Il s'appelle encore *Le Parc*, et le terrain est en contre-bas des
édifices et des larges rues qui l'entourent.

(3) En 1846, il y en avait encore dont la grosseur était prodigieuse.
Des plaques de plomb ou de fer, apposées sur plusieurs d'entre eux,
recouvraient les blessures faites, en 1830, par les balles et les boulets,
lors de la lutte entre les Belges et les Hollandais retranchés dans le
Parc.

(4) L'éloge est mérité. Ce monument, en style lombard-gothique,
satisfait l'œil et l'esprit par l'harmonie de l'ensemble et par la hardiesse de la tour qui le surmonte. On lui donne 364 pieds d'élévation. — Le mot *gothique* ne se prenait pas encore en mauvaise part.

(5) Aujourd'hui *Longue Rue Neuve*, qui va de la Place de la Monnaie à la Place de la Nation.

celuy du canal de Bruselles, où arriuent les vaisseaux, dont la veuë a quelque chose de charmant, à cause de toutes les belles maisons des marchands qui le bordent (1). Le quay de ce canal est un tres beau cours, où il peut tenir quatre ou cinq carrosses de front. Et ce canal, au sortir de la Ville, est bordé d'une double rangée d'arbres et conduit agréablement à moitié chemin de Malines (2).

Une des choses les plus curieuses de Bruselles est ce qu'on appelle le Beguinage, qui est comme une petite ville de la derniere propreté, enfermée dans celle de Bruselles (3). C'est la demeure de huit ou neuf cents filles déuotes, qui viuent plusieurs ensemble, dans chaque petite maison, et qui se rendent toutes à l'église, aux heures du seruice diuin. Elles apportent quelque chose auec elles, en se venant retirer dans le Beguinage, où elles viuent tant de la fondation que de leur trauail. Elles instruisent de jeunes filles et leur apprennent aussy à trauailler. Elles ne font point de vœux et ne renoncent point au mariage. Leur habillement a quelque chose de singulier. Elles sont coëffées comme des Religieuses. Et quand elles sortent dans la ville, elles ont un manteau noir tout plissé, comme les aubes des sacristies des maisons religieuses, et sur leur tête un petit chapeau fait comme un couuertoir à lessiue (4), qui est noir et de

(1) Entre le *Boulevard de l'Entrepôt* et le *Boulevard d'Anvers.*

(3) Tout cela est encore vrai aujourd'hui, où l'on admire l'*Allée Verte.*

(3) Fondé en 1250, il se composait d'une douzaine de petites rues sur l'emplacement desquelles on a élevé le Grand Hospice. La rue du Béguinage en conserve le souvenir. Quelquefois un fossé et une muraille isolaient le Béguinage du reste de la ville.

(4) Pour *couvercle.* — Mot et image pittoresques. Les grands couvercles mis sur les cuves où l'on coulait la lessive, étaient en paille et de forme conique.

crin, et qui tient sur le haut de leur teste, comme un petit parasol. Cela surprend d'abord et paroist bizarre. Mais la veuë s'y fait bientost. Leur église, qui est au milieu de leur petite ville (1), est une des plus belles et des plus accomplies de Bruselles. Elle me parut aussy belle que l'église du Val de Grace et mieux proportionnée. Il y a cinq grands et magnifiques autels tout en face ; mais dans une admirable proportion, à cause des enfoncements differens.

Il y a, dans Bruselles, Nostre Dame de bon Secours, qui est une fort grande deuotion (2).

De Bruselles, ayant passé à *Viluorden* (3), où il y a un chasteau tres fort et qui en est à deux lieuës, nous arriuâmes à *Malines*, deux lieuës encore par delà. Cette ville est bien plus petite et moins peuplée que Bruselles ; mais ses ruës sont tres larges, et tres nettes, et tres bien pauées, et ses maisons bien bâties (4). Il y a trois ou quatre grandes places. La principale église est Saint Rombauld (5). Son vaisseau, tres spacieux et fort clair, a un jubé soutenu sur quatre des plus belles et des plus grosses colonnes de marbre blanc que j'aye veuës. Et chaque porte des deux costez, qui va dans les

(1) Elle existe encore sous le nom d'*Eglise de Saint-Jean-Baptiste* ou du *Béguinage*.

(2) Elle venait d'être bâtie, en 1664, avec une partie des débris de l'ancienne enceinte de Bruxelles.

(3) Les cartes belges portent *Vilvorde*. Son ancien château servait de prison d'Etat, et ce fut là que Mme Deshoulières, détenue pendant la Fronde, composa l'idylle des *Moutons*, où il est question non pas de la *Seine*, mais de la *Senne*, qui passe à Bruxelles et à Vilvorde.

(4) De là le surnom de *Malines la Belle* ou *Malines la Propre*.

(5) Cette orthographe vient du latin *Rumoldus*. On trouve plus souvent *Rombaud* ou *Rombaut*. — « 775. A Malines, le martyre de saint Rombaud, Evêque de Dublin en Irlande. 1 juillet. » *Martyrologe universel*.

aisles du chœur, en a encore deux de la même grosseur.
Nous y vismes la ceremonie de la pompe funebre d'un
chanoine. Nous y remarquâmes, entr'autres choses, une
prodigieuse quantité de pains, destinez pour les pauures.
Une infinité de personnes allerent à l'offrande, apres les
parens, lesquels étoient précedez par une douzaine d'Ecclesiastiques, en robbes noires, auec des manches pen-
dantes : et tout ce monde tenoit en sa main une grosse
bougie jaune, où un demy escalin étoit attaché (1). On apporta en ceremonie les armoiries du mort, enchassées
dans un quadre, et on les posa au milieu du chœur. Et
ces mêmes armoiries se mettoient ensuitte sur un grand
quarré de velours et de drap, audessuz de la porte de la
maison du deffunt, lorsque c'étoit un pere de famille et
qu'il étoit noble : ce qui se prattique dans toutes les
villes des Païs bas (2), où ils sont fort curieux de noblesse.

La tour de l'église est peut estre la plus belle, la plus
haute, la plus grosse, et la mieux trauaillée qui soit dans
l'Europe (3). Elle forme toute seule le portail de cette
église ; et elle enferme de tres grosses cloches, une entr'-
autres qui est, comme je crois, aussi forte que la plus
grosse de Nostre Dame de Paris. Il y a, dans Malines,

(1) « ESCALIN. Petite monnoie d'argent valant environ sept sous
monnoie de France, qui a cours aux Pays Bas et ailleurs. » *Dictionnaire de Trévoux.* — La même coutume se pratiquait en France,
comme on le voit aux funérailles de Georges d'Amboise I, à Rouen,
(1510). « Et à l'offrande tous les dessusdicts seruiteurs en doeuil en
nombre de xxvi. porterent chacun ung grant cierge blanc et ung escu
attache ausdicts cierges et sans porter ne pain ne vin. » *Les funérailles
de Georges d'Amboise,* par M. Frère, publication des Bibliophiles
normands.

(2) En Angleterre aussi, comme nous l'avons vu, en 1851, à Londres,
sur la façade d'un hôtel de Grosvenor-Square.

(3) Elle date de 1452 et s'élève à 97 mètres, bien qu'inachevée.

deux beguinages, l'un grand, et l'autre petit, aussi bien que dans Bruselles ; mais le grand de Malines est trois fois plus grand que celuy de Bruselles. Je crois qu'il y auoit bien douze cents beguines (1). Leur habit est le même que celuy que j'ay décrit ; si ce n'est qu'il y en a qui ont deux sortes de chapeaux ; l'un comme à Bruselles, l'autre un peu plus petit et plus enfoncé, comme une écüelle de bois à faire leur pain. Elles s'occupent presque toutes à faire des dentelles ; ce qui fait qu'on parle partout des dentelles de Malines.

L'église des Religieuses de Saint Norbert (2), ditte du Val de Lys, est à mon auis un chef d'œuure. La figure en est italienne. L'autel est en rond et dans une espece d'enfoncement ; mais tres dégagé et tout enrichi de colonnes et d'ornemens de marbre. Les murailles de tout le tour de l'église sont partagées par de gros pilastres de marbre noir trauaillé, qui s'éleuent jusqu'à la corniche de la voute. Le chœur des Religieuses est comme une grande tribune qui tient tout le bas de l'église, et qui, étant éleué audessuz de la nef de huit ou dix pieds, en est entierement séparée par une muraille de la même hauteur, toute reuétuë d'un lambris, où sont representées, en une tres belle sculpture, les principales circonstances de la vie de Jesus Christ et de la vie de Saint Norbert. Et comme cette tribune est toute ou-

(1) « On doit voir surtout le monastère des Béguines de Saint Alexis, grand comme une petite ville avec toutes ses ruës et détours. Elles y sont jusqu'à quinze ou seize cens, sans compter les pensionnaires qui le plus souvent sont deux fois en plus grand nombre. » Th. Corneille, *ibid*.

(2) Ordre de Prémontré, institué par S' Norbert, en 1120, dans le diocèse de Laon, sous la règle de S' Augustin, pour Religieux et Religieuses. Au xviiie siècle, il n'y avait plus de monastère de cet ordre en France. S' Norbert fut l'un des plus grands prédicateurs de son temps, et ensuite évêque de Magdebourg.

uerte, enuiron à la hauteur de dix pieds, on voit pardessuz tous les mêmes pilastres et ornemens de marbre noir,
qui régnent dans le reste de l'église ; si ce n'est que
l'on apperçoit de loin dans le bout un tableau d'une
prodigieuse grandeur, qui remplit toute cette face et
qui représente la conuersion de Saint Norbert. Il y a,
dans Malines, une église collegiale, aussi grande qu'une
cathedrale, dédiée à la Vierge, à Saint Blaise et au bon
larron. Derrière le grand autel est une chapelle, où
se voit un grand crucifix, auquel est attaché le bon
larron , auec ces mots audessouz : *Beatus Dismus, bo-
nus latro, horâ unâ germinans, fronduit, floruit, et fructifi-
cauit* (1).

Il y a un parlement à Malines (2), dont la grande
chambre a quelque chose d'assez beau, et est toute
entourée de grands tableaux, où sont representées les
differentes seances des princes, auec les officiers de la
couronne et les Magistrats. Une des plus belles choses
de cette ville est la promenade des ramparts, d'où l'on
découure une veuë charmante (3).

Nous allâmes ensuitte à *Anuers*; et, auant que d'y
arriuer, nous trouuâmes une chaussée de deux lieües de
long, plantée d'une double rangée de chesnes. Cette ville,
qui est bien fortifiée, a d'un costé la grande riuière de
l'Escau (4), qui coule le long de ses murailles, et qui y
forme un tres beau canal, deux fois plus large que la

(1) Ou plutôt *Dismas*. Voir l'Appendice XIII.

(2) « Malines est la résidence du grand conseil royal, institué am-
bulatoire par Charles duc de Bourgogne l'an 1473. et fixé à Malines en
1503. » Th. Corneille, *ibid.*

(3) La plaine riche et fertile, où elle est située, et que la Dyle
arrose.

(4) Le Ms. suit toujours la prononciation, ici et ailleurs, pour les
noms géographiques.

Seyne ne l'est à Paris. Elle est aussy deffenduë d'un autre costé par une tres forte citadelle (1), entre laquelle et la ville est une place d'armes qui peut contenir huit ou dix mille hommes en bataille. Il y a aussi, au milieu de la citadelle, une fort grande place, enuironnée de bastimens doubles, en forme de rond ou d'obelisque, audessouz desquels il y a de grandes galeries pour se promener à couuert. Tous les ramparts sont plantez de grands arbres (2).

L'église des Reuerends Peres Jesuites est la plus belle piece d'Anuers (3). Il faudroit la dessiner pour en faire voir la beauté. Elle n'est pas fort grande ; mais elle charme la veuë par son éclat. Elle est toute encroustée de marbre, depuis le bas jusqu'à la corniche de la voute. Il y a, de chaque costé, dix grosses colonnes de marbre blanc, qui séparent les aîles d'auec la nef, et qui soutiennent de grandes galeries qui régnent en haut tout autour. Audessuz de ces mêmes colonnes, il y en a encore de pareilles, de marbre blanc, qui s'éleuent depuis les galeries jusqu'à la corniche des voutes. Ainsy c'est en tout quarante colonnes de marbre qui soutiennent cette église. Un grand et superbe contretable s'éleue audessuz du maistre autel, tout de marbre blanc et noir, d'un

(1) Bâtie par le duc d'Albe, en 1567, sur les plans de l'Italien Paccioti.

(2) « A la mesurer de dessus ses remparts, qui sont très-hauts et couverts de belles allées de grands arbres, on trouve qu'elle a deux mille cinq cens pas de circuit. » C'est ce que disait Th. Corneille, *ibid.* en 1708, et ce qu'avait vu du Fossé, en 1682. Depuis le système des fortifications arrasantes à la Vauban, les remparts sont très-bas, et les travaux considérables de ces dernières années ont changé tous les abords de la citadelle.

(3) C'est l'opinion du temps. Th. Corneille disait : « L'Eglise des Jésuites est incomparable. » Mais le voisinage de la cathédrale en fait ressortir l'exagération.

ouurage merueilleux. Comme nous le vîmes, le premier dimanche d'octobre, il ne se pouuoit rien ajouter à la maniere dont cet autel étoit paré. Outre beaucoup de chandeliers d'argent, dont le moindre auoit trois à quatre pieds de hauteur, tous placez auec un tres bel ordre, on voyoit, en un endroit fort éleué audessuz de cet autel, un fort grand buste tout d'argent, auec son pied d'estail (1), admirablement trauaillé : c'étoit Saint François de Borgia, qui tenoit une teste de mort d'argent, et le pied d'estail finissoit par une coquille, façon d'argent, de deux pieds de large et tres belle. Audessouz étoient encore deux autres bustes d'argent, du même trauail, l'un de chaque costé, auec son pied d'estail, qui representoit Saint Ignace et Saint François Xauier (2). Il y auoit, outre cela, cinq grandes chasses d'écailles de tortuës, enrichies d'argent. Le pauillon du Saint Sacrement n'étoit autre chose que deux Seraphins d'argent, à la hauteur de trois pieds enuiron, qui auoient chacun quatre ailes, dont les deux d'en bas venoient se joindre en deuant pour couurir leur corps. Et ces mêmes Seraphins, soutenant chacun d'une main une tres grande couronne d'argent, proportionnée à leur hauteur, formoient une espece de pauillon, souz lequel étoit le Saint Sacrement, dans un soleil d'or ou vermeil doré, si grand et si pesant que, sans le pied d'estail dans lequel on l'enchassoit, c'étoit tout ce que pouuoit faire le prêtre de le leuer. L'ouurage m'en parut admirable ; mais je ne puis en exprimer la figure.

(1) Encore un mot écrit d'après la prononciation. Il vient du vieux mot : « ESTAL, qui est encore demeuré dans son composé *pied d'estal.* » *Dict. de Trévoux.* Notre *Piédestal* en vient, par la réunion des trois mots en un.

(2) On a vu plus haut, p. 194, pourquoi ils allaient toujours ensemble.

Toute l'église est pauée de marbre blanc et noir. Il y a un balustre de marbre blanc, qui sépare l'enceinte du grand autel et de deux chappelles qui sont à costé, d'auec la nef, c'est à dire qui trauerse toute l'église. Cette balustrade n'est point par colonnes; mais elle est remplie, dans le milieu, de fleurons et de grotesques de marbre blanc, si bien trauaillez que la veuë les prendroit pour quelque matiere flexible. Il y a, dans la nef, de chaque costé, une chappelle dans un enfoncement; l'une dédiée à la Sainte Vierge, et l'autre à Saint Ignace. Celle de la Vierge est, comme je crois, l'une des plus belles pieces de l'Europe. Car elle n'est pas seulement toute encroustée des plus beaux marbres de differentes couleurs; mais toutes les sculptures en sont si naturelles, et, pour parler de la sorte, si viuantes qu'il ne se peut rien voir de plus beau. On y admire, entr'autres choses, six ou huit grandes statuës de marbre blanc, de hauteur d'homme, qui representent la Vierge, Saint Joseph, Saint Pierre et Saint Paul, Sainte Anne, Sainte Suzanne etc (1).

La cathedrale d'Anuers est dédié à la Sainte Vierge. C'est un vaisseau d'une prodigieuse longueur (2), comme Nostre Dame de Paris. L'entrée, par le dedans, est comme une espece de Jubé tout de marbre, soutenu par huit prodigieuses colonnes de la même matiere, couleur

(1) Cette description si complète est d'autant plus précieuse que l'église des Jésuites, bàtie sur les plans de Rubens (1614-1621), fut détruite par la foudre, en 1718, presque entièrement avec tous ses tableaux et toutes ses richesses artistiques. Il n'en resta que la tour, le frontispice, et la petite chapelle de Notre-Dame, que l'on retrouve aujourd'hui dans l'Eglise Saint-Charles-Borromée, rebàtie dans le style particulier aux Jésuites. Celui de leurs Pères préposé à la reconstruction, n'a pas craint de surcharger l'entablement de la façade par des ornements étrangers au plan de Rubens.

(2) 162 mètres. Th. Corneille exagère un peu, quand il dit. « C'est un ouvrage admirable qui a plus de cinq cens pieds de long. » *Ibid.*

de jaspe. Le Jubé, qui separe le chœur de la nef, est de la même figure, si ce n'est qu'il est soutenu par seize colonnes semblables aux autres. Toute cette église est remplie d'excellens ouurages, qui éclattent en differentes chappelles, surtout dans celle de la Sainte Vierge. La tour de l'église passe pour une des plus hautes et des plus belles de l'Europe (1).

L'Hostel de Ville est un magnifique bastiment, dont le frontispice s'éleue audessuz des deux costez, et est orné de vint et deux colonnes de marbre, placées les unes sur les autres, par diuers étages.

Le cours de dessuz les remparts est tout planté régulierement de grands arbres et a une veuë charmante. La ruë qui conduit à cette promenade, et qui s'appelle la ruë de la mer, est si belle et si large qu'on peut bien la comparer à la ruë S. Antoine de Paris ; car il y a des endroits où douze carrosses de front pourroient y marcher (2). Mais étant fort longue, elle se rétroisit (3) beaucoup à la fin, aussi bien que celle de S. Antoine. Generalement parlant, les ruës d'Anuers sont toutes grandes, bien pauées et bien basties. Il y a dans Anuers une église collegiale et parroisse nommée Saint Jacques, dont le vaisseau est aussy grand que celuy d'une cathedrale, et si remply de diuers ouurages de marbre que je serois en-

---

(1) Ce peu de détails contraste singulièrement avec le long éloge qui précède. Il faut supposer que la mémoire, plutôt que le goût, a manqué à notre auteur pour louer dignement, dans la cathédrale d'Anvers, l'édifice, les tableaux, les sculptures, les stalles, les confessionnaux, etc., que tout le monde y admire.

(2) « La rué de Meër, l'une des plus remarquables pour sa largeur, qui pourroit la faire appeler une Grande Place. » Th. Corneille, *ibid.* — Il y a aujourd'hui une *Place de Meir*, située au centre de la ville. Il y avait autrefois un lac qui a été desséché.

(3) Pour *retroicit, rétrécit.*

nuyeux d'en faire la description (1). Mais je ne puis
m'empescher d'ajouter icy que nous vismes, dans l'église
de l'abbaye de Saint Michel de l'ordre de Prémontré, le
plus grand tableau qui soit peut estre dans le monde,
puisqu'il tient tout un costé de la croisée de cette église
et qu'il prend depuis le bas jusques au haut de la voute.
C'est la guerison du paralytique. On ne sçauroit exprimer la beauté, la diuersité et la disposition de toute cette
vaste peinture, qui represente une infinité de personnes, mais dans un tel ordre que la veuë ne peut s'en
tirer (2).

La bourse des marchands est une cour quarrée, un peu
moins grande que la cour du palais de Roüen, toute enuironnée de bastimens soutenus sur de tres belles colonnes de pierres noires (3), toutes figurées diuersement.
Cela forme quatre spacieuses galeries, où viennent se
rendre à midy tous les marchands, pour conferer de leurs
affaires. Le plat fonds de ces galeries est fort beau, et
l'on entre dans ces cours et ces galeries, par quatre
grandes portes, qui sont au milieu de chaque galerie, et
vis à vis de quatre ruës qui s'y rendent (4).

(1) Peu d'églises renferment, encore aujourd'hui, autant d'objets
précieux en tous genres, parce qu'elle a eu le bonheur d'échapper
aux ravages des révolutions. Les tableaux et le tombeau de Rubens
méritaient autant d'éloges que les ouvrages en marbre, autels, bas-
reliefs et statues qu'on y voit.

(2) Enfin voilà l'éloge d'un tableau, après le silence gardé sur l'*As-
somption de la Vierge*, l'*Elévation de la Croix* et la *Descente de Croix*
de Rubens, pour ne parler que des chefs-d'œuvre qui enrichissent
la cathédrale d'Anvers.

(3) Ces pierres noires se trouvent en Belgique, et leur dureté semble
défier le temps. Il y a aussi des pierres bleues dont les carrières
s'étendent de Soignies jusqu'aux Ecaussines.

(4) Construite en 1531, brûlée en 1583, elle fut reconstruite, et brûlée de nouveau en 1858. La Nouvelle Bourse n'est pas la reproduction
exacte de l'ancienne décrite ici.

Le quay d'Anuers est fort estimé, à cause que, de la
grande riuiere de l'Escau qui arrose ses murailles, les
vaisseaux entrent dans la ville par dix ou douze canaux,
où ils sont entièrement à couuert (1). Aussy Anuers étoit
autrefois la ville la plus marchande de l'Europe. Mais
son commerce a été beaucoup diminué par celui d'Amsterdam. Et l'on voit encore, dans ce quartier des canaux,
une grande et superbe maison, qui a été le magasin des
marchands d'Orient (2). C'est une court à peu près comme
celle du palais du Luxembourg de Paris, toute entourée
en carré de quatre superbes corps de logis extrémement
éleuez. Le dessouz de ces bastimens, par le dedans de
la court, est de grandes galeries, comme à la bourse des
marchands, soutenuës sur des colonnes. Et il y a ainsy
à trois ou quatre étages de semblables galeries les unes
sur les autres, soutenuës de même par des colonnes
proportionnées à chaque étage (3).

Nostre dessein auoit été de passer Anuers, d'aller en
Hollande et de pousser jusqu'à Amsterdam, que je sou-
haittois beaucoup de voir, comme la ville la plus belle et
la plus marchande de toute l'Europe. Et, en faisant ce
voyage, nous nous serions procuré la consolation de
saluer le Saint Euesque d'Hollande, et en même temps

(1) « Il y a dans la ville huit canaux principaux qui viennent de la
rivière, par lesquels les navires, les fregates, et les grosses barques
entrent avec leur charge. » Th. Corneille, *ibid*. Les bassins actuels
les ont remplacés, et la porte qui livre passage aux eaux rappelle
Napoléon et la France par la date du 16 août 1804.

(2) Ce n'est pas très-exact. Il veut parler de la *Maison hanséatique*,
dite des *Oosterlings*, entrepôt de l'ancienne *Hanse teutonique*, « pour
serrer les marchandises qui viennent d'Osterland, région du Nord. »
Th. Corneille, *ibid*.

(3) Cette Maison hanséatique, construite en 1554, par les trois villes,
jadis libres, de Hambourg, Lubeck et Brême, a été possédée par elles
jusqu'en 1863, et cédée à la Belgique.

Monsieur Arnauld (1). Il s'attendoit bien aussy à cette visite, et il demeura même exprès en un lieu où il étoit, et d'où il deuoit sortir, dans l'assurance qu'on lui auoit donnée que nous irions jusqu'en ce païs (2). Mais, comme il falloit que nous passassions un bras de mer (3), que quelques personnes disoient estre assez dangereux, et que la saison étoit déja un peu auancée, mon frere me témoigna une grande répugnance à passer outre. Ainsy, après plusieurs déliberations, nous quittâmes le dessein d'aller en Hollande, et nous prîmes le chemin de Gand.

D'Anuers à *Gand* il peut y auoir dix lieuës, dont il y en a huit, ou enuiron, qui sont comme une auenuë d'une maison de plaisance, les deux costez estant plantez d'arbres. Et ce qui sert à embellir encore ce chemin, c'est que, d'espace en espace, on trouue, à droite et à gauche, des plants d'arbres reguliers, à perte de veuë. Les deux riuieres de l'Escau et de La Lice trauersent toute la ville en diuers endroits (4). Elle est deffenduë par deux citadelles, dont l'une est à la porte d'Anuers. et l'autre à la porte de Courtray (5), et par un fort auancé qui est regulier. Cette ville a une grande étenduë, mais elle n'est

(1) On a biffé : « Le celebre..... dont mon frère auoit eu l'honneur d'épouser la niéce. » C'est, en effet, une redite familière à l'auteur, et bien inutile. — Arnauld demeura en Hollande d'octobre 1680 à octobre 1682. « Il y était attiré par M. de Neercassel, vicaire apostolique en ces contrées, sous le nom d'évêque de Castorie, et en réalité archevêque d'Utrecht, saint et savant prélat fort considéré de Bossuet. » M. Sainte-Beuve, *ibid.*, t. V, p. 144. En rapport avec les Religieuses de Port-Royal, il leur avait envoyé des reliques en 1681.

(2) Ce lieu doit être Delft, où Arnauld demeura la plus grande partie du temps qu'il passa en Hollande. Id., *ibid.*

(3) Un des bras de mer qui se trouvent à l'embouchure du Rhin.

(4) L'Escaut et la Lys y forment la plus grande des vingt-six îles de Gand, coupée encore par la Lieve et la Moere.

(5) La nouvelle citadelle, à la porte de Courtrai, et l'ancienne, à la porte d'Anvers.

14

pas peuplée (1) ; et les maisons communément sont beaucoup moins exaucées et moins belles que celles d'Anuers, et les ruës aussi moins larges. La cathedrale se nomme Saint Jean (2), et a, comme toutes les églises de Flandre, beaucoup de décorations de marbre. L'église des Jacobins a cela de singulier que la nef, quoyque tres large, n'est soutenuë d'aucuns pilliers (3). Nous remarquâmes, dans la maison, de magnifiques cloîtres et un parfaittement beau refectoir (4) ; et nous vismes, dans la court, une machine extraordinaire, composée de deux pompes et d'un long tuyau, qui sert pour jetter de l'eau, pendant les embrasemens, jusques au haut des plus hautes maisons, et pour éteindre le feu (5). Il y a, dans Gand, deux ou trois beguinages (6). La coëffure des beguines est diffe-

(1) La même remarque serait encore bien plus vraie aujourd'hui pour un certain nombre de villes de la Belgique fort peuplées autrefois, Ypres, Louvain et Bruges, par exemple.

(2) Tel était son nom primitif ; mais elle s'appelait Saint-Bavon, depuis 1540, époque à laquelle Charles-Quint y transféra le chapitre de Saint-Bavon, pour élever à sa place une citadelle destinée à contenir les Gantois. C'est l'ancienne dont il est parlé plus haut.

(3) L'auteur donne aux Dominicains le nom qu'ils portaient en France, à cause de leur couvent situé dans la rue Saint-Jacques, à Paris. L'oratoire des Dominicains, à Gand, offre une voûte en bois de 60 pieds de largeur, construite au XVIIe siècle, par un Religieux de la maison du nom de Romain.

(4) « REFECTOIRE. C'est ainsi que l'Académie l'écrit : cependant Richelet assure que tous les Religieux qu'il a consultés sur ce mot disent *Refectoir*, en prononçant l'*r*. mais sans *e* finale. » *Dict. de Trévoux*.

(5) Les pompes à incendie étaient inconnues en France. En 1671, on n'en voit pas dans l'incendie de l'hôtel Guitaut, si bien décrit par Mme de Sévigné. Les pompes portatives furent établies officiellement à Paris, en 1699. M. Chéruel, *Dict. des Institutions de la France*, p. 577. — Les Capucins s'employaient à combattre le feu avec des sceaux, des crocs, des échelles, etc., mais sans grand succès.

(6) Deux seulement, le Grand et le Petit, qui forment un quartier séparé.

rente de celle des autres, et en ce qu'elles ont, en venant à l'église dans la ville, une espece de domino, qui est tres large et qui s'étend des deux costez de la teste, comme s'il étoit soutenu par des fils d'archal.

L'hostel de ville et le palais de Charles Quint (1), qui sont joints ensemble, sont la plus belle piece de Gand, étant deux superbes maisons qui effacent toutes les autres de la ville. Il y a trois ou quatre grandes places, dont la plus grande est celle où l'on voit Charles Quint éleué sur une haute colonne (2). Et au bout de cette place étoit le plus prodigieux canon qui se voye (3), pointé contre la place même.

De Gand nous allâmes dans une barque à *Bruges*, qui est une ville épiscopale, à huit bonnes lieuës de Gand. L'église est dédiée à saint Donatien éuesque (4). Il y a une collégiale préuosté très considerable, dédiée à la Sainte Vierge (5). L'on y voit des ornements qu'on prétend estre les plus riches de l'Europe, à cause des perles fines dont ils sont couuerts. Je ne sçay neantmoins s'ils l'emportent audessuz de ceux de la Sainte Chappelle

(1) Le 25 février de l'année 1500, il naquit à Gand, dans le palais nommé *la Cour des Princes*.

(2) En 1600, on avait élevé, sur la grande place carrée, nommée *le Marché du Vendredi*, cette statue détruite en 1796.

(3) Dans un coin voisin de cette place est un pierrier monstre posé sur trois socles en pierre. Il a 6 mètres de longueur, 3 mètres 66 cent. de circonférence, avec une ouverture d'environ 90 cent. de diamètre. Composé de lattes de fer entourées de cercles de même métal, il pèse 16,803 kilos. En 1846, les gamins l'avaient chargé, presque jusqu'à la gueule, de cailloux, de morceaux de briques et de plâtras. Son nom est « Marguerite l'Enragée. »

(4) L'église de Saint-Donat, construite sur le côté nord de l'ancienne place *Le Bourg*, a été démolie pendant l'occupation française, de 1792 à 1814.

(5) Notre-Dame est encore son nom aujourd'hui. C'était la cathédrale alors.

de Bourges, dont j'ay parlé (1). On les garde comme un thresor, et l'on tient que la chape étoit le manteau royal de Charles Quint. On dit, dans le païs, qu'il n'y a que la robe de Nostre Dame de Lorette qui soit plus riche dans toute l'Europe (2). Dans une chapelle, qui est à costé du chœur, il y a sur l'autel une image de la Vierge, de marbre blanc, faitte par le fameux Michel Lange (3). C'est une piece admirable. La Vierge est representée comme si elle sommeilloit un peu. Et elle tient près d'elle l'enfant Jesus, qui paroist aussy dormir. Le visage de cette Vierge est d'une douceur charmante, et la figure de l'enfant tres naturelle. La draperie est si fine que le marbre paroist estre de l'étoffe. Comme on parloit beaucoup de cette pièce, et que tous ceux qui alloient à Rome y témoignoient qu'il n'y auoit rien de plus acheué que la Vierge de Michel Lange qui étoit à Bruges, il en entendit parler comme les autres ; et il y alla de Rome exprès, pour juger luy même si son ouurage meritoit cette admiration si generale. Il la vit donc, et il reconnut effectiuement qu'il auoit été assez heureux, pour imiter la nature, d'une maniere tres parfaitte (4).

Je ne finirois pas si je voulois m'arréter à décrire les differentes decorations de marbre qui éclattent en plusieurs églises, comme partout presque dans la Flandre. Celles de France ne sont, en comparaison, que comme des églises de village (5). L'église des Reuerends Peres

(1) T. II, pp. 218-219.

(2) Le mobilier et les ornements de Notre-Dame ont été vendus, pendant la Révolution française.

(3) On voit encore ce groupe sur l'autel de la première chapelle, à droite, près du chœur.

(4) Ainsi présentée, cette légende du xviie siècle, n'a pour elle ni la vraisemblance ni la clarté. Il manque quelque chose au texte pour être bien intelligible. — Voir l'Appendice XIV.

(5) Sous sa forme un peu hyperbolique, cette remarque ne laisse

Jesuites de Bruges est la plus belle de la ville. Ces peres
ont des bonnets à quatre cornes dans toute la Flandre.
Les filles qu'on appelle leurs deuotes sont habillées
ordinairement, en cette ville, comme dans toutes les
autres, d'une manière particulière. Elles ont un manteau
plissé, comme les aubes des maisons religieuses, et un
petit rond d'étoffe, auec une longue houpe sur le front ;
de sorte que, lorsque deux de ces deuotes s'approchent
pour se parler, leurs houpes se touchent. Il y en a
d'autres qui ont seulement le manteau noir tout plissé
en long, et au haut un colet semblable à celuy du manteau des Jesuites.

On voit, près de Bruges, un grand bassin d'eau,
capable de contenir cent vaisseaux marchands. On les y
conduit par le canal de Nieuport ; ce qui rend cette ville
tres considerable.

L'abbaye qu'on appelle des Dunes se fait remarquer
par ses grands et superbes bâtiments, qu'on y a faits de
nouueau. C'est une abbaye de Bernardines, qui portent
le bonnet quarré blanc, laissant tomber leur capuce derrière leur teste. Le cloistre, qui est tout neuf, peut passer
pour une des belles pièces des Païs bas et même de l'Europe. Il est grand, tres exaucé, fort clair et parfaittement
bien basty. On y voit des paysages charmans dans de
grands tableaux. Il est tout paué de belles pierres blan-
ches et noires, comme de marbre. Le refectoir et la
bibliotheque repondent à la beauté de tout le reste (1).
Mais l'église n'est point bâtie, à cause qu'un de leurs
Religieux, après quarante années de profession, et après

pas d'être vraie. — Plus d'un Anglais et plus d'un Belge la font,
même en visitant les plus belles églises de Rouen.

(1) Thomas Corneille se borne à dire : « La magnifique Abbaye de
Sainte Marie des Dunes, de l'Ordre de Citeaux. » *Diction. géogr.* —
Elle sert maintenant de séminaire.

auoir été longtemps receueur de tout leur bien, qui est
à Furnes, dépendant du Roy de France, trouua moyen ,
apparemment durant les guerres, de faire ériger, par
l'authorité du Roy , une nouuelle abbaye , à Furnes
même, et de s'en faire nommer abbé, sans que l'abbé et
les Religieux des Dunes de Bruges aient pu obtenir
justice, quoy qu'ils soient soumis au General qui est
en France. Ils ont, dans une chappelle fort enrichie de
marbre blanc, le corps du troisieme abbé des Dunes,
nommé le bienheureux Idesbalde, qui, étant mort l'an
1117, fut trouué en l'année 1624, tout entier auec ses
habits, sa peau et sa barbe, au même état qu'il auoit été
enterré à Furnes, plus de 450 ans auparauant. Il fut
transferé de Furnes à Bruges dans cette chapelle, auec
la permission de l'éuesque d'Ypres, d'où dépend Furnes.
Et l'on l'y voit presentement dans une fort grande chasse
tout de sa longueur, où l'on tient qu'il fait beaucoup de
miracles.

Il y a, dans l'église des Recolets, à costé du grand
autel, le tombeau et mauzolée de marbre de l'illustre
comte de Fontaines, qui commandoit l'armée d'Espagne,
à la bataille de Rocroy (1), et qui fut tué d'un coup de
canon dans sa litière (2), où la goutte le retenoit, sans
qu'elle pust l'empescher de donner tous les ordres, pour
soutenir le plus terrible combat qui se soit peut estre

(1) Don Pedro Henriquez d'Azevedo, comte de Fuentes, âgé de
82 ans et perclus de goutte, commandait seulement l'infanterie espagnole, à Rocroy, le 19 mai 1643. — Le général en chef était Don Fran-
cisco de Mellos.

(2) Le mot *Chaise*, employé par Bossuet, serait plus juste ; car c'est
une chaise à bras, qu'on peut voir dans le Musée d'Artillerie, aux
Invalides, salle des armes portatives. Le catalogue et l'inscription
disent : « Le fauteuil dans lequel le général espagnol comte de
Fuentes fut tué à la bataille de Rocroi (1643). »

jamais donné ; puisque rien ne fut capable de le décourager, ni de lui faire perdre l'égalité de son esprit (1) ; et que son infanterie aima mieux estre reduitte en poudre par nostre canon que se rendre ; ayant toujours combattu et s'étant jusqu'à la fin deffenduë auec un courage sans exemple (2).

La principale place de Bruges reçoit un grand ornement, tant de l'hostel de ville qui la borne par un bout, et dont le beufroy est une tour d'une prodigieuse hauteur (3), que d'un autre bâtiment, qui borne sa longueur et qui est grand comme la grande salle du Palais de Paris, tout coüuert d'ardoises et basti de pierre de taille, auec une balustrade aussy de pierre de taille figurée, audessouz de l'entablement. Et ce bâtiment si magnifique est un édifice public pour les marchandises (4).

Ce qui contribuë à embellir cette ville est un grand nombre de bastimens, qu'on appelle les maisons ou les

---

(1) « Trois fois le jeune vainqueur (Condé) s'efforça de rompre ces intrépides combattants ; trois fois il fut repoussé par le valeureux comte de Fontaines, qu'on voyoit porté dans sa chaise, et, malgré ses infirmités, montrer qu'une âme guerriere est maîtresse du corps qu'elle anime. » Bossuet, *Oraison funèbre du prince de Condé.*

(2) On connaît le tableau que Bossuet fait, en cet endroit, de la seconde phase de la bataille : « Restoit cette redoutable infanterie de l'armée d'Espagne, etc. » — Non moins remarquable est la réponse de cet Espagnol, à qui l'on demandait sur le champ de bataille, quel était le nombre de leur infanterie : « Comptez, ils y sont tous. »

(3) « La maison de Ville est estimée l'un des plus superbes bâtiments de l'Europe. Sa cour est de forme quarrée, environnée de quatre grands corps de logis, un desquels soutient la haute tour de l'horloge dont l'escalier a 343 marches. Elle enferme quantité de cloches qui font un carillon très-mélodieux avant que la grosse sonne l'heure. » Th. Corneille, *ibid.* — Elle était au Sud de la place appelée *Le Bourg.*

(4) Ce bâtiment, appelé le *Steen*, était au Nord de la même place, pour recevoir les laines d'Espagne et d'Angleterre

autels (1) des nations. Ce sont des grands édifices bâtis à l'antique par les Hollandois, les Suedois et les autres peuples, pour la commodité de leur trafic (2).

De Bruges nous allâmes à *Ostende*, dans la barque, par les canaux. Cette ville, deuenuë fameuse par le long siege qu'elle soutint, pendant trois années, contre les Espagnols qui la prirent à la fin (3), après y auoir perdu quatre vint mille hommes, n'est éloignée que de quatre lieuës de Bruges (4). On y trouue, auant que d'y arriuer, de parfaittement belles écluses, pardessuz lesquelles il y a de petits ponts, où l'on passe à pied, après estre descendu de la barque. Ces écluses sont pour empescher que la mer, lorsqu'elle monte, ne comble les canaux et ne renuerse les digues qui soutiennent ces canaux. Elles sont deffenduës par un fort regulier, à quatre bastions, qu'on trouue à main gauche, et par quelques trauaux qui sont à main droitte, de l'autre costé du canal. Pour arriuer ensuitte à Ostende; il faut passer un petit bras de mer, lequel est plus ou moins grand, selon la marée. La ville est petite, mais assez gaye. Elle a deux

(1) Pour *Hôtels*: Vingt ministres étrangers y avaient leurs hôtels. — Ces fautes ont échappé à la révision moins attentive de du Fossé, qui touchait à la fin de sa vie.

(2) Bruges était l'une des villes les plus florissantes de l'Europe par son commerce. Les villes hanséatiques y avaient établi leur entrepôt, avec un comptoir. Les négociants du Nord, de l'Italie, de l'Espagne y affluaient. Sa population s'éleva à plus de 200,000 habitants. Elle n'en compte que 50,000 aujourd'hui.

(3) A la sollicitation des Flamands, Albert d'Autriche en commença le siége, le 5 juillet 1601. Toute l'Europe s'intéressa à la lutte. Les Italiens, les Espagnols, les Flamands contribuèrent à l'attaque; les Français, les Anglais, les Allemands et les Hollandais, à la défense. Elle fut prise par l'Espagnol Spinola, le 21 septembre 1604.

(4) La description qui va suivre est d'autant plus intéressante que Louis XV détruisit ce qui restait du vieil Ostende. Celui d'aujourd'hui est de création toute moderne.

grandes places tout enuironnées de bâtimens assez raisonnables. Ce qu'il y a de plus beau à Ostende sont les
fortifications, que la nature, aussi bien que l'art, contribuë à rendre plus considerables. La mer la rend presque inaccessible, à cause du flux et du reflux, qui inonde
tous ses abords, et qui n'en laisse la sortie libre que
lorsque la mer se retire. Ce sont de grandes dépenses
que les digues auancées dans la mer, qu'on est obligé
d'entretenir pour empescher qu'elle ne batte trop fortement la ville, et qu'elle ne ruine son port et ne l'inonde
elle même. Ces digues sont composées d'un million d'arbres enfoncez (1) ; le milieu desquelz on remplit de fagots
et grosses pierres.

Je ne crois pas inutile, pour faire voir la deffiance des
Espagnols, de marquer icy la maniere dont on en usa à
nostre égard. Ayant été arrétez à la porte, comme étrangers, on nous donna un mousquetaire, pour nous conduire chez le Gouuerneur. Par malheur pour nous, il
étoit à table, quand nous arriuâmes chez luy fort fatiguez
et affamez. Et ce qui augmenta notre fatigue fut que
nous demeurâmes longtemps sur nos pieds, en attendant
que nous fussions introduits ; et que nous voyions cependant passer les plats du disner, dont la veuë ne seruoit pas à nous rafraîchir, mais à augmenter plutost
nostre besoin. J'auouë que ce procedé nous indigna fort
et qu'il nous parut bien étrange qu'on nous fist ainsy
languir, dans un temps de paix, sans nous donner nostre passe port pour loger, surtout en une aussy petite
ville qu'est celle là, où l'on découure tout d'un coup tous
ceux qui y sont, et où il est impossible de rien faire
sans estre veû. Nous fîmes nos plaintes de ce qu'on

(1) On apercevait quelques vestiges de ces pilotis, à la marée basse,
il y a une trentaine d'années.

traittoit ainsy des gentilshommes François. Et enfin on vint nous dire, de la part du Gouuerneur, que nous n'auions qu'à aller à l'hostellerie. On nous demanda en même temps où nous logerions, Et sur ce que nous nommâmes celle où nous auions dessein de loger, on nous témoigna que ce n'étoit pas un lieu qui nous conuînt, et qu'il falloit que nous logeassions au palais royal. Nous ne voulûmes point resister, connoissant le genie Espagnol ; et nous allâmes à cette auberge, que nous trouuâmes magnifique. La salle en étoit tres belle, la cheminée étant soutenuë par des colonnes de marbre, et tout le dessouz paué de marbre. La chambre qu'on nous donna auoit une belle tapisserie de haute lice, et un lict auec l'ameublement de damas, et un buffet magnifique. Mais la nourriture ne répondoit pas à la beauté du logement, ainsy que je le diray bientost. Après que nous eûmes pris possession de nostre chambre et que nous eûmes mangé un morceau, nous allâmes faire un tour sur le riuage de la mer, où nous nous arrétâmes assez longtemps à ramasser des coquillages, dont il y en a en cet endroit de figures assez grotesques. Au retour, voulant rentrer dans la ville, nous la trouuâmes fermée, à cause que l'on montoit la garde, et que, comme ils ont peu de monde dans la garnison, ils jugent plus sûr de fermer les portes, tandis que les trouppes s'assemblent, pour se distribuer ensuitte dans les postes differens qu'ils doiuent garder. Il nous fallut donc attendre que la porte fust ouuerte. Et alors, étant entrez, auec d'autres personnes qui attendoient comme nous, nous eûmes à peine fait soixante pas dans la ville que nous entendîmes crier après nous des gens qui nous appelloient. Nous nous retournâmes, et, demandant ce qu'on nous vouloit, nous vîmes des gens un peu alarmez qui nous dirent, auec assez d'empressement, que le capitaine qui com-

maudoit la garde vouloit nous parler. Nous apperceûmes
en même temps cet officier qui s'auançoit et qui ensuitte
nous demanda d'où nous venions. Surpris d'une telle
demande, nous luy répondîmes, auec un peu de chaleur,
que nous venions de faire un tour de promenade sur le
galet de la mer (1), et que nous auions quelque sujet
d'estre étonnez de ce qu'après auoir été conduits chez le
Gouuerneur et logez par son ordre au palais royal, il
nous demandoit d'où nous venions, comme si nous
n'eussions fait que d'entrer dans la ville. Il s'apperceut
bien qu'il s'étoit mépris et il nous parla honnestement.
Le soir, quand nous descendîmes à la salle pour souper,
nous fûmes surpris de voir ce même officier, auec deux
autres Espagnols, se mettre à table auec nous ; soit qu'il
mangeast ordinairement en ce lieu, ou qu'il y vinst par
l'ordre du Gouuerneur, pour nous obseruer et pour nous
faire parler. Car il nous parut qu'on auoit quelque deffiance de nous, quoique jamais gens n'en donnerent
moins de sujet ni ne furent moins capables de faire ombrage par leur conduitte. Mais enfin on ne change point
le naturel des gens, et la deffiance, dans la teste d'un
Espagnol ou d'un Italien, est un mal presque sans remede.

Le regal qu'on nous fit pour le souper mérite bien
d'estre décrit en ce lieu. Nous étions cinq à table, tous
bien affamez. Et l'on nous seruit d'abord, pour toutes
choses, une salade. Nos Espagnols commencerent à donner dessuz d'une grande force, tandis que mon frere et
moy nous nous regardions auec quelque sorte d'indignation d'un tel seruice, attendant toujours que ce plat
unique fust accompagné de quelque autre. Mais ce fut

(1) Il n'y a que du sable sur toute la côte. — C'est un souvenir de
la Manche transporté dans la mer du Nord.

inutilement. Et il fallut que la salade fust toute mangée,
auant qu'on seruist autre chose. Ainsy nous y primes
part et en mangeâmes quelques fourchettées. Après qu'on
eut deseruy ce plat, on en apporta un autre, qui étoit un
mets douteux ; c'est à dire une espèce de fricassée, ou,
pour mieux dire, de galimafrée (1), dont le goust ne put
jamais nous faire deuiner ce que c'étoit. Il fallut encore
consumer ce second seruice, auant que de rien attendre
de meilleur. Enfin on vit arriuer le roty, qui consistoit
en deux poulets ethiques (2), flanquez l'un contre l'autre
dans un plat plus grand qu'il ne conuenoit à ce qui étoit
dedans. Et, quoyqu'un souper de cette sorte, donné au
palais royal et seruy à la table où mangeoit le capitaine
qui étoil de garde, nous donnast enuie de rire, nous
auions en même temps trop de dépit pour en rire de bon
cœur, nous voyant si mal pour nostre argent (3).

L'entretient pendant le souper ne fut guere plus
agreable que le souper même. Comme cet officier sçauoit
fort bien parler François (4), il sembloit qu'une certaine

---

(1) « Ragoût composé de plusieurs restes de différentes viandes. Il
n'étoit autrefois en usage que parmi les goinfres ; mais présentement
il est devenu fort commun parmi les honnêtes gens. » *Dictionnaire
de Trévoux*, 1743.

(2) Mauvaise lecture du copiste. Du Fossé a pu écrire *ectique*,
usité alors, comme *étique ;* mais *ethique* est un non sens. La morale
n'a rien de commun avec les poulets.

(3) A la profusion près, cette description rappelle certains passages
du Repas ridicule de Boileau :

> « Sur un lièvre flanqué de six poulets étiques
> S'élevaient trois lapins, animaux domestiques..... »

Et encore :

> » L'*assiette* de pois verts qui se noyaient dans l'eau, etc. »
> Satire III.

(4) Les ennemis de la France en ont toujours étudié et bien pos-
sédé la langue.

ciuilité, que nous garderions en France auec des étrangers, l'engageoit honnestement à parler auec des gentilshommes François. Cependant il parloit presque toujours
auec les deux Espagnols en langue Espagnole. Ou s'il se
tournoit vers nous pour nous parler, c'étoit souuent
d'une maniere assez ridicule et pleine de rodomontades,
qui nous empeschoit de joüir du plaisir d'une conuersation
ordinaire et raisonnable. Par exemple, je luy demanday
s'il auoit veû le chasteau royal de Versailles : et, sur ce
que m'ayant répondu qu'oüy, je luy demanday de nouueau si l'Escurial du Roy d'Espagne étoit aussy magnifique, il me parla auec de si grandes exaggerations de ce
dernier qu'il sembloit que la maison de Versailles n'eût
vallu presque qu'un appartement de l'Escurial. Tel est le
genie des Espagnols, qui, enyurez de la grandeur de leur
prince, mesurent sur cette idée tout ce qui lui appartient,
et ne croyent pas que dans le monde il y ait rien qui soit
digne de lui estre comparé. Le même officier dont je
parle, nous entretenant de sa compagnie, qu'il auoit depuis peu de temps amenée d'Espagne, en parloit auec
une complaisance qui nous donnoit enuie de rire, ou qui
même nous faisoit pitié, se glorifiant de l'auoir fait passer
en reueüe deuant le Roy, comme si ç'auoit été une compagnie d'élite. Cependant, nous qui étions accoutumez à
voir les trouppes de France (1), nous trouuions cette
compagnie en si pauure état que, pour la representer
telle qu'elle étoit, nous nous disions quelquefois que des
ramouneurs de cheminée, nouuellement arriuez des montagnes de Savoye, à qui on auroit lié de vieilles rapieres
au costé et mis des mousquets roüillez sur l'épaule, au-

(1) Depuis 1666, sous la direction de Louvois, l'uniforme, l'armement, la discipline, les revues, etc., avaient fait de l'armée française
des troupes d'élite. Voir DE L'ADMINISTRATION DE LOUIS XIV, par
M. Chéruel, *Administration militaire*, pp. 153-160.

roient composé une compagnie de soldats d'aussy bonne
mine qu'étoient ceux de la compagnie de cet officier, qui
s'en faisoit un si grand honneur. Aussy ils n'auoient pas
de honte, étant même de garde, de nous demander la
caritad (1), comme des gueux, tels qu'ils étoient en effet.

Mais si ces sortes de discours étoient risibles, il nous en
fit d'autres qui nous déplûrent bien dauantage. Car il nous
questionna, de la part du Gouuerneur, touchant le temps
que nous demeurerions à Ostende, et nous fist paroistre
quelque sorte d'inquiétude sur nostre sujet. Ainsy, au
lieu que nous auions eû la pensée d'y séjourner un ou
deux jours, nous resolûmes de couper pied à toutes
leurs deffiances et de partir, dès le lendemain, si nous
pouuions. En effet, aussitost que nous fûmes leuez, le
matin, nous allâmes nous informer s'il ne partoit point
quelque voiture pour Nieuport, et nous trouuâmes heureusement un coche qui se préparoit à partir. Aussy,
sans nous abboucher dauantage auec nostre capitaine
Espagnol, et sans donner de nos nouuelles au Gouuerneur, nous partîmes auec joie de cette ville, où il sembloit que nous ne fussions venus que pour estre controllez
nous mêmes, et non pas pour voir et considerer ce qu'il
pouuoit y auoir de curieux.

Au sortir d'Ostende, nous vîmes, le long de la mer, les
trauaux que l'on y faisoit, pour empescher qu'elle
n'inonde tout le païs jusques à Gand, comme elle feroit,
si ces digues se rompoient (2). Ces trauaux s'étendent
l'espace d'une lieuë de long ou enuiron, à cause que le

(1) Ordinairement « carislade. Ce mot vient de l'Espagnol *caridad,*
qui signifie *aumóne,* mais il ne se dit qu'en riant. Demander la
carislade. » Diction. de Trévoux.

(2) De Bruges à Ostende le terrain est au-dessous du niveau de la
mer de plusieurs centimètres. Le chiffre en est inscrit sur des poteaux
placés le long du chemin de fer.

païs et le riuage sont fort bas. Les digues ont quarante pieds de largeur et vont en tallus. Ce tallus, du costé de la mer, est reuétu d'un lict de paille enfoncée, et comme tressée dans la terre. Il paroist presque incroyable qu'un ouurage de cette nature ait la force de rompre l'impétuosité des flots (1). Et cependant ils viennent se briser contre cette espece de tallus de paille, et, coulant dessuz, ils s'en retournent sans faire de dégradement.

Nieuport est une petite ville, à trois lieuës d'Ostende (2), qui appartient aussy à l'Espagne. Elle est à peu près comme Ostende, pour la grandeur, mais beaucoup moins belle, étant presque toute assez mal bâtie. Elle n'a qu'une place. On trauailloit, en ce même temps, à la fortifier beaucoup dauantage et à rendre son commerce plus commode par le canal qu'on faisoit (3).

De Nieuport nous allâmes à *Furnes,* qui n'en est qu'à deux lieuës et qui appartient au Roy de France (4). On y va par le canal dans la barque. On en auoit rasé toutes les fortifications, et il n'y auoit point alors de garnison (5). C'est une tres jolie ville, dont la place est belle. Il y a aussy un fort bel hostel de ville pour une place de cette sorte. Le beuffroy est une grosse tour fort éleuée. On y voit une église collégiale (6), qui est grande et considerable, et plusieurs autres églises.

(1) Il en est de même des endiguements en pierres détachées de la Seine maritime.

(2) Au Sud-Ouest, à deux kilomètres de la mer.

(3) En 1708, Th. Corneille disait : « Les rivières de Colme et d'Yperlée se joignent en cet endroit et portent leurs eaux dans la mer par un canal sur lequel les vaisseaux qui ne s'enfoncent pas dans l'eau bien profondément peuvent venir jusques à la ville. » *Ibid.*

(4) Au Sud.— Cédée à la France par le traité d'Aix-la-Chapelle, en 1668.

(5) Aussi fut-elle prise depuis par les Espagnols, et reprise par les Français, en janvier 1693. — Elle est aujourd'hui à dix kilomètres de notre frontière.

(6) Sainte-Walburge, bâtie en 870, par Baudouin Bras-de-Fer.

De Furnes nous nous mîmes sur les canaux pour aller à *Doncherque* (1), qui n'en est qu'à quatre lieuës. Rien n'est plus beau que les fortifications de cette ville (2). Les bastions, les caualiers, les demy lunes, sont tous reuétus de pierres de taille et de briques, et couuerts par le haut d'un gazon vert aussy agreable que celuy des plus beaux parterres. La citadelle est d'une grande étenduë et la couure du costé de la mer (3). Elle est composée de quatre ou cinq tres grands bastions, de quatre caualiers prodigieusement exaucez, et de plusieurs autres fortifications. Audessouz des bastions sont détachées quatre demy lunes des plus grandes qui se voyent. Tout cela s'auance vers la mer, et dans la mer même, et produit un point de veuë qu'on ne peut assez admirer. La plus grande couleuurine, qui fut trouuée à Nancy, est pointée sur l'un des quatre caualiers. Mais, quoyque cette citadelle soit une des belles pieces qui se puisse voir, il y a, plus auant dans la mer, quelque chose de plus étonnant. Car le Roy y a fait bastir, enuiron, à une demy lieuë, un fort, d'une figure ronde et en cœur, nommé le Richebanc (4), où il y a plus de 50. pieces de canon, et qui sert principalement à deffendre l'entrée du port. Ce qui surprend dauantage, c'est que, comme il a fallu le bâtir sur piloty, on a été obligé de prendre, pour ce trauail, l'entre temps que la marée se retire deux fois tous les jours. Ce trauail ne peut aisément se conceuoir.

(1) Plus conforme à la prononciation qu'à l'orthographe habituelle *Dunkerque*, en flamand *Dunkerk* (Eglise des Dunes).

(2) Louis XIV l'ayant achetée, en 1662, à Charles II d'Angleterre, pour cinq millions, l'avait fait fortifier comme du Fossé la vit vingt ans plus tard.

(3) Au Nord, entre la ville et la mer.

(4) Ordinairement le *Risban*, à l'Ouest du canal ou chenal qui conduisait au port.

Car, au lieu que Saint Michel (1), si renommé en Normandie, a été bâty sur un fondement naturel, qui est un roc,
il a fallu des trauuaux immenses pour faire, par artifice
et dans l'espace de sept ou huit heures par jour, un
fondement sur le sable mouuant, et trouuer moyen de
faire de la massonnerie, nonobstant les flots de la mer qui
l'inondoit, tous les jours, deux fois, dans l'espace de vint
quatre heures.

Le port, pour le sureté duquel il semble que ce fort ait
été bâty, est une merueille presque incroyable. Car il
faut se figurer qu'on a voulu faire un chemin aux
vaisseaux, au milieu de la mer, pour les conduire, sans
crainte de s'ensabler, et à l'abry de la tempeste, jusque
dans la ville. Pour cela on a fait deux digues, l'une d'un
costé et l'autre de l'autre, qu'on a poussées dans la mer
jusques à trois quarts de lieuë. L'espace qui est entre
les deux digues est pour l'entrée des vaisseaux et peut
suffire pour le passage de trois de front. Ces digues sont
composées de plusieurs rangs d'arbres entiers, ferrez
par le bout, et enfoncez à coups de bellier ou de mouton,
qui est une machine destinée pour faire entrer à force le
pilotis. Au milieu de ces chesnes ainsy enfoncez l'on met
un milion d'autres pieces de bois, qui se tiennent les
unes aux autres et qui les lient tous ensemble. Et l'on
remplit l'entre deux de longues fascines, de pieux, de
clayes et de grosses pierres ; de sorte que l'on peut dire,
sans exaggeration, qu'il est entré dans ces digues des
forêts entières, des carrieres de pierres, et des mines
de fer, à cause de la quantité de ferrures qui seruent à
enchaisner et à affermir ces ouurages, qu'on peut appeller
monstrueux. Et ces deux digues faittes en tallus sont
reuétuës par dehors de membrures fort larges, auec de

(1) Le Mont-Saint-Michel.

15

grosses cheuilles de fer. Mais ce qui en fait la grande beauté, c'est qu'il y a sur le haut, tout du long, un parapet de gros ais, de la largeur des parapets du pont de batteaux de Roüen (1), sur lequel on se promene deux de front, comme sur un pont éleué tout au milieu de la mer (2). Il y a trois ponts de cette sorte, parce que la digue de main droitte est d'une si grande largeur qu'elle a un pont de chaque costé (3).

Cette ville est grande, à cause de l'accroissement de la ville neuue qu'on a bâtie, dont les maisons sont spatieuses et regulieres. Il y en a une entr'autres tres grande et fort belle, que le Roy a fait bâtir pour tous les officiers de la garnison. Il y a une place d'armes fort considerable dans la ville neuue. L'ancienne ville paroissoit peuplée ; mais ce qui en augmentoit beaucoup le monde, étoit le grand nombre de soldats et d'officiers que l'on voyoit fourmiller dans les ruës. Il n'y a qu'une seule parroisse dans toute la ville, nommée Saint Eloy, qui est un assez grand vaisseau (4).

(1) Le pont de bois de Rouen, dont le tablier était porté sur dix-neuf bateaux, avait, au milieu, une chaussée, au-dessus de laquelle s'élevait, de chaque côté, un trottoir en bois, avec un parapet ou garde-fous en bois, du côté de la rivière. Ce n'est pas ce « parapet » qu'il faut entendre ici, mais le chemin, le trottoir même établi sur la digue de Dunkerque.

(2) Le chiffre *deux* ne doit pas être plus juste que le mot *parapet*. En voici la preuve : « Les deux Jettées ou Digues qui entrent en mer, qui joignent le Port et qui bordent le Canal qui conduit à la Rade, sont éloignées l'une de l'autre d'environ quarante toises. Elles en ont mille de longueur chacune, et comme elles ont des parapets des deux côtez, *six* personnes s'y peuvent aisément promener de front dans toute leur longueur. » Th. Corneille, *ibid.*

(3) Ce détail n'est pas donné ailleurs.

(4) Le mérite de cette description est d'autant plus grand, que les fortifications, la citadelle, les forts, les digues et le canal ont été démolis et détruits, et le port comblé, sous les yeux des commissaires

De Doncherque nous allâmes à *Ypres*, qui en est à douze grandes lieuës (1), lorsqu'on va par le canal de Furnes, où l'on s'embarque sur celuy d'Ypres. On trouue le long de ce canal plusieurs choses remarquables. Premierement, à moitié chemin de Furnes à Ypres, on rencontre une grande machine, qui sert à faire monter et poulier (2) la barque d'un canal plus bas en un autre qui est plus haut. Cette machine est composée de deux rouës beaucoup plus grandes que celles qui seruent aux gruës des carrieres. Il y en a une de chaque costé d'un gros rouleau de bois. A mesure donc que des hommes les font tourner, en montant aux échelons, deux gros cables se tournent autour du rouleau de bois ; et ils attirent en même temps le vaisseau, qui est embrassé par le bout auec une grosse chaisne de fer attachée aux cables. Il monte ainsy doucement par un glacis fort uni fait de gros ais : et, après qu'il est monté, il descend de même par un autre glacis dans le canal qui est de l'autre costé.

A quelques lieuës de là est le fort de *Quenoque*, qui sert à deffendre le passage de la riuière de Nieuport, qui trauerse le canal en cet endroit. Il y a un gouuerneur, que nous vismes, et une garnison de trois cents hommes (3).

anglais, après la paix d'Utrecht, en 1713. — L'ingénieur principal de la reine Anne, Armstrong, y déploya la dernière rigueur. — Voir le texte et la carte de la *Nouvelle Description de la France*, par Piganiol de la Force, t. VI, pp. 223-232.

(1) Au Sud-Est. Elle appartenait alors à la France; Louis XIV l'avait reprise en 1678, et la garda par le traité de Nimègue.

(2) « Elever un fardeau en haut au moyen d'une poulie. » *Dict. de Trévoux.* — N'est plus usité.

(3) « Kenoque. Fort considérable de Flandre. Il est bâti sur l'Iper, entre Ipres et Dixmude, à une lieuë de cette dernière Ville. Les Barques, qui vont d'Ipres à Nieuport passent par le pied des murs de ce Fort qui appartient à la France, et qui sépare la Flandre Françoise de la Flandre Espagnole. » Th. Corneille, *ibid.*

A une lieuë d'Ypres, on trouue deux écluses semblables à celles du canal de Briare, qui seruent à faire
monter la barque, du canal où elle est, en un autre fort
éleué audessuz. Ces sortes d'écluses sont quelque chose
de curieux. On ouure deux grandes portes, pour faire
entrer le vaisseau dans un espace assez étroit ; puis on
referme ces portes qui sont d'une épaisseur et d'une
hauteur prodigieuse. La barque demeure ainsy enfermée
entre ces portes de derrière et deux autres qui sont
audeuant, soutenuës encore par deux plus auancées qui
soutiennent le poids des eaux d'un grand canal éleué de
plus d'une picque et demye (1) audessuz de l'eau où est
cette barque. Alors on leue, par la force d'un cabestran (2),
une espèce de bonde, pour faire venir, comme pardessouz
terre, l'eau du canal de dessuz, dans le lieu où le vaisseau
est renfermé, lequel s'éleuc par ce moyen en peu de
temps, jusqu'à la hauteur du canal dans lequel il doit
passer. Quand donc l'eau est à la hauteur du canal, on
en ouure toutes les portes pour l'y faire entrer, c'est une
chose tres curieuse, mais affreuse à voir. Aussy ne se
tient on pas ordinairement dans la barque, pendant
qu'elle monte par la force de l'eau qui sort impetueu-
sement de dessouz ; mais on en descend jusqu'à ce qu'elle
soit éleuée à la hauteur du canal. Quand la barque veut
passer du canal d'en haut dans celuy d'en bas, on emplit
d'eau d'abord l'entre deux des portes : on ouure ensuitte
celles du canal d'en haut pour faire entrer le vaisseau
dans cet espace et on les referme : puis on fait écouler
l'eau de cet endroit par une bonde qui donne dans le
canal de dessouz ; et, lorsqu'elle est à peu près à la hau-

(1) Plus de 7 mètres.

(2) N'était pas usité pour *Cabestan*, dont l'autre forme était quelquefois *Capestran*. — *Dict. de Trévoux.*

teur de ce canal, on en ouure les portes, afin d'y faire
passer la barque.

On nous fit mille façons à la porte d'Ypres, auant que
de nous y laisser entrer ; et jamais nous ne vismes de
gardes plus façonniers et plus incommodes pour la visite
des hardes. La place de cette ville est une des plus belles
que nous ayions veuës dans les Païs bas, tant pour la
grandeur extraordinaire que pour la beauté de l'Hostel
de ville, qui en fait un grand ornement. C'est une maison à l'antique et le plus prodigieux bâtiment qui se
puisse voir (1). Il a deux cents de mes pas de long et
soixante quinze de large. Il est tout régulier du costé de
cette place. Il a une petite tour à chaque bout, et au
milieu une grosse tour quarrée, en forme de beufroy, sur
les quatre coins de laquelle s'éleuent quatre petites tours
de la hauteur des deux qui sont à chaque bout. Tout ce
monstrueux bâtiment est couuert d'ardoise et bâti en
pierre de taille ; et il a, autant que j'en puis juger, près
de deux fois la longueur de la grande salle du palais de
Paris. Il y a encore d'autres fort grands bâtiments dans
la même place qui seruent à l'embellir.

La cathedrale est dediée à Saint Martin. Il y a, au costé
gauche du grand autel, une relique considerable de ce
Saint Euesque, dans un reliquaire tres pretieux, qui est
un fort grand buste, enfermé au milieu d'un beau mauzolée de marbre. Lorsque nous entrâmes dans le chœur,
il s'y rencontra des Gentilshommes François, que nous
ne connaissions point, qui demanderent à un chappellain
ou sacristain, qui se trouua là, où étoit le tombeau de
M. Jansenius éuesque d'Ypres, deuenu si fameux par les

(1) Au moyen-âge, on pouvait juger de l'importance d'une cité par
l'importance de son hôtel-de-ville. Dans un dénombrement fait en
1242, Ypres comptait 200,000 habitants ; elle n'en a plus que 18,000
aujourd'hui.

disputes de son temps (1) : à quoy il leur répondit, en leur montrant de la main l'endroit où il étoit enterré, au milieu des autres éuesques ses prédécesseurs ; que sa tombe, qui étoit de marbre blanc, comme celles des autres, auoit été enleuée de ce lieu et se voyoit encore dans la sacristie. Aussy nous vîmes qu'il n'y auoit plus en cet endroit qu'un carreau de pierre, sur laquelle étoit simplement le chiffre dé l'année de sa mort, c'est à dire 1638. auec une croix au milieu de ce chiffre, sans aucun nom (2). Ces gentilshommes françois témoignérent à l'ecclésiastique qui leur parloit, leur surprise de ce qu'un éuesque, qu'on disoit estre mort en réputation de saincteté, eust été traitté de la sorte. Il leur auoüa que beaucoup de personnes venoient encore prier sur son tombeau, et le regardoient effectiuement comme un saint. « Mais quy ! ajouterent ils ; vous le traittez d'heretique, ayant enleué sa tombe et biffé son épitaphe ; quoyque ce soit un éuesque mort dans le sein de l'Eglise catholique, et dans l'exercice actuel de la charité enuers les pestiferez (3), et qu'il ait soumis son liure à l'Eglise ; ce qui sembleroit au moins deuoir mettre sa personne à couuert. » L'ecclésiastique, à qui ils parloient, parut d'au-

(1) Voir t. I, pp. 242, 244 et t. II, pp. 155, 157, 161.

(2) « Il fut enterré dans son Eglise Cathédrale, où on lui éleva un tombeau avec l'épitaphe suivante ; mais des ennemis ont eu assez de crédit pour faire enlever l'un et l'autre dans la suite des tems ; et l'on n'y voit plus aujourd'hui qu'une pierre de la largeur environ d'un pied en quarré, au quatre coins de laquelle il n'y a que ces quatre chiffres, 1638, qui marquent l'année de sa mort. » *Nécrologe de Port-Roïal*, p. 187. — Voir l'Epitaphe à l'Appendice XV. — La *Gallia christiana* dit : « qu'il gît au milieu du sanctuaire de l'église cathédrale devant les degrés du grand autel. » t. V, p. 316.

(3) M. Sainte-Beuve dit : « Il fut atteint subitement du charbon ou de la peste dans les premiers jours de mai 1638. Aucune épidémie ne régnoit pourtant dans la ville ni dans le pays. » *Ibid.*, t. II, p. 94.

tant plus touché de confusion de ce qu'on disoit qu'il en étoit lui même persuadé. Et il témoigna assez, par sa réponse, que ç'auoit été à grand regret qu'on s'étoit veû obligé d'en user ainsy. Il dit même qu'on auoit remis, par deux fois, soit la tombe, soit l'épitaphe ; et il fit entendre qu'il esperoit que cela ne dureroit pas toujours (1). On voit neantmoins encore, tout en haut, contre la muraille, à costé du grand autel, entre les armoiries des autres éuesques d'Ypres, celles de M. Jansenius, qui sont un champ d'or trauersé par un cheuron de gueule. Il étoit le septième éuesque d'Ypres ; ce qui fait voir que cet éuesché n'est pas ancien (2).

Au deuant de cette église, il y a encore une belle place, qui est, comme je crois, assez grande pour mettre plus de mille hommes en bataille. Elle est bornée d'un costé par une partie du derriere de l'hostel de ville, par le bout de la grande église, et par de belles maisons.

L'église des Reuerends Peres Jesuites peut passer presque pour la plus belle d'Ypres. L'hopital est un fort long bâtiment, tout bâti de neuf et couuert d'ardoises, fort exaucé, auec un petit pauillon à chaque bout, et une espece de frontispice au milieu. Il y a, dans Ypres, une abbaye fort ancienne, fondée d'abord à Theroüanne, il y a 900. ans, du temps de Saint Leger, et, depuis cent ans ou enuiron, transferée à Ypres, nommée l'abbaye de Saint Jean. C'est une abbaye de Benedictins, dont l'abbé est regulier. Mais une personne ayant eu assez de crédit pour se faire nommer, par le Roy, abbé commandataire de cette abbaye, les moynes ont eû bien de la peine à le

---

(1) Quarante-et-un an plus tard, en 1723, le *Nécrologe* nous apprend que rien n'avait été rétabli.

(2) Erigé l'an 1559 par le pape Paul IV, cet évêché est suffragant de Malines.

faire desister de son droit, moyennant un accommodement qui les incommode fort.

D'Ypres nous allâmes par le coche à *Saint Amand*. C'est une petite ville qu'on trouue sur le chemin de Tournay à Valentiennes (1). Elle est considerable par l'abbaye du même nom, qui en fait toute la beauté, et qu'on peut bien dire, sans aucune exaggeration, estre une des plus belles abbayes de l'Europe. Car elle paroist plus tost une maison royale qu'un couuent. Ce sont des Religieux Benedictins, dont l'abbé est regulier ; ce qui a été cause que le reuenu de cette maison, qui est fort grand, ayant été employé à augmenter et à embellir les bâtiments, on en a fait une des plus superbes et des plus magnifiques abbayes qui se puisse voir. On entre d'abord dans une tres vaste auant court, où l'on trouue, à main gauche, un petit monastere de Religieuses Benedictines, enfermé dans l'enceinte de l'abbaye. Marchant plus auant dans la même auant court, on trouue, à main droitte, sans parler des autres bâtimens, le portail de la grande église, qui est un édifice parfaittement magnifique. Car c'est une tour prodigieuse pour sa hauteur, d'une figure quarrée, qui finit en haut comme par une espèce de dome un peu pointu ; toute bâtie d'une tres belle pierre, taillée en diamant, depuis le pied jusqu'au feste (2), et toute enrichie de sculptures et de figures tres belles (3). Cette grande et grosse tour est accompagnée de moindres ; l'une de chaque costé ; tout

(1) Faisait partie du Tournaisis, et Louis XIV la prit en 1667. Elle est restée à la France et se trouve dans le dép. du Nord, arr. de Valenciennes, sous le nom de Saint-Amand-les-Eaux.

(2) « FEST ou FESTE. Au lieu de *Faiste*, *Fastigium*. » DICTION. DE TRÉVOUX.

(3) Le clocher, seul reste de cette abbaye en ruines, sert aujourd'hui d'horloge et de beffroi ; sa hauteur est d'environ cent mètres, et on y monte par un escalier de 450 marches.

de la même structure et figure ; si ce n'est qu'elles saillissent un peu en dehors et qu'elles sont moins éleuées : et ces trois tours composent ensemble un portail qui surprend et qui charme en même temps la veuë.

Entrant par cette porte dans l'église, on voit un vaisseau prodigieux, soutenu par un grand nombre de pilliers, en forme de colonnes ; long enuiron de deux cents dix pas, sur cent quarante de large, dans l'entre deux de la croisée. Mais ce qui rend cette eglise fort singuliere est que ce sont proprement deux églises, une haute et une basse, enfermées l'une dans l'autre ; la haute pour les religieux et la basse pour le peuple. Pour faire entendre cecy, il faut se figurer qu'à l'endroit du jubé, et en la place du jubé même, est un grand autel éleué, et, derrière cet autel, dans la même éleuation, est le chœur des Religieux qui est tres grand. Et tout autour, tant de ce chœur que generalement de tout le reste de l'église, sont de vastes et magnifiques galeries, pauées de pierre noire et blanche presque aussi belle que le marbre. Ces galeries, à l'endroit de la croisée, sont d'un espace prodigieux ; en sorte qu'elles paroissent comme deux églises qui se répondent l'une à l'autre, de chaque costé de la croisée ; où l'on a dressé un autel, auec un contretable de marbre ; et, à chaque costé du marchepied de l'autel, est un grand chandelier de marbre éleué en forme d'obelisque.

Souz le grand autel, éleué à l'endroit du jubé, sont enterrez un grand nombre de saincts Religieux, qui furent martyrisez, il y a pres de huit cents ans par des barbares, qui pillerent cette abbaye. Audessouz du chœur des moines est comme le chœur de l'église d'en bas.

Des galeries du tour du chœur des Religieux l'on entre de plein pied dans un cloistre tres magnifique, dont la voute est toute ornée de sculptures ; et le chapitre qui est à costé, est encore d'une plus grande beauté.

Pour reuenir à l'auant court, laissant à main droite le grand portail de l'église, et continuant de marcher plus auant, on trouue la porte de l'abbaye qui, sans hyperbole, est presque aussy belle que celle du palais de Luxembourg à Paris. On entre, par un pont, dans une court de deux cents cinquante pas de long sur cent ou six vint de large, toute entourée de superbes bâtimens. L'église la borne par un bout. Un bâtiment tout d'une même figure, où il y a une galerie de plus de deux cents pas de long et qui est borné par un fort gros pauillon, fait un des costés. Le bout, qui est à l'opposite de l'église, est encore un grand bâtiment de la même figure que la galerie, terminé aussy par un gros pauillon semblable à l'autre. Et ce qui fait le costé, qui répond à celuy de la galerie, est en partie la maison de l'abbé, et en partie le magnifique cloistre dont j'ay parlé. Il y a aussy un fort grand enclos dans cette même abbaye ; et ce que l'on en peut dire, c'est qu'elle est plus digne d'un roy que de moines (1).

De Saint Amand nous allâmes à *Vicogne*, qui est encore une autre celebre abbaye, à cinq quarts de lieuë de Saint Amand et à moitié chemin de Valentiennes (2). Comme le coche ne s'arrétoit qu'un moment en ce lieu, et que nous étions bien aises de voir cette magnifique église, nous prîmes résolution, mon frere et moy, de disner à Vicogne et de laisser partir la voiture, ayant assez de courage pour faire ensuitte cinq quarts de lieuë à pied jusqu'à Valentiennes. Plusieurs bastiments de cette abbaye furent brûlez par nos trouppes au dernier siége de

(1) La description que l'auteur fait ici de l'Abbaye de Saint-Amand et de son église est bien plus complète que celle de Th. Corneille, dans son article : « Saint-Amand, tiré d'un *Mémoire dressé sur les lieux en* 1687. »

(2) Abbaye de l'ordre de Prémontré.

Valentiennes (1) : et ce qui en reste fait connoistre que
c'étoit une tres belle abbaye. Ce que l'on y voit présentement de plus beau est l'église, qui est le vaisseau le
plus orné et le plus riche que nous ayions veû dans les
Païs bas, à l'exception de l'église des Reuerends Peres
Jesuites d'Anuers (2). On est frappé tout d'un coup, en
entrant, de la veuë du jubé qui sépare le chœur de la nef.
Il est fait en forme de perspectiue ; et il est si grand et
si enrichy de sculptures, figures, basses tailles etc., des
plus beaux marbres qu'on ne peut point exprimer la
beauté et la diuersité que la veuë y découure en gros et
qu'elle admire dans le détail. A droite et à gauche de ce
jubé, sont les deux portes par où l'on entre dans les ailes
à costé du chœur, qui répondent parfaittement à la magnificence du jubé même. Celles du chœur sont un ouurage encore plus riche, les colonnes étant de jaspe, les
statuës de marbre blanc tres acheuées, et toutes les
autres décorations de diuers marbres et d'un si beau
trauail qu'il semble qu'il ne s'y peut rien ajouter. Cependant, lorsqu'on entre dans le chœur et que l'on jette les
yeux sur le contretable de l'autel, ils en sont si fort
ébloüis qu'on oublie en quelque sorte tout ce qu'on a veû
jusqu'alors. C'est un assemblage merueilleux de tout ce
qu'il y a de plus beau dans tous les marbres les plus
fins, une diuersité admirable de toute sorte d'ornemens,
un ordre et un trauail acheué dans les figures. Au lieu
des grands chandeliers de cuiure ou de bronze, que l'on
met ordinairement au pied des grands autels, ce sont
des chandeliers de vint pieds de haut composez des plus
beaux marbres. Ils sont soutenus chacun par trois

(1) Celui de 1677, où Louis XIV commandait en personne, cinq ans
avant la visite de du Fossé.
(2) Voir plus haut, p. 203.

grandes statuës de marbre blanc, qui peuuent representer les Vertus. Les chaises du tour du chœur sont
d'une sculpture qui répond à la beauté de tout le reste (1).
Les balustres, qui sont aux costez du grand autel, et qui
séparent le chœur des aîles, sont aussy les plus magnifiques qui se voyent, soit pour l'ouurage, soit pour la
matière qui est le plus beau marbre. En un mot les
étrangers, qui viennent dans cette église, auoüent qu'il
ne se voit rien de plus beau partout ailleurs. Il y a audessuz des chaires, tout autour du chœur, vint sept
chasses de saints, dont quelques unes sont d'argent (2).

Après que nous eûmes consideré tout à loisir les différentes beautés de cette église, nous prîmes le chemin de
Valentiennes (3). Et nous nous repentîmes presque de ce
que nostre curiosité nous auoit engagé à faire ce chemin
à pied, lorsqu'ayant à passer quelque bois nous rencon-
trâmes, en diuers endroits, plusieurs caualiers de
l'armée, de qui nous nous attendions d'estre volez, étant
seuls et sans défense (4). Cependant nostre bon ange nous
conduisit heureusement jusqu'à cette grande ville, qui
est à sept licuës de Tournay. Je l'appelle grande, quoyqu'elle soit un peu serrée, parce qu'elle est remplie de
peuple et d'églises ; qu'il y a quelques belles ruës ; que la
place en est spacieuse ; que l'hostel de ville est digne

(1) « Les chaises du chœur faites d'une belle menuiserie représen-
tent en bas reliefs les actions historiques de Saint Augustin et de
Saint Norbert. » Th. Corneille, *ibid*.

(2) Aussi bien que pour Saint-Amand, cette description ressuscite
l'abbaye de Vicogne (dép. du Nord, arr. de Valenciennes), dont le
nom ne figure même pas dans le *Dictionnaire des Communes*.

(3) L'orthographe adoptée vient du nom latin *Valentianæ* donné à
cette ville.

(4) Tant les troupes françaises inspiraient encore peu de confiance,
malgré les réformes de Louvois, la défense de s'écarter des garnisons,
et la répression énergique des désordres.

d'une grande ville et qu'il n'y a rien de plus grand que ses fortifications, surtout de sa citadelle, dont chaque bastion vaut presque tout seul un fort entier (1). Il y a, dans Valentiennes, deux abbayes considerables ; l'une, nommée Saint Jean, où sont des chanoines reguliers ; et l'autre, Nostre Dame, où sont des Benedictins. Le jubé de l'église de cette derniere est soutenu par seize colonnes de marbre, et est composé tout entier de marbre de différentes couleurs et enrichi de plusieurs figures de marbre blanc. Saint Gery est une église collegiale considerable, dont les chanoines sont nommés chanoines du Roy : je n'en sçay pas la raison.

La situation de cette ville est tres desauantageuse pour une place de guerre, à cause qu'elle est dominée en plusieurs endroits par de hautes éleuations de terre. C'est pourquoy, comme il auroit trop couté de coupper et d'abbaisser ces petites montagnes, le Roy a mieux aimé faire éleuer, en ces endroits de la ville, comme d'autres especes de montagnes qui sont des bastions d'une hauteur prodigieuse et d'une étenduë proportionnée. Ce sont les plus furieux trauaux qui se puissent gueres voir : et l'on peut dire que, comme ce grand prince a entrepris de dompter la mer à Doncherques, par le fort de Richebanc et par les digues si terribles qu'il a poussées jusqu'au milieu de ses flots (2), pour lui donner des barrieres, il a aussy fait voir, à Valentiennes, son grand pouuoir sur la terre, dont les hautes éleuations n'ont pu l'empescher d'éleuer encore plus haut ses trauaux, et de

(1) Quand Louis XIV avait pris Valenciennes d'assaut, en 1677, cinq ans auparavant, « il empêcha le pillage et n'exigea des habitans que les frais pour la construction d'une citadelle. » *Dictionnaire de Moréri.* — Ce fut après le traité de Nimègue, qui lui en assura la possession, en 1678.

(2) Voir plus haut, p. 224.

mettre ainsy une ville, d'une situation si desauantageuse,
à couuert des collines qui la dominoient (1). Mais il faut
pourtant auouër que cette ville sera toujours d'une garde
assez difficile, à cause du grand monde qu'on est obligé
d'employer pour garder tant de grands postes. C'est au
moins ce que j'entendis dire à quelques officiers qui
consideroient et qui admiroient ces grands trauaux. Car
pour moy ce n'est gueres mon mettier d'en parler et d'en
porter jugement par moy même.

De Valentiennes nous passâmes, pour aller à Cambray,
par un village nommé *Hap* (2), où il y a une abbaye, ou
un prieuré, de la dépendance de Saint Vast d'Arras.
Nous vismes, dans cette abbaye, trois chasses d'argent,
dont il y en a deux d'une grandeur extraordinaire. Il y
en a une de Saint Acaire (3). Mais nous y vîmes encore
une autre piece incomparablement plus belle, qui est une
croix de vermeil doré et émaillé, dont l'ouurage est
encore plus excellent que la matiere, quoyqu'elle soit
enrichie d'un grand nombre de pierres fines. Elle a six
grands pieds et demy de hauteur, plus de trois pieds de
trauers, et quatre poulces d'épaisseur: nous ne pûmes
voir s'il y auoit des reliques. C'est assurément une des
plus belles pieces qui se voyent.

Cambray est une ville tres forte (4), principalement à
cause de sa citadelle qui la domine tout à fait. Le rampart
de cette ville est considerable, en ce qu'on peut aller en

(1) Comme toutes les autres fortifications de la France, à cette
époque, celles de Valenciennes sont dues à Vauban. — L'inconvénient
signalé est si réel qu'on va construire des forts détachés sur les collines avoisinant cette ville, comme à Maubeuge et au Quesnoy.

(2) Haspres, dép. du Nord, arr. de Valenciennes, cant. de Bouchain.

(3) Le 27 novembre, on honorait « A Noyon, St Acaire, Evêque. »
(639). — *Martyrologe universel.*

(4) Louis XIV l'avait prise en 1677, la même année que Valenciennes.

carrosse tout autour. Elle n'est ni fort grande ni beaucoup peuplée ; et ce n'est ni la beauté des ruës ni celle des maisons qu'il y faut chercher. L'archeuesché neantmoins est parfaittement beau et comme un palais digne d'un prelat qui est prince du Saint Empire (1). La maison où loge le gouuerneur, qui est de la dépendance de l'abbaye de Saint Aubert, est aussy un bel hostel. L'hostel de ville peut passer encore pour un bel édifice et sert à orner la principale place, qui est tres grande et fort belle, mais dont les autres maisons n'ont rien de beau.

La Cathedrale est dediée à Nostre Dame. Elle a une tres belle tour, toute de pierre de taille et d'un trauail fort délicat, qui finit en une piramide toute à jour. Le jubé, qui est de marbre dans la plupart des églises de la Flandre, est tout de cuiure dans celle cy. On voit, sur le grand autel du chœur, une tres belle et grande croix d'argent, d'un ouurage antique, et audessouz est une grande image aussy d'argent. Sans parler d'un grand nombre de chappelles, dont les balustres sont de marbres differens, il y en a une de la Vierge, derriere le chœur, qu'on appelle Nostre Dame de Grace et qui est considerable, tant à cause de la grande et continuelle deuotion qu'y ont les peuples que de ses richesses extraordinaires. Il y a un tabernacle tout d'argent et partie de vermeil doré, remply de figures et parfaittement bien trauaillé, dont la porte represente une Cene, où est Jesus Christ auec les douze apostres. Les petits gradins de dessuz l'autel, où l'on met les chandeliers, sont aussy d'argent figuré et d'un beau trauail ; et le quadre du deuant d'autel, large de quinze poulces ou enuiron, est encore de la même matiere et du même ouurage. Le quadre du canon de la

---

(1) De ce palais, habité par Fénelon, treize ans plus tard (1695), on ne montre plus qu'un reste insignifiant.

messe est encore d'un plus beau trauail, partie d'argent, partie vermeil doré. Et au milieu des deux petites cartes, que l'on met de chaque costé de l'autel, où l'on écrit l'Euangile *In principio* (1), et les prieres pour l'encensement et le lauement des mains, ce sont deux tables d'argent où les mêmes choses sont burinées. Les deux corniches, qui sont de chaque costé de l'autel et qui seruent à suspendre les rideaux, sont d'ébeyne tout parsemé de figures differentes d'argent, comme coquilles, fleurons, testes de cherubins, pommes de pin, etc. A costé gauche de l'autel, vis à vis d'une espece de grand reliquaire qui est fermé, sont deux chandeliers d'argent d'une grosseur prodigieuse, qui peuuent auoir cinq pieds de haut ou enuiron. Ce reliquaire est la piece qu'on estime la plus pretieuse de la chappelle. Car on prétend que c'est l'image originale de la Sainte Vierge, qui fut peinte par Saint Luc même. Ce tableau la represente tenant l'enfant Jesus, et est enchassé dans un tres beau reliquaire de vermeil, enrichi de beaucoup de perles et de pierreries. Lorsque le prêtre veut le découurir et le montrer aux assistans, il prend l'étolle et fait allumer les cierges des deux grands chandeliers d'argent dont j'ay parlé. Je contay jusqu'à vint et huit lampes d'argent suspenduës dans la chappelle. Mais rien n'est plus richement orné que l'autel les jours solennels. Car, outre que le tabernacle est, comme j'ay dit, tout d'argent, auec les gradins de dessuz l'autel, le quadre du deuant d'autel, et que les corniches qui soutiennent les rideaux sont d'ebeyne tout parsemé de differentes figures d'argent, nous vîmes les six chandeliers que l'on met dessuz auec les pots à fleurs, qui sont assurément des plus grands et des mieux trauaillez qui se voyent ordinairement dans

---

(1) Le dernier évangile de la Messe, selon S. Jean, c. I.

les plus belles églises ; sans parler de deux belles chasses de vermeil doré, qui sont du même ouurage que le tabernacle et qui font partie de sa décoration (1).

Il y a, dans la ville de Cambray, l'abbaye de Saint Aubert, de chanoines réguliers, dans l'église de laquelle est un jubé tout de marbre et d'albâtre. On y voit, entre les autres ornemens, six representations séparées de six différentes actions de Nostre Seigneur, en petites figures d'albâtre, tres bien trauaillées, comme la guerison du paralytique etc.

Sans sortir de l'hostellerie, où nous étions venus loger, nous y vîmes deux curiositez de nature bien differente. L'une étoit un jeune garçon, venu au monde sans bras, qui, par un long exercice, s'étoit accoutumé à se seruir si adroittement de ses pieds, qu'il n'y auoit rien qu'il n'en fist, comme s'il eust eû des bras et des mains. Il joüoit aux dez et aux cartes auec une addresse inconceuable, meslant et distribuant ces cartes, et les joüant ensuitte d'une maniere si naturelle que l'on croyoit voir agir ses mains, en voyant agir de cette sorte ses pieds. Il defiloit et renfiloit dans une soye de petits grains imperceptibles. Il se peignoit auec un peigne également des deux costez. Il coupoit son pain et le portoit à sa bouche. Il se versoit à boire luy même, ostoit son chapeau et beuuoit à la santé des assistans. Il battoit parfaittement du tambour. Il chargeoit et tiroit un pistolet auec une promptitude incroyable. Il écriuoit aussy raisonnablement bien. Il joüoit aux quilles, et, tenant la boule aussi ferme sur son pied que si c'eust été dans sa main, il abattoit huit ou neuf quilles. Nous vîmes toutes ces choses, et j'auoüe que nous auions peine à les croire, en

(1) Encore une description étendue d'un monument qui n'existe plus. C'est une place plantée d'arbres qui occupe l'endroit où s'élevait l'ancienne cathédrale de Cambrai.

16

les voyant, craignant presque que nos yeux ne fussent comme enchantez par quelque espece de charme. Mais que ne peut point une forte volonté, secondée par une longue habitude ! Et qu'un tel exemple condamnera de lâcheté bien de fausses impuissances !

La seconde curiosité que nous vîmes dans nostre logis, étoit une jeune pentère (1), la femelle du léopard. Quoy-qu'elle n'eust que quatorze mois, elle étoit déja cependant aussi grande qu'un jeune lion. Et le maistre nous assura qu'elle deuiendroit deux fois plus forte. C'est un terrible animal, mais dont la peau est un des plus beaux ouurages de la nature, étant toute mouchettée d'une maniere admirable.

De Cambray nous allâmes, par le carrosse, à *Saint-Quentin*, qui en est à huit lieuës. Comme cette place étoit autrefois frontiere (2), elle fut extrémement fortifiée ; et les dehors de ses fortifications sont regardez comme des ouurages extraordinaires et des plus ingenieux. Aussi nostre hoste nous assura qu'enuiron sept mois aupa-rauant deux Allemands, qui étoient logez chez luy, pas-serent huit jours à obseruer et à dessiner en détail toutes ses fortifications, sans que l'on s'en apperceust (3) : ce qui ne plut point à la cour, lorsqu'elle en fut informée depuis. Ce sont les bourgeois qui gardent la ville, et ils sont en possession, même dans le temps des guerres, de la garder ; n'y ayant alors que les dehors qui soient gardez par les soldats de l'armée.

(1) « PANTHÈRE, que quelques-uns appellent la femelle du léopard. » *Dict. de Trévoux*.

(2) Jusqu'à la paix des Pyrénées, qui recula nos frontières de ce côté, en assurant l'Artois à la France, en 1659. — Ses fortifications n'ont été rasées qu'en 1820.

(3) Voilà donc deux siècles que les Allemands ont recours à de pareils procédés.

Cette ville est assez grande et a une place d'armes,
auec un hostel de ville, qui sentent la ville de consequence. On y voit même des ruës fort larges. Mais ce qui
la rend plus considerable est l'église collegiale et le chapitre royal, qui est et des plus nombreux et des plus
riches qui soient en France. Car il a cinquante mille écus
de reuenu. Il est composé de plus de soixante chanoines,
sans les chapelains. Les prebendes ordinaires valent
mille liures de reuenu ; mais les Dignitez (1) valent beaucoup plus. Celle de Doyen vaut dix ou douze mille liures
de rente (2). Il étoit mort, il y auoit quelque temps, un
des chanoines de cette eglise, qui laissa, à trois heritiers,
quarante mille écus à chacun, sans rien leguer pour les
pauures. Il y auoit soixante ans qu'il étoit chanoine et
qu'il trauailloit à amasser cet argent de malediction pour
ses parens. L'église est tres belle, fort claire et tres
exaucée ; et on peut la comparer aux grandes églises
cathedrales (3). Elle a cela de singulier qu'entre la croisée
ordinaire, qui est entre le chœur et la nef, elle en a encore
une seconde, quoyque plus petite, enuiron à la moitié des
aîles qui sont à costó du chœur ; ce qui fait que cette
église n'est pas seulement une croix simple, mais comme
une croix archiepiscopale, c'est à dire double. Le chœur
est grand et beau. Il a un escallier un peu en tournant,
pour monter à l'autel, approchant de celuy de S. Germain
l'Auxerrois de Paris. Les balustres (4) de ce degré sont

----

(1) « Dignités, dans les chapitres, sont certains Bénéfices qui donnent prééminence dans le Chœur audessus des simples Chanoines. »
Dict. de Trévoux.

(2) En 1719, il ne valait plus que six mille livres. Piganiol de la
Force, *ibid.*, t. III, p. 18.

(3) Sa longueur totale est de 130 mètres ; la nef en a 66, et la hauteur
des voûtes est de 40 mètres.

(4) Ce mot, qui revient si souvent dans les descriptions de du Fossé,

tres beaux, tout de marbre, auec plusieurs basses tailles et grandes statuës de marbre blanc. On voit, derriere la suspension et à la même hauteur, trois tres grandes chasses, dont celle du milieu, qui est la plus grande, est celle de Saint Quentin, celebre martyr (1). La seconde, qui est à main gauche, est celle de Saint Victoric (2), compagnon de Saint Quentin. La troisième, qui est à main droite, est celle de Saint Cassien, éuesque d'Autun (3). A main gauche du grand autel est ce qu'on appelle la Thresorerie, c'est à dire le Thresor. J'y vis une des mains de Saint Quentin, en chair et en os, dans un reliquaire separé. Je vis, dans un autre, le chef de ce Saint martyr, et ce reliquaire est fort enrichi ; mais, entr'autres pierreries, il y auoit une agathe, qui en compose le dessuz, que l'on estime une des plus belles qui se voyent.

De Saint Quentin nous allâmes à *Lâon*, qui en est à neuf ou dix lieuës, et qui est une ville épiscopale (4). La situation est la plus extraordinaire qui se voye peut estre dans toute la France. Car il faut s'imaginer une montagne escarpée de tous costez et éleuée au milieu d'une vaste plaine (5). Et c'est sur le haut de cette montagne que Lâon est situé ; en sorte que tous ses murs sont sur le bord de cet endroit escarpé et que ses fau-

se disait de « clôtures de petits piliers pour fermer ou isoler un endroit quelconque. » *Dict. de Trévoux.*

(1) En 286. — Sa fête est célébrée à Saint-Quentin, capitale du Vermandois, le 31 octobre. *Martyrologe universel.*

(2) Du mot latin *Victoricus*, traduit plus habituellement par *Victory.* Il fut martyrisé à Amiens, en 286, sous Maximien, avec Fuscien. Leur fête est le 11 décembre. *Ibid.*

(3) « Vers 330. S. Cassien, Evêque d'Autun, dont le corps est à Saint-Quentin en Vermandois. » Il y était honoré le 5 août.

(4) Son premier évêque fut S. Génebaud, vers 497.

(5) Son élévation est de 88 mètres au-dessus de la mer.

bourgs sont tout à fait dans le bas. On y monte par des chemins assez roides, et il n'y a que deux portes pour y entrer. La ville, qui est comme un long boyeau tres serré, n'a rien de beau que la veuë, qui est assurément tres agreable. Car on découure jusqu'à Saint Quentin, qui en est à plus de neuf lieuës : comme aussi, à une lieuë ou lieuë et demy de Saint Quentin, l'on commence à voir les clochers de la cathedrale de Lâon. Cette église est dediée à la Sainte Vierge, et est assez grande et même assez belle ; si ce n'est qu'elle est fort peu exaucée, peut estre à cause de sa situation qui l'exposeroit à la violence des tempestes. Elle a plusieurs tours de pierre, toutes percées à jour, qui sont assez belles. Il y a au moins quatre vint dix chanoines dans ce chapitre. Et l'on nous dit que l'église auoit deux cents mille liures de rente. L'éuesché est assez considerable, et il est bâti, comme l'église, sur le bord de la montagne : ce qui lui donne une veuë charmante, mais l'expose en même temps à un froid insupportable en hyuer, tant à cause de son éleuation prodigieuse que de son exposition au nord. Il y a encore, dans Lâon, une abbaye considerable de Prémontré, nommée Saint Martin, qui est fort riche. Au pied de la montagne, dans le faubourg qui est du costé de Saint Quentin, on voit, dans un monastere de Religieuses, *la Sainte Face*, ditte *la Veronique* (1), qu'on y reuere auec une grande déuotion. Je sçay que beaucoup d'églises differentes se l'attribuent également, et auec la même

(1) C'était un tableau représentant la Sainte-Face de Notre-Seigneur. — *Sainte-Face* est la traduction exacte de *Véronique*, qui vient des deux mots grecs ἱερά sainte, εἰκών image. Dans Véronique le *V* marque l'aspiration placée sur l'iota ἱερά. Du Fossé n'a garde de dire la *Sainte*-Véronique, comme on le voit quelquefois, puisque ce mot *sainte* est déjà compris dans *Véronique*.

certitude ; quoy qu'elle ne puisse estre en plusieurs endroits, en même temps. Mais il n'est pas question de juger icy ce differend, et je le laisse à la critique des curieux obseruateurs des antiquitez. J'oubliois à dire qu'il y a, dans Lâon, une ancienne citadelle fort en désordre (1), qui est gardée par dix sept bourgeois tour à tour ; ce qui exempte la ville du logement de gens de guerre.

De Lâon nous allâmes à *Nostre Dame de Liesse*, qui en est éloignée de trois lieuës (2). C'est un bourg et un des plus fameux pelerinages de France. L'origine de cette grande déuotion, si l'on en croit les chartes de ce lieu, est celle cy. Trois gentilshommes François de deuers Lâon (3), ayant été faits prisonniers dans la guerre sainte contre les Sarrazins, furent menez en prison à Mamphis. Celuy qui commandoit dans la prouince, ayant tenté inutilement de les peruertir, s'auisa enfin d'un moyen tout à fait diabolique, mais qui paroist un peu incroyable. Il porta sa fille, nommée Ismerie, à leur parler secrettement et à se seruir de toutes les voyes possibles, pour tâcher de corrompre leur foy ; même en s'abandonnant à eux, s'il étoit besoin ; ce que l'on a peine à conceuoir qu'un pere ait pu conseiller à sa propre fille. Quoy qu'il en soit, Dieu, qui sçait tirer le bien du plus grand mal, fit tourner la chose, si l'on en croit cette histoire, tout à fait à l'auantage et de la fille et des prisonniers. Car la fin de l'entretient qu'elle eut auec eux fut qu'elle se

(1) D'autres places fortes défendaient alors la frontière du Nord, reculée par les conquêtes de Louis XIV.

(2) Est Nord-Est de Laon, canton de Soissons, arrond. de Laon.

(3) « On dit que trois freres de la maison d'Eppe et du Diocese de Laon, étant entrez dans l'Ordre de Saint-Jean de Jerusalem et ayant fait le voyage de la Terre-Sainte, y furent faits prisonniers par les Sarrasins. » Piganiol de la Force, *ibid.*, t. II, p. 308.

sentit touchée elle même de ce qu'ils luy dirent de la
grandeur de nostre Religion, et en particulier de la
Sainte Vierge. Elle desira extrémement d'estre affermie
dans sa nouuelle croyance, et témoigna pour cela
souhaitter beaucoup de pouuoir estre assez heureuse
pour voir cette Sainte Vierge dont on luy parloit. La nuit
suiuante, la Vierge luy apparut souz cette même figure
qu'on voit aujourd'huy à Nostre Dame de Liesse. Et cette
image étant demeurée, Ismerie qu'une telle apparition
affermit entierement dans sa foy, ne songea plus qu'à
sortir de son pays, auec ceux qui l'auoient instruitte dans
la vraye Religion. On voit quelque chose de semblable,
dans la vie de Saint Thomas de Cantorbery (1), dont le
le pere conuertit, de la même sorte, la fille du Seigneur
Sarrazin qui l'auoit fait prisonnier, et l'épousa dans la
suitte, en Angleterre, où elle trouua le moyen, étant
conduitte de Dieu même, de se venir refugier. Mais ce
qu'il y a de fort singulier, dans l'euenement dont je parle,
et ce qui pourroit donner lieu de douter de la verité de
quelques unes de ses circonstances ; c'est que la chronique
du païs rapporte qu'après beaucoup de prieres Ismerie
se trouua, auec les trois gentilshommes et l'image de la
Sainte Vierge, transportée d'auprès du Nil, où ils étoient,
en France, dans le lieu même où l'on a bâti depuis l'église
de Nostre Dame de Liesse, qu'on nomme ainsy à cause
de la joye extraordinaire (2) qu'auoient eû les trois
gentilshommes de se voir heureusement déliurez d'une
si rude captiuité, et d'auoir donné à Jesus Christ, par
l'intercession de la Sainte Vierge, celle qui auoit tenté de
les peruertir eux mêmes.

(1) Il avait écrit et publié cette *Vie*. Voir t. II·, pp. 120-121.
(2) *Liesse* vient, en effet, du latin *Lætitia*, qui signifie « la joie exté-
rieure. »

Dieu est tout puissant, et il seroit ridicule de douter qu'il n'ait pu, s'il l'a voulu, operer un si grand miracle en faueur de ses seruiteurs. Nous voyons, dans l'Ecriture, que le prophete Habacuc fut transporté, de la Judée où il étoit, à Babylone, par un ange du Seigneur, qui l'enleua, selon l'expression du texte sacré, par le cheueux de la teste, afin qu'il donnast à manger à Daniel, qui auoit été jetté dans la fosse auec les lions ; et que le même ange le rapporta promptement au même lieu où il l'auoit pris (1). Nous voyons encore, dans les Liures saints, qu'un ange ayant ordonné à Philippe d'aller instruire et battiser l'eunuque, Intendant de la Reyne d'Ethiopie, l'enleua aussy, après qu'il se fut acquitté de ces fonctions, et le transporta à Azot (2). Les anciens exemples font donc juger que ce qui s'est fait, du temps des prophetes et des apostres, a bien pu se faire encore depuis. Ce qui est à souhaitter seulement, c'est que ces sortes d'euenemens extraordinaires et miraculeux soient assez authorisez pour n'estre point réuoquez en doute (3). Enfin telle est, selon la chronique du païs, l'origine de cette grande deuotion, qui attire tant de peuples à Nostre Dame de Liesse.

Cette église a pour administrateurs les chanoines de la cathedrale de Lâon. Ils établissent en ce lieu un thresorier, qui est le principal Ecclesiastique et à qui ils donnent un écu par jour ; outre qu'il a un cheual, un laquais et une seruante entretenus. C'est une place considerable, mais qui n'est qu'annuelle. Car, tous les ans, il est obligé de reporter au chapitre de Lâon les clefs de la thresorerie :

(1) *Prophéties de Daniel*, chap. XIV, versets 33-38.

(2) *Actes des Apôtres*, chap. VIII, versets 26-40.

(3) Ces remarques prouvent que la légende rencontrait, même au xviie siècle, quelques incrédules.

ce qui n'empesche pas qu'on le continuë, tous les ans, lorsque c'est un honneste homme, tel qu'étoit celuy que nous y vîmes. Il a auec luy une communauté de quinze à seize prestres, qui logent tous dans une même maison quoy que differente de celle du thresorier, mais qui tiennent séparément leur ménage. Ils nous parurent honnestes gens, et reglez et même exacts pour la confession des pellerins. Ils chantent l'office, à un jubé, auec beaucoup de modestie. Et l'on fait publiquement, dans l'église, tous les jours, la priere du soir, sur les six heures, où le peuple assiste assez exactement. Le bourg de Liesse n'est point une parroisse (1), mais une dépendance de celle de Mercher (2), dont le curé neantmoins n'a rien à voir dans l'église de Liesse; quoy qu'il y prenne le Saint Sacrement, pour le porter aux malades du bourg, à cause de l'éloignement de la parroisse, et qu'il y battise aussy les enfans du lieu. Comme cette église auoit été autrefois brûlée, et que les chanoines de Lâon ont fait la dépense de la faire rebastir telle qu'elle est, ils reçoiuent toutes les offrandes et tous les presens que toutes sortes de personnes y viennent faire de toutes parts. L'on voit, dans le chœur, un tres grand nombre de lampes d'argent suspenduës, et, entre les autres, deux ou trois fort grosses, données par feu M. le duc Dorleans (3), auec un enfant de vermeil doré ; une autre lampe presentée par feu Madame la Dauphine, pour la naissance du duc de Bourgogne (4),

(1) Aujourd'hui Notre-Dame-de-Liesse est une commune de 1,408 habitants, qui doit tout son accroissement et toute sa prospérité à ce célèbre pélerinage.

(2) Ou plutôt *Marchais*, à 2 kilomètres au Sud; aujourd'hui *Marchais-sous-Liesse*, commune de 656 habitants, qui dépend de Notre-Dame-de-Liesse pour le Bureau de Poste.

(3) Gaston d'Orléans, mort à Blois, le 2 février 1660.

(4) Marie Anne Christine Victoire de Bavière, femme de Louis de

auec un enfant d'argent; et un nauire d'argent offert par la feu reyne d'Angleterre (1). L'on attendoit, dans le temps que nous y fûmes, que Madame la Dauphine (2) enuoyast un enfant d'or, auquel elle faisoit trauailler.

Le contretable de l'autel est tres bien fait, d'un beau dessein, et d'un ouurage également riche et délicat. Les colonnes sont de marbre noir, et en grand nombre; et toutes les niches sont remplies de statuës d'argent. Il y a quatre colonnes principales de marbre noir qui enferment le tabernacle du milieu. A chaque costé de l'autel, il y a encore un autre petit tabernacle enfermé entre d'autres colonnes de marbre plus petites. Et tout cela est enfermé souz un ceintre, partie de marbre noir et partie de bois doré, qui s'éleue jusqu'à la voute et qui vient se poser, par les deux bouts, sur deux hautes colonnes de marbre rondes et rayées de filets de marbre noir. Aux deux costez du marchepied de l'autel sont deux parfaittement beaux chandeliers d'argent, de six pieds de haut ou enuiron.

Le jubé est tres bien pris et enrichi de colonnes et d'ornemens de marbres de diuerses couleurs, d'une maniere assez fine. Toute la voute de l'église et les murailles sont or et azur, comme les Carmelites de la ruë Saint Jacques de Paris. Ce qu'il y a de plus pretieux dans cette église est un soleil, estimé plus de cinquante mille liures, à cause des pierreries et des perles dont il

France, Dauphin de Viennois, qui venait de donner le jour à Louis de France, duc de Bourgogne, le 6 août 1682, l'année où du Fossé visitait cette église. — Il dit « *feu* Madame la Dauphine, » parce qu'elle est morte le 20 avril 1690, et qu'il écrit ce passage de ses *Mémoires*, sept ou huit ans plus tard.

(1) Henriette Marie de France, veuve de Charles Ier, morte à Colombe près Paris, le 10 septembre 1669.

(2) Celle dont il vient de parler.

est enrichi. Il y a aussy deux couronnes, l'une grande et l'autre moindre, de cristal de roche et d'or, fort estimées.

On voit au bout du bourg la fontaine où l'on prétend que l'image de la Sainte Vierge, les trois gentilshommes et Ismerie se trouuerent miraculeusement transportés. L'on y a bâti une petite chapelle champestre, et l'on boit de l'eau de cette fontaine par deuotion (1).

Estant arriuez à Liesse, la veille de la Toussaints, à midy, nous y passâmes tout le lendemain en grande deuotion, et le jour des morts, jusqu'à neuf ou dix heures du matin, que nous en partîmes pour aller chercher à Lâon une voiture qui nous menast à *la Fere*, qui en est à six lieuës (2). C'est une petite ville qui n'a rien de considerable que ses fortifications (3). Mais il est vray que nous en fûmes surpris, ne nous attendant en aucune sorte à y voir quelque chose de si beau. Car on ne voit gueres de fortifications plus reguliéres, ni mieux entretenuës, dans les places mêmes les plus frontierès. Ce sont de tres grands bastions faits à la moderne, tous couuerts et deffendus par de tres belles demy lunes, et autres ouurages à cornes auancez et fraisez ; le tout tres propre. Les portes sont belles, les fossés larges et pleins d'eau, les ponts tout neufs. On voit même, un peu audessuz de la ville, de belles écluses toutes neuues, qui seruent à retenir les eaux d'une petite riuiere assez rapide, pour pouuoir, en temps de guerre, inonder le païs. On nous apprit là que, par une jalousie secrette d'un

(1) Il serait difficile de rencontrer, au xvııe siècle, des détails plus précis et plus complets sur l'église et sur le pélerinage de Liesse.

(2) Au Nord-Ouest de Laon. On l'appelait La Fère-en-Thiérache.

(3) « Le cardinal Mazarin l'avoit fait fortifier et l'avoit renduë une des plus fortes places du Royaume, tant par les fortifications reguliers dont elle étoit revêtuë, que par les écluses qu'on y avoit faites pour inonder le païs. » Piganiol de la Force, *ibid.*, t. III, p. 47.

ministre contre un autre (1), dans le département duquel étoit cette place, on auoit donné tous les ordres necessaires pour raser toutes ces belles fortifications (2), souz prétexte qu'elles n'étoient plus necessaires à la deffense du royaume, dont la ville n'étoit plus frontiere. Et on auoit fait déja trauailler à faire des fourneaux, pour faire sauter les bastions, Mais il arriua, dans ce même temps, par un grand bonheur, que M. de Vauban, gouuerneur de Doüay et grand ingenieur de France, y ayant passé et veû ce qu'on y faisoit (3), se hasta de retourner à Paris, en parla au prince de Condé, et fit entendre, conjointement auec ce prince, au Roy que la place qu'il auoit donné ordre de raser, étoit d'une plus grande consequence pour ses Etats qu'on ne croyoit. Aussy les ordres furent changez dans l'instant : et, au lieu de démolir les fortifications de la Fere, on trauailla même à les augmenter (4).

(1) Il s'agit de la lutte qui existait entre Colbert, ministre de la Marine et de la Maison du Roi, et Louvois, ministre de la Guerre, à l'occasion des fortifications. M. Camille Rousset ne parle pas de ce détail, dans son *Histoire de Louvois*, bien qu'il ait mentionné leur lutte. Colbert avait, dans ses attributions, les fortifications de La Fère, que Louvois voulait détruire.

(2) « Il est question plusieurs fois des fortifications de La Fère dans le tome V de la *Correspondance de Colbert*, publiée par M. Pierre Clément. Colbert écrit, le 10 mars 1677, à M. Chantereau, intendant des fortifications, pour lui donner rendez-vous à La Fère (p. 181-182). Le 4 juillet 1677, il s'occupe des frais des gazons sur les remparts de La Fère (p. 197-198); enfin, le 10 mai 1678, Colbert écrit au même Chantereau sur le prix de ces gazons, qu'il trouve excessifs (p. 211-212). Ce tome V est en réalité le tome VII, parce que plusieurs volumes ont deux tomes. » Dû à l'obligeance de M. Chéruel.

(3) « Nommé au gouvernement de Douai, en 1680, il visita les places de Picardie, la même année. » — Extrait de ses *Etats de Services* rédigés par lui-même.

(4) Ce détail explique les « travaux neufs, » que du Fossé vit deux ans après. Voir plus haut, p. 251.

De la Fere nous allâmes à *Han* (1), dont le marquis de Riberpray, nostre bon voisin de la campagne, étoit gouuerneur. C'est une ville à peu près comme la Fere. Mais, dans le temps que nous y fûmes, nous la trouuâmes fort deserte, et en pauure état, à cause d'un incendie, arriué huit ans deuant (2), dont une grande partie de ses maisons auoient été consumées. Cette place a encore de bonnes fortifications : et son château, qui est fort considerable, ne contribuë pas peu à la rendre forte. C'est un ouurage à l'antique, enuironné de grosses tours, d'une épaisseur furieuse (3). Et, entre la ville et ce château, il y a une place d'armes, comme on en voit ordinairement entre les villes de guerre et leurs citadelles. Ce château est la demeure des gouuerneurs. Et tout vis à vis, au bout de la place, est un fort grand bâtiment tout neuf, couuert d'ardoises, qui étoit la communauté des filles deuotes, conduitte par une espece de Beate, nommée la sœur Malin. Cette fille étoit en grande reputation chez bien des gens, qui aiment les voyes extraordinaires. Et elle vint une fois à Riberpray (4), auec la dame de ce lieu, qui en faisoit un cas singulier.

(1) Telle est, dans le pays, la prononciation du mot qui s'écrit *Ham*, ville à vingt kilomètres Nord-Ouest de La Fère, départ. de la Somme, arrondissement de Péronne.

(2) En 1674.

(3) « Louis de Luxembourg, dit le Connétable de Saint-Paul, y fit bâtir vers l'an 1470. une citadelle fortifiée de quatre bastions, avec une Tour quarrée, mais sans remparts ni dehors. » Th. Corneille, *ibid.* — Le Donjon existe encore ; il a 33 mètres de haut et autant de diamètre ; les murs ont 12 mètres d'épaisseur, et sa forme est ronde et non carrée, comme l'a dit Thomas Corneille, après de Thou, qui s'en est attiré le reproche de la part des auteurs de la *Gallia Christiana.* « Thuanus in eo corrigendus est quod turrim Hami quadratam esse dicat, nec probabile sit quadratam fuisse unquam. » T. 9, p. 1120.

(4) Riberpré, à deux kilomètres Nord du Fossé. Son château, entouré d'eau, appartient à la famille d'Aubusson de la Feuillade. Ce n'est plus qu'un hameau rattaché au Thil.

Cependant un homme tres éclairé, qui l'admira, pendant quelque temps, comme beaucoup d'autres, reconnut depuis qu'elle auoit grand sujet d'apprehender l'illusion dans sa conduitte : et, l'ayant suiuie d'assez près dans plusieurs de ses démarches, il luy fit sentir, et à ceux qui la trompoient, combien elle étoit seduitte, pour ne rien dire de plus fort. Je pourrois bien en marquer icy des preuues assez publiques. Mais, comme celuy dont j'ay parlé l'a fait, il y a longtemps, par un écrit, ceux qui en seront curieux pourront y auoir recours. Pour moy, fatigué de tant de voyages, je vay mettre fin à cette relation qui, bien que peut estre ennuyeuse pour plusieurs, pourra n'estre pas inutile ni desagreable à d'autres, Car on écrit pour toutes sortes de personnes, et il est bon que les liures aient diuers attraits, qui seruent même quelquefois, sans que l'on y pense, pour faire entrer dans la piété. Tel en effet pourra bien n'enuisager et ne rechercher, dans des memoires, que le récit d'un voyage, dont on luy aura parlé et dont il sera curieux. Et, trouuant en son chemin, dans ce même liure, d'autres choses de plus grande consequence, il s'en sentira peut estre touché, et s'engagera insensiblement à lire le tout : et, en admirant les diuers ressorts de la conduitte de Dieu à l'égard de ceux qu'il veut attirer à son seruice, il pourra luy même estre assez heureux pour tomber dans les filets salutaires de sa diuine misericorde, qui fait grace à qui il luy plaist et par les moyens qu'il luy plaist de choisir pour cet effet.

De Han nous retournâmes donc à Amiens (1). Nous y attendîmes quelques jours nostre équippage, pour retourner au Fossé, où nous trouuâmes toute la famille en

---

(1) Il y était « le dimanche de l'octave de la Toussaints. » Voir plus haut, p. 174. — C'est à dire dans la première huitaine de novembre.

bonne santé, n'en ayant receu aucunes nouuelles, depuis deux mois que nous en étions partis ; parce qu'encore que nous écriuissions de différens lieux, comme nous étions presque toujours en chemin, nulle lettre ne put venir jusqu'à nous, pendant tout ce temps (1). Je fus quelques jours qu'il me sembloit que la teste me tournoit de me voir dans un tel repos, ensuitte d'une si longue agitation (2). Mais je repris neantmoins bientost mes occupations ordinaires, c'est à dire mon trauail sur la Vie des Saints (3), qui m'étoit assurément d'un grand secours, et même d'une necessité beaucoup plus grande que je ne puis l'exprimer, pour remplir utilement mon temps et suppléer au vide ordinaire de la vie de la campagne. Car nous passâmes tout cet hiuer et l'été suiuant au Fossé, où des affaires domestiques nous retinrent (4).

(1) Faute d'avoir bien pris ses mesures. Il fallait faire comme Mme de Sévigné, désigner une ville où les lettres lui auraient été adressées à la poste. Sept ans plus tard, se trouvant à Pecquigny, en Picardie, le samedi 30 avril 1689, elle écrivait à sa fille : « Nous en partons dans une heure pour aller à Rouen, où nous arriverons demain, *et j'y trouverai vos lettres.* » Elles y étaient arrivées ; car, *à Pont-Audemer*, *lundi 2 mai* 1689, elle en accuse ainsi réception : « Je couchai hier à Rouen, d'où je vous écrivis un mot pour vous dire seulement que *j'avois reçu deux de vos lettres* avec bien de la tendresse. » On faisait même suivre les lettres. *A Caen, jeudi 5 mai* 1689, elle écrit : « Je me doutais bien que je recevrais ici cette lettre du 21 avril, que *je n'avois point reçue à Rouen.* »

(2) Le voyage avait duré au moins deux mois depuis les premiers jours de septembre jusqu'aux premiers jours de novembre 1682.

(3) Il en avait parlé à la fin de l'autre chapitre. Voir plus haut, pp. 170-171.

(4) Mme du Bosroger était grosse de Marie-Henriette Agnès, qui naquit au Fossé, le 4 février 1683.

CHAPITRE XXVIII.

— 1683—1686 (1). —

Vie de M. de Saci à Pomponne et à Port-Royal des Champs. — Il
travaille à l'Explication de l'Ecriture sainte. — Détails sur ses
derniers moments, à Pomponne. — Du Fossé et son frère arrivent
trop tard pour en être témoins. — Translation de son corps à Port-
Royal des Champs. — Mort de la Mère Angélique de Saint-Jean,
abbesse de ce monastère. — Ses grandes qualités en général. —
Eloge de ses talents, de son caractère et de sa piété. — Détails
sur sa dernière maladie. — Apparition de M. de Saci à l'une des
Religieuses. — La Mère Angélique se sent frappée en venant de
prier sur son tombeau. — La mort de M. de Saci apporte un changement dans les occupations de du Fossé. — Tout le monde songe
à lui pour continuer les Explications de M. de Saci sur l'Ecriture
sainte. — Voyage au prieuré de Villers, afin de consulter M. Le
Tourneux. — Austérité de la vie de ce saint prêtre. — Il engage
l'auteur à se charger de ce travail, et l'aide de ses conseils. — Du
Fossé poursuit les Explications sur l'Ecriture sainte. — Il publie
les Vies des principaux Saints pour les mois de Janvier et de Février. — Mort de la mère de l'auteur. — Austérité de sa vie. —
Elle tombe malade au Fossé. — Elle est transportée à Paris. — Sa
dernière maladie. — Touchant éloge de son fils. — Un incendie
éclate dans la maison. — Son corps est transporté à Port-Royal
des Champs. — Partage des biens encore plus prompt que celui de
la succession du père. — Du Fossé songe à se séparer de M. et de
Mme de Bosroger. — Touché de leurs instances, il consulte M. Le
Tourneux, qui l'engage à rester avec eux. — Ils quittent la grande
rue Saint-Victor pour la rue de Seine Saint-Victor. — Le feu et l'eau
viennent les y visiter. — Incendie chez Mme de Langeye, leur voisine. — Funeste aventure du comte d'Assigny, leur parent. — La
famille s'oppose à ce qu'il soit transporté dans l'hôtel des Mousquetaires. — Il guérit, devient capitaine et meurt à Mayence. — Un
de leurs parents, étudiant à Paris, résiste au guet et trouve la
mort. — Son corps est exposé au Châtelet. — Douleur de sa famille.

(1) Telle est la dernière date, en ne tenant pas compte de quelques
faits postérieurs rattachés à ce chapitre, par anticipation.

— Mort subite de M. Le Tourneux, venu à Paris pour répondre à
de fausses imputations. — La persécution s'attaque à ses ouvrages
après sa mort. — Affaire de la traduction du Breviaire romain. —
Réflexions à ce sujet.

Quand nous retournâmes à Paris sur la fin de l'année
1683. nous n'y fûmes pas long temps (1), sans receuoir
une des plus grandes afflictions, que Dieu pouuoit enuoyer
à nostre famille, à cause de l'étroitte liaison que nous
auions depuis si longtemps auec M. de Sacy, oncle pater-
nel de ma belle sœur. La maniere dont ce grand homme
viuoit à Pomponne, depuis qu'on l'auoit obligé de se
retirer de Port Royal (2), étoit digne des plus saints
ministres de l'église. J'ay fait voir auparauant qu'il fut
regardé, à la Bastille, pendant l'espace de deux ans et
demy qu'il y demeura (3), comme un saint, dont l'exemple
édifioit également et les autres prisonniers et les officiers,
auec les soldats qui le gardoient (4). Quand il retourna
ensuitte à Port Royal, pour conduire, comme auparauant,
les Religieuses de cette sainte maison (5), il y vécut
dans la même pieté, étant libre qu'étant prisonnier ;
parce qu'il auoit appris de l'Ecriture à user de sa liberté
pour le bien et non pour le mal ; et à faire voir qu'un

(1) On verra plus loin que leur retour du Fossé dut avoir lieu dans
les derniers jours de novembre, ou les premiers jours de décembre
1683. — M. de Saci mourut le 4 janvier 1684.

(2) Il en était parti, le 12 juin 1679, avec son cousin M. de Luzancy,
et Mᵐᵉ Hippolyte Antoinette Clément, ancienne tourière de Port-Royal
de Paris, pour se retirer tous les trois à Pomponne. Voir plus haut,
p. 145.

(3) Du 26 mai 1666 au 31 octobre 1668. Voir t. II, p. 276, et plus
haut, p, 60.

(4) Voir t. II, p. 296, et plus haut, pp. 60-63.

(5) Il devint le confesseur de Port-Royal des Champs en 1675. —
Voir le *Catalogue des Confesseurs*, dans le Nécrologe de Port-Royal,
p. LXXI.

17

vray seruiteur de Dieu ne sçait estimer que la liberté,
qui se trouue jointe inséparablement auec son esprit, et
qui rend les hommes vraiment libres, en les mettant
audessuz de la crainte ou du desir des biens ou des
maux de cette vie. Aussy on peut se souuenir de ce que
j'ay remarqué ; que l'archeuesque de Paris, s'étant
transporté en cette abbaye, ne put s'empescher de rendre
publiquement témoignage à la pieté et à la sagesse de la
conduitte de ce saint prestre et des autres Ecclesiastiques
de la maison, lors même qu'il leur declara l'ordre qui
les obligeoit de se retirer, comme un effet de la volonté
de leurs ennemis (1).

Après donc que M. de Sacy eut choisi la parroisse de
Pomponne pour le lieu de sa retraitte, il y vécut veritablement dans l'esprit et les sentimens de ces anciens
solitaires, qui, tout occupez de Dieu et de ce qui regardoit
son seruice et leur salut, oublioient absolument toutes
les affaires du monde, comme des choses qui leur étoient
étrangeres et auxquelles ils ne pouuoient prendre
aucune part. Car il paroissoit aussi effectiuement comme
mort à toutes ces choses, n'ayant point d'oreilles pour
les entendre, et ne pouuant se détourner de l'objet si
important qui l'occupoit, pour s'amuser à ce qui ne
paroissoit que des bagatelles aux yeux de sa foy. J'ay
été témoin plusieurs fois de ce que je dis, l'ayant été voir
souuent dans sa solitude, et ne le trouuant jamais que
rempli de Dieu, ou de ce qui regardoit le bien de ses
vrais amis, pour lesquels il n'étoit pas indifferent. Car,
entre les autres choses qu'il auoit apprises de Saint
Augustin il sceut, comme luy, aimer tendrement ses
amis, mais d'un amour qui luy inspiroit un saint zele
pour les embraser du feu de la charité dont brûloit son

(1) Voir plus haut, p. 143.

cœur. C'étoit à cela que tendoient tous ses entretiens ; c'étoit là l'esprit qui animoit toutes ses paroles. Et il paroissoit visiblement que, ne pouuant produire au dehors par ses discours que ce dont il étoit remply au dedans, c'étoit l'amour de la celeste Jerusalem qui formoit la plenitude de son cœur. Son trauail ordinaire, qui étoit l'explication de l'Ecriture, seruoit à entretenir continuellement ce feu sacré audedans de luy. Car il y cherchoit beaucoup plus l'onction de l'esprit que l'ecorce (1) de la lettre ; quoy qu'il ne la negligeast pas non plus, comme étant le fondement des plus saintes veritez. Mais cette occuppation, qui regardoit le public, étoit tres souuent interrompuë par les deuoirs de la charité, auxquels il se regardoit comme indispensablement obligé à l'égard de plusieurs personnes qui auoient une confiance particuliere dans sa conduitte, et surtout des Religieuses, qui, bien qu'éloignées de luy, le consultoient fort souuent par lettres sur ce qui regardoit leur conscience. Il enuisageoit donc cet exercice de sa charité comme son premier deuoir. Et il employoit tout le temps qui lui restoit à l'explication des liures saints, dont il donnoit de temps en temps quelque volume au public (2), sans aucun empressement, et selon que Dieu permettoit qu'il eust le loisir de s'y occupper, sans négliger, comme j'ay dit, le principal.

(1) Ce mot revient souvent, pris comme ici au sens figuré, dans *Les Essais* de Montaigne.

(2) « Tout le public a su quelles y étoient (à Pomponne) ses occupations, et on voyoit de tems en tems sortir de ce lieu quelque nouveau volume de la Bible, à l'éclaircissement de laquelle il avoit sacrifié ce qui lui restoit de vie. » *Mémoires de Fontaine*, t. II, p. 501. Il en publia une partie de son vivant, avec les explications du sens spirituel et littéral. En 1672, sa traduction de l'*Ancien Testament*, avec des explications de ce genre, comptait déjà 30 volumes in-8°.

Telle étoit la vie de ce saint homme, et telles étoient ses continuelles occuppations ; c'est à dire, une vie toute de foy et un trauail tout de charité, lorsqu'il plut à Dieu de l'appeller tout d'un coup à luy, dans le temps que l'on y songeoit le moins, et qu'on s'assuroit même, en quelque sorte, qu'il dust viure encore beaucoup d'années, pour acheuer le grand ouurage de l'explication litterale et spirituelle des Ecritures, qu'il auoit si heureusement commencé. Sa mort fut digne veritablement de sa vie. Et, n'ayant été malade que vint et quatre heures, il remplit dans ce petit espace de temps tous les deuoirs non seulement d'un parfait chrestien, qui songe serieusement à mettre comme le sceau à l'œuure de son salut ; mais encore d'un saint prestre et d'un vray imitateur de la charité de Jesus Christ, en témoignant jusqu'à la fin, à son exemple, son amour ardent pour le salut éternel de tous ceux dont il luy auoit confié la conduitte.

Le jour de Sainte Geneuiéue (1) de l'année 1684. c'est à dire cinq ou six semaines après que nous fûmes retournez de la campagne à Paris, il se fit lire, l'après disnée, la vie de cette sainte, et il parla ensuitte à deux ou trois personnes qui demeuroient auec luy, sur ce qu'on venoit de lire, d'une maniere si pleine de foy et si touchante que l'une de ces personnes (2) ne put s'empescher de dire, au sortir de la chambre, à une autre : « En verité cet homme cy n'est plus de ce monde ; et, pour moy, je ne crois pas que nous le possedions encore longtemps. » Elle prophetisa, en effet, sans le sçauoir ; car, au bout d'une heure ou deux, il se sentit tout d'un coup attaqué d'un frisson assez violent. Il se mit au lict, et, la fieure étant

(1) 3 janvier.
(2) Ces paroles furent dites par Mme Hippolyte (voir plus haut, p. 357, note 2), à M. de Luzancy. *Mémoires de Fontaine*, t. II, p. 526.

deuenuë tres forte, il passa la nuit dans une assez grande
agitation. Dès le matin, il songea à se préparer à la mort ;
et, ayant fait venir le curé de la parroisse, il se confessa ;
puis, se trouuant fort pressé du mal, il demanda le Saint
Viatique, qu'il receut auec une deuotion extraordinaire,
par le sentiment du besoin qu'il auoit de ce pain viuant
et diuin, qui deuoit faire toute sa force, dans le moment
de sa mort. Sur le midy, son mal augmentant considera-
blement, à mesure que ses forces diminuoient, il desira de receuoir l'Extrême Onction. Et après qu'il l'eut
receue, ceux qui étoient près de luy, et qui, penetrez
d'une sensible douleur, ne pouuoient assez admirer la
fermeté de son esprit et de son cœur, en même temps
qu'ils voyoient son corps se fondre et se dissoudre, pour
le dire ainsy, comme la cire, se sentirent obligez de luy
demander sa benediction et ses prieres, tant pour eux
mêmes que pour ceux qui étoient souz sa conduitte. Ils
luy nommerent donc en particulier toutes les personnes
dont ils purent se souuenir. Et luy, auec une charité et
une presence d'esprit admirable, disoit quelque chose
d'assez singulier (1) sur chacun de ceux qu'on luy nommoit (2). Mais lorsqu'il eut entendu le nom d'un d'en-

(1) C'est-à-dire de *particulier* et de *remarquable*, dans le sens du
latin *singularis*.

(2) De même Fontaine a dit : « On lui nomma beaucoup de personnes pour les lui recommander. Je fus du nombre de ceux qu'on
lui recommandoit, et pour qui il promit le secours de ses prières.
Qu'il s'en souvienne dans le ciel, ce cher pere ! C'est une espèce de
testament qu'il nous a laissé en mourant. » *Mémoires*, t. II, p. 529.

Les dix dernières lignes de ce passage de du Fossé ont été citées
par M. Sainte-Beuve, qui les a fait précéder de la phrase placée en
tête du deuxième paragraphe à la suite : « Ce que tout le monde admira, etc. » Voir plus loin, p. 262.

On voit là un nouvel exemple du danger qu'offrent souvent les citations de textes empruntés à des ouvrages de seconde main, fussent-
ils de M. Sainte-Beuve.

tr' eux, qui auoit assurément dégeneré de sa premiere piété, il s'arréta tout court et dit auec un soupir . « Hò ! pour celuy là, il est sorti de la voye de Dieu ; et l'amour du monde l'a entraisné. Il y a bien lieu de gémir, en voyant à quoy nous expose le fonds de nostre propre corruption. »

Je ne puis, en considerant ce saint prestre parler de la sorte, au lict de sa mort, et dire ainsi ce qu'il jugeoit estre le plus propre au sujet de ceux qui le reconnoissoient pour leur pere, que je ne me souuienne en même temps du patriarche Jacob, parlant à tous ses enfans de la part de Dieu, auant de les quitter, et leur donnant les differentes benedictions ou maledictions, que leur bonne ou mauuaise conduitte leur auoit fait meriter. Il partit' ainsi de ce monde, non auec le regret d'un homme attaché à la vie presente, mais auec la joye d'un vray chrestien et d'un citoyen du ciel, qui se regardoit comme étranger, et qui disposoit toutes choses depuis longtemps, pour s'en retourner à sa patrie, et se rendre digne de posseder éternellement celuy dont la verité auoit fait sa principale nourriture et ses plus grandes delices icy bas.

Ce que tout le monde admira le plus, fut ce calme, et cette paix de son cœur, qui ne pust estre troublée par les alarmes d'une mort précipitée, et qui luy fit prendre si bien ses mesures, pour n'estre point surpris, qu'en l'espace de vint et quatre heures il ait donné ordre à tout ce qui regardoit son propre salut et celuy de ses amis qu'il portoit continuellement dans son cœur deuant Dieu. Un homme, à qui la pensée des biens futurs n'auroit pas toujours été présente, n'eust pu sans doute n'estre pas surpris par une mort si prompte, dont on ne voyoit aucune cause qu'une fiéure violente, dont un accès n'étonne pas ordinairement les malades. Mais, outre ce que j'ay dit, de la manière si touchante dont il parla sur sainte

Geneuiéue, le jour même qu'il tomba malade, j'ay sceu aussy qu'ayant dit la messe, à son ordinaire, ce même jour, il parut si penetré de la grandeur des mystères qu'il celebroit, que ceux qui y assistoient en furent dans le dernier étonnement, remarquant bien qu'il se passoit en luy quelque chose de surnaturel, et qu'il receuoit déja, dans ce sacré banquet, comme un auant goust des biens de la celeste Jerusalem (1).

On peut juger de la consternation où il laissa, par sa mort, tous ses amis et particuliérement les Religieuses de Port Royal, qui auoient toujours trouué, dans la sagesse de ses conseils et de sa conduitte, de quoy se soutenir et se consoler dans les differentes épreuues par lesquelles il plaisoit à Dieu de purifier leur vertu. Nous reçûmes la nouuelle de l'extrémité où il étoit, par un billet de M. de Luzancy, qui nous témoignoit en même temps qu'on nous attendoit à Pomponne. Mais, comme sa mort fut si prompte, nous ne pûmes arriuer assez tost, mon frere et moy, pour le voir encore viuant. Il faisoit même un temps si cruel, à cause du froid excessif, que nous pensâmes demeurer la nuit au milieu des glaces ; nos cheuaux ne pouuant auancer ni reculer dans certains chemins, où le cocher s'étoit engagé, et qui étoient comme des glacis. Nous arriuâmes enfin tres fatiguez et transis de froid, et nous trouuâmes que le conuoy étoit déja fait ; c'est à dire que le corps auoit été mis en dépost

(1) « M. de Luzanci son cousin, qui le servoit tous les jours à la Messe, l'y aïant assisté à la veille de sa mort, ne put s'empêcher de dire qu'il ne croyoit pas que M. de Saci pût demeurer plus long-tems sur la terre, puisqu'il faisoit voir en lui une si vive impression de la sainteté du mystére, qu'il sembloit joüir déjà de ce que nous ne connoissons que par la foi. » *Nécrologe*, p. 12. — Il mourut le mardi 4 janvier 1684, à l'âge de 71 ans, entre six et sept heures du soir.

dans l'église de Pomponne (1), parce qu'on deuoit le transporter à Port Royal des Champs, où il auoit souhaitté d'estre enterré. Ce qui augmenta encore un peu nostre fatigue fut qu'y ayant alors un Jubilé solennel, nous jeusnions ce jour là même, pour estre en état de le gagner. Ainsy, nous étant mis à table auec M. de Pomponne et toute sa famille, nous fûmes témoins seulement du souper qu'ils firent, et nous nous contentions de manger quelque fruit au dessert. On lut deuant tout le monde le testament de M. de Sacy, que je ne pus point entendre sans verser des larmes, surtout à l'article où il parloit d'une manière tres tendre sur mon sujet (2).

Nous partîmes dès le lendemain matin de Pomponne, pour retourner à Paris, afin d'attendre le corps qu'on y deuoit apporter, et de préparer les choses nécessaires pour le transporter ensuitte de Paris à Port Royal. On eut pour cela la permission de l'archeuesque (3), qui pensa neantmoins estre trauersée par la mauuaise volonté de quelques personnes. Le corps étant arriué à Paris, on le mist en dépost, pendant quelques heures, dans l'église de Saint Jacques du Haut pas (4). Et il est vray que, le

(1) Il y fut mis en dépôt, du mercredi 5 au samedi 8 janvier, et son ami du Fossé n'arriva à Pomponne que le vendredi 7 (1684).

(2) Peut-être aussi M. de Saci lui donna-t-il sa Bibliothèque, comme il en avait manifesté l'intention à Fontaine, dans la dernière visite que cet ami dévoué lui fit. « Il voulut bien me dire que sa pensée étoit en mourant de la laisser à M. du Fossé, afin que, sans la démembrer, il en assistât ceux qui pouvoient utilement s'en servir, et qu'il eût soin, en mourant, de la laisser de même après lui à une personne qui en usât de la même sorte ; contribuant ainsi après sa mort à l'édification de l'Eglise, qui étoit son plus grand desir. » *Mémoires de Fontaine*, t. II, p. 504. — Ce legs aurait été un motif de plus pour déterminer du Fossé à poursuivre les explications de l'Ecriture sainte, que M. de Saci laissait inachevées.

(3) Harlay de Champvallon occupait toujours le siége de Paris.

(4) Dans la journée du samedi 8 janvier 1684.

bruit s'en étant répandu, il y vint assez de monde faire sa priere, et rendre ses derniers deuoirs à un prestre, que sa longue prison et ses excellens écrits rendoient venerable à toutes sortes de personnes. Il y en eut même plusieurs qui, touchez d'une plus grande veneration pour sa piété, leuèrent de petits morceaux de bois de sa biere ; persuadez que Dieu étoit vrayment admirable dans ses saints et dans ses grands seruiteurs, sur qui ni la crainte ni l'amour du monde n'auoit pu faire d'impression. Comme cela commençoit à faire déja quelque bruit, et que l'on étoit bien aise de ne donner aucune occasion à ceux qui cherchoient quelque prétexte de troubler la paix, on crut qu'il étoit plus à propos de ne pas laisser plus longtemps le corps exposé dans l'église de Saint Jacques. Ainsi, et au milieu de la nuit, et dans la rigueur du plus terrible froid que nous ayions peut estre jamais senty, nous le fîmes mettre dans un carrosse auec quelques Ecclesiastiques ; et nous étant mis, mon frere et moy, auec quelques hommes à cheual qui portoient des flambeaux, nous partîmes de Paris et arriuâmes à Port Royal, sur les quatre heures et demye ou cinq heures du matin, le jour même que nous deuions communier pour nostre Jubilé (1). On décloüa la biére, pour reuétir le deffunt de ses habits sacerdotaux et l'enterrer en cette manière qui conuenoit mieux à la sainteté de son état. Et l'on regarda

(1) Le curé et le chapelain de Pomponne montèrent dans le carrosse où l'on remit le corps, qui resta peu de temps dans l'église de Saint-Jacques-du-Haut-Pas. L'autre carrosse reçut M. du Fossé, M. de Bosroger, son frère, Mme de Fontpertuis, Mme de Bosroger et Mlle Le Maître, toutes les deux nièces de M. de Saci. Parti à onze heures du soir, le convoi arriva, le dimanche 9 janvier, de grand matin, à Port-Royal des Champs, où il n'était attendu que pour la soirée. La plupart de ces détails sont empruntés à une note de M. Sainte-Beuve, résumant les circonstances exactes de ces funérailles, d'après un journal manuscrit de Port-Royal. *Ibid.*, t. II, p. 367.

comme quelque chose d'extraordinaire et surnaturel
qu'étant mort depuis plusieurs jours, et ayant été transporté de si loin et cahotté dans les chemins que la gelée
rendoit tres durs, il parut aussy vermeil que s'il eust été
encore viuant, et que tous ses membres, que la mort et
la rigueur de ce froid sembloit deuoir rendre tres roides,
étoient flexibles comme ceux d'une personne qui auroit
été encore animée. Aussitost après que nous luy eûmes
rendu les derniers deuoirs, nous retournâmes à Paris,
fort desolez de nostre propre affliction et de celle de tant
de personnes qui faisoient une perte commune auec
nous (1).

La Mere Marie Angelique de Saint Jean, l'une des filles
de M. d'Andilly, alors abbesse tres digne de Port Royal
des Champs, et tante à la mode de Bretagne de ma belle

---

(1) « Cette Maison qui lui a des obligations très-particulières, a le
bonheur d'être la dépositaire de son corps, qui y repose dans le bas
côté de nôtre Chœur devant la chapelle de la Sainte Vierge. » *Nécrologe*, p. 13. — Lors de la destruction de Port-Royal des Champs, et de
l'exhumation de tous les corps qui reposoient dans l'église et dans
les cimetières, « le Mercredi deuxiéme jour de Decembre 1711, il fut
exhumé et transféré en l'Eglise de S. Etienne du Mont, dans la Cave
de la Chapelle de S. Jean-Baptiste. » *Ibid.*, en note. — Il y a, dans
ce récit de du Fossé, des détails que les *Mémoires de Fontaine* ne
contiennent pas, tout circonstanciés qu'ils sont sur la mort et les funérailles de M. de Saci. Voir t. II, pp. 526-534. — C'est à cette mort que
nous devons les *Mémoires* de ce grand ami de M. de Saci. « Après la
ceremonie la Mere Angelique de St Jean, alors Abbesse, voulut avoir
un entretien avec lui, et après s'être affligés mutuellement de la perte
qu'ils venoient de faire, elle le pria de mettre par écrit tout ce qu'il
sçavoit de Mr de Saci. C'est ce qu'il exécuta par la suite dans ses Mémoires qu'il composa depuis 1696. jusqu'en 1700, autant pour sa propre édification, que pour se rendre aux desirs de cette sainte Abbesse,
et à ceux de Mr de Pont-Chasteau, qui l'avoit exhorté à écrire tout ce
que sa memoire lui pourroit fournir, au sujet de ceux qu'il avoit vûs
à Port-Roïal. » *Supplément au Nécrologe*. Long article sur Mr Fontaine,
p. 356.

sœur, ne suruécut que tres peu M. de Sacy (1), auec qui
l'esprit de Dieu l'auoit unie d'une maniere tres étroitte
pour la conduitte de toute cette grande Communauté de
saintes filles, qui le regardoient comme leur Pere spirituel, et elle comme la Mere que Dieu leur auoit donnée
pour les nourrir et les conduire en quelque sorte souz
ses ordres. C'étoit une fille qu'on peut assurer n'auoir
rien eû des foiblesses de son sexe. Tout étoit grand et
masle en elle ; et son esprit paroissoit tellement superieur à celuy de toutes les autres que ce seroit peu de
chose de dire qu'elle les surpassoit toutes ; puisque les
hommes mèmes, que l'on regardoit comme les plus
grands esprits, l'admiroient comme un prodige (2).
L'excellence de son genie s'étendoit uniuersellement à
tout. Car, si elle entreprenoit quelque ouurage de ses
mains, quel qu'il fust, elle y réüssissoit en perfection.
J'ay veû de grands Reliquaires de son trauail, dont l'ouurage et le dessein étoient acheuez. J'ay veû encore de
grands personnages de cire faits au naturel, pour representer la sainte Vierge, saint Joseph et l'enfant Jesus,
qui étoient la plus belle chose du monde, et qui paroissoient des personnes viuantes. Si elle écriuoit une lettre,
quel qu'en pust estre le sujet, elle le faisoit auec une
actiuité et une facilité étonnante ; et en même temps auec
tant d'esprit qu'on se contentoit d'admirer ce qu'on ne
pouuoit presque comprendre. J'en ay veû effectiuement

(1) Vingt-cinq jours seulement, puisqu'elle mourut le 29 janvier 1684.
La Mère Marie Angélique de Saint-Jean Arnauld était cousine germaine
de M. de Saci. Il y a, dans le récit et l'éloge qui vont suivre, plusieurs
particularités inconnues.

(2) Son père allait jusqu'à dire à Mme de Sévigné : « Comptez que
tous mes frères, et tous mes enfants, et moi, nous sommes des sots
en comparaison d'Angélique. » Lettre du 29 novembre 1679, à Mme de
Grignan.

plusieurs sur diuers sujets, qui passoient infiniment tout ce qu'on peut voir et que l'on a jamais veû en ce genre (1). Si elle auoit à parler aux Religieuses dans les Conferences, elle s'en acquittoit d'une maniere qui les charmoit toutes, et qui ne touchoit pas moins leurs cœurs, par une certaine onction qui accompagnoit tous ses discours, qu'elle enleuoit (2) leurs esprits par la beauté même des choses qu'elle leur disoit, et par l'excellence des explications qu'elle donnoit à l'Ecriture. Car il est vray qu'elle auoit un don éminent pour expliquer, d'une maniere tres naturelle et tres éleuée, ce qui paroist plus obscur dans les Liures Saints (3). Et je me souuiens, entre autres choses, d'auoir veû d'elle une explication des sept sceaux de l'Apocalypse, qui me parut d'une beauté extraordinaire, et neantmoins si naturelle qu'on s'étonne, en voyant le sens qu'elle y donne, de n'auoir pu y dé-couurir des veritez qui semblent si claires.

Mais tous ces dons et plusieurs autres, quoyqu'émi-

(1) Mme de Sévigné admirait si fort la réponse de la Mère Angélique de Saint-Jean à Mme de Lesdiguières sur la disgrâce de M. de Pom-ponne, frère de notre abbesse, qu'elle n'hésitait pas à en faire une copie pour sa fille. Après un grand éloge de cette lettre, elle termi-nait : « J'en ai vu encore plusieurs autres d'elle, et bien plus belles, et bien plus justes : ceci est un billet écrit à course de plume. » Lettre du 29 novembre 1679. Du Fossé pensait comme Mme de Sévigné sur le mérite de ces lettres ; mais M. Sainte-Beuve comprend leur enthousiasme, sans le partager complétement. *Ibid.*, t. IV, p. 161

(2) La phrase est ainsi dans le Ms.

(3) « On a de la mère Angélique de Saint-Jean trois volumes de *Conférences* et trois autres de *Discours*, mais sur des sujets et dans des formes toutes monastiques ; on n'en tirerait rien de plus pour l'idée qu'on a d'elle maintenant, assez complète, ce me semble. Elle est tout simplement un des plus considérables esprits de Port-Royal ; et, dans cette seconde génération, à laquelle elle appartient, nul (Pascal excepté) n'a autant de *génie* qu'elle. » Id., *Ibid.*, t. IV, p. 162. *Génie*, dans le sens du latin, *Ingenium*, qualité native, don naturel.

nent, étoient moins à considerer en elle que sa solide
pieté, sa profonde humilité, son ardeur pour la penitence,
son attachement immuable à la regularité, son mépris
tres parfait pour la gloire et la grandeur du monde.
Toutes ses paroles et toutes ses actions ne respiroient
que cette pieté interieure qui consiste à faire tout dans la
veuë de Dieu ; à se dépoüiller de la vanité de son propre
esprit et de la corruption de sa volonté ; à se mépriser
soy même et à n'estimer que les dons de Dieu en nous.
Son humilité se remarquoit principalement en ce qu'elle
s'étudioit beaucoup à cacher en elle tout ce qui pouuoit la rendre aimable ; en sorte qu'elle affectoit même
un certain air de froideur et de dureté, pour éloigner
d'elle les personnes qui ne la connoissoient pas ;
quoyqu'il n'y eust rien de plus charmant pour ceux qui
la connoissoient : et je peus bien en parler, l'ayant moy
même éprouué, et y ayant été trompé plus que tous les
autres. Son amour pour la penitence étoit tel qu'elle ne
trouuoit rien de trop rude, ni dans les jeûnes, ni dans
les autres austeritez ; et que, si son zele n'auoit été
moderé par ceux qui la conduisoient, elle eust pu estre
accusée d'aller en cela trop loin. Son attachement à la
regularité étoit si parfait qu'elle n'auoit nul égard pour
ses proches, quand elle croyoit que la consideration
qu'elle auroit euë pour ceux qu'elle aimoit le plus y eust
pu donner quelque atteinte. J'en suis d'autant plus
croyable que j'en parle auec connoissance : puisque ma
belle sœur essuya un jour ce froid glaçant qu'elle témoignoit aux personnes qui luy étoient les plus cheres, à
cause que son entrée dans la maison luy parut estre
contre certains reglemens qu'on auoit faits depuis peu,
lorsqu'elle n'étoit encore que prieure (1). Et quant au

(1) Après l'ordonnance de l'archevêque de Paris, M. de Péréfixe,

mépris tres sincere qu'elle faisoit des grandeurs du monde, je ne puis en apporter de preuue plus conuain-quante que la maniere dont elle receut la nouuelle de la grande éleuation de Monsieur de Pomponne, son frere, lorsque le Roy le fit tout d'un coup secretaire et Ministre d'Etat (1) ; puisqu'il est certain qu'elle en fut aussi viuement penetrée que de la plus sensible affection qu'elle auroit pu receuoir (2). Elle écriuit sur cela des lettres qui meriteroient d'estre imprimées, où elle exprimoit ses sentimens d'une maniere si noble, si grande, et en même temps si touchante qu'on ne pouuoit pas n'estre point persuadé de la sincerité de la disposition de son cœur, qui ne trouuoit veritablement rien de grand, rien d'assuré, rien d'estimable que le seruice de Dieu: *Cui seruire, regnare est,* comme dit admirablement un Pere (3). Aussi, quand depuis ce même Ministre déchut de ce poste si éleué, par un effet de la caballe de ses ennemis, celle qui l'aimoit pour Dieu seul en ressentit une telle joie qu'on ne sçauroit lire les lettres qu'elle en écriuit à ceux qui prétendoient la consoler, sans estre étonné de la foy si viue qui luy faisoit regarder veritablement les plus hautes fonctions du siecle comme de tres grands malheurs ; et les reuers de cette même fortune du monde comme de vrayes graces pour les seruiteurs de Dieu (4).

17 février 1669, qui avait rétabli les Religieuses de Port-Royal des Champs dans tous leurs droits, la Mère Marie de Sainte Magdeleine du Fargis, avait été élue Abbesse, et la Mère Angélique de Saint-Jean, Prieure. Elle exerça ces fonctions pendant neuf ans, jusqu'au 3 août 1678, où elle-même fut élue Abbesse.

(1) Pour les Affaires étrangères, en 1671.

(2) Elle lui écrivit une lettre de condoléance et non de félicitation.

(3) Il avait déjà cité ce même passage de saint Paulin, en l'appliquant à M. de Saci, dont la charité s'exerça, lors de la naissance du premier enfant de M. de Bosroger. Voir plus haut, p. 129.

(4) Cette disgrâce est de 1679, et on peut dire que la Mère de Saint

La maniere dont elle fut attaquée de sa derniere maladie a quelque chose de tres singulier. Une de ses sœurs, Religieuse dans le même Monastere, crut voir une nuit en songe M. de Sacy, quelque temps après sa mort, et luy demander s'il auoit été en purgatoire. Il luy répondit qu'il y auoit passé, et que, pour luy faire juger de ce que l'on y souffroit, il alloit luy en faire sentir quelque chose. Dans le même instant elle crut qu'il la touchoit de la main, et elle sentit une si horrible douleur qu'elle ne sçauoit rien dans le monde qui pust y estre comparé. Sur ce qu'elle luy demanda ce qu'il falloit faire pour éuiter de tels tourments, il luy dit que le moyen le plus assuré étoit d'aimer beaucoup Dieu. Elle luy demanda encore s'il n'iroit point visiter sa sœur, la Mere Angelique de Saint Jean, dont je parle. A quoy il luy repliqua qu'il en venoit et qu'il y retourneroit encore. Elle raconta ce songe à sa sœur, qui se souuint en effet d'auoir entendu quelque chose d'extraordinaire pendant la nuit (1). Et le même jour, ou quelques jours après, l'abbesse s'étant allée prosterner, vers le temps des vespres, sur le tombeau de M. de Sacy, où elle fit sa priere auec beaucoup de ferueur, elle se sentit frappée, en se releuant, d'un mal de costé, qui la pressa de telle sorte qu'elle fut obligée de se coucher. Et, le mal augmentant toujours auec la fieure, elle receut ses derniers sacremens et mourut dans une grande pieté (2), mais non sans une sensible

Jean en eut de la joie, tout en compatissant à la peine de son frère. On le voit par la lettre qu'elle écrivit à la duchesse de La Feuillade (M{ll}{e} de Roannez); la réponse qu'elle fit à Mme de Lesdiguières, dont il a été question plus haut, p. 268, enfin par le passage d'une autre lettre, sur la même disgrâce, que nous citerons à l'Appendice XVI.

(1) Les songes et les apparitions jouent toujours un grand rôle à Port-Royal.

(2) Elue abbesse, le 3 août 1678, et continuée après son premier

douleur de n'auoir pu voir, comme elle l'auoit esperé, le retablissement de cette abbaye, auant sa mort. C'est ce que Dieu reserue à celles qui seront assez heureuses pour voir le miracle que Dieu fera en la personne de nostre grand prince, lorsqu'il luy plaira de seconder, par un rayon de sa grace, les excellentes intentions qu'il a de rendre justice à tout le monde (1).

La mort de M. de Sacy apporta un grand changement à mes occupations ordinaires. Car tout le monde jetta aussitôt, par je ne sçais quelle raison, les yeux sur moy pour m'engager à continuer et à acheuer son trauail sur l'Ecriture. Cela rompoit assurément toutes mes mesures et me faisoit en quelque façon sortir hors des bornes de mon talent: puisqu'il n'y auoit aucun rapport entre la composition des Vies des Saints, qui m'étoit deuenuë comme familiére et l'explication des Ecritures où je n'auois aucune entrée. Cependant je me trouuay engagé de telle sorte, par l'auis commun de tous nos amis, à me charger de ce trauail, que je ne crus pas deuoir m'en deffendre. Et sans neantmoins assez regarder la vaste étenduë de la carriere, dans laquelle je m'engageois, j'y entray, pour le dire ainsy, comme à l'aueugle; Dieu le per-

triennat, le 8 août 1681, elle mourut le 29 janvier 1684, à l'âge de 59 ans 2 mois.

(1) Moins de quinze ans après, cet espoir fut cruellement déçu. Loin d'ordonner le rétablissement de l'abbaye de Port-Royal des Champs, Louis XIV en permit la suppression et l'extinction, suivies bientôt de la destruction des bâtiments et de la violation des tombes, (1709-1711.) — Ce dernier paragraphe a été supprimé en entier dans l'Imprimé, et remplacé par quelques lignes bien différentes du Ms. La raison en est qu'en 1739 les faits accomplis étaient en contradiction formelle avec le désir de du Fossé. — L'Imprimé dit que sa maladie la prit « la veille de la Conversion de S. Paul. » (p. 381). Ce serait donc le 24 janvier.

mettant peut estre ainsy, pour que je n'en fusse pas trop effrayé, et qu'une veuë plus distincte de toute la grandeur de l'engagement où je me mettois, ne me détournast de suiure le conseil de mes amis. Il me resta neantmoins assez de lumière pour connoistre que, ne pouuant par moy même reüssir dans un trauail pour lequel je ne sentois aucune ouuerture, je deuois auoir recours à quelque personne éclairée et versée dans cette sorte d'ouurages. Je n'en trouuay point de plus capable que M. Le¡ Tourneux dont j'ay parlé plusieurs fois (1). Et comme il étoit alors retiré en son prieuré de Villers, à vint lieuës ou enuiron de Paris, je resolus de l'y aller voir auec mon frere. C'étoit en caresme, et par conséquent dans un temps tres incommode pour moy, à cause du jeusne qui m'a toujours été fort pénible, et particulierement dans les voyages. Aussy, quoyque nous eussions pris une lictiere, comme nous ne mangions que le soir, nous contentant d'un petit morceau de pain à midy, j'arriuay tout malade à Villers ; en sorte que M. Le Tourneux me conseilla de manger des œufs chez luy, d'autant plus qu'on auoit la permission dans le diocese de Soissons, où Villers est situë (2).

Nous le trouuâmes veritablement, pour user des mêmes termes dont il se seruit dans le dernier de ses sermons de carême (3), comme l'ange du Seigneur qui,

(1) Voir plus haut, pp. 85-103.
(2) Villers-sur-Fère, Aisne, arr. de Château-Thierry, cant. de La Fère-en-Tardenois. — L'archevêque de Rouen, Colbert, l'avait pourvu, en dernier lieu, de ce prieuré de Villers, vers 1682. — Tout ce paragraphe a encore été supprimé par le premier éditeur, qui s'est permis en outre un déplacement dans le texte de cette partie des *Mémoires*.
(3) Voir plus haut, p. 100.

18

après auoir annoncé aux peuples l'Incarnation du Verbe, ainsy qu'auoit fait Gabriel à la Sainte Vierge, s'étoit retiré, pour le dire ainsy, dans le secret de sa face, en ce lieu caché à la veuë des hommes (1). Il y viuoit, en effet, comme s'il n'eust point eû de corps à nourrir, ou comme s'il eust voulu le faire mourir de faim ; se leuant de grand matin, tous les jours ; chantant l'office dans son église, auec quelques personnes qui l'accompagnoient ; trauaillant tantost à labourer et à cultiuer son jardin, et tantost à composer ses excellens liures de pieté dont il a enrichi l'église, et ne mangeant, de tout le jour, que sur les six heures du soir, et encore des légumes, c'est à dire des pois et des fèues, au lieu de tres bon poisson, dont on ne manquoit pas en ce lieu, ainsy qu'il nous en fit voir un échantillon (2). Je fus effrayé en voyant mener une telle vie à un si saint prestre, qui étoit d'ailleurs d'une complexion assez infirme et sujet à de tres grands maux de teste. Mais disons, auec un ancien poéte, en changeant seulement quelque chose à ses paroles et à son sens :

Quid non mortalia pectora cogis,
Cœli sacra fames !

que ne peut point sur le cœur d'un homme, fortifié diuinement par la grace, l'amour ardent des biens celestes (3). Je receus, dans le peu de temps que je demeuray auec luy, un secours tres considerable pour le dessein que j'auois. Et je puis dire qu'il me donna, en peu de paroles, une si grande ouuerture pour trauailler à l'ex-

(1) A partir d'octobre 1682.

(2) Le prieuré était voisin de l'Ourcq.

(3) M. Sainte-Beuve a cité la fin de ce paragraphe (t. V, p. 72), tel que l'a donné le premier éditeur, qui a supprimé la citation de Virgile. Du Fossé a substitué *cœli* à *auri*. Voir *Enéïde*, III, vers 56 et 57.

plication du texte sacré, me marquant en même temps
les principaux liures dont je deuois me seruir, que j'ay
admiré plusieurs fois depuis combien le conseil d'un
homme habile, et la lumiere d'un guide expérimenté est
capable d'applanir ce qui paroist le plus difficile à ceux
qui n'ont pas encore marché dans des routes inconnuës.

Mais si ce voyage me fut d'une grande utilité pour
l'ouurage que j'entreprenois, il pensa m'en couter la vie
par la maladie qu'il me causa et qui s'augmenta beaucoup, quand je fus retourné à Paris (1). Cependant, après
m'estre rétably entierement, je me mis à trauailler sur
l'Ecriture, et je trouuay tant d'onction et de consolation
dans ce trauail que je ne pus presque douter qu'une
main inuisible ne m'y conduisist et ne m'y soutinst.
Mais, comme M. de Sacy auoit eû luy même la bonté de
solliciter, auant sa mort, le priuilege pour la Vie des
Saints, et qu'il auoit fait paroistre depuis quelque temps
assez d'ardeur pour cet ouurage, je crus pouuoir donner
au public celles des deux premiers mois de l'année que
j'auois faittes (2). Et ainsy, sans interrompre mon trauail
sur l'Ecriture, je fis imprimer les deux volumes qui contiennent les Vies des principaux Saints du mois de Januier et de Féurier (3).

(1) Ce voyage au prieuré de Villers est de l'année 1684.

(2) « Il avoit commencé cet Ouvrage avec M. Le Maître en 1657. et
en avoit préparé quelques materiaux dans les tems où il en avoit eu
le loisir et la commodité, mais il ne s'y appliqua serieusement que
vers 1681. Le mois de Janvier fut imprimé en 1685. et celui de Fevrier
en 1687. » Liste des ouvrages de M. du Fossé, à la suite de la Vie
donnée en tête des *Mémoires*, édition de 1739. P. xxxiv. — Baillet en
fit cet éloge : « L'ouvrage si heureusement commencé ne devoit pas
être moins recommandable par son exactitude, et par le choix judicieux des matières, que par la pureté et l'onction du style ; et l'Auteur avoit trouvé le moyen de rallier enfin la verité avec la pieté, que
la plûpart des legendaires avoient écartées. »

(3) L'auteur anticipe un peu sur l'avenir ; l'impression n'eut lieu

Voila donc à quoy j'occuppois mon temps, lorsque nous fîmes encore, sur la fin de la même année 1684, la perte de la personne qui m'étoit et la plus proche et la plus chere, et qui auoit des bontez pour moy que je ne puis exprimer, je veux dire, de ma mere. Ce fut un double exercice de charité qui donna le commencement à son mal. Quoy qu'elle fust fort agée et un peu pesante, elle étoit la personne du monde qui se ménageoit le moins. Elle jeusnoit les carêmes et les autres jours de jeusne auec la même exactitude que si elle n'auoit eû que trente ans, elle qui approchoit de quatre vint (1). Et, bien qu'elle eust son carrosse, elle s'en seruoit tout le moins qu'elle pouuoit, aimant à marcher à pied et craignant beaucoup les accidens de Paris, surtout depuis que, les cheuaux de son carrosse ayant pris le frein aux dents, elle fut emportée sans le cocher qui auoit été renuersé de son siége, et qu'elle pensa estre tuée auec feu ma sœur qui l'accompagnoit. Un jour donc qu'elle se crut obligée, par un motif de charité, d'aller rendre visite à une dame qui demeuroit dans le fauxbourg Saint Germain, tres loin de chez nous (2), et qui s'étoit fort mal à propos faschée contre elle, après bien des obligations qu'elle nous auoit, au lieu de prendre son carrosse, elle voulut faire ce chemin à pied, et dans le temps du caresme où le jeusne la rendoit encore moins forte. Aussy, au retour, elle se sentit un peu étouffée et plus épuisée qu'à son ordinaire. Cependant, comme l'un de nos amis, qui sauoit que nous connoissions particulierement Madame Lédran, si fameuse pour la guerison des playes, et sœur de M. Feüil-

qu'un an et trois ans plus tard, comme on vient de le voir. Ce commencement des *Vies des Saints* formait deux volumes in-4°.

(1) Elle avait, à sa mort, 78 ans.

(2) On a vu qu'ils demeuraient dans la rue Saint-Victor.

let, ce celebre predicateur (1), nous eut enuoyé, pendant
le même caresme, un jeune homme, à qui il étoit resté
un ulcere à la jambe, à la place d'une louppe qu'on lui
auoit couppée, et nous eut prié en même temps de luy
donner la connoissance de cette dame et de le luy recommander; ma mere, toute pleine de charité, ne voulut
point s'en fier à personne, et alla encore elle même à
pied la trouuer assez loin de nostre quartier. Ce second
voyage acheua de l'épuiser. Et dès ce moment elle se
sentit attaquée comme d'une difficulté de respiration,
qui augmenta peu à peu jusqu'à ce que nous allassions à
nostre ordinaire à la campagne (2). Là son mal deuint
plus considerable. Et M. Le Tourneux, en qui elle auoit
une parfaite confiance pour sa conduitte, l'étant venu
voir de son prieuré, quoy qu'il fust fort éloigné de
nous (3), il la confessa et lui donna tous les auis dont
elle pouuoit auoir besoin dans un mal qu'elle jugeoit
bien deuoir estre mortel à son âge, et depuis le temps
que luy ayant commencé il auoit toujours augmenté.

Vers la fin du mois d'octobre, comme je la vis plus
accablée qu'à son ordinaire, je luy demanday si elle n'aimoit point mieux s'en retourner à Paris, où l'on trouue
plus de secours en toutes manieres qu'à la campagne :
elle me témoigna qu'elle le souhaittoit beaucoup ; mais
qu'il luy seroit comme impossible de retourner en car-

(1) « Feuillet (Nicolas), chanoine de Saint-Cloud, né en 1622, mort
en 1693, se fit remarquer comme prédicateur par l'ardeur de son
zèle et la hardiesse de ses paroles devant les grands. » *Dictionnaire
de Biographie et d'Histoire* de M. Bachelet.

(2) « Vers la fin du carême (1684)..., elle se trouva attaquée d'un
asthme qui lui continua huit mois de tems, et auquel il se joignit enfin
une hydropisie très fâcheuse. » *Nécrologe*, p. 431. Ils partaient pour
le Fossé, vers le mois de mai.

(3) Du Prieuré de Villers au Fossé, il y a 160 kilomères, à vol
d'oiseau.

rosse, ne se sentant point assez de force, dans la pesanteur où elle étoit, pour se pouuoir contretenir dans les troux et les chemins si rompus du païs de Bray (1) ; que, si je voulois la ramener dans ma chaise roulante (2), elle étoit preste à partir. Je luy fis entendre que cette chaise étoit rude, en comparaison du carrosse, et même un peu bien étroitte pour elle et pour moy. Cependant, comme je compris par sa réponse qu'elle croyoit qu'il tiendroit plus à moy qu'à la chaise que je ne l'y menasse, je donnay ordre tres promptement à toutes choses pour nostre départ, et, laissant mon frere et ma belle sœur auec leur famille à la campagne, pour y acheuer nos affaires, nous partîmes du Fossé, accompagnez de plusieurs personnes à cheual, qui nous aidoient, en arriuant aux hostelleries, à porter ma mere à sa chambre, parce que l'enflure, qui luy étoit suruenuë, la mettoit hors d'état de se pouuoir aider elle même. Je fus extrémement édifié, dans le chemin, de certains discours qu'elle me fit, où, me parlant de quelques foiblesses et de quelques peines qu'elle auoit eûes, elle me témoigna, auec de secrets gémissemens, combien la lumiere du jugement de Dieu, qu'elle sentoit estre proche à son égard, luy faisoit alors remarquer de fautes et lui donnoit lieu d'apprehender la rigueur de cette diuine justice. Je luy parlay sur cela le mieux qu'il me fut possible, et la priay de considerer que le sentiment que Dieu nous donne en ce monde de nostre foiblesse, seruant à nous humilier deuant luy, étoit la plus

(1) La plupart des routes et des chemins du Pays de Bray méritaient encore cette critique, il y a une trentaine d'années. Aujourd'hui la viabilité y est bien améliorée.

(2) Le Ms. porte bien *chaire*, mais c'est *chaise* qu'il faut. « CHAISE, signifie une voiture pour aller assis et à couvert tant dans la ville qu'à la campagne. Un petit carrosse coupé s'appelle une *chaise roulante*. » DICTIONNAIRE DE TRÉVOUX.

grande grace qu'il pust nous faire et le gage le plus assuré de son infinie misericorde ; que l'exemple du publi-
cain, frappant sa poitrine, et se regardant comme indigne
de leuer les yeux vers le ciel, deuoit estre la consolation
non seulement des grands pécheurs conuertis par la penitence, mais encore de plusieurs seruiteurs de Dieu,
en qui il restoit de grandes foiblesses ; parce qu'elles
leur étoient un sujet continuel de s'abbaisser, et qu'il n'y
auoit que cet état d'abbaissement qui pust donner aux
justes mêmes une solide esperance d'obtenir misericorde de celuy qui ne regarde que la priere des humbles.

Nous arriuâmes ainsy à Paris. Et je peux dire que
j'étois, en arriuant, plus fatigué qu'elle qui nous parut
même se mieux porter qu'à la campagne. J'enuoyay prier
l'abbé de Luçay de vouloir bien la venir voir. Et il y
vint auec beaucoup d'affection, dans le desir qu'il auoit
de luy procurer du soulagement. Il crut même, au bout
de quatre ou cinq jours, que les remedes commençoient à
bien agir. Mais son mal étoit une deffaillance totale de la
nature. Et comme étant auprès d'elle, j'obseruois mieux
tous les symptômes de sa maladie, je m'apperceus bien
qu'elle augmentoit, au lieu de diminuer : je le dis aussy
à cet abbé, qui auoit d'abord peine à me croire, mais
qui reconnut bientost que je ne me trompois pas. Il jugea tres bien qu'il falloit songer à empescher que ses
jambes ne se gangrenassent ; et il ordonna pour cela un
petit bain excellent, où elle mettoit tous les jours plusieurs fois ses jambes, en même temps qu'on luy faisoit
prendre de tres bonnes choses par le dedans. Enfin elle
fut traittée auec tout le soin, toute l'application, et toute
l'habileté possible. Mais il n'y a nul remede pour an-
néantir l'arrest de mort prononcé d'en haut contre nous.
Et c'est un terme auquel tous les hommes doiuent arriuer. On ne put donc empescher que la gangréne ne se

formast à une de ses deux jambes. Elle y ressentit d'a-
bord une tres grande douleur, et on apperceut ensuitte,
vers la cheuille du pied, une petite tache ronde d'une
couleur toute differente du reste de la chair. Nous jugeâmes aussitost ce que c'étoit, et je préparay ma mere à
se disposer plus particulierement, par la confession, à
ce qu'il plairoit à Dieu d'ordonner d'elle. Elle le fit, fort
resignée à sa volonté, et receut ensuite le Saint Viatique.
La gangréne augmentant chaque jour, on luy fit receuoir l'extrême onction, et je luy demandai sa benediction, tant pour moy que pour le reste de la famille, qui
fut retenuë à la campagne par le temps terrible qu'il fit,
et par les neiges effroyables qui couuroient toute la terre.
Ainsy ma mere mourut, la veille de la Saint-Martin (1),
sans que j'eusse personne de la famille auec moy, quelques lettres que j'eusse écrittes pour mander l'extrémité
où elle étoit (2) : ce qui me causa le dernier chagrin, me
voyant seul dans une occasion où j'eusse eû si grand
besoin d'assistance.

Je suis obligé de dire à sa loüange qu'elle étoit une
vraye mere de famille, remplie de la crainte du Seigneur,
pleine de bonté pour ses enfans, de respect pour les ministres de l'Eglise, de tendresse pour ses amis et d'affection pour ses domestiques. Depuis que Dieu s'étoit fait
connoistre plus particulierement à elle, de la maniere si
admirable, et, j'ose dire, si miraculeuse, que j'ay mar-
quée au commencement de ces Memoires (3), elle ne se
démentit jamais de sa premiere pieté, mais marcha tou-

---

(1) Le vendredi 10 novembre 1684, âgée de 78 ans.

(2) L'état habituel des chemins du Pays de Bray, rendus encore plus
impraticables par la neige, expliqué les retards de l'*Ordinaire*, qui
ne partait d'ailleurs qu'une fois ou deux par semaine pour certains
pays.

(3) T. I, pages 42-46.

jours d'un pas égal dans la voye de son salut, et fit paroistre, jusqu'à la fin, la solidité de sa vertu, par l'humble
soumission et la déference respectueuse qu'elle eut toujours pour les auis charitables et les salutaires repre-
hensions (1) de ceux en qui elle auoit confié la conduitte
de sa conscience. Car elle n'étoit point de ces personnes
adroittes à se tromper elles mêmes, qui mettent tout leur
esprit à conduire leurs propres guides, et à faire en
sorte qu'elles ne suiuent que leur volonté, en suggerant
d'une maniere spirituelle à leurs directeurs ce qu'elles
souhaittent qu'ils leur ordonnent (2). Ce deffaut, si ordinaire aux dames deuottes, étoit opposé infiniment au
caractere de son esprit, qui étoit une grande simplicité,
dans sa soumission respectueuse aux prestres de Jesus
Christ, et une crainte tres sincere d'offenser Dieu. Quoyque de son naturel elle parust un peu seuere à l'égard
de ses enfans, elle auoit pour eux une bonté vrayment
maternelle, n'ayant rien qui ne fust à eux ; s'incommo-
dant même souuent pour les soulager, et voulant seulement qu'ils dépendissent d'elle ; parce qu'il étoit et contre
la nature, et contre la pieté, et contre le vray auantage
des familles que les peres ou les meres dépendissent de
ceux à qui ils ont donné la vie, et qui sont souuent assez
ingrats pour l'oublier et les négliger. Sa conduitte à
l'égard de ses amis étoit tellement égale que jamais elle
n'en a perdu aucun ; parceque, les aymant solidement et
d'une maniere digne d'une femme vrayment chrestienne,
elle ne trouuoit jamais de sujet de rompre auec ceux
qu'elle n'aimoit que pour Dieu. Aussy pour calmer l'es-

(1) Blâmes, critiques, réprimandes d'un supérieur.

(2) La Bruyère n'aurait pas dit mieux. C'est un trait de mœurs qui
manque dans les chapitres de ses CARACTÈRES, où il est question de
la dévotion et des dévots de son temps, spécialement *Des Femmes*, *De
la Mode*.

prit d'une dame qui s'étoit, comme je l'ay dit (1), fort mal à propos chagrinée contr'elle, elle s'exposa à se faire mal, et aima mieux l'aller rechercher, aux dépends de sa propre vie, que de se pouuoir reprocher d'auoir négligé ce qu'elle croyoit estre de son deuoir. Enfin jamais dame n'a été seruie auec plus d'affection, de fidelité et de sagesse par ses domestiques. Elle leur faisoit sentir, par sa conduitte, qu'elle les aimoit sincerement (2) ; mais elle vouloit qu'ils fussent persuadez que c'étoit pour Dieu, et qu'elle cherchoit autant leur propre salut que le seruice qu'ils luy rendoient. Aussy elle auoit des domestiques de vint cinq, trente, et quarante ans de seruice. Et elle a eû cette consolation, tant qu'elle a été dans le ménage, qu'il n'est arriué aucun déreglement parmy eux.

Comme elle auoit souhaitté d'estre enterré dans l'église de Port Royal des champs, où quelques uns de ses proches étoient enterrez aussy (3) ; après que nous eûmes fait son conuoy à sa parroisse (4), le jour de la feste de Saint Martin (5), qui étoit un samedy, et que l'on eust mis son corps en dépost dans une chapelle, je donnay ordre à toutes choses, afin qu'on la transportast, le lundy suiuant à la campagne. Ce fut pour moy le plus grand bonheur du monde de ce que le dimanche nous empescha de partir, puisque sans cela toute la maison auroit été

(1) Voir plus haut, p. 276.

(2) Ici l'Imprimé ajoute : « Ce qui lui attira la louange de M. le curé de S. Nicolas, qui, étant venu plusieurs fois chez elle, dans le temps qu'il y en avait trois très malades, ne pouvoit se lasser d'en parler dans les autres maisons de la paroisse, et de rendre témoignage à la charité de cette mère de la famille. » (P. 388.) -- Le même fait avait été rapporté plus haut en deux lignes. Voir plus haut, p. 166.

(3) Son fils Henry Thomas, t. I, p. 216, sa cousine Delahaye, religieuse. Voir plus haut, p. 129.

(4) L'église de Saint-Nicolas-du-Chardonnet, située rue Saint-Victor.

(5) 11 novembre.

infailliblement brûlée, par un accident dont on ne se
seroit aperceu que lorsque le mal auroit été sans remede.
Et voicy comment la chose arriua. La cheminée de la
chambre de ma mere étant grande et extraordinairement
enfoncée, et par consequent tres incommode pour se
chauffer, elle auoit fait venir un masson, auant que d'aller
à la campagne, pour y faire trauailler. Mais elle luy auoit
fort recommandé d'examiner auparauant si les soliues
du plancher de dessouz ne seroient point en danger d'estre
endommagées par le feu, si on auançoit l'astre de cette
cheminée. Sur l'assurance que le masson luy donna qu'il
n'y auoit rien à craindre, elle l'y fit trauailler. Et l'on n'y
songea point dauantage. Quand nous fûmes reuenus,
comme j'ay dit de la campagne (1), on fit un grand feu,
jour et nuit, dans cette cheminée, à cause de la maladie
de ma mere, sans qu'on s'apperceust de rien. Après sa
mort et son conuoy, on osta tout le feu de la cheminée,
sans qu'il parust rien encore, et on ferma à la clef sa
chambre. La nuit se passa de cette sorte que le feu étoit
à la maison, sans que nous le sceussions. Le jour suiuant,
c'est à dire le dimanche, j'allay à la messe, dès le matin,
et je me vins renfermer dans mon cabinet, ne trouuant
de solide consolation que dans ma retraitte. On fut cependant
en peine d'un drap fin, qui auoit serui à couurir le
corps et qu'on ne pouuoit trouuer. Comme on l'eut cherché
partout, quelqu'un s'auisa de dire qu'il pouuoit estre
resté dans la chambre de ma mere et qu'il falloit l'y aller
chercher. Ce fut cet auis, donné, pour le dire ainsy, en
l'air, qui sauua nostre maison d'un embrasement total et
ineuitable. Car celuy que l'on chargea d'aller ouurir cette
chambre ne l'eut pas plutost ouuerte qu'il la vit pleine de
fumée, qui boüillonnoit des deux costez de la cheminée,

(1) Voir plus haut, p. 279.

et qu'il se mit à crier : « Au feu ! » Je l'entendis de mon cabinet, qui étoit tout proche, et, ouurant à l'heure même la porte, qui donnoit dans la chambre de ma mere, je fus effrayé de voir sortir la fumée à gros boüillons des deux costez de la cheminée de cette chambre, dont l'un venoit rendre à mon cabinet plein de papiers et de liures, et l'autre alloit vers un grenier où il y auoit un millier de foin. On ne voyoit rien cependant dans la cheminée qui étoit tres nette. Je fis chercher promptement la clef de la salle de dessouz l'appartement de ma mere. Mais le trouble et l'empressement , auec lequel on la chercha, empeschoit qu'on ne la trouuast. Et ayant enfin été ouuerte, nous apperçeumes que le feu étoit aux soliues, d'une grande force ; que la corniche de sculpture de la cheminée brûloit aussy, et que le feu alloit gagner le lambris dont toute la salle étoit reuêtuë depuis le bas jusqu'en haut. Nous enuoyâmes promptement quérir un architecte de nostre ruë (1), qui par bonheur payoit actuellement ses ouuriers, et qui, en ayant emmené sur le champ plusieurs auec luy, les fit trauailler en diligence à démolir tout l'endroit du plancher qui étoit déja en feu. Cela fut executé en si peu de temps, à cause que ceux qui y trauaillérent étoient du mettier, que nous en fûmes quittes à trop bon marché pour le péril éminent où nous étions de tout perdre.

Le jour suiuant (2), je fis mettre dès le matin le corps de ma mere dans un carrosse auec quelques Ecclesiastiques, et je montay dans un autre auec quelques uns de mes amis, pour luy aller rendre les derniers deuoirs, dans une abbaye pour laquelle Dieu luy auoit inspiré une singuliere veneration, depuis qu'il s'étoit serui de la Mere Marie Angelique Arnauld, derniere abbesse titulaire

(1) La grande rue du Faubourg Saint-Victor.
(2) Le lundi, 13 novembre 1684.

de cette maison, pour la faire entrer, souz la conduitte
de l'abbé de Saint Cyran, dans la vie nouuelle qu'elle
mena toujours depuis (1). Elle y fut receuë comme une
des plus anciennes amies de ces saintes filles (2), qu'on
ne pouuoit voir prier pour les morts, sans estre touché
et penetré jusqu'au cœur. Car, quand toute cette grande
et pieuse communauté se prosternoit deuant Dieu, pour
implorer sa misericorde en faueur du mort qu'on mettoit
en terre, en chantant, par trois fois, d'un chant lugubre,
mais plein d'esperance et de foy, ces paroles : *Miserere,
Domine, super isto peccatore,* vel, *ista peccatrice* (3) ; on
sentoit je ne sçay quelle confiance secrette que Dieu ne
refuseroit par d'exaucer une priere si ardente, qu'il auoit
lui même inspirée à ses épouses, selon ce que dit S*t*
Augustin, en parlant à Dieu sur un semblable sujet :
Quas tu preces audis, si has non exaudis (4) ?

(1) Voir t. I, pages 49-51, et 199.

(2) « Elle souhaita d'être encore unie avec nous après sa mort, en or-
donnant par son testament que son corps seroit transporté et enterré ici,
comme il l'a été dans notre Eglise vers le bas de l'aile gauche, où nous
nous trouvons obligées de prier pour elle, comme pour une des plus
anciennes amies de la Maison. » *Nécrologe*, p. 432. — Si ce corps ne
fut pas réclamé par la famille, en 1711, lors de la destruction de
l'Eglise et l'exhumation de tous ceux qu'on y avait enterrés, il aura
été porté dans l'église de Magny-L'Essart (aujourd'hui les Hameaux).
L'Abbaye de Port-Royal des Champs était un écart de Magny.

Le *Nécrologe* donne l'Epitaphe de M*me* du Fossé, due à la piété
filiale de l'auteur des *Mémoires*. Voir l'Appendice XVII.

(3) La scène de l'*Enterrement des Religieuses de Port-Royal-des-
Champs* a été reproduite deux fois par Madeleine Horthemels : 1° dans
le « Recueil des Estampes de l'Abbaye de Port-Royal des Champs » ;
2° dans une vignette placée en tête du *Nécrologe*, réduction au tiers
de l'original. La scène se passe dans le cimetière du cloître, au moment où le prêtre jette de l'eau bénite sur le cercueil découvert posé
sur un brancard près de la tombe, et entouré de Religieuses portant
des cierges allumés.

(4) Il est à peine besoin de le remarquer ; peu de ces détails, rela-

Je retournay à Paris, où mon frere de son costé arriua presque en même temps que moy. Mais, comme il auoit laissé ma belle sœur, auec toute sa famille, à la campagne, il y retourna promptement, pour la faire reuenir. Le temps fâcheux et les chemins si méchans, auec quelques autres petits accidens, furent cause qu'ils n'arriuerent à Paris que fort auant dans la nuit ; comme ils n'étoient arriuez, le jour de deuant, à Pontoise, qu'après onze heures du soir, auec de grandes fatigues. Nos partages, après la mort de ma mere, se firent encore plus promptement qu'après celle de mon pere (1) ; et, sans le secours d'aucun entremetteur, nous conuinsmes tres aisément, soit pour les meubles, soit pour le fonds, de ce qui étoit plus commode à chacun de nous. Car c'est ainsy que les biens doiuent estre partagez, sans contestation, entre des personnes raisonnables, qui ne cherchent point à se chicanner, mais à s'entr'aider, et surtout entre des chrestiens qui ont appris de Saint Paul à tout régler sur la mesure de la charité.

Nous ne laissâmes pas d'auoir ensuitte une autre espece de differend entre nous, qui eut besoin d'entremetteurs éclairez pour le terminer. Je m'étois toujours proposé que, si Dieu appelloit ma mere à luy auant moy, je songerois à me retirer tout à fait, comme une personne occupée uniquement à l'étude, et dont la vie ne sembloit pas conuenir à celle de gens mariez, qui commençoient à auoir plusieurs enfans (2). J'auois même des raisons par-

tifs à la famille de du Fossé, ont trouvé grâce devant le premier éditeur, obligé par son plan de les éliminer. — Nous regrettons de n'avoir pu découvrir la source de cette citation.

(1) Voir t. II, pages 230-232.

(2) Ils étaient au moins trois en 1684. Voir les actes de baptême extraits des registres de la paroisse du Fossé, avec les noms des parrains et marraines, pour les enfants nés et baptisés au Fossé. — Appendice XVIII.

ticulieres qui m'engageoient en quelque sorte à prendre
ce party. Mais, m'étant ouuert de mon dessein à mon
frere et à ma belle sœur, ou, pour mieux dire, eux mêmes
s'en étant douté et m'en ayant parlé les premiers, je
trouuay tant d'opposition de leur part à ce que je voulois
faire, et ils me dirent tant de raisons, du costé même de
la piété, pour laquelle ils prétendoient que ma demeure
auec eux ne leur étoit pas inutile, s'engageant en même
temps à me leuer tous les obstacles qui pourroient troubler la vie que je voulois mener, que je me trouuay dans
un tres grand embarras, ne sçachant à quoy me déterminer. Enfin, dans ce differend, où il s'agissoit d'éclaircir
en quelque sorte un point de conscience, par la lumiere
de la verité et par les principes de la charité, nous
conuinsmes de nous addresser à des arbitres éclairez et
desinterressez ; et nous n'en trouuâmes point de plus
capable que M. Le Tourneux, cet homme dont la lumiere
n'étoit pas sujette à l'illusion et qui ne sçauoit ce que
c'étoit que de flatter dans la conduitte. Je l'allay trouuer pour cela. Je luy exposay mes peines et mes raisons
auec beaucoup d'ouuerture. Et, afin qu'il pust encore
mieux juger du conseil qu'il me donneroit, je le priay
d'en conferer auec la personne qui me conduisoit, à qui
je donnay une entiere liberté de s'ouurir à luy sur ce qui
pouuoit regarder l'état de ma conscience. Mon frere et
ma belle sœur ne manquerent pas, de leur costé, à les
instruire des raisons qu'ils croyoient auoir pour empescher que je ne m'éloignasse d'eux. Enfin, nostre cause
étant parfaittement instruitte de part et d'autre, et les
raisons de demeure ou de séparation pesées auec beaucoup de maturité, nos arbitres me conseillérent de demeurer ; croyant remarquer dans l'empressement de ceux
qui vouloient me retenir et dans l'offre qu'ils faisoient de
faciliter de tout leur pouuoir mes bons desseins, des

marques de la volonté de Dieu, qui sembloit leur inspirer
ce desir. Je me rendis donc à leur auis (1). Et ce n'est
pas sans raison que je marque icy cette circonstance,
pour faire voir à quelques personnes qui pourroient bien
s'étonner de me voir ainsy engagé au milieu d'une
famille, lorsque des occupations aussi saintes que les
miennes sembloient demander une vie toute de retraitte
et de priere, que ç'a été par conseil et par le motif d'une
charité plus éclairée que n'étoit la mienne, que je suis
ainsy demeuré auec la famille de mon frere. D'ailleurs je
puis dire qu'étant sorty de Port Royal, par un ordre
superieur, et ayant passé depuis par plusieurs établis-
semens ; connoissant aussy un peu les petites trauerses
qu'on a à souffrir dans les differentes communautez, je
suis persuadé qu'on trouue partout des peines et des
obstacles à ses bons desseins. Et c'est un conseil qu'on
peut bien donner aux autres, en même temps qu'on
le prend pour soy, de ne sortir pas d'un établissement,
où il semble que Dieu nous a mis, sans qu'il paroisse
visiblement que c'est luy qui le rompt ; mais de trauailler
plutost à nous y régler selon Dieu, et à éloigner de
nous tout ce qui pourroit s'opposer au desir sincere
que nous auons d'estre à luy. J'ai veû en effet de si
terribles exemples des suittes funestes de ces sortes
de changemens, faits d'abord sous prétexte d'une pieté
plus seuere et d'une plus grande retraitte, que je tremble
encore pour moy même, quand j'y songe. Car nous auons
tous afaire à un ennemi artificieux, qui sçait, quand il
veut, se reuêtir de lumiere et prendre les liurées de la
vertu la plus parfaitte, pour nous mieux tromper. Et le
plus sûr, dans ces rencontres, est d'agir auec conseil, non

(1) Tout ce qui va suivre, jusqu'à la fin de ce chapitre, est complè-
tement inédit, à l'exception d'une quinzaine de lignes, prises çà et là,
pour mentionner la mort de M. Le Tourneux.

en consultant ceux qui pourroient entrer dans nos sentiments, mais en cherchant sincerement quelqu'un de ces
conseillers fidelles, qui ont soin eux mêmes de consulter Dieu, pour connoistre ce qu'ils doiuent dire aux
hommes.

Comme la maison, où nous demeurions à Paris, étoit
trop grande pour nous, et même assez incommode dans
sa grandeur, pour plusieurs raisons, nous en sortîmes
après dix sept années de demeure (1), et nous allâmes
demeurer dans une autre plus petite, mais charmante
pour les jardins et pour les fruits qui y étoient admirables et en abondance (2). Outre le petit jardin, attaché
à la maison, nous en loüâmes un autre de près d'un ar-
pent, dans lequel on descendoit du petit, par un escallier
de quatre ou cinq marches. Comme nous aimions beaucoup le jardinage, nous trouuâmes dans celuycy de quoy
nous occuper, auec tous nos gens; ce qui me plaisoit
beaucoup, regardant l'oysiueté dans les domestiques
comme une source de déréglement. A force donc d'y trauailler, d'y planter et d'y faire des ajustemens, sans
grande dépense, nous le rendîmes à la fin tres agreable.
Mais je reconnus plus que jamais, auec Salomon, que
tout est vanité dans le monde (3), et que c'est une espece

(1) C'était avant l'hiver de 1669 qu'ayant quitté la maison de la rue
des Vignes (voir plus haut, p. 78), il était venu habiter celle de la
grande rue du Faubourg Saint-Victor (voir plus haut, p. 80). Ce
nouveau changement de domicile est donc de l'année 1686.

(2) On verra plus loin qu'il s'agit de la rue de Seine, dans le faubourg Saint-Victor, à peu de distance de son ancienne demeure. « Rue
de Seine. Elle aboutit d'un côté au carrefour de la Pitié, et de l'autre
au quai S. Bernard. On ne l'appelait anciennement que *rue* ou *chemin
devers* Seine. *Recherches critiques, historiques et topographiques sur
la ville de Paris*, par Jaillot (1774). — Quartier de la place Maubert,
p. 127. — Aujourd'hui rue Cuvier.

(3) Ecclésiaste, ch. I, v. 2.

19

de follie de trauailler à s'établir en un lieu où tout est sujet au changement. Car, aprés que nous eûmes bien ajusté ce grand jardin, il vint l'hyuer d'ensuitte une si grande innondation d'eau que la riuiere, s'étant débordée jusque chez nous, remplit tout nostre jardin et le gâta entierement (1). Et, comme si ce n'auoit pas été assez de l'eau pour nous chasser de ce lieu, le feu nous y vint encore persecuter : en sorte que nous pensâmes estre brûlez deux ou trois fois, et que nous nous vîmes en danger de l'estre à toute heure, par un pur effet du ménage (2) de nostre hoste, qui auoit fait faire chez nous des cheminées si étroittes qu'on trouuoit à peine des ramoneurs qui voulussent et qui pussent y monter ; et que d'ailleurs les murs mêmes des tuyaux de cheminées étoient si minces que l'ardeur du feu de la cuisine se faisoit sentir au second étage.

L'occasion qui nous donna plus de peur fut lorsque le feu prit au cheuet du lict de ma belle sœur, sans qu'on en vist rien d'abord dans la chambre. La dame de Langeye de la Religion (3), qui logeoit dans la maison voisine, couchoit dans une chambre dont la cheminée donnoit justement derriere le lict de ma belle sœur. Et le bon ménage de nostre hoste, à qui appartenoient les deux maisons, luy auoit fait faire cette cheminée contre un mur de colom-

---

(1) La rue de Seine était fort longue, et, à gauche en descendant vers le quai, derrière les jardins de l'abbaye Saint-Victor, qui occupaient le haut de la rue, il y avait des terrains vagues. De l'autre côté de la rue se trouvaient quelques maisons avec des jardins derrière au milieu de chantiers. Jaillot, *ibid* — La famille du Fossé dut habiter une des maisons situées dans le voisinage de la Seine, comme le prouve l'inondation dont se plaint notre auteur.

(2) « L'épargne du bien acquis et le soin d'en acquérir d'autre. *Administratio rei familiaris.* » Dictionnaire de Trévoux. Il a plutôt ici le sens de *Lésine*.

(3) Réformée.

bage ; en sorte que le feu, ayant pénétré le plâtre, gagna
bien viste le bois et commença à le consumer. Un soir,
comme nous faisions la priere dans la chambre de ma
belle (1) sœur, on sentit une fumée fort puante, sans pouuoir juger d'où elle venoit ; parce que l'air de la porte, qui
étoit souuent ouuerte, la repoussoit dans la cheminée de
la chambre voisine. Cependant, la porte de la chambre
étant fermée, on apperceust, dans le miroir, l'endroit d'où
sortoit cette fumée. On leua la tapisserie. On enfonça un
couteau dans une fente du colombage, d'où on le retira
tout brûlant. On courut à la maison voisine auertir Mme
de Langeye que le feu étoit à sa cheminée. Elle qui, à
cause de sa Religion, étoit dans des transes continuelles (2), crut que c'étoit une piece qu'on luy joüoit, et
étant auec Mlles ses filles, elle ne vouloit point ouurir,
parce qu'elle ne voyoit point le feu qui étoit encore caché
dans le colombage du mur. Cependant je luy fis dire que
nous étions assurez que le feu étoit à sa cheminée ; que
nous n'auions pas enuie de laisser brûler notre maison,
et que nous allions jetter à bas le mur de sa chambre.
Alors elle crut ce qu'on luy disoit. Nos gens entrerent
respectueusement dans sa chambre. Et, ayant découuert
l'endroit du feu, en sa presence, ils l'éteignirent promptement, parce qu'il n'étoit pas encore beaucoup allumé.

(1) Ici, pour la première fois, le mot *belle* a été biffé dans le Ms. Il
en sera de même ailleurs, mais non régulièrement. Nous le conser-
verons partout pour l'uniformité et pour la clarté du récit. On pourrait quelquefois oublier que du Fossé n'avait plus de *sœur*, à cette
époque, mais seulement une *belle-sœur*. La suppression doit être du
fait de la famille, et postérieure à la mort de l'auteur, par un motif
d'affection tout à son honneur.

(2) Aussitôt après la révocation de l'édit de Nantes (22 octobre 1685),
commencèrent les persécutions contre les Protestants, et ceux qui
voulurent garder leur religion furent forcés de s'exiler. S'ils restaient
en France, ils y étaient traqués et tourmentés sans relâche.

Ainsy, par un étrange assemblage, le feu et l'eau nous obligerent dans la suitte de sortir de cette maison. Mais, auant que d'en sortir, il faut que je marque icy diuerses afflictions qu'il plut à Dieu de nous enuoyer, les unes après les autres, pendant que nous y demeurions.

Nous auions un cousin, qui étoit mesme nostre neueu à la mode de Bretagne, nommé le comté d'Assigny, fils du marquis de Haucourt, qui auoit epousé la niece de ma mere (1). C'étoit un garçon parfaittement bien fait et bien né, qui auoit et du cœur et de l'honneur, mais qui n'étoit nullement emporté ni querelleur de son naturel. Cependant, comme il étoit dans les Mousquetaires du Roy, il luy échappa de dire d'un autre à l'un de ceux qu'il croyoit estre de ses amis, qu'il n'étoit pas gentilhomme et que son pere étoit un petit officier de Mantes. Ce qu'il disoit étoit vray ; il le disoit sans aucune mauuaise volonté, et il croyoit même parler à un amy circonspect. Mais il faut bien se mettre en l'esprit qu'une parole ditte une fois n'est plus à nous (2), qu'il est plus aisé de ne pas parler que d'empescher que ce qu'on a dit ne soit sceu ; et que la profession des armes demande surtout une grande circonspection dans ses discours, à moins qu'on ne veüille estre exposé tous les jours à se battre et

(1) Antoine de Mailly, seigneur d'Haucourt, avait pris pour seconde femme, le 7 février 1658, « Marthe Beuzelin, fille de Jean, seigneur de Boismelet, conseiller au parlement de Rouen, morte l'an 1672. » De ce mariage était né Jean de Mailly. *Dictionnaire de Moréri.* François II de Mailly-Haucourt avait épousé, en 1607, Marie Turpin, qui lui apporta tous les biens qu'elle possédait à *Assigny*, Guilmécourt et autres lieux du comté d'Eu. De là était venu à son petit-fils le nom de comte d'Assigny, sous lequel il est ici désigné, vers 1687.

(2) Traduction d'un vers d'Horace déjà cité, t. II, p. 272 ; ou bien encore de cet autre hémistiche du même auteur :

Nescit vox missa reverti.

Epitre aux Pisons, v. 390.

à se coupper la gorge les uns aux autres. Enfin la parole
du comte d'Assigny fut rapportée. Et celuy qu'elle regardoit, résolu de s'en vanger, l'ayant rencontré vers le
pont neuf, n'osa l'attaquer en un endroit si passager;
mais il le suiuit jusqu'en une rüe qui rend dans celle de
l'Arbre Sec (1). Et, venant à luy tout d'un coup, l'épée à
la main, il luy dit: «Vous sçauez ce que vous auez dit de
moy; il faut que vous m'en fassiez tout presentement raison.» Sur cela ils se battirent. Et le comte d'Assigny s'étant
rendu maistre de son épée auec la main, auroit pu dans
ce moment le percer auec la sienne. Mais, comme il vouloit seulement le désarmer, l'autre trouua le moyen de
se débarrasser et de le percer en même temps d'un coup
tres facheux. Perdant tout son sang et prest à tomber en
foiblesse, un tapissier voisin le reconnut et s'empressa,
auec beaucoup d'affection, pour le faire mettre chez un
chirurgien, afin qu'il y fust pensé (2). Dans le moment il
enuoya nous donner auis de ce qui lui étoit arriué. Et,
lorsque nous étions le soir fort tranquillement chez nous,
on nous vint dire un peu cruëment que le comte d'Assigny auoit resceu un coup d'épée à trauers le corps et qu'il
se mouroit. Cette nouuelle nous surprit et nous toucha
sensiblement, parce que nous l'aimions beaucoup et
qu'il étoit veritablement digne d'être aimé, et qu'une
mort de cette nature fait toujours horreur. Quelque éloignez que nous fussions de l'endroit où il étoit (3), nous

(1) Au débouché du Pont-Neuf, rive droite, la rue de l'Arbre-Sec
longe l'église de Saint-Germain-l'Auxerrois.

(2) « PANSER. (L'Académie écrit *Penser*, d'autres écrivent *pancer*). »
— *Dictionnaire de Trévoux*, édit. de 1743. Du Fossé, en 1697 ou 1698,
suivait donc l'orthographe donnée par l'Académie française, dans la
première édition de son *Dictionnaire*, en 1694.

(3) Le faubourg Saint-Victor, rive gauche, est en effet très éloigné
du Louvre..

nous hâtâmes de l'aller voir, mon frere et moy, auec un de nos parens et des siens. Et nous le trouuâmes dans une prodigieuse foiblesse, après tout le sang qu'il auoit perdu et celuy qu'on luy auoit tiré du bras. La chambre étoit pleine de mousquetaires. Et j'admiray que toute leur inquiétude étoit de sçauoir, non pas tant si la blessure étoit mortelle, que s'il auoit été blessé en homme d'honneur. Il est vray que je conceus de l'indignation d'une si sotte inquietude, en un temps où il falloit bien plutost penser à l'état de sa playe et à celuy de sa conscience. Mais c'est de quoy ces faux braues se mettent fort peu peine, contens d'aller brûler éternellement dans les enfers, pourueu qu'ils soient regardez par leurs camarades comme s'étant battus en gens d'honneur. On ne peut assez exprimer l'extrauagance d'une telle disposition, plus digne de bêtes brutes que de personnes raisonnables. Car il semble qu'en ce point l'homme renonce volontairement à sa raison pour se liurer à une passion aueugle, qui ne peut luy procurer en ce monde d'honneur veritable ; qui l'expose même à l'infamie attachée par la Justice à cette brauoure prétenduë, et, ce qui est beaucoup plus considerable, qui l'engage, dans la suitte, en un malheur éternel.

Après que nous eûmes recommandé au chirurgien son malade, comme une personne de qualité, pour qui il ne falloit rien épargner, nous retournâmes chez nous, fort touchez d'un tel accident et des suittes que nous auions lieu d'apprehender. Le lendemain, l'étant venu voir, nous apprîmes que le dessein de son capitaine étoit de de le faire transporter le soir à l'hostel des Mousquetaires (1), souz prétexte qu'on vouloit faire passer ce

(i) Dans le faubourg Saint-Antoine, rue de Charenton. L'hospice des Quinze-Vingts occupe aujourd'hui les bâtiments construits par la Ville de Paris pour les Mousquetaires noirs, au xviie siècle.

combat pour un duel, et que la Justice pourroit bien en informer et en prendre connoissance. Mais nous sceûmes, en même temps, que c'étoit une intrigue du maréchal des logis de la compagnie, qui, étant parent de celuy qui auoit blessé, se trouuoit interressé à faire ainsy transporter le malade à l'hostel des Mousquetaires. Comme nous étions tres assurez, et que nous nous assurâmes de nouueau, par la confiance que le comte d'Assigny auoit en nous, que ce n'étoit en aucune sorte un duel, mais une rencontre absolument impreueûe de son costé; et que d'ailleurs il étoit alors en un état à ne pouuoir estre transporté, sans un péril éuident, nous prîmes résolution de nous opposer hautement à ce dessein. Nous en auertîmes un des Messieurs de Mailly, ses parens paternels, et nous le priâmes d'employer tout le credit de sa maison pour empescher que la chose ne pust estre executée. Il vint en effet chez le malade, vers le temps où l'on auoit resolu de le transporter. Et, lorsque le maréchal des logis y arriua, auec le carrosse du capitaine, il fut bien surpris de l'opposition vigoureuse que l'on forma à l'execution de son dessein de la part de toute la maison de Mailly (1). Il fit du bruit. Mais il n'osa passer outre ni offenser cette maison, qui est puissante et en credit. Ainsi le comte d'Assigny eut tout le loisir de se guerir et de se mettre en état de seruir en qualité de cornette, l'année suiuante (2).

(1) Il y avait un grand nombre de branches de la Maison de Mailly, six ou sept, auxquelles se rattachait la branche des seigneurs de Haucourt de Mailly.

(2) Ce détail nous fait placer sa blessure en 1688. — En juillet 1687 s'était formée la Ligue d'Augsbourg. C'est en septembre 1688 que Louis XIV, prenant l'avance sur les confédérés, fit occuper le Palatinat par ses troupes, et ordonna de l'incendier, sur les conseils de Louvois, en février 1689. — Le comte d'Assigny aurait fait partie de cette dernière expédition.

La generosité qu'il fit paroistre dans cette campagne passoit en quelque façon les bornes de sa qualité de cornette de caualerie (1), et étoit plus digne d'un prince que d'un simple officier. Car il auoit soin d'entretenir, dans sa tente, une marmitte, pour faire donner du boüillon et de la viande aux caualliers malades de la compagnie dont il étoit cornette, et il assistoit même des officiers qu'il sçauoit estre dans le besoin. La campagne de l'année d'après (2), il commanda une compagnie de cuirassiers à cheual, pour laquelle il fit beaucoup de dépense, et où il entra plusieurs personnes de bonne famille et riches, par la seule affection qu'ils luy portoient et l'estime singuliere qu'il faisoient de luy. Car, au lieu que les autres capitaines étoient obligez de prendre des gens par force (3), pour faire leur compagnie complette, celuy cy, après que la sienne fut remplie de gens choisis, se vit obligé d'en remercier quelques uns qui se presentoient encore; tant il y auoit de presse à seruir souz un officier dont on connoissoit la generosité, le cœur et l'honneur. Mais helas ! toute cette grande dépense tourna au profit d'un autre. Car, ayant été chargé de commander, auec quelques autres officiers, un party vers la ville de Mayence, il fut attaqué par les Hussarts, qui, étant sans comparaison en plus grand nombre, l'cnueloppérent, lorsqu'il auoit été abandonné de ses camarades et le tuérent à coups de sabre (4). Heureux, si, en s'acquittant de son deuoir et

(1) « CORNETTE. — Drapeau de la cavalerie légère. On donnait aussi le nom de *Cornette* à l'officier qui portait ce drapeau. » M. Chéruel, *Dictionnaire historique des Institutions de la France.*

(2) 1690.

(3) La presse et le racolage étaient alors les procédés ordinaires du recrutement.

(4) Après l'incendie du Palatinat, Mayence s'était rendue, en septembre, et Bonn, en octobre 1689, au prince de Lorraine et à l'élec-

rendant seruice à son prince, il n'oublia point ce qu'il deuoit préferablement à Dieu !

Mais nous receumes encore une affliction plus sensible, dans le même temps où nous demeurions dans cette maison dont j'ay parlé. Un de nos proches parents, conseiller au Parlement de Rouën, distingué par sa probité et sa grande capacité, auoit enuoyé un de ses enfans, qui étoit encore nostre neueu à la mode de Bretagne (1), pour étudier en droit à Paris. Mais ce jeune homme, que son pere destinoit à succeder à sa charge, sembloit estre beaucoup plus propre pour l'épée que pour la robe, ayant un cœur de lion et l'humeur tout à fait guerriere. Au lieu donc de suiure les intentions de son pere, qui ne cherchoit neantmoins que son plus grand auantage, il s'accosta de Mousquetaires ; et, portant l'épée, il s'appliquoit plus à apprendre à faire des armes qu'à se rendre habile en droit. Cependant, comme la liaison qu'il auoit faitte auec plusieurs de ces Mousquetaires le faisoit entrer en diuers engagemens fâcheux, et éloignez tout à fait de l'exemple que son pere lui auoit donné et de l'éducation qu'il luy auoit procurée, il se trouua malheureusement engagé, pendant la nuit, dans une compagnie de jeunes gens étourdis, qui, n'ayant songé comme luy qu'à se diuertir, firent quelque espece d'insulte à un bourgeois, qui passoit auec sa femme dans la ruë et s'en retournoit chez luy. Ce bourgeois se mit à crier : « Au Voleur ! » C'étoit assez proche du Palais. Sur cela les gens du Guet accoururent (2). Ceux qui accom-

---

teur de Brandebourg. « Jean de Mailly, capitaine de cuirassiers, fut tué à Mayence l'an 1690. » *Dictionnaire de Moréri.*

(1) Ce doit être un fils de Jacques Dery, dont le père, Pierre Dery, avait épousé Anne Thomas, tante de du Fossé. Il a déjà parlé de Jacques Dery, à peu près dans les mêmes termes, t. I, p. 8.

(2) Le guet royal, chargé de veiller à la sûreté de Paris, pendant

pagnoient nostre neueu s'échappèrent, en voyant venir le
Guet, et le laissèrent tout seul soutenir un si rude choc.
Luy, au lieu de se justifier et de faire quelque soumission, prit le party de se deffendre contre le Guet et
poussa ceux qui l'attaquoient auec une telle fureur (1);
car cela ne merite pas le nom de courage ; qu'après qu'il
en eut blessé considérablement quelqu'un, celuy qui les
commandoit donna ordre, quoyqu'à regret, selon qu'il l'a
dit depuis, qu'on fist main basse sur luy. Ainsy il receut
un coup de mousqueton et un autre de pertuisane (2),
qui le renuerserent et le laisserent dans la ruë à demy
mort. Quelques voisins l'entendirent qui demandoit un
confesseur. Mais l'heure qui étoit induë, et le fracas que
l'on auoit entendu empescherent qu'aucun ne sortist pour
le secourir dans cet état si funeste ; et il expira peu de
temps après. Le matin, on porta le corps à la grille du
Châtelet, selon la coutume, parce qu'on ne le connoissoit
point (3). Et comme l'affaire auoit éclatté, le bruit en fut
répandu bientost dans Paris. La seruante de la maison
où il demeuroit, ayant passé par hazard près du châtelet
et veû grand monde qui s'amassoit pour considerer le
corps, y courut aussy, et elle fut bien effrayée de voir
qui c'étoit ; parce que, quoy qu'il fust défiguré par la
mort et les blessures qu'il auoit reçeuës, un certain
pressentiment du malheur qui lui étoit arriué le luy fit

la nuit, en faisant des rondes à pied et à cheval, avait son siége au
Châtelet, qui n'était séparé du Palais-de-Justice que par le Pont-au-
Change.

(1) On voit qu'à cette époque deux points et virgules tenaient lieu
de parenthèse.

(2) « Espèce de hallebarde qui a un fer plus long, plus large et plus
tranchant que les autres. » *Dictionnaire de Trévoux.*

(3) C'était la morgue de Paris, placée alors dans la basse geôle du
Grand Châtelet. — M. Charles Desmaze a omis ce détail dans son livre
si curieux : *Le Châtelet de Paris,* 2ᵉ édition, 1870.

bientost reconnoistre. Elle se hasta d'en aller dire la nouuelle en sa maison. Et le maistre du logis, touché extraordinairement du malheur de ce jeune gentilhomme qu'il aimoit, et à qui on l'auoit particulierement recommandé, monta à cheual dans le moment et vint en grande diligence nous en donner auis. J'auoüe qu'une telle mort me saisit de telle sorte que je fus plus de quinze jours que je ne pouuois en reuenir, l'ayant sans cesse dans l'esprit et ne pouuant presque penser à autre chose. Nous allâmes, mon frere et moy, chez un Conseiller du Grand conseil, qui lui étoit parent au même degré que nous. Et, après l'auoir informé de ce malheur, nous montâmes en carrosse tous trois ensemble, pour aller chez le Lieutenant Criminel et le Procureur du Roy (1) leur déclarer la qualité du defunct, et les prier de permettre que l'on enleuast promptement le corps pour luy donner la sepulture. Il fallut faire pour cela quelques formalitez et payer les droits de la Justice, ce que nous fîmes avec une diligence incroyable : puis nous enleuâmes le corps dans un carrosse pour le reporter à son auberge, où l'on fit venir le clergé de la parroisse, qui luy donna la sepulture chrestienne, sans beaucoup de ceremonie. Jamais accident ne m'a plus touché que celuy là, et fait faire plus réflexions sur la faute que font les peres d'enuoyer ainsy leurs enfans, souz la seule caution d'une jeunesse étourdie, étudier en droit ou même en philosophie, à Paris, lorsqu'ils peuuent s'assurer que de jeunes gens, sans conduitte et sans surueillant, font plutost un cours en toutes sortes de déréglemens et de miseres, que dans l'étude des sciences qu'ils voudroient leur procurer (2).

(1) Tous les deux siégeaient au Châtelet. Voir *ibid.*, pp. 93 et 119.
(2) On peut remarquer que ces réflexions n'ont pas vieilli, depuis deux siècles. De ce côté, trop souvent, le présent continue le passé.

Le pere de ce jeune gentilhomme pensa mourir de chagrin ; et d'autant qu'au lieu que j'auois pris des mesures pour le preparer doucement à receuoir une nouuelle si funeste, m'étant addressé pour cela à un des premiers magistrats de Rouën, qui étoit nostre amy commun, une personne de Paris s'auisa, sans nous en parler, de la luy mander en droitture, et de luy apprendre tout d'un coup ce qu'on ne deuoit luy dire que par parties, pour épargner la tendresse et la pieté d'un pere qui aimoit beaucoup ses enfans. Il ne laissa pas de nous écrire auec toute la reconnoissance possible de la maniere dont nous en auions usé en cette rencontre, et se tint infiniment obligé de ce que nous auions assoupi si promptement une affaire dont le souuenir ne pouuoit causer que la derniere douleur.

Mais j'ay à parler encore d'une autre mort bien differente sans doute de celle dont je parle : j'entends de celle de M. Le Tourneux (1) ; ce saint prestre, cet excellent directeur des ames, cet incomparable predicateur de l'Euangile, et cet auteur si celebre de l'Année Chrestienne (2), et de tant d'autres liures de pieté, où l'onction de l'Esprit de Dieu se fait sentir autant que l'erudition et l'intelligence des Liures sacrez s'y fait admirer. Un jour, arriuant fort tard de la campagne dans nostre petite maison, qui fut pour nous, dans le peu de temps que nous y demeurâmes, un lieu d'epreuues et de differentes afflictions, la seruante d'un de nos amis vint frapper à nostre porte pour sçauoir si nous étions de retour du Fossé. Et, comme nous luy demandâmes des nouuelles de son maistre, elle nous dit qu'il se portoit bien et qu'il

(1) Il mourut à Paris, le jeudi 28 novembre 1686. — La mort tragique, dont il vient de parler, doit être assez voisine de cette date.

(2) Voir plus haut, p. 95. — Six volumes de l'*Année chrétienne* avaient paru de 1682 à 1685.

reuenoit actuellement du conuoy de M. Le Tourneux (1).
Nous crûmes l'auoir mal entendu ; et, l'ayant fait repeter
le nom de celuy qu'elle disoit estre mort, comme nous ne
pouuions nous persuader qu'elle parlast de nostre amy,
dont j'auois encore receu, peu de temps auparauant, une
lettre toute pleine de confiance et d'amitié, nous luy demandâmes de nouueau, dans la derniere surprise, si
c'étoit le prédicateur de Saint Benoist ; car ce caresme
l'auoit fait connoistre dans tout Paris (2). Elle assura que
c'étoit celuy là même, qui étoit mort, à l'hostel des
Ursins, fort promptement. En effet sa mort surprit tout
le monde, et autant ceux qui étoient actuellement à Paris
que nous mêmes qui reuenions de la campagne. Mais pour
luy, dont la vie étoit une preparation continuelle à la
mort, sa surprise tout au plus ne put estre que dans les
sens. S'accoutumant, depuis longtemps, à faire à Dieu
un sacrifice de cette vie par ses continuelles mortifications, il acheua de se sacrifier tout entier, en mourant, à
la gloire de Celuy à qui il se sentoit doublement rede-
uable et de la vie de la nature et de la vie de la grace ;
laissant à tous ses amis, auec le regret de sa perte, un
rare exemple de pieté, de sagesse et de charité. Ce qui
fut cause qu'il mourut à Paris, et non à son prieuré de
Villers (3), où il faisoit ordinairement sa demeure, est
qu'on luy auoit rendu de mauuais offices auprès de l'archeuesque de Paris (4), et qu'il s'étoit veû obligé de l'aller

(1) Le convoi eut lieu le 29 novembre, le lendemain de la mort. —
L'habitude de la familIle était de revenir du Fossé, vers cette époque.

(2) Après ce carême préché, en 1682, suivant la remarque de
M. Sainte-Beuve, « on peut dire que M. Le Tourneux entra à Saint-
Benoît obscur, et en sortit célèbre. » *Ibid.*, t. V, p. 64. Les motifs en
ont été donnés plus haut, pp. 98 et 102.

(3) Voir plus haut, p. 273.

(4) C'était toujours Harlay de Champvallon.

trouuer pour se justifier des choses que luy imputoient
ses ennemis (1). Il eut en effet quelques conferences auec
ce prelat, qui parut estre satisfait de la maniere dont il
luy parla, selon que luy même s'en ouurit à moy, par
une lettre qu'il m'en écriuit confidemment auant sa mort.
Et, comme leur conference auoit été interrompuë par la
visite de quelque éuesque, qui suruint en ce même
temps, il deuoit l'aller retrouuer encore, ainsy qu'il me
le témoigna dans sa lettre, et s'assuroit de se justifier
entierement dans une seconde conference. Mais il fut
préuenu par la mort. Et Dieu fit voir, en le retirant à luy,
lorsqu'il n'étoit qu'à la vigueur de son âge (2) et en état
de seruir l'Eglise plus que jamais, que des gens qui persecutoient un tel homme n'étoient pas dignes de le posseder ; mais qu'ils meritoient d'estre priuez d'un si grand
thresor.

Aussy la mauuaise volonté de ses ennemis ne put s'arrêter par la mort même, et ils extorquèrent du Promoteur (3) de Paris une sentence foudroyante contre une

(1) Le *Supplément au Nécrologe*, après une lettre de M. de Sainte-
Marthe à l'abbesse de Port-Royal (la Mère de Fargis), sur la mort de
M. Le Tourneux, ajoute : « On a crû devoir joindre à ce qu'on vient
de lire les deux Pièces suivantes, qui feront connoître les misérables
tracasseries qu'on faisoit essuïer à M^r Le Tourneux. » La première
est un Avertissement, qu'un certain abbé de Lavaux, attaché à l'ar-
chevéché, lui adresse, sous une forme arrogante et en lui parlant à
la 3e personne : « Monsieur Le Tourneux se peut souvenir, etc. » La
seconde est sa réponse, de Villers 16 mai 1686, aussi ferme que touchante, où il combat victorieusement chacune des imputations de ce
qu'il appelle improprement le *Mémoire* de l'abbé Le Vaux. Pages 82-
87. M. Sainte-Beuve en a fait des citations et une analyse. *Ibid.*,
t. V, pp. 73-77.

(2) Il avait 46 ans et 5 mois, d'après l'épitaphe que M. Dodart lui
fit. Voir le *Nécrologe*, p. 444.

(3) C'est plutôt l'*Official*, le juge de l'évêque, comme le dit M. Sainte-
Beuve. Le Promoteur était le ministère public dans les causes ecclésiastiques.

traduction qu'il auoit faitte du Breuière Romain ; comme si elle eust contenu plusieurs heresies. Jamais ordonnance ne fist plus de bruit dans Paris (1). Mais il est vray qu'on ne vit aussi peut estre jamais un consentement plus general pour rendre justice à l'innocence du traducteur et à la bonté du Liure ; en sorte que le prelat demeura luy même conuaincu que la passion de ses enuieux auoit eu la plus grande part dans cette affaire, et qu'il ne put refuser à son libraire la permission qu'il luy demanda de vendre ce liure, qui étoit tres bon et bien approuué, et dont l'impression lui auoit coûté de grands frais (2). C'est ainsy que Dieu justifie, quand il luy plaist ses seruiteurs, pour la confusion de leurs ennemis. Et quand il ne le fait pas, c'est sans doute qu'il veut nous faire connoistre que le temps de cette vie est un temps d'obscurité, et qu'il réserue beaucoup de choses à estre éclaircies, au grand jour de la lumiere : car il donne lieu par là d'une part à ses plus fidelles seruiteurs de viure veritablement ici bas d'une vie de foy ; et il punit d'autre part de plus en plus leurs persecuteurs par cette espece d'aueuglement, lorsqu'ils croient que ceux qu'ils oppriment en cette vie sont abandonnez de Dieu, parce qu'il ne les protege pas visiblement contre les effets de leur fureur ; quoy qu'il les soutienne en même temps, d'une maniere admirable, bien qu'inuisible, par l'onction interieure de sa grace.

(1) La sentence, rendue le 10 avril 1688, fut confirmée par une ordonnance de l'archevêque de Harlay, le 3 mai suivant.

(2) Vraisemblablement Elie Josset qui, en 1686, avait reçu la défense de vendre des *Années chrétiennes*. — Pour montrer combien ses livres posthumes prolongèrent sa réputation, nous détacherons quelques passages de la Correspondance de Mme de Sévigné, qui goûtait fort la prédication et les ouvrages de M. Le Tourneux. Voir l'Appendice XIX.

CHAPITRE XXIX.

(3) Tout le début de ce chapitre, jusqu'aux détails sur l'abbé de Pontchâteau, est complétement inédit, aussi bien que la majeure partie du reste.

Luçay. — Les remèdes les plus simples sont les meilleurs. — Rencontre fortuite de M. du Fresnel, chanoine de Beauvais, sortant de Vincennes. — Affaire des chanoines de Beauvais. — Les calomnies de Raoul Foi les font mettre à Vincennes — Il leur prête un complot de vouloir livrer Boulogne. — Leur innocence est reconnue et le calomniateur puni de mort. — Vœu pour que la justice du roi s'étende sur Arnauld.

Nous fîmes, dans cette même maison, connoissance auec un jeune gentilhomme, que je m'abstiens de nommer pour plusieurs raisons, retiré alors en la Maison des Nouueaux Conuertis de la rue de Seyne, nos voisins (1). Son histoire a quelque chose de singulier et qui merite que j'en dise un mot icy. Il auoit été de la Religion ; et, dans la deroute generale des Religionnaires, il s'étoit sauué, comme beaucoup d'autres, en Hollande (2). Là il prit party dans les trouppes, et il fut enseigne dans le Régiment du Prince Dorenge (3). La fureur où étoient les Religionnaires, à l'occasion des Edits que l'on auoit publiés contre eux, et surtout de celuy de la Reuocation de l'Edit de Nantes (4), les porta aux derniers excès,

(1) L'établissement des Nouveaux Convertis était, dans le faubourg Saint-Victor, au haut et presque au coin de la rue de Seine, à droite en descendant, et séparé par une cour du Jardin du Roi. Il n'y avait de maisons que sur ce côté. L'autre était occupé par des terrains vagues, faisant suite aux jardins de l'Abbaye de Saint-Victor. Voir Jaillot, *Partie septentrionale du quartier de la place Maubert.*

(2) Après la révocation de l'Edit de Nantes, signé le 17 octobre 1685, les protestants, qui voulaient garder leur religion, furent forcés de s'exiler.

(3) Guillaume Henri de Nassau, prince d'Orange, né en 1650, stathouder de Hollande, l'énergique défenseur de son pays contre les Français, dans la guerre de 1672. — « Le prince d'Orange et le duc de Savoie eurent des régiments entiers de réfugiés. » Voltaire, *Siècle de Louis XIV*, ch. 31.

(4) Dès la fin de 1684 et au commencement de 1685, les Protestants avaient eu à subir les dragonnades, la destruction de leurs temples,

20

jusqu'à former le dessein barbare d'assassiner notre ambassadeur (1) le jour de Noël, quand il seroit à la messe
de minuit. Mais il en fut auerty et rompit toutes les mesures, ayant donné un ordre secret qu'on ne diroit point
la nuit cette messe solennelle. Nostre jeune gentilhomme,
qui auoit été de ce complot, en eut horreur ensuitte, parce qu'il auoit de l'honneur et qu'il jugea bien que cette
maniere de vanger la Religion étoit indigne du Christianisme. Dieu même luy fit une plus grande grace. Car il
luy donna la connoissance de quelques Peres de l'Oratoire, qui luy parlerent de nostre Religion d'une maniere si grande, et qui luy firent un tableau si charmant
de la vie des saints Religieux de l'Eglise catholique, tels
qu'étoient ceux de la Trappe, qu'il commença à sentir un
secret amour pour cette Eglise, dont les Ministres et ses
parens ne luy auoient inspiré jusqu'alors que de l'horreur. Et s'étant depuis affermy dans ces sentimens, il
résolut de s'en retourner en France, pour s'y faire instruire plus parfaittement, et abjurer une Religion dont
Dieu luy faisoit connoistre l'illusion.

Il est vray pourtant que ses veuës, en cela, n'étoient
pas encore entierement pures, et qu'une inclination secrette, qu'il auoit pour une damoiselle, y eut aussy quelque part. Mais Dieu, qui sçait tirer sa gloire des tenebres
mêmes de l'homme et faire seruir leurs desseins, quoy
que souuent tous humains, à la volonté qu'il a de les
sanctifier, sceut bien rompre dans la suite, par sa grace,
ces liens charnels, ainsy que je le diray ensuitte. Cepen-

et des abjurations à main armée, sans compter la suppression anté-
rieure des Chambres mi-parties, en 1679.

(1) Jean Antoine de Mesme, comte d'Avaux, envoyé en Hollande
comme ambassadeur, après la paix de Nimègue (1678). — Le 22 décembre 1688, Mme de Sévigné écrivait à sa fille : « M. d'Avaux doit
être arrivé. » C'était son retour de Hollande à Paris qu'elle signalait.

dant, comme il falloit prendre quelques mesures pour
sortir de Hollande et pour retourner en France, il crut
deuoir s'addresser pour cela à nostre ambassadeur
même; et il trouua moyen d'obtenir de luy une audience,
après qu'il l'eut informé secrettement, par quelque personne de confiance, de son changement. L'ambassadeur
luy donna heure, au soir fort tard, afin qu'on ne pust se
douter de rien. Il se rendit, à l'heure indiquée, chez
l'ambassadeur, lequel, se voyant en particulier auec l'un
de ceux qui auoient auparauant formé le dessein de l'assassiner, luy dit agreablement : « Suis je maintenant en
sureté auec vous, Monsieur ? Hô, Monsieur ! luy repliqua
t'il, ce n'est plus moy : et celuy qui a l'honneur de vous
parler est tout different de ce qu'il étoit autrefois. » Ils
entrerent ensuitte en matiere. Et le gentilhomme, s'étant
ouuert de son dessein, le pria de vouloir luy donner
quelques lettres de recommandation pour assurer sa personne, et pour informer la Cour de la resolution qu'il
auoit prise de changer de Religion. L'ambassadeur le
loüa fort d'un si heureux changement, le confirma dans
sa bonne résolution, et luy donna quelques lettres, une
entr'autres pour le Reuerend Pere de la Chaise (1), confesseur du Roy, à qui il le recommandoit tres particulierement. Il n'étoit plus question que de sortir d'un païs
où il souhaittoit qu'on ne pust connoistre son dessein
qu'après qu'il l'auroit executé; sçachant bien que ses
amis, qui l'aimoient beaucoup, s'y seroient tous opposez,
et craignant sa propre foiblesse. L'ambassadeur luy rendit en cela un grand seruice, ayant ordonné qu'on luy
tinst, hors de la ville, un dimanche, en un certain lieu
dont ils étoient conuenus, des cheuaux tout prets, sur

(1) François d'Aix, dit le Père de La Chaise, ou de La Chaize, avait
succédé au Père Ferrier dans la direction de la conscience de Louis XIV,
en 1675.

les quels il monteroit tout d'un coup et courroit la poste, comme un courrier de l'ambassadeur. Toutes ces mesures étant prises, il entra encore au Presche, le dimanche qu'il deuoit partir, et affecta de paroistre plus ciuil et plus enjoüé qu'à son ordinaire, quoiqu'il le fust extrémement de son naturel : puis, étant sorty auec force reuerences et complimens, qu'il sçauoit faire en perfection, au lieu de s'en retourner chez luy, il alla au rendé vous, monta à cheual et se hasta de se dérober à la connoissance de ceux qu'il ne vouloit plus reuoir.

Ayant ainsy repassé en France, il alla trouuer le secretaire d'Etat à qui nostre ambassadeur l'auoit addressé, et ensuitte le R. P. de la Chaise, à qui il s'ouurit de son dessein, qui étoit de changer d'une Religion, dont on luy auoit fait connoistre la mauuaise foy. Et il ajouta que Dieu même luy donnoit la volonté de se retirer tout à fait du monde et de choisir pour cela l'abbaye de la Trappe, dont il auoit entendu faire une peinture si charmante qu'il n'auoit pu n'en estre pas tres sensiblement touché. Ce pere, surpris du dessein que prenoit un jeune Gentilhomme d'entrer en une maison la plus austere de France, dans le même temps qu'il vouloit changer de Religion ; c'est à dire aspirer à ce qu'il y auoit de plus parfait dans la Religion catholique, lorsqu'il n'auoit pas encore abjuré la fausse Religion de ses Peres, luy témoigna que son dessein étoit tres loüable, mais qu'il meritoit d'estre pesé et examiné tout à loisir, pour ne rien faire qu'auec prudence et maturité ; que la maison de la Trappe étoit une tres sainte maison, mais que tous n'y étoient pas appelez, ni n'étoient pas assez forts pour une si sainte vie et si austere ; qu'il luy conseilloit cependant de se faire instruire et d'aller trouuer pour cela M. Coureier Theologal de Paris (1), qui le placeroit en un lieu

(1) Tel était le nom qu'on donnait, dans les cathédrales et dans

destiné pour ce sujet. Il s'en alla donc trouuer le Theologal, qui, après l'auoir écouté et luy auoir répondu, selon sa lumiere et sa sagesse ordinaire, luy dit qu'il luy conseilloit de se retirer dans la Maison des Nouueaux Conuertis, dont il étoit superieur, et où on luy donneroit toutes les instructions dont il auoit besoin pour faire ce qu'il vouloit auec toute la connoissance necessaire.

Ce fut donc en cette maison de la ruë de Seyne du faubourg de Saint Victor (1) que nous commençâmes à le connoistre. Il est vray qu'il nous paroissoit d'abord peu touché des choses de nostre Religion, et que la maniere dont il se situoit (2) étant à l'église, sembloit se sentir plus tost d'un cauallier, dont la teste est remplie du monde, que d'un homme qui prétendoit, comme on nous le dit, se retirer à la Trappe. Aussy il alloit souuent de la Maison des Nouueaux Conuertis à l'academie (3) du faubourg Saint Germain, pour y voltiger et faire ses exercices, comme une personne qui auroit songé uniquement à l'armée. Nous ne pûmes point nous empescher de dire ce que nous en pensions au directeur de cette maison, qui étoit de nos amis. Il le remarquoit aussi

quelques collégiales, à un théologien prébendé pour prêcher, à certains jours, et faire des leçons de théologie aux jeunes clercs.

(1) « Rue de Seine. Elle aboute d'un côté au carrefour de la Pitié, et de l'autre au quai Saint-Bernard. On ne l'appelait anciennement que *rue* ou *chemin devers la Seine.* » Jaillot. *Ibid.*, Quartier de la Place Maubert, p. 127. — Notre auteur ajoute « du Faubourg Saint Victor, » parce qu'il y avait une autre rue de *Seine,* dans le faubourg Saint-Germain, d'où lui venait le nom de « Rue de Seine Saint-Germain, » qu'elle portait encore en 1840. Elle s'appelle aujourd'hui : « Rue de Seine. » — L'autre est devenue : « La rue Cuvier. »

(2) Peu ordinaire dans le sens de « se tenait. »

(3) « ACADÉMIE, se dit des maisons, logemens et manège des Ecuyers, où la Noblesse apprend à monter à cheval, et les autres exercices qui lui conviennent. » *Dict. de Trévoux.*

bien que nous ; et il jugea qu'il y auoit quelque intrigue
secrette qui l'occupoit et qui l'empeschoit de songer
serieusement à luy. Car il auoit un esprit extraordinairement vif et un feu d'imagination extraordinaire. Il sceut
en effet que son inclination pour la damoiselle dont j'ay
parlé duroit toujours, et que c'étoit là pour luy un vray
obstacle à executer les bons desseins qu'il s'attribuoit.
Il luy en parla tres serieusement, et luy fit entendre
qu'après estre entré, par une grace singuliere, dans le
sein de l'Eglise Catholique, en abjurant sincerement
l'heresie, il ne falloit pas qu'il trompast les autres ni
qu'il se trompast luy même, en menant une vie assez
relàchée et tres disproportionnée à la volonté qu'il disoit
auoir de se retirer en l'abbaye de la Trappe (1) ; que
Dieu pouuoit bien ne demander pas de luy qu'il embras-
sast un état si éleué ; mais qu'ayant autant d'honneur et
d'esprit qu'il en auoit, il deuoit juger que ce seroit une
chose indigne de luy de feindre un dessein qu'il n'auoit
pas, ou de marcher par un chemin tout opposé, s'il l'auoit
veritablement ; qu'ainsy Dieu ne luy deffendoit pas de se
marier, s'il s'y sentoit engagé ; mais que ce qui luy étoit
deffendu étoit de parler de se faire Religieux, en même
temps qu'il songeoit peut estre à entrer dans le mariage ;
qu'il auoit un conseil à luy donner, s'il n'auoit point
d'autre engagement, qui étoit de demander beaucoup à
Dieu qu'il luy plust d'acheuer en luy l'œuure qu'il y
auoit commencée, en luy faisant connoistre et accomplir
ce qu'il demandoit de luy; que s'il vouloit pour cela
faire une retraitte, pendant dix jours, à Saint Lazare (2),

(1) Notre-Dame de la Trappe, abbaye de l'ordre de Citeaux, au Nord
de Mortagne (Orne).

(2) Prieuré d'Augustins, de fondation royale, au haut de la rue du
Faubourg Saint-Denis, servant de prison aujourd'hui.

et prier Dieu auec foy et auec sincerité, il ne doutoit pas qu'il ne parlast à son cœur et qu'il ne luy fist entendre sa volonté.

Le jeune homme entra tout à fait dans cette pensée et alla à Saint Lazare. Il s'appliqua sérieusement, dans tout le temps qu'il y fut, à ce qui regardoit l'affaire de son salut. Il pria Dieu auec ardeur et auec foy. Et il se sentit si affermy dans la résolution d'aller à la Trappe qu'au sortir de Saint Lazare, et à son retour dans la Maison des Nouueaux Conuertis, il n'étoit plus reconnoissable. Il renonça tout à fait au mariage, en sorte que la damoiselle, assurée de son dessein, se retira de son costé en un monastere. On ne voyoit plus en luy cet air dissipé, cette contenance cauallière, et cet exterieur mondain qui frappoit auparauant les yeux de ceux qui le regardoient; mais au contraire un si grand recüeillement, une modestie si parfaitte, et une telle vigilance sur luy même qu'on croyoit voir, en le regardant, un Religieux de la Trappe. Nous crûmes même qu'il y auoit quelque chose de trop dans la maniere dont il retranchoit, de tous ses regards et de tous ses mouuemens, ce qu'il croyoit ne pas conuenir parfaittement à l'idée qu'il auoit conceuë de la vie où il vouloit s'engager.

J'eus en particulier quelques entretiens auec luy. Et j'auouë que je remarquay, dans tout ce qu'il me disoit, tant d'eleuation d'esprit et tant de feu que j'en fus en quelque sorte effrayé. Un jour que mon frère, ma belle sœur et moy nous étions allé le voir, aux Nouueaux Conuertis, et qu'il nous paroissoit charmé de la vie des Religieux de la Trappe et tout plein d'ardeur pour l'embrasser, ma belle sœur luy dit : qu'elle le trouuoit bien hardy de s'engager, teste baissée, dans une vie si austere ; qu'il étoit vray que rien ne coutoit à la volonté,

quand elle étoit pleine de ferueur, mais que cette disposition si feruente ne dureroit peut estre pas toujours ;
et qu'étant tout jeune, comme il étoit, il pourroit trouuer
dans la suitte sa penitence un peu longue. « Hé bien !
Madame, luy répliqua t'il, quand je serois quatre vints
ans en penitence, qu'est ce que quatre vints ans, en
comparaison de l'éternité ? J'auouë, lui dit elle, que
quatre vints ans ne sont rien, étant comparés aux
années éternelles. Mais, si vous commencez une fois
à vous ennuyer, vous pourrez bien ne plus compter que
les années de vostre ennuy. » Elle luy parloit ainsy
pour éprouuer en quelque sorte sa vocation. Et peut
estre effectiuement qu'il eust mieux fait de réfléchir un
peu dauantage sur ce que nous luy disions et sur la
viuacité extraordinaire de son esprit, peu capable d'une
aussy grande violence que celle qu'il faut se faire à la
Trappe, que de s'aller engager en un lieu dont la vie
paroissoit assurément trop forte pour luy. Mais enfin
il s'abbandonna au mouuement de sa ferueur et il écriuit
à l'abbé de la Trappe (1), qui, charmé des dispositions
qu'il remarqua dans ses lettres et encore plus de celles
qu'il vit en luy, quand il fut dans son abbaye, le receut
à bras ouuerts et luy fit faire profession au bout de
l'année. Cependant il arriua ce que ma belle sœur auoit
prophétisé en quelque sorte à son égard, puisque, dans
la suitte, la vie de la Trappe se trouua au dessuz de ses
forces. Nous le remarquâmes fort bien nous mêmes
dans un voyage que nous fîmes en cette abbaye, comme
je pourray en parler après (2).

(1) Le célèbre Armand Jean Le Bouthillier de Rancé, qui s'y était
retiré, en 1662, et en avait opéré la réforme, dont il publia les sévères
Constitutions, en 1671.

(2) En 1691, et le récit de ce voyage vient immédiatement après
ce chapitre-ci.

J'ay dit ailleurs (1) qu'un Poicteuin, nommé Pantiot, nous auoit seruy et m'auoit gardé, dans une grande maladie que j'eus, pendant la premiere gucrre de Paris. J'ay marqué aussy qu'il entra depuis au seruice du Roy d'Angleterre, et qu'ayant été près de sa personne, plus de trente ans, il ne reuint s'établir en France qu'après la mort de cc prince (2), qui luy témoigna toujours beaucoup de bonté, sans luy faire neantmoins grand bien; puisqu'en reuenant à Paris, il se trouua à peu près aussy riche que lorsqu'il en étoit party. Comme il sçauoit bien que je l'aimois, il ne manqua pas de venir nous voir, et je luy dis, le sçachant en l'état où il étoit, qu'il seroit toujours le bienuenu chez nous et qu'il trouueroit à disner à nostre table, quand il le voudroit. C'étoit en effet une vraye charité que je lui faisois, et nous trouuions l'occasion, en donnant la nourriture à son corps, de luy dire plusieurs choses qui pouuoient luy estre utiles pour son salut. Car il reuenoit d'un peu loin. Et, ayant passé plus de trente ans à bouffonner et à plaisanter auprès d'un prince, on peut bien juger qu'il auoit plutost recullé qu'auancé dans la connoissance et la prattique des choses de la Religion. Cependant Dieu luy fit la grace de se détromper tout à fait de l'illusion de la Cour et du phantôme de la fortune. Et la misere où il se trouuoit n'étoit pas aussy sans doute un petit moyen pour luy de porter un jugement véritable de toutes ces choses. Car ce que le monde, enchanté de ses plaisirs, enuisage comme un grand malheur, est souuent un vray bonheur pour les personnes que Dieu regarde dans sa miséricorde et qu'il veut sauuer, en remplissant d'amertume une vie à laquelle ils s'attacheroient, s'ils y goûtoient, plus de douceur.

(1) Tome I, pages 182-188.
(2) Charles II, mort le 6 février 1685.

Je trouuois d'ailleurs, dans les entretiens de cet homme, plusieurs choses à apprendre, non seulement pour le monde, mais encore pour la medecine qu'il ai·moit singulierement. Car, dans le poste si auantageux où il fut longtemps, il auoit et beaucoup veû et fait beaucoup de remarques ; et il connut des personnes tres habiles dans la philosophie naturelle, de qui il tira d'excellens remedes et diuers secrets, dont il me fit part, et d'un entr'autres, qui se compose tres facilement auec le zoin (1) et le mercure, qu'on réduit en une poudre impalpable, spécifique pour un mal qui est deuenu tres commun dans tout le royaume, surtout dans Paris, où tant de gens sont punis tres justement de vouloir faire en quelque sorte trophée du vice. Entre les personnes habiles, que le sieur Pantiot nous disoit auoir connues particulierement en Angleterre, il nous nomma un seigneur Anglois, qui auoit été colonel d'un regiment, et qui s'étoit encore signalé contre Cronvel, pour le seruice du Roi son maistre (2). Car il commandoit quatre ou cinq mille hommes des trouppes du Roy, auec lesquelles il attaqua celles de cet usurpateur et eut même quelque auantage sur luy, mais il fut depuis fait prisonnier. Et, dans la suitte, comme il eut des ennemis, on le dépoüilla de tous ses biens, qui se montoient à plus de cinquante mille liures de rente, sous prétexte qu'il étoit papiste et catholique romain, quoy qu'il fust toujours de la Religion An·glicane.

(1) Mot qui ne figure pas dans les Lexiques, sous cette forme, mais sous celle de : « *Oing.* S. m. Graisse de porc qui tient aux reins. On l'appelle en médecine *Axunge*. C'est avec du vieux *Oing* qu'on frotte les aissieux. » *Dict. de Trévoux.* Il est probable que de la prononciation de ces deux mots réunis *vieux oing* est venu le *zoing* de notre texte, où le *z* inutile joue le rôle d'une lettre euphonique.

(2) Charles Ier ou Charles II.

Cependant, après qu'il eut éprouué bien des misères et qu'il se fust vû réduit à la derniere nécessité, il vint en France, dans la pensée d'y trouuer quelque secours, par le moyen de ses secrets qu'il auoit voulu donner au Roy. Mais il trouua toutes les auenues fermées pour luy ; soit que ceux à qui il s'addressoit voulussent eux mêmes se faire un mérite de ses secrets auprès de sa Majesté ; soit qu'ils n'y ajoutassent point de foy, par un effet de cette sotte vanité qui fait croire à plusieurs de nos François que ce qu'ils ignorent n'est point connu parmy les autres nations (1). Peut estre aussi que Dieu ne voulut pas permettre que quelques unes de ces choses vinssent à nostre connoissance, à cause des cruels effets qu'elles pourroient produire. Car il y en auoit une entr'autres tout à fait extraordinaire. C'étoit comme une espece de terre, dont on mettoit une poignée dans un baril de poudre à canon. Et cette terre, semblable à une espece de leuain, s'aigrissoit et s'enflammoit peu à peu ; en sorte qu'au bout d'un certain espace de temps, que l'on connoissoit, elle prenoit feu et le mettoit à la poudre auec laquelle elle étoit meslée (2). Ainsy, sans qu'on pust se douter de rien, on auroit trouué le moyen de brûler en un même jour et en un même quart d'heure, toute une flotte ennemie. J'auouë qu'une telle inuention me parut diabolique et même tres dangereuse à proposer ; puisqu'étant connuë une fois, elle pouuoit estre autant contre nous que contre nos ennemis, et qu'il semble estre, en quelque sorte, contre les regles d'une guerre qui se fait entre des chrétiens, d'employer de si terribles moyens pour se perdre mutuelle-

(1) Ce reproche, fait au caractère national, est encore quelquefois mérité de nos jours.

(2) Un fulminate quelconque. Des affaires récentes ont prouvé que l'Allemagne, de temps en temps, a recours à ce procédé sur des navires en partance.

ment sans ressource et sans qu'on puisse s'en donner de
garde. Il y en auoit une autre beaucoup moins cruelle et
d'un usage bien plus permis. C'étoit pour faire une espece de canon, qui ne creuoit jamais (1), et qui tiroit une
fois plus loin que les autres du même calibre. Enfin ce
Seigneur Anglois, n'ayant pu faire receuoir ses secrets,
en trouua heureusement luy même un autre, sans
comparaison plus auantageux pour luy, qui fut la
grace d'estre éclairé d'une lumiere d'en haut, et de
songer sérieusement à rendre veritable, par sa sincere
conuersion, le faux prétexte que l'on auoit pris pour le
dépoüiller de tout son bien. Il vint donc se faire instruire dans la maison, voisine de la nostre, où l'on ca-
téchisoit ceux qui vouloient se conuertir (2). Et, par
le plus grand hazard du monde, le sieur Pantiot, qui
estoit venu disner chez nous, et ensuitte alla entendre
vespres dans l'Eglise de ces Nouueaux Conuertis, apperceut dans la tribune le colonnel dont il étoit fort en
peine, depuis qu'il l'auoit perdu de veuë (3). On ne sçauroit exprimer les transports de joye où il fut de voir son
amy. Mais, comme ce gentilhomme sçauoit fort peu le
François, nous n'auions pas toute la satisfaction que
nous aurions souhaitté dans ses entretiens, entendant
tres peu ce qu'il nous disoit, et ayant besoin du sieur
Pantiot pour interprette ; ce qui oste la plus grande partie du plaisir qu'on peut auoir dans ces sortes de con-
uersations. Il fit deuant nous quelques experiences as-

---

(1) Les canons de fer du temps passé avaient souvent cet inconvénient. L'emploi de la fonte a été un progrès réel dans la fabrication de
l'artillerie.

(2) La Maison des Nouveaux Convertis, dont il vient d'être question, p. 305.

(3) On peut supposer que cette rencontre est de l'année 1688
d'après ce qui va suivre.

sez curieuses, pour mesler dans de l'eau de vie qu'on brusle, quelques gouttes de certaines essences, qui donnent à cette eau de vie non seulement leur odeur, mais toute leur qualité et leur vertu medicinale.

Il arriua, dans ce même temps, c'est à dire au mois de juin ou de juillet de la premiere année de la derniere guerre, dont nous ne faisons que sortir (1), qu'il rencontra dans les ruës de Paris un gentilhomme de ses amis, qui, mieux instruit qu'on n'étoit en France de tout ce qui se passoit en Angleterre et en Hollande, luy dit tout d'un coup, comme à un des bons et des plus fidelles seruiteurs du Roy son maistre : « Hà, colonel ! que faites vous icy, lorsque vous seriez presentement si utile à vostre prince. Il se prépare des choses terribles en ce païs là. Et, si vous voulez seruir le Roy, il n'y auroit pas de temps à perdre. Il faudroit partir sans differer (2). » Il ne s'ouurit point à luy dauantage, quoyqu'apparemment ce fust quelqu'homme de la Religion qui sçauoit toute l'intrigue. Pour nous autres nous ne pûmes rien comprendre à un tel discours, surtout en un temps où il sembloit que ce prince se fust rendu maistre plus que jamais. Et, pour ce qui est du colonel, il auoit été trop bien récompensé de ses grands seruices en Angleterre pour songer à y retourner. D'ailleurs l'état où il se voyoit réduit, n'ayant pas de pain pour manger ni d'argent pour

(1) La paix de Ryswick, conclue le 20 septembre 1697, venait de mettre fin à la guerre contre la ligue d'Augsbourg, où Louis XIV avait pris les devants, en septembre 1688. Les événements contemporains « de la première année de cette guerre » sont donc de 1688 à 1689. — Cette partie des *Mémoires* a été écrite à la fin de 1697 ou au commencement de 1698.

(2) C'était un avertissement donné sur les préparatifs de Guillaume d'Orange pour renverser Jacques II et occuper le trône d'Angleterre à sa place. Le stathouder de Hollande faisait un armement maritime, avec l'assentiment des États-Généraux, au milieu de l'année 1688.

se vêtir, après s'être veû en possession de cinquante
mille liures de rente, le mettoit absolument dans l'impuissance d'entreprendre le voyage, quand même il l'auroit voulu. Mais ce qui nous surprit encore plus, c'est
que, quelques mois après, le même gentilhomme, ayant
encore rencontré nostre colonel, luy dit auec la même
certitude que l'autre fois : « Hé quoy, colonnel, vous
voila encore : vous auez bien abandonné vostre roy ;
mais c'en est fait presentement ; il n'est plus temps de
songer à le secourir, il n'y a plus de remede (1). » Nous
écoutâmes ces choses, quand on nous les dit, comme des
énygmes où nous ne comprenions rien ; ou même comme
des idées chimeriques, sorties de quelque ceruelle creuse.
Mais on a bien reconnu depuis que c'étoient des realitez,
dont les suittes ont été si funestes à toute l'Europe (2).
Cependant, comme nous partîmes bientost après pour
aller à la campagne (3), nous perdîmes de veuë entierement le colonnel, et nous n'auons pu sçauoir depuis ce
qu'il étoit deuenu.

J'ay marqué auparauant que le feu et l'eau nous obli-
gérent en partie de sortir de la maison qui étoit voisine
de ces Nouueaux Conuertis. Mais il nous fallut encore
essuyer le chagrin et la dépense d'un nouuel accident,
qui nous arriua dès le premier jour de nostre démena-

(1) Le 28 octobre 1688, le Prince d'Orange lance un manifeste, pour
annoncer qu'il va rétablir la concorde entre Jacques II et ses sujets ;
il débarque à Torbay, le 4 novembre, et est reçu à Londres, le 28,
comme un libérateur, tandis que le roi Jacques II, son beau-père,
s'enfuit détrôné et débarque en France, le 2 décembre suivant. C'est
ce qu'on appelle, dans l'histoire d'Angleterre, la Révolution de 1688.

(2) Le 3 décembre 1688, Louis XIV déclarait la guerre à la Hollande,
et la France allait combattre, sur terre et sur mer, pendant neuf ans,
contre les forces de presque toute l'Europe coalisée, jusqu'à la paix
de Ryswick, 1697.

(3) Au printemps de l'année 1689, pour aller au Fossé.

gement. Mon principal embarras, dans ces sortes de
changemens, est celuy du transport de mes liures. Mais
il m'en attira tout d'un coup un autre qui nous causa une
grande peine. Car, dès le premier voyage que fit le cocher
auec son chariot chargé de liures, et au sortir presque
de nostre porte, il rencontra une de ces petites charettes
que traînent deux hommes ou bien un homme et une
femme (1); et, s'étant un peu trop précipité, au lieu d'attendre un moment, il accrocha une rouë du chariot à
celle de cette charette, qu'il fit tourner et reculer en même
temps contre la muraille, où il se trouua malheureusement une jeune fille, qui fut pressée un peu rudement
entre la muraille et la charette. Comme les petites gens
sont fort emportez, elle se mit à crier d'une grande force
qu'elle auoit été écrasée. Cependant le cocher passa son
chemin, auec nos autres gens, et donna un coup de fouet
à ses cheuaux pour les faire aller plus vite et préuenir la
querelle. Mais il ne put l'éuiter. Car ceux qui conduisoient la petite charette, l'ayant laissée dans la ruë, se
mirent à courir aprés le chariot et l'atteignirent à l'entrée
de la place de la pitié (2). Alors s'étant jetté à la bride
des cheuaux, ils les firent tourner tout court et rompi-
rent le timon du chariot. Puis, ayant attaqué le cocher,
ils se battirent auec nos gens. Mais, prenant ensuitte un
meilleur conseil, ils laisserent là le chariot qui ne pouuoit plus marcher, le timon étant rompu, et coururent à
la place Maubert chercher un commissaire et des huissiers pour venir saisir le chariot et les cheuaux. Le

(1) On rencontre encore aujourd'hui les mêmes petites voitures
dans les rues de Paris. Elles ont deux brancards; l'une des deux
personnes se met entre eux, et l'autre tire avec une sangle ou une
corde, à côté d'elle, mais en dehors des brancards.
(2) Devant l'Hôpital de la Pitié, à la rencontre des rues de Seine,
Copeau et Saint-Victor, comme elles s'appelaient alors.

cocher de son costé, les voyant partis, courut à l'abbaye de Saint Victor (1) emprunter de nostre charron un timon, et fut reuenu assez à temps pour mener nostre chariot en lieu de sureté, c'est à dire dans la nouuelle maison que nous auions louëe dans la rue neuue de Saint Estienne (2) ; en sorte que, lorsque le commissaire arriua auec ses gens et qu'il ne le trouua plus, il prit à party ceux qui les auoient fait venir et les gronda fort. Cependant nous ne sçauions rien nous autres de tout ce qui se passoit, fort occuppez à mettre les liures en ordre et à les descendre en bas, lorsqu'un laquais vint me dire que le chariot étoit arrêté. Moy qui crus tout simplement que la charge auoit été trop forte pour les cheuaux, je luy demanday un peu fâché pourquoy aussy on chargeoit si fort le chariot. « Ce n'est pas, Monsieur, me répliqua t'il, que les cheuaux soient trop chargez ; mais c'est que le cocher a blessé une personne et que l'on a arrêté le chariot. » Comme nous auons un terrible éloignement de toute querelle et de tout procès, je me sentis frappé jusqu'au cœur de cette nouuelle si chagrinante. Mais, sans trop déliberer et sans prendre même mon chappeau, je courus dans la ruë pour voir au juste ce qui en étoit. Je trouuay une jeune fille couchée près du mur et enuironnée de gens qui crioient beaucoup contre la brutalité de nostre cocher. Mon frere et ma belle sœur y étant aussi accourus, nous jugeâmes aussitost que le meilleur et le plus sûr, pour arrêter tout d'un coup ce grand tumulte et pour préuenir les suittes fâcheuses d'un tel accident, étoit de faire porter chez nous celle qui étoit blessée et d'en prendre tout le soin possible, affin

(1) A deux pas du lieu de l'accident.
(2) Aujourd'hui rue Rollin, qui débouchait dans la rue Copeau, devenue rue Lacépède. C'était à deux pas de son ancienne demeure de la rue de Seine Saint-Victor.

que nous ne pussions nous rien reprocher et que l'on
ne pust aussy nous en faire à croire. Ainsy l'ayant fait
conduire en nostre maison, on la fit coucher dans un bon
lit ; et on enuoya en même temps chez les damoiselles
Cuuillier un carrosse, pour prier l'aînée de venir voir la
malade et de la manier de tous costez, afin que nous fussions assurez s'il n'y auoit rien de rompu et si la blessure étoit perilleuse. Après auoir donné ordre à ce qui
pressoit le plus, nous courûmes au chariot, dans la pensée de le trouuer arrêté ou saisy par les huissiers. Mais
nous fûmes bien étonnez de ne le plus trouuer dans la
place où il auoit été arrêté. Nous allâmes le chercher en
nostre nouuelle maison où nous le trouuâmes en sureté.
Je deffendis au cocher de sortir de tout le jour, voulant
voir le train que pourroit prendre cette affaire, et craignant de l'exposer à quelque nouuelle insulte. Et nous
retournâmes en nostre ancienne maison.

Cependant Mademoiselle Cuuillier, étant venuë, visita
auec tout le soin possible le malade, et nous assura
qu'elle n'étoit point considérablement blessée et que
nous n'auions rien à craindre. Jusques là tout alloit
bien dans un aussy grand malheur. Mais ce qui pensa
tout gaster, et ce qui mit tout à fait le trouble chez
nous, fut que la mere de la fille, auertie de cet accident,
au retour de son trauail, vint faire la furieuse chez
nous, comme une megère, s'attendant bien que ses cris
luy vaudroient encore plus que la blessure de sa fille.
Car ces sortes de petites gens sçauent admirablement
mettre tout en œuure et à profit, et faire valoir le mal
pour en tirer de gros intérêts. Sa fille, charmée de la
charité auec laquelle nous nous étions empressez de
prendre soin d'elle, nous auoit paru jusqu'alors fort
douce et tres raisonnable. Mais on s'apperceut bientost
des bonnes instructions que sa mere luy donna. Car

21

elle commença à deuenir de mechante humeur, à crier qu'elle souffroit des douleurs insupportables, et à s'impatienter, en étourdissant et troublant toute la maison par ses plaintes excessiues. Cependant nous autres, peu accoutumez à cette sorte de jargon emprunté, et craignant effectiuement que la blessure ne fust plus considerable au dedans qu'elle ne paroissoit au dehors, nous fismes venir le medecin spirituel et temporel. Et l'un et l'autre, après l'auoir serieusement considerée et examinée, nous rassurerent tout à fait, en nous disant qu'elle n'étoit point, autant qu'ils en pouuoient juger, aussy malade qu'elle le faisoit. Nous tâchâmes donc, dans la suitte, de l'appaiser, en luy témoignant que le medecin auoit assuré qu'il n'y auoit rien à craindre et qu'elle n'en mourroit pas. Sur quoy, ayant profité admirablement de l'exemple et des leçons de sa mere, elle s'emportoit contre nous et nous disoit, auec une façon qui nous prouuoit bien qu'elle n'affoiblissoit pas : « Quoy donc ! Estes vous Dieu pour voir tout ce qui se passe, et ce que je souffre au dedans de mon corps ? » Enfin, nous étant accoutumez à ses plaintes et à ses cris, et nous contentant de prendre d'elle tout le soin possible, comme nous y étions obligez par la charité et pour nostre propre interest, nous continuâmes nostre démenagement. Et, au bout de quinze jours ou enuiron, quand nous fûmes sur le point de nous transporter tout à fait dans nostre autre maison, nous la fîmes remener chez sa mere, lorsqu'elle étoit comme guérie. Je fis aussy un écrit deuant notaire, par lequel je m'engageois à donner à la mere une somme assez modique dont nous conuinsmes ; et elle de son costé auec les autres parens renonçoient de ne rien prétendre dauantage, ny d'inquieter en aucune sorte à l'auenir nostre cocher, au sujet de cet accident. Et comme la mere connut, par

la conduitte que nous auions tenuë enuers elle et enuers
sa fille, que nous auions quelque charité, elle n'ap-
prehenda point, après tous les emportemens dont j'ay
parlé, de venir me supplier dans la suitte de vouloir
bien assister son fils, dans une malheureuse affaire
qui luy étoit suruenuë et pour laquelle il auoit été fait
prisonnier. Jamais femme ne sceut mieux se transformer
ni jouër les différens personnages qui luy étoient nécessaires pour en venir à ses fins. Car on peut dire sincerement qu'elle n'étoit plus connoissable de ce qu'elle
nous auoit paru auparauant. C'étoit une humilité, et une
douceur capable de faire oublier toute la premiere féro-
cité. Et son visage composé auec tout son extérieur,
joint à la tendresse d'une mere qui parle pour son fils,
étoient une espece d'éloquence à laquelle il eust été assez
difficile de résister. Mais je n'auois pas besoin en mon
particulier de toute cette rhetorique pour estre engagé
à luy faire charité. Et ce qui étoit arriué fut pour moy
comme une espece d'engagement à luy accorder ce
qu'elle me demandoit ; étant bien aise de luy témoigner
que j'étois dans la disposition de faire pour elle quelque
chose de surérogation, et que ni ses emportements, ni
l'argent que j'auois été obligé de payer, ne m'auoient
point indisposé à son égard. Je luy donnay donc la
la somme qu'elle souhaittoit. Elle assura fort que son
fils me la rendroit et m'en donna un billet. Mais c'étoit
une assurance sur laquelle je ne fis pas un grand fonds.
Et j'ay renoncé de bon cœur à receuoir cet argent.

Je perdis en 1690. (1) un de mes meilleurs et de mes
plus anciens amis, de qui j'ay déja beaucoup parlé dans
ces Memoires (2). Ce fut l'abbé de Pontchâteau, qui n'a-

(1) Le 27 juin.
(2) Tome I, pages 256-265.

uoit plus que le nom d'abbé, depuis que l'étroitte réforme de vie, dans laquelle il s'étoit enfin affermi, l'a-
uoit porté à se dépoüiller de ses bénéfices et à embrasser
une penitence tres austere (1). Il étoit d'abord, comme
je l'ay dit, retiré aux champs en l'abbaye de Port
Royal (2). Mais depuis que l'archeuesque de Paris y
auoit fait sa visite, après la mort de la Duchesse de Longueuille, et qu'il se vit obligé d'en sortir (3), comme plusieurs autres, dont la retraitte en ce lieu étoit suspecte
à la jalousie des ennemis de cette sainte maison, il se
résolut de se retirer dans le duché de Luxembourg, en
une abbaye de Bernardins nommée d'Orual (4), celebre
par la grande pieté des Religieux qui y viuoient sous la
conduitte d'un tres excellent abbé (5). Il vécut donc là,
plusieurs années (6), dans une grande retraitte, connu

(1) « Ce fut alors (1664) qu'il quitta ses bénéfices. Il remit en règle
l'Abbaye de la Vieuville, et auroit disposé aussi canoniquement de
celles de S. Gildas des bois et de Geneston, s'il en avoit eu la liberté. »
Recueil d'Utrecht, p. 437. Il en était pourvu depuis l'âge de sept ans.
— Sa troisième et dernière conversion, cette fois définitive, est du
22 mars 1663.

(2) Il y vint, dès le 1er mars 1669, jour anniversaire de sa première
visite à Port-Royal des Champs, en 1653, et il s'établit aux Granges,
le 6 mars.

(3) En 1679.

(4) « Monsieur de Pont Chasteau est venu demeurer en l'Abbaïe
d'Orval, l'an 1685. le dixième de Février, et y a demeuré cinq ans
sous le nom de Mr de Fleuri, pour être inconnu. » Début d'un *Mémoire
sur la manière dont Mr de Pont Chasteau s'est comporté dans l'Abbaïe
d'Orval, écrit par un Religieux de cette Maison,* publié dans le *Recueil
de Pièces* annexé au SUPPLÉMENT AU NÉCROLOGE, pp. 109-129.

(5) Le nom de l'abbé était Dom Charles de Bentzeradt. A partir de
sa dernière conversion, M. de Pont-Château vécut pénitent et caché
sous les noms successifs de M. *de Monfrein,* M. *Du Vivier,* M. *Mercier,*
M. *de Maupas,* M. *de Fleuri,* comme on vient de le voir.

(6) Cinq ans. Mais il quittait, de temps à autre, l'abbaye d'Orval
pour faire de petits voyages à droite et à gauche. Ses séjours furent
fréquents, mais bien coupés.

seulement pour ce qu'il étoit de l'abbé de cette maison,
qui l'honoroit et le chérissoit comme un tres grand seruiteur de Dieu, caché souz les apparences d'un simple
jardinier, et qui se tenoit heureux de posséder un tel
thresor que l'enuie seule auoit enleué à Port Royal.
Mais la guerre étant suruenuë, et y ayant eû, comme je
le crois, un ordre du Roy d'Espagne qui obligeoit tous
les François de sortir de ses états, il s'en reuint à Paris, où
d'ailleurs quelques affaires mêmes, qui regardoient l'interets de l'abbaye, sembloient l'appeler (1). Il s'établit sur la
parroisse de S. Geruais, chez un de ses amis (2), où il viuoit retiré, comme à la campagne, sans estre connu ni
vû d'aucun de ses proches. Je l'y allai voir, par un priuilege particulier, comme son amy. Et je le trouuay dans
un assez grand affoiblissement de corps. Car la vie
qu'il auoit menée depuis longtemps, si penitente et si opposée à son humeur naturelle fort enjoûée, et à son temperamment tres vif, luy auoit fait une extrême violence
et l'auoit beaucoup épuisé.

Enfin il tomba dans sa derniere maladie, dont on crut
deuoir donner auis au duc de Coëslin son neueu (3), qui
auoit pour luy une grande estime, et qui desira auec ardeur de le voir auant sa mort. On luy en parla. Mais
quoyqu'il fist de la distinction de ce neueu d'auec plusieurs autres de ses proches, il ne put point se résoudre
à luy accorder ce qu'il demandoit ; résolu de mourir dans

(1) De retour à Orval, en mars 1689, il revint à Port-Royal des
Champs et à Paris, en mars 1690.

(2) M. Boué, ancien marchand, juge consul, marguillier de Saint-
Gervais, qui demeurait rue Saint-Antoine.

(3) « Son frère aîné, le Marquis de Coislin a laissé de son mariage
avec la fille aînée du Chancelier Seguier, trois fils : sçavoir le Duc
de Coislin, l'Evêque d'Orléans qui a été Cardinal, et le Chevalier de
Coislin. » RECUEIL D'UTRECHT. XIIIe Pièce. *Relation pour servir à
l'histoire de la Vie de M. de Pont-Château.* Pages 410-450.

cet esprit de pauureté et d'abaissement où la grace l'auoit
fait entrer, et craignant surtout que la veuë seule des
grands du monde ne fist sur luy quelque impression fâcheuse, en un temps où il étoit sur le point de tout
oublier et de tout quitter, et où il deuoit s'appliquer
principalement à rendre à Dieu de tres humbles actions de luy auoir fait renoncer à toutes les vaines
grandeurs du monde. Il refusa donc sur cela ses meilleurs amis qui l'en pressoient, à cause des grandes instances que ce Duc leur en faisoit, et il eut assez de fermeté pour ne se pas rendre ni à sa propre tendresse naturelle pour ses proches, ni aux prieres de ceux qu'il aimoit le plus ; parce que, se connoissant mieux que les
autres et craignant pour soy d'autant plus qu'il se voyoit
à la fin de sa carriere, il jugea deuoir prendre le plus
sûr party. Cependant, après qu'il se fut confessé à un
saint prestre de la parroisse, qui ne le connoissoit pas
et qui témoigna depuis estre dans l'admiration de sa
grande pieté ; et, après qu'il eut receu auec une singuliere deuotion ses sacremens (1), lorsqu'il tomba dans
l'agonie, on ne crut pas deuoir refuser au duc et à la duchesse de Coëslin d'entrer dans sa chambre, sans estre
connus, et de se tenir aux pieds de son lict, où ils prierent pendant quelque temps, et d'où ils le considerérent
tout à loisir, non sans verser plusieurs larmes de voir
en un tel état celui qu'ils auoient aimé tendrement, et
de n'auoir pu joüir de cette consolation qu'ils auoient
tant souhaittée de pouuoir au moins luy parler.

Dieu, qui se plaist à honorer ses seruiteurs et à releuer d'autant plus leur gloire deuant les hommes qu'ils

---

(1) « Il reçut les Sacrements et l'Extrème-Onction le 24. juin au
matin. » *Recueil d'Utrecht*, ibid., p. 443. — Il expira le 27 juin 1690, à
l'âge de 56 ans et demi.

ont eû eux mêmes plus de soin à se cacher de leurs yeux, fit connoistre, aussitost après la mort de l'abbé de Pontchâteau, combien son humilité, sa charité et sa penitence lui auoient été agreables. Une mere, qui hantoit beaucoup dans cette maison, et dont la fille auoit à la gorge une tumeur qui luy donnoit de grandes inquiétudes, consulta d'abord trois medecins fort habiles sur le mal de cette enfant (1). Et ces medecins, après en auoir charitablement conféré ensemble, luy donnerent un grand écrit, qui contenoit et les drogues qu'il falloit achetter, et la maniere dont elle deuoit s'en seruir. Mais cette mere desolée, jugeánt par la consultation même de ces medecins de la grandeur de ce mal et de la difficulté de le guérir, fut inspirée tout d'un conp d'auoir recours à celuy qui venoit de mourir, et pour qui elle auoit conceu une grande estime, le regardant comme un élu et comme un saint. Elle dit donc à sa fille d'auoir comme elle une parfaitte confiance aux merites de ce seruiteur de Dieu, de faire toucher sa gorge à son corps mort, et d'espérer que cette chair, toute morte qu'elle étoit, auroit, par un effet de leur foy, la vertu de luy procurer sa guerison. Sa fille la crut. Elle s'approcha du corps, fit sa priere auec beaucoup de ferueur, et luy fit toucher son mal, puis elle se retira. Le lendemain dès le matin, qui étoit le jour que l'on deuoit faire le conuoy à Saint Geruais (2), elle vint encore faire sa priere, comme le jour de deuant, fit toucher une seconde fois son mal au corps de cet humble seruiteur de Dieu. Et, n'y ayant pas fait dauantage de réflexion, elle se trouua, au bout de quel-

(1) Le *Nécrologe* dit : « des écrouelles. » — Le premier éditeur donne le nom de ces trois médecins : « C'étoit M. Dodart, M. Save et M. Hecquet, qui traiterent M. de Pontchâteau pendant sa maladie. » P. 395.

(2) Le mercredi 28 juin.

ques heures, si parfaittement guerie qu'on ne vit plus
tout d'un coup aucune apparence de tumeur (1). Alors la
mere et la fille, toutes transportées de joye, publiérent
chez les voisines cette merueille (2); et il accourut une
foule de peuple qui vouloient forcer la porte, pour entrer
dans la maison, en sorte qu'on fut obligé d'y mettre des
gardes pour empescher la confusion et le tumulte. Cependant, pour accorder quelque chose à la deuotion de ce
peuple, qui vouloit entrer à toute force, on leur permit
d'entrer seulement sept ou huit à la fois. J'arriuay justement à la maison dans ce même temps. Et comme je fus
monté à la chambre où étoit le corps, il est vray que
j'admiray la deuotion pleine de foy de ces bonnes gens,
qui prenoient la peine de leuer le plomb qui couuroit le
cercüeil, et qu'on n'auoit pas encore tout à fait soudé,
afin de pouuoir au moins toucher le corps qui auoit été
le temple da Saint Esprit. Qu'il est vray, mon Dieu, que
vous estes admirable dans vos Saints, et que vous prenez
plaisir à confondre, par ces pretieuses dépoüilles de vos
seruiteurs, tout le faste et toute la vanité des grands du
monde ! Car autant qu'on a ordinairement d'horreur de
ces grands, après qu'ils sont morts, eux qui n'ont songé,
pendant qu'ils viuoient qu'à se procurer de la gloire
parmy les hommes, et qu'à prendre tous les soins possibles de delicatter leur chair et de la faire viure dans les
delices; autant vous inspirez de veneration et de respect

(1) Il faut remarquer le soin avec lequel du Fossé se garde bien de
prononcer le mot de *miracle*, qui se trouve dans le Nécrologe. En
cela il imite la prudente circonspection de Nicole, qui ne croit pas à
ces miracles, dont il proclame l'inutilité. — Voir l'Appendice XX.

(2) Le premier éditeur ajoute en note : « Il en fut dressé par devant
Notaire un Acte qu'on pourra un jour donner au Public, avec plusieurs
autres pieces de ce genre qui n'ont point encore paru, et qui servi-
ront à former un Recueil des Miracles de Port-Royal. » P. 396.

pour les membres morts de ceux qui ont trauaillé uniquement pour vostre gloire, et qui se sont appliquez à crucifier leur chair pour vostre amour.

Mais la deuotion du peuple s'excita beaucoup dauantage, lorsque l'on fit le conuoy (1), auquel assista le duc de Coëslin fort touché et penetré de cette mort. Car ils accoururent en foule à l'Eglise de S. Geruais, et disoient tout haut que c'étoit un Saint. Comme il auoit déclaré, par son testament, qu'il vouloit estre transporté et enterré dans l'église de Port Royal des Champs, on se contenta, après la messe chantée solennellement, de mettre le corps en dépost dans une chappelle, que l'on ferma, en attendant qu'on vînt le querir pour le porter à la campagne. Nous allâmes donc disner chez nous. Et nous reuinsmes, après le disner, à Saint Geruais, pour estre presens à l'enleuement du corps. Mais nous fûmes bien surpris de la grande multitude de peuple que nous y trouuâmes, qui sembloient vouloir forcer la chappelle et qui faisoient, pour le dire ainsy, comme la garde, pour empescher, s'ils l'auoient pu, que l'on n'enleuast de leur église celuy qu'ils regardoient comme un saint. C'étoit même quelque chose d'assez curieux de les entendre parler chacun à leur mode. L'un disoit : « C'estoit le neueu du cardinal de Richelieu (2), qui a tout quitté pour se faire pauure. » Un autre ajoutoit : « Helas ! ouy. Il étoit si charitable qu'il a vendu tous ses Benefices et en a

(1) « Comme il n'y avoit pas plus de vingt à trente pas de la maison du Marguillier à l'Eglise S. Gervais, on ne leva le corps que peu avant midi, pour avoir seulement le temps de chanter la Messe, le corps présent. » *Nécrologe*, p. 260.

(2) A la mode de Bretagne. « Cette Eminence (Le cardinal de Richelieu) le consideroit comme son neveu à cause de Dame Anne du Plessis-Richelieu son aïeule paternelle, qui étoit la tante de ce Cardinal. » *Recueil d'Utrecht*, p. 412.

donné l'argent aux pauures. » D'autres étoient prets
d'encherir encore pardessuz, en assurant qu'il n'y auoit
rien de plus vray, et qu'ils auoient bien connu toute sa
famille. Car l'intelligence de ces bonnes gens étoit bornée,
et ils croyoient dire des merueilles à la loüange de sa
charité, lorsqu'ils assuroient qu'il auoit vendu ses Benefices en faueur des pauures ; au lieu de dire qu'il s'étoit
rendu pauure luy même, en se dépoüillant de ses Benefices, et que neantmoins il ne laissoit pas, du peu de bien
qu'il luy restoit, d'en assister encore charitablement les
pauures. Mon frere, feignant de ne pas connoistre cet illustre mort, demanda, auec quelque sorte de surprise, à
un prestre qui étoit present, ce que c'étoit donc que tout
cela : à quoy il luy répondit tres sagement : « Monsieur,
c'est un seruiteur de Dieu, qui a trauaillé à se cacher
pendant sa vie, et dont Dieu veut manifester la vertu
aprés sa mort. » C'étoit tout dire en tres peu de mots.
Aussy étoit ce cet excellent Ecclesiastique qui auoit eu la
consolation de l'assister à la mort.

Cependant l'on ne pouuoit enleuer le corps, à cause du
grand tumulte du peuple, qui faisoit un bruit épouuentable dans l'église ; en sorte que ceux qui s'étoient chargez de cette commission, et qui auoient fait venir les
carrosses pour le transporter, apprehendoient quelque
desordre, et ne sçauoient presque plus quel conseil
prendre. Les ayant vû dans cet embarras, nous leur
offrîmes nostre seruice, mon frere et moy, y étant d'ailleurs assez portez par nous mêmes, à cause de l'amitié
et de la grande veneration que nous auions pour le def-
funct. Ils acceptèrent de bon cœur cette offre. Et dès ce
moment nous commençâmes à agir, comme étant chargez
de l'affaire, et comme ayant l'authorité entre les mains.
On enuoya demander au curé de Saint Geruais, qui l'accorda à regret, en disant: que, sans le respect qu'il por-

toit aux Religieuses de Port Royal, il eust eû bien de la peine à consentir que l'on enleuast à son église le corps de ce grand seruiteur de Dieu; mais qu'il ne falloit pas enuier à de si saintes filles un si pretieux dépost. Alors, usant de l'authorité que l'on nous auoit donnée, nous commençâmes à faire faire place pour laisser passer le corps. Et, comme nous vîmes le peuple courir en foule, nous nous postâmes, mon frere et moy, entre la porte de l'Eglise et le carrosse, pour écarter un peu la foule. Sur quoy quelqu'un nous ayant dit que nous serions accablez par la multitude, nous repartîmes que nous tâcherions de nous soutenir (1). Aussi le peuple, bien loin de nous accabler, témoigna même de la consideration pour nous. Car, quoy que nous empeschassions le tumulte, nous leur laissions toute liberté de dire et de faire ce qu'ils vouloient; c'est à dire qu'en même temps qu'ils nous prioient de n'enleuer point leur saint, ils s'auançoient à l'enuy pour faire toucher des chappellets et des linges au cercüeil, et même pour le faire baiser à leurs petits enfants, qu'ils éleuoient pour cela, à force de bras, par dessuz nous. Nous trouuions tout bon, et nous ne nous opposions à aucune de leurs deuotions, pourueu que nous pussions faire mettre le cercüeil dans le carrosse. Nous en vinsmes à la fin à bout, mais ce ne fut pas sans fatigue; puisque nous étions tout en nage, au sortir de cette fonction, par laquelle nous rendions les derniers deuoirs à l'un de mes plus anciens amis. Il fut ainsy transporté en l'abbaye de Port Royal des Champs (2) et enterré près de la porte de la chapelle de la Sainte Vierge, à peu près au même endroit

(1) La rédaction primitive était: Nous repartîmes « résolument que nous y donnerions bon ordre : car il faut necessairement de la fermeté et de la résolution dans ces sortes d'occasions. » La fin de cette phrase a été biffée.

(2) Il y arriva le même mercredi, 28 juin, vers minuit.

où il se mettoit ordinairement à l'église (1). Et ce fut une singuliere consolation pour ces Saintes Filles de posseder au moins, après sa mort, celuy que la persecution leur auoit enleué et de qui elles auoient reçu, pendant la vie, tant de seruices et de secours charitables (2).

La mort si précipitée du marquis de Louuoy, qui arriua quelque temps après (3), et qui surprit étrangement toute la Cour aussi bien que tout le royaume (4), me donne occasion de parler icy de ce que le Roy fît en même temps en faueur de M. de Pomponne, de qui ma belle sœur a l'honneur d'estre niece, à la mode de Bretagne. Tout le monde sçait qu'il auoit eû des ennemis, qui, vigilans pour leurs propres interets, auoient trauaillé sourdement à tendre des pieges à la probité et à l'innocence de sa conduitte, et qu'étant enfin venus à bout de leurs desseins ils luy auoient fait perdre le poste honorable de secretaire d'Etat qu'il occupoit tres dignement (5). Le celebre archeuesque de Sens, nommé de

(1) Telle est sa place dans une gravure représentant cette partie de l'église, avec l'indication des principales sépultures, par des lettres renvoyant à une légende. — Le *Nécrologe* donne deux épitaphes, l'une pour son corps, l'autre pour son cœur ; car on avait retiré son cœur d'avance, dans la crainte de ne pouvoir obtenir le corps. Pp. 261-262.

(2) Le premier éditeur ajoute cette phrase au texte : « M. le Duc de Coislin se fit enterrer auprès de lui, l'ayant ordonné par son Testament. » P. 398. Du Fossé n'a jamais pu l'écrire, puisqu'il mourut le 4 novembre 1698, quatre mois avant le duc de Coislin. — Pour M. de Pontchâteau les documents abondent, comme on l'a vu plus haut ; mais aucun récit n'est aussi circonstancié que celui de du Fossé sur la dernière maladie et sur le convoi de son ami.

(3) Dix-neuf jours après, François Michel Le Tellier, marquis de Louvois, ministre de la guerre depuis 1655, étant mort le 16 juillet 1691.

(4) Le début de la lettre célèbre que Mme de Sévigné adressa, de Grignan, le 26 juillet 1691, à M. de Coulanges, en donne la mesure.

(5) C'est le 18 novembre 1679 que Simon Arnauld, marquis de Pomponne, fut remplacé au ministère des affaires étrangères, qu'il occupait depuis 1671.

Gondrin, qui honoroit tres particulierement son merite,
et qui connoissoit si parfaittement les intrigues de la
Cour, l'auoit préueu, dès le temps qu'il fut honoré de cet
important employ. Car, ayant appris cette nouuelle, il
témoigna une extrême joye de ce que Sa Majesté auoit
fait un si digne choix pour remplir la place qu'occupoit
M. de Lionne ; mais il ajouta aussitost après auec douleur
qu'il craignoit beaucoup que cela ne durast pas ; et il en
rendit cette raison : que celuy que le prince auoit choisy
s'acquitteroit admirablement de cet employ ; mais que,
songeant uniquement à seruir son Maistre, il negligeroit
de se garantir contre la mauuaise volonté de ses enuieux
et qu'il pourroit succomber, sans qu'il y pensast, souz
l'effort de leurs intrigues. On vit donc bien par la suitte
combien ce prelat étoit éclairé et parloit juste, en matiere
de politique aussi bien qu'en celles qui regardoient son
ministere. Car, pour voir que ce fut la seule mauuaise
volouté des ennemis du ministre dont je parle qui luy fit
perdre sa charge, il suffit de remarquer qu'ayant eû
ordre, quelques jours après, d'aller trouuer le Roy,
comme il voulut témoigner à Sa Majesté qu'il étoit bien
malheureux d'auoir encouru sa disgrace, sans que sa
conscience luy reprochast rien, ce prince l'arréta tout
court à ce mot et luy dit : qu'il n'étoit point vray qu'il eust
encouru sa disgrace, et qu'il le luy feroit bien voir par la
maniere dont il agiroit à son égard. En effet il le fit coucher sur l'Etat, comme Ministre, auec une pension de
vint mille liures, et il combla dans la suitte ses enfans de
bienfaits (1).

Cependant tout le royaume, surpris et touché d'un tel

(1) Il avait huit enfants, dont cinq garçons. — Voir le récit pathé-
tique de cette disgrâce dans la correspondance de Mme de Sévigné,
lettres du 22 novembre 1679 et suivantes. Elle en parle comme notre
auteur.

changement, ne comprenoit pas quelle en pouuoit estre la cause (1), sinon le malheur même de la France, qui meritoit d'estre priuée de la conduitte si sage d'un tel ministre. Et il est vray que tout le monde attendoit, à tous momens, qu'il fust rétably, par un effet de la justice que chacun rendoit à son grand merite. Après donc que le marquis de Louuoy fut mort, Sa Majesté jetta aussitost les yeux sur M. de Pomponne pour le faire un de ses principaux ministres, comme celuy qui connoissoit le mieux tous les interets des Princes et les affaires étrangeres, et de qui il auoit plus de besoin, dans la conjoncture d'une guerre si generale et si allumée (2). Et, par

(1) Il était difficile que cette cause fût complétement connue des contemporains. Elle vient d'être l'objet des recherches de M. Charles Gérin, qui pose le problème en ces termes : « Je crois pouvoir démontrer que la résolution de Louis XIV fut déterminée principalement par les affaires religieuses. Ce prince n'aspirait pas seulement à établir la suprématie politique de sa couronne en Europe; il poursuivait aussi l'asservissement de l'Eglise dans son royaume et l'humiliation du Saint-Siége. » *La disgrâce de M. de Pomponne*, dans la REVUE DES QUESTIONS HISTORIQUES, 1ᵉʳ janvier 1678, p. 10. — De Pomponne ne voulut pas servir les plans du roi, secondés par Colbert et l'archevêque de Paris, Harlay de Champvallon. De là vint la disgràce du Ministre des affaires étrangères, en dehors duquel le roi correspondait avec le duc d'Estrées, son ambassadeur à Rome, par l'entremise de M. Rose, un des secrétaires du Cabinet, fort habile à imiter l'écriture et la signature de Louis XIV. Il préludait ainsi à la Déclaration de 1682 sur les libertés de l'Eglise gallicane, dont de Lionne et Colbert avaient été les plus ardents promoteurs. La démonstration de cette thèse, soutenue avec talent, et surtout à l'aide de cette correspondance clandestine (du 3 janvier au 17 novembre 1679), parait complète. *Ibid.*, pp. 1-70

(2) Le 24 juillet 1691, le Roi fit rentrer M. de Pomponne dans son Conseil, en lui donnant le titre de ministre d'Etat, en même temps qu'au duc de Beauvilliers. — Le 4 août suivant, Mᵐᵉ de Sévigné écrivait, de Grignan, à M. du Plessis : « Il s'est passé de grandes choses depuis quelque temps : la mort de M. de Louvois, le retour glorieux de M. de Pomponne, la retraite rigoureuse de M. de Fieubet. Que de

une grande distinction, luy conseruant la pension de
vint mille liures, il y ajouta encore soixante mille liures
d'appointement, et, pardessuz tout, des témoignages
d'une bonté extraordinaire, jusqu'à luy dire un jour :
Qu'il ne sçauoit s'il auoit autant de joye d'estre rentré
dans son Conseil, qu'il en sentoit lny même de l'y
voir. (1) Que si l'illustre prelat, dont j'ay parlé, qui sceut
bien prédire sa disgrace, ne put préuoir son rétablissement, c'est qu'il connoissoit encore mieux les mauuais
effets des intrigues des gens de cour que les ressources
d'une sagesse aussi profonde, et d'une lumiére aussi
étenduë que celle d'un prince qui sceut enfin découurir
la vérité au milieu de toutes ces tenebres dont on tâchoit de
l'enuelopper, pour la dérobber à sa veuë si penetrante (2).
Car il est certain que ce prince desire autant de connoistre la justice dans les affaires que ceux qui l'enuironnent s'efforcent souuent de la luy cacher. Et l'on peut
dire même que c'est une preuue qu'il l'aime véritablement de ce qu'on trauaille, par tant de moyens, à luy en
oster la connoissance ; puisque, si l'on n'étoit conuaincu
de son excellente disposition en ce point, on se mettroit
moins en peine de fermer, autant que l'on peut, toutes
les auenuës à ce qui le toucheroit moins et qui feroit peu
d'impression sur son cœur (3).

Pour passer des plus grandes choses aux plus petites,
je reuiens presentement à ce qui me regarde en particu-

sujets d'admirer notre Providence. »—En 1691, la guerre contre la Ligue
d'Augsbourg mettait la France aux prises avec l'Allemagne et l'Espagne.

(1) C'était le désaveu mérité des injustices dont il avait été l'objet,
douze ans auparavant.

(2) Loin d'avoir subi l'influence de ses conseillers, Louis XIV leur
imposa ses plans et dicta leur conduite. Voir l'article cité plus haut.

(3) L'éloge admet des restrictions nécessaires, après l'étude des faits.

lier, je veux dire à une maladie tres considerable, qui
eut pour origine un accident tres petit en apparence.
Attachant un jour la boucle d'un de mes souliers, le pied
que j'auois posé sur une chaise me manqua, en sorte que
l'os de la jambe donna assez rudement contre la carne
du bois même de cette chaise. Je sentis dans le moment
une tres grande douleur, à cause de la sensibilité de
cette partie. Y ayant mis neantmoins plusieurs fois de
l'huile d'ambre, qui est un beaume excellent pour les
playes nouuelles aussy bien que pour les brûlures, je
me crus guery ; et le lendemain, qui étoit le jour de la
Purification de la Sainte Vierge, j'allay entendre une
grande messe à genoux dans une Eglise voisine. Mais je
fus bien étonné, après le disner, lorsque je sentis que
l'inflammation se mit à ma jambe, et que je commençay
à y souffrir de la douleur. J'y appliquay les remedes les
plus doux pour tâcher d'éteindre ce feu. Mais tout ce que
j'y faisois l'augmenta encore. Une dame de nos amis,
voyant que cela duroit, se vanta de me guerir, en quatre
jours, auec un onguent qu'elle disoit estre specifique pour
cela. Je la crus. Elle m'en donna. J'y en mis. Et mon mal
augmenta encore d'une maniere considerable. Un de mes
amis me parla d'un excellent chirurgien, retiré aux Incurables (1), qui n'exerçoit plus la chirurgie que par charité, et à qui on pouuoit se confier entierement. Il s'offrit
de me l'amener, comme étant fort de ses amis. J'y consentis. Il me l'amena. Et ayant consideré la playe, qui
paroissoit peu de chose, quoyque la jambe fust enflée
et fort enflammée, il me témoigna qu'il me falloit mettre
au lict et me donna d'une espece de lenitif pour mettre

(1) Hospice fondé, en 1637, dans la rue de Sèvres, par le cardinal
de la Rochefoucauld, pour plusieurs incurables de l'un et de l'autre
sexe.

sur cette playe , qui jettoit sans cesse une abondance
d'eaux rousses. Je me couchay donc et appliquay son
remede sur mon mal. Mais, comme il arréta sur le
champ ces eaux qui couloient auparauant, je me sentis
attaqué à la poitrine, au bout de cinq ou six heures, par la
malignité de l'humeur qui remontoit. Et, me doutant
aussitost de la cause de ce nouueau mal, j'appellay du
monde ; on deueloppa ma jambe et l'on trouua en effet
que les eaux rousses étoient arrétées par ce lenitif, qui
auoit causé par conséquent cette dangereuse réuulsion. Je
fis tout oster et remettre seulement quelque chose de fort
doux, dont j'usois auparauant. A l'heure même, les eaux
reprirent leur cours, et je sentis ma poitrine dégagée ; ce
qui fait voir qu'il est utile d'auoir quelque connoissance
de la medecine, qui sauue de grands accidens ceux qui
sçauent s'en seruir auec jugement.

Enfin, comme il n'y a point de profession plus commune que celle des medecins et des chirurgiens, tout le
monde s'en meslant (1), quoyqu'il n'y ait rien de plus
rare qu'un habile medecin , chaque personne qui me
venoit voir , m'enseignoit quelque remede qui deuoit
toujours me guerir. Cependant mon mal augmenta et
s'aigrit de telle sorte, ma jambe étant deuenuë monstrueuse par l'enflure et l'inflammation et les tumeurs
qui s'y formerent, que je commençay à auoir une veritable apprehension. Sur cela nous résolûmes d'enuoyer
prier une personne tres habile de me venir voir. Elle
y vint et examina beaucoup ma jambe. Et à la fin elle
jugea que j'étois en grand péril de la perdre, et qu'il
falloit se haster d'y faire des scarifications pour préuenir
la consommation de la gangrène, qui sembloit vouloir se

(1) L'auteur n'échappe pas toujours au blâme indirect de sa remarque.

22

former. Elle ajouta même , non deuant moy, mais après estre sorty de ma chambre , qu'on auoit trop attendu et qu'elle ne sçauoit s'il ne faudroit point en venir à l'amputation. On peut bien juger de l'alarme que tout cela me causa. J'enuoyay querir un medecin que j'estimois , pour sçauoir son sentiment et ce qu'il me conseilleroit. Il vint me voir. Et, quoy qu'il trouuast ma jambe fort mal, il m'en répondit, pourueu que je fisse ce qu'il me diroit. Il me conseilla d'abord de me faire saigner une fois, me promettant de me préparer un onguent auec lequel je n'aurois rien à apprehender du costé de la gangréne, Quelque répugnance que nous eussions à la saignée, qui m'est fort contraire, comme il s'agissoit de sauuer ma jambe, je luy obéïs. Je me fis saigner. Et l'effet de cette saignée fut qu'au lieu que jusques alors j'auois reposé pendant la nuit, je tombay dès ce moment dans une insomnie de plus d'un mois, causée principalement par un battement perpetuel et tres violent des arteres de la teste. Etant reuenu me voir, au bout de deux ou trois jours, je luy dis le bel effet de sa saignée. Il en fut surpris. Mais uous le fûmes encore plus, lorsque, pour remedier à cette premiere faute, il tomba dans une seconde, en me conseillant de me faire saigner encore une fois. Nous nous opposâmes fortement à son ordonnance, en luy faisant voir combien il étoit contre la la raison d'ordonner ainsy de nouueau un remede qui auoit si mal réüssy. Mais il persista dans son sentiment auec beaucoup de fermeté, nous disant même plusieurs choses qui le rendoient en quelque sorte plus vraysemblable. J'y consentis à la fin , à demi forcé par la crainte du péril dont je me voyois menacé. Et l'on me fit, sur les dix heures du soir, une seconde saignée, qui fut encore plus malheureuse que la premiere. Car, outre qu'elle ne soulagea point mon insomnie, ainsy qu'il me l'auoit fait esperer ; le lendemain, dès six heures du matin, je me sentis attaqué au genoüil d'un commencement de paralysie qui montoit insensiblement vers la cuisse. Je demanday du secours, c'est à dire de l'oruietan (1) et de l'eau de vie. J'auallay, à l'heure même, gros comme une féue d'oruietan. Et, auec l'eau de vie, je commençay à frotter beaucoup l'endroit où le mal gagnoit. L'ayant arrété et comme couppé de la sorte, je fis une ferme résolution de n'écouter plus ce médecin touchant la saignée, qui m'étoit si dangereuse ; puisque j'ay été plus de deux ans et demy à me sentir de cet engourdissement qui étoit venu en un instant. L'emplastre qu'il m'appliqua ne fit gueres mieux ; s'étant éleué audessouz quatre ou cinq excrescences (2) de chair en pointe qui faisoient horreur à voir. Enfin la fiéure étant suruenuë, je me vis en un tel état que je ne pouuois plus même me leuer sur mon seant, ni trouuer aucun endroit dans mon lit où ma jambe pust auoir quelque repos.

Cependant l'abbé de Luçay, qui me venoit voir comme mon amy, me conseilla d'user de ses potions cordiales pour préseruer le dedans, et pousser le plus qu'il se pourroit le mal au dehors. J'en usois aussy presque tous les jours. Et je crois que c'est ce qui me sauua la vie. Car on vit bien qu'il y auoit une terrible alteration dans tous les esprits épuisez par la force et la longueur du trauail, et qu'à l'occasion de cet accident les humeurs, s'étant remuées et fermentées, menaçoient

(1) « Antidote ou contre poison qui s'est rendu fameux à Paris, parce qu'il a été distribué par un Opérateur venu d'Orviéte (Italie), dont il a fait des expériences extraordinaires en sa personne sur un théâtre public. » *Dict. de Trévoux.*

(2) Seul usité alors et plus conforme à l'étymologie latine (*excrescere*) que son successeur : *Excroissance.*

d'une inflammation generale. Pour abbreger, lorsque
nous ne sçauions plus que faire, ni quel conseil
prendre, pour donner du soulagement à ma jambe, qui
étoit dans le plus terrible état qu'on puisse s'imaginer,
ce fut encore l'abbé de Luçay qui m'enseigna le veritable
remede qui deuoit seul la guerir. D'abord nous n'y
fimes pas toute l'attention que nous deuions; parce
qu'après auoir éprouué inutilement de tant d'autres,
celuy dont il nous parla nous parut si peu de chose que
nous ne pouuions nous persuader qu'il pust faire ce que
tous les autres n'auoient point fait. Il nous dit donc
d'étuuer souuent ma jambe auec de l'eau de riuiere qui
fust tiede, et où l'on mist quelque peu d'eau de vie.
Il reuint encore me voir au moins deux fois. Et, me
demandant à chaque fois comment alloit ma jambe et
si j'auois fait ce qu'il m'auoit ordonné; comme je luy
répondis : Qu'elle étoit toujours tres mal et que je ne
voyois pas qu'un peu d'eau chaude pust me soulager,
dans l'état où je me trouuois, outre qu'il me paroissoit comme impossible d'étuuer ainsy ma jambe dans
mon lict, plusieurs fois le jour, incommodé comme
j'étois ; il se contentoit de me dire, sans se fâcher,
que j'auois beau faire, mais que je ne me guerirois
que par là. Il est vray que j'admiray sa bonté de venir
toujours, avec la même égalité d'esprit, voir une personne qui négligeoit de la sorte de faire un remede
qu'il regardoit comme seul capable de la soulager. Et
c'est aussy ce qui me fit à la fin résoudre de songer
à la maniere dont on pourroit en user, d'autant plus
que j'étois tres assuré que, s'il ne me faisoit point de
bien, il ne pouuoit me faire de mal. Je fis donc faire
une petite machine de fer blanc, dont les bords étoient
releuez au bout et aux deux costez, et dans laquelle
je pouuois placer toute ma jambe, étant couché, et

empescher que l'eau dont elle seroit étuuée ne pust couler dans le lict. Je marque ces choses exprès, pour faire connoistre la maniere dont on pourroit en user dans de semblables accidens. Car il faut tâcher, autant qu'on le peut, de deuenir sage et habile aux dépends d'autruy (1).

Dès le premier jour que l'on commença à m'étuuer, je receus du soulagement de ce remede, et je sentois je ne sçay quel addoucissement à mon mal, qui commença à transpirer. Aussy on me l'étuuoit une demye heure à la fois; et, après que ma jambe auoit été enueloppée de plusieurs linges trempez dans la même eau, on recommençoit, au bout d'une heure et demye ou de deux heures, à l'étuuer de nouueau. Enfin toutes les tumeurs et les excrescences de chair, toute l'inflammation et l'enflure si monstrueuse disparurent, en cinq jours de temps, par un effet que nous ne pouuions croire nous mêmes, en le voyant, tant il nous parut miraculeux. Et nous reconnûmes alors la vérité et la justesse du raisonnement de l'abbé de Luçay, qui nous auoit dit que la cause de mon mal étoit une humeur maligne, qui s'étoit jettée en partie sur ma jambe, par la vertu des remedes excellens qu'il me faisoit prendre par le dedans, et qui éloignoient le mal des parties nobles; mais que, les pores étant fermez, il falloit songer à les ouurir, pour donner passage à cette humeur. Je fus conuaincu tout de nouueau de la solidité de ce même raisonnement, lors qu'ayant été attaqué d'une cuisson épouuentable par tout le corps, comme si en quelque façon on m'y auoit répandu de l'eau forte, et cette cuisson s'étant ensuitte fixée au fonde-

(1)   Ex vitio alterius sapiens emendat suum.
       Sentence de Publius Syrus.

ment et à des parties encore plus fâcheuses, en sorte que la violence de la douleur me réduisoit presque à tomber en défaillance, l'abbé de Luçay, qui jugea tres bien que ce nouueau mal venoit de la même cause, c'est à dire de cette humeur corrosiue détachée par la vertu des remedes et renfermée par la dureté des pores qu'il falloit ouurir, ne me conseilla point encore autre chose qu'un petit bain de la même eau de riuière ; et ce remede, tout simple qu'il paroissoit, eut aussy tout le bon succès que je pouuois désirer, puisque je fus tout à fait guery, au bout de quatre ou cinq jours.

J'aurois fait scrupule de m'arréter si longtemps sur un mal qui m'arriua, puisqu'il est peu important au public de sçauoir que je me blessay à la jambe, au commencement de l'année 1691. et que cette blessure me causa ensuitte une maladie tres considerable, qui dura deux mois, et dont j'eus toutes les peines du monde à reuenir. Mais il n'est pas inutile, à l'occasion des petites choses qui nous arriuent, de faire ainsy remarquer combien les plus petits maux peuuent deuenir mortels, et combien les plus petits remedes sont souuent capables de guerir les grands maux. Le tout est de connoistre bien la nature et les differens ressorts du corps humain, et de discerner la qualité et les causes des maladies, et d'employer des remedes qui, étant incapables de faire du mal ; ce qui est la premiere condition qu'Hippocrates demande à un medecin : *Primùm ne nocens ;* ayent la vertu d'aider la nature, laquelle est, selon cet habile autheur, son principal medecin à elle même ; et des qualitez speci-fiques pour résoudre, pour détacher, et pour pousser au dehors tout ce qui luy est contraire. Je suis donc bien aise, en rapportant un certain détail de tous les symptômes d'un mal qui m'est arriué, et de la maniere

dont il fut traitté jusqu'à ce qu'on eust découuert le
veritable remede, d'instruire en quelque façon le public
à mes depens, et de faire remarquer à ceux qui ont
quelque lumiere et discernement des choses ce qu'il faut
faire et ce qu'il faut éuiter dans de semblables accidens.

Au mois de Juillet de la même année 1691. sortant un
jour de dimanche de nostre messe de parroisse (1), j'apperceus de loin un Ecclesiastique que je crus connoistre.
Et m'étant arrété pour voir, quand il approchoit, si je ne
me trompois point, je reconnus en effet que c'étoit mon
ancien amy, M. du Fresnel, alors chanoine et grand vicaire de Boulogne (2). J'allay aussitost l'embrasser
comme une personne que j'estimois beaucoup et que j'aimois tendrement ; et luy demanday d'où il venoit et où il
alloit ; car je n'auois point du tout sceu ce qui lui étoit
arriué. Luy, fort surpris de mon ignorance, me dit qu'il
venoit du Bois de Vincennes et qu'il sortoit de prison (3).
Je demeuroy interdit et dans le dernier étonnement. Nous
entrâmes dans une porte voisine. Et, après que je luy eus
témoigné l'étourdissement où j'étois de n'auoir rien sceu
de ce qui le regardoit, il me dit en abregé, et selon que
le peu de temps que nous auions le luy put permettre, ce
qu'il prit la peine, quelques jours après, de venir nous
conter chez nous plus au long. Voicy donc comment se

(1) Saint-Etienne-du-Mont. — Les Jansénistes se distinguaient par
leur attachement à la Paroisse.

(2) Le premier éditeur, qui a tout abrégé et bouleversé dans cette
partie des *Mémoires*, l'appelle « M. de Tresnel. » P. 403 et 405. Il
s'agit de « Charles Papin du Fresnel, Prêtre, Docteur en Théologie de
la Faculté de Paris et de la Maison de Sorbonne. » Chanoine de Noyon,
puis de Beauvais, il était alors « Doyen de Boulogne, » comme le dit
l'Imprimé, plutôt que « Grand Vicaire. » — *Supplément au Nécrologe*, p. 418.

(3) Il y était resté un mois.

passa cette affaire qui fit un si grand éclat, et qui couta
la vie, quelques mois depuis, à un chanoine de Beauuais,
qui auoit voulu, par une malice diabolique, faire tomber
un grand nombre des plus gens de bien, qui fussent alors,
dans la fosse qu'il se prépara, sans y penser, à luy même.

Ce chanoine, dont je tais le nom (1), pour épargner sa
famille, qui est une famille d'honneur, menoit une vie
assez licentieuse ; ce qui porta quelques uns de ses confreres à l'en reprendre, comme d'un scandale dont le des-
honneur retomboit en quelque sorte sur tout le chapitre.
Il en conceut une grande haine, principalement contre six
de ceux qui luy parurent plus opposez à son desordre. Et,
pour s'en vanger, il forma le lâche dessein de les accuser
d'une entreprise secrette contre le Roy. Comme ces chanoines, qu'il vouloit perdre et qu'il prenoit pour des ennemis mortels, parce qu'ils l'étoient du déreglement de
sa conduitte, auoient toujours vécu dans une fort grande
pieté et dans une étroitte union auec leur deffunt éuesque, ce prelat dont la memoire sera éternellement en benediction dans son diocese ; il jugea que le moyen le plus
sùr, pour réüssir dans son dessein, étoit la réputation
qu'ils auoient d'estre Jansenistes, qui est un nom vrayment chimerique qu'on a inuenté pour rendre odieux
tous ceux qu'on veut opprimer (2), souz prétexte d'un

(1) Le premier éditeur, sans tenir compte des scrupules charitables
de du Fossé, dont il ne laisse pas de reproduire le texte, ajoute en
note : « Raoul Foi qui étoit du parti de ceux qui persecutoient toujours les Disciples de S. Augustin, dit M. Baillet page 121. de la Vie
de M. Hermant, commença au mois de juillet 1689. à tramer la conspiration chimerique dont il est ici question. » P. 402.

(2) Le premier soin des partis a toujours été de procéder de la
sorte, cédant au besoin d'être injurieux et blessants à l'égard de leurs
adversaires. — « Les Jésuites les nommèrent jansénistes, dit Mlle de
Montpensier, comme on dirait calvinistes, afin que ce nom, qui a du
rapport avec l'autre, effrayât le monde et les fit passer comme des

zele apparent pour la gloire de l'Eglise ; puisqu'il est certain, par l'expérience qu'on a fait depuis cinquante ans, qu'il n'y a point de personnes plus sincerement attachées à l'Eglise et à la pureté de sa doctrine, que les personnes à qui il semble que l'on imprime une tache ineffaçable, du moment qu'on leur a donné ce nom. Ce fut donc aussi ce qui inspira une plus grande hardiesse à ce méchant homme qui, connoissant la situation presente des affaires de l'Eglise, ne douta point que son accusation contre ces chanoines, toute atroce qu'elle étoit, ne fust d'autant mieux receuë qu'on les regardoit déja comme des gens de party. Il auoit des amis puissans qui parurent l'appuyer dans son entreprise ; quoyqu'on ne puisse se persuader qu'ils fussent eux mêmes informez de sa malice. Et, par leur credit, il trouua moyen de rendre compte au Roy même et à ses Ministres de tout ce qu'il prétendoit auoir découuert. Il leur fit entendre qu'il ne s'agissoit pas de moins que d'une horrible conspiration contre l'Etat ; qu'on auoit formé le dessein de faire entrer les ennemis dans le royaume par la ville de Boulogne (1) ; ce qui étoit la commission dont s'étoit chargé le sieur du Fresnel, alors chanoine doyen de Boulogne (2), et auparauant chanoine de S. Pierre de Beauuais ; et de faire en même temps réuolter les Nouueaux Conuertis de la prouince de Bretagne ; ce qui deuoit estre exécuté par le

hérétiques. » — Le P. de la Chaise disait finement que cette appellation de *Janséniste* était leur *éponge à noircir.*

(1) Le 25 juin 1689, pour soutenir Jacques II , détrôné par le Prince d'Orange, devenu Guillaume III, Louis XIV avait déclaré la guerre à l'Angleterre, et c'est un mois après (voir plus haut, p. 318), que Raoul Foi avait lancé cette terrible accusation de vouloir introduire l'ennemi en France, en temps de guerre.

(2) Les mots « et doyen » ont été ajoutés par une autre main. L'Imprimé porte seulement « alors Doyen de Boulogne (p. 403). » Tel était son titre, depuis qu'il avait quitté le diocèse de Beauvais.

sieur de Brie Dieu (1), qui étoit pour lors exilé en ce
païs là. Pour preuue d'une si étrange accusation, il osa
produire des lettres en chiffres, qu'il attribuoit aux accusez. Et, afin que rien ne manquast à cette insigne four-
berie, il songea à addresser toutes ces lettres à celui là
même qu'on regardoit comme le chef de tous les préten-
dus Jansenistes ; c'est à dire à M. Arnauld (2), cet homme
attaché inuiolablement à la fidelité duë à son prince ;
parce qu'il sçauoit que la haine que luy portoient ses ennemis ne contribueroit pas peu à faire valoir son accusation. Ainsi le voilà tout d'un coup deuenu le chef et l'âme
de toute cette malheureuse intrigue contre l'Etat, sans
qu'il l'ait sceu que près de vint mois après, selon qu'il le
dit luy même agreablement depuis. Mais ce n'étoit pas la
premiere fois qu'il s'étoit veû accusé de semblables en-
treprises, puisqu'il ne tint pas à ses aduersaires qu'il ne
demeurast conuaincu d'une conspiration contre l'Eglise
catholique, formée, à ce qu'ils disoient, à Bourgfontaine,
si, par la date qu'ils produisoient, ils n'eussent été conuaincus eux mêmes que celuy qu'ils en accusoient n'a-
uoit alors que six ans (3).

Tout ce dessein paroissoit sans doute bien concerté, et
l'on peut dire que la prudence du serpent y auoit meslé
tout ce qui pouuoit la rendre plus vraysemblable. Cependant la grande lumiere et l'équité naturelle du Roy le fit

(1) De Bridieu, archidiacre de Beauvais. — Le *Supplément au Nécrologe* contient un long article nécrologique où cette affaire figure
(pp. 673-676), et de plus une lettre de lui adressée à M. Marcel, curé
de Saint-Jacques-du-Haut-Pas, à Paris, sur la mort du Père Des
Mares. Elle porte la date du 26 janvier 1687. Pages 206-208.

(2) Il était alors en Hollande, en exil volontaire.

(3) Cette accusation a déjà été réfutée, t. I, p. 112. — Au lieu de
six ans, l'Imprimé met *neuf* (p. 104), et avec raison. Né en 1612,
Arnauld avait cet âge, en 1621, lors de l'entrevue de Bourgfontaine.

douter tout d'un coup de l'imposture, et il ne put s'empescher de témoigner qu'il auoit peine à ajouter foy à
une telle accusation. Mais, comme dans les affaires où il
s'agit de l'interets de l'Etat, on ne doit rien négliger, il
donna ordre d'abord qu'on enuoyast à Beauuais un homme
de teste, pour obseruer, durant quelques jours, toutes les
demarches des accusez. Cet homme s'y transporta et
s'acquitta, auec toute la sagesse et le secret possible, de
cette importante commission, sans qu'il remarquast,
dans la conduitte de tous ceux qu'on luy auoit designez,
rien qui sentist le moins du monde l'air de caballe ;
puisque toutes leurs demarches n'étoient presque que de
leurs maisons à la cathedrale, et de la cathedrale à leurs
maisons. Il en informa la Cour. Mais, parce que le délateur insistoit et qu'il nommoit même des témoins, outre
les lettres en chiffre qu'il auoit produittes, il fut enuoyé
des ordres pour arréter tous les accusez, tant ceux de
Beauuais que celuy de Boulogne, et celuy de Bretagne,
qu'on emmena tous au Bois de Vincennes (1). Si jamais
gens furent surpris, ce furent ces bons chanoines, dont
quelques uns étoient fort simples, et qui, ne songeant
uniquement qu'à satisfaire à leur deuoir, ne pouuoient
s'imaginer en aucune sorte pour quelle raison on les
arrêtoit. Aussy mon amy, Monsieur du Fresnel, me té-

(1) L'un d'eux fut enfermé à la Bastille, comme on le voit par la
note que le premier éditeur a mise sur ce passage. « M. le Maire
Chantre de l'Eglise Cathédrale de Beauvais et trois Chanoines, savoir
MM. Gerard, Hocquet et de Nully furent conduits au Château de Vincennes, avec M. Papin de Tresnel (*sic*) Doyen de Boulogne. A l'égard
de M. Bridieu, Archidiacre de Beauvais, il fut mis à la Bastille. Sept
ou huit autres Chanoines de Beauvais, du nombre desquels étoit
M. Hermant, étoient des accusés, et on devoit aussi les arréter. Raoul
Foi avoit aussi mis sur la liste plusieurs autres personnes illustres
écartées dedans et dehors le royaume, tels que M. de Rancé, Abbé de
la Trappe, M. de Pont-Château, M. Feidau, M. Arnauld, etc. » P. 405.

moigna que la surprise qu'il fit paroistre, à la première
ouuerture qu'on luy fit dans son interrogatoire de ce
beau projet de conspiration, fit juger tout d'un coup à
celuy qui l'interrogeoit (1) de l'imposture du delateur.
Car l'étonnement, et en même temps l'indignation où il
fut de s'entendre nommer dans une affaire de cette nature,
produisit un tel effet sur son esprit et sur son cœur, qu'il
fut facile de remarquer que la fiction n'auoit point de
part à ces mouuemens, qui étoient trop naturels pour ne
pas partir du fonds d'une conscience tres droite et tres
innocente. Il parut aussi combien Dieu assiste les inno-
cens et protege ceux qu'on veut opprimer. Car il parla,
dans tout cet interrogatoire, comme un Pere de l'Eglise.
Et le Saint Esprit luy mettant, pour le dire ainsy, dans
la bouche, tout ce que les Saints Apostres ont dit de plus
fort sur le respect que les Chrestiens doiuent aux Puissances établies de Dieu, et sur la fidelité inuiolable dont
un sujet ne peut jamais estre dispensé enuers son Prince,
il fit connoistre si clairement, par toute la maniere dont
il s'expliqua, le peu d'apparence qu'il y auoit à accuser
des gens comme eux d'un projet si extrauagant, que le
commissaire étably du Roy pour l'interroger en demeura
parfaittement conuaincu. Et il remarqua les mêmes
caracteres de sincerité dans l'interrogatoire des autres.

Cependant le délateur auoit eu la précaution de se
cacher, aprés que les accusez auoient été pris, ne
voulant pas se mettre au danger d'estre confronté, et
se croyant bien vangé de les voir ainsy en prison,
où il s'imagina peut estre qu'on les laisseroit, sans

(1) L'Imprimé porte : « M. de la Reine, » pour « de la Reynie. »
— Nicolas Gabriel de la Reynie avait été nommé à la charge de lieutenant de police, en mars 1667, quand elle fut séparée de celle de lieutenant civil. Elles faisaient partie de la juridiction du Châtelet.

pousser plus loin cette affaire. Mais le Roy, persuadé par les interrogatoires des accusez, donna des ordres tres pressans pour faire chercher et arréter cet imposteur. Et, quelque soin qu'il eust pris pour se cacher, il fut découuert et mis en prison, lorsque ceux qu'il auoit chargez furent mis en liberté, après neantmoins qu'ils eurent promis de se representer, s'il étoit besoin. On l'interrogea donc juridiquement. Et, quoy qu'il pust dire pour s'excuser et en charger d'autres, il fut si bien conuaincu, et sa cause parut si méchante aux juges, que le Roy luy auoit donnez, qui ne pouuoient pas luy estre suspects, qu'ils ne crurent pas pouuoir se dispenser de le condamner à mort. Après que l'arrest eut été rendu, les accusez, touchez tres sensiblement de son malheur, et animez du même esprit qui portoit anciennement les saints éuesques à interceder pour les criminels à qui ils vouloient procurer du temps pour pouuoir faire penitence, allerent exprès à la Cour se jetter aux pieds du Roy pour supplier et conjurer Sa Majesté, par les entrailles de Jesus Christ qui a prié pour ses ennemis, de vouloir bien faire grace à ce miserable qui auoit voulu les perdre. Le Roy fut tres viuement penetré d'une disposition si chrestienne. Il loüa beaucoup cette marque de leur charité sincere; mais il leur dit qu'il ne pouuoit pas se dispenser de faire justice en cette rencontre; qu'il la deuoit à son royaume et qu'il étoit necessaire d'arréter par un tel exemple de semblables impostures (1).

Il ne se peut rien ajouter ni à la genereuse charité de ces chanoines, qui intercederent tres sincerement pour la grace de leur propre accusateur, ni à l'équité tres éclairée de ce grand prince, qui jugea deuoir préuenir, par la

____

(1) « Raoul Foi fut pendu en Greve pour ce sujet le Mercredi 12. septembre 1691. » Note du premier éditeur.

mort du criminel, l'oppression de plusieurs autres inno-
cens. Mais plust à Dieu qu'il eût porté encore plus loin
cette lumiere si viue qu'il fait paroistre en tant de rencontres ; et que, faisant une serieuse réflexion sur l'innocence de la conduitte de celuy que l'on auoit osé faire le
chef de cette nouuelle conspiration, il jugeast de la fausseté de beaucoup d'autres accusations dont on l'a chargé,
par celle cy ; puisqu'étant examinées aussy juridiquement elles ne luy paroistroient pas sans doute moins clairement fausses et pleines de malignité ! C'est ce qui arri-
uera, quand il plaira à celuy qui tient en sa main le cœur
des rois (1).

(1) Les vœux de du Fossé ne furent pas exaucés. Arnauld devait
mourir, trois ans après, le 8 août 1694, toujours en exil volontaire.
Le récit qui termine ce chapitre se trouve dans l'Imprimé
(pages 402-408), avec quelques suppressions et additions. Il est d'autant plus curieux qu'il présente un résumé assez complet de cette
affaire, dont les historiens de Port-Royal ne se sont guère occupés.
Le *Supplément au Nécrologe*, à la suite de quelques lignes sur M. Papin
du Fresnel, mort le 20 février 1693, ajoute : « On trouvera à la fin
dans la *Suite du Recuëil de Pièces*, un *Mémoire sur l'Affaire des Chanoines de Beauvais en* 1689. Il a été écrit dans le Païs sur des Memoires du tems, et nous avons crû être d'autant plus dans l'obligation
de le donner, que cette fameuse affaire n'est guere connuë aujour-
d'hui que par le peu que Mr Baillet en a dit dans la Vie de M. Hermant. » P. 419. — Le *Recueil de Pieces*, pour la première partie du
Supplément (Janvier-Juin), a bien été donné ; mais la *Suite* annoncée
n'a pas été publiée, pas plus que la seconde partie du *Supplément*
lui-même. (Juillet-Décembre). Le récit de du Fossé, donné d'après
les confidences de l'un de ses amis, prisonnier lui-même, n'en a
donc que plus de valeur.

APPENDICES

ET

PIÈCES JUSTIFICATIVES.

I.

Madame de Sévigné sur la Loire.

Faisant le même voyage que du Fossé sur la Loire , d'Orléans à Nantes, Mme de Sévigné, en 1675, fut moins heureuse que notre auteur, comme on le voit par le début de la lettre suivante adressée à sa fille. La différence des saisons en fut la cause ; l'un descendait la Loire, au printemps ; l'autre, à la fin de l'été.

« Mardi 17° septembre.

« Voici une bizarre date : je suis

> Dans un petit bateau ,
> Dans le courant de l'eau,
> Fort loin de mon château ;

je pense même que je puis achever,

> Ah! quelle folie (1) !

(1) « Dans le recueil des chansons de Coulanges, se trouve le couplet suivant, intitulé : *Pour Madame la comtesse de G.* (Grignan), *qui pensa se noyer sur le Rhône, en allant en Provence, sur l'air :* Ah ! quelle folie! *Couplet retourné :*

> Ah, quelle folie
> D'exposer sa vie
> Au courant de l'eau
> Dans un petit bateau !

Car les eaux sont si basses, et je suis si souvent engravée, que je regrette mon équipage, qui ne s'arrête point et qui va son train. On s'ennuie sur l'eau, quand on y est seule ; il faut un petit comte des Chapelles et une Mlle de Sévigné. Mais enfin c'est une folie de s'embarquer, quand on est à Orléans, et peut-être même à Paris (c'est pour dire une gentillesse) ; mais il est vrai qu'on se croit obligé de prendre des bateliers à Orléans, comme à Chartres d'acheter des chapelets (1). »

II.

« Lettre de prouision de Mr Augustin Thomas à l'office de Con^er M^re ord^re en cette chambre par la résign^on de Mr Jean de Mathan.

« Louis par la grace de Dieu Roy de France et de Nauarre a tous ceux qui ces presentes verront salut. Sçauoir faisons que pour lentière confiance que nous auons en la personne de nostre cher et bien aimé Mr Augustin Thomas sieur de Boisroger, aduocat en nostre cour de parlement de Rouen, et en droit sens, suffisance, loyauté, prudhommie, experience au faict de nos finances, fidélité et affection à nostre seruice a icelluy, pour ces causes et autres, consideraōns à ce nous mouuans, auons donné et octroyé, donnons et octroyons par ces presentes loffice de Mre Cons^ler M^re ord^re en nostre chambre des Comptes à Roüen que tenoit et exerçoit Mr Jean de Mathan, sieur de Semilly, dernier possesseur djceluy vaccant a présent par la résignaōn qu'il en a faict en nos mains au proffict du d. de Boisroger par

L'on peut, quand on est misérable,
Chercher un écueil favorable
Pour y faire son tombeau ;
Mais risquer sa vie
Sous un ciel si beau
Si près de son château,
Ah, quelle folie!

(1) « La cathédrale de Chartres était un pelerinage célèbre ; on y révérait une ancienne statue de la Vierge. »

Lettres de Madame de Sévigné.
Edition des GRANDS ÉCRIVAINS DE LA FRANCE, t. IV, p. 135.

sa procuraõn cy attachée soubz nostre contre scel pour le d. office auoir
tenir et doresnavent exercer, en jouir et user par iceluy, aux honneurs,
auctoritez, prerogatiues, preeminences, et aux sus d. libertez, priuileges, exemptions, gages, droictz, proffitz, reuenus et esmolumens
au d. office appartenans. Tels semblables qu'en a jouy ou deub jouir
le d. de Mathan, tant qu'il nous plaira. Encore qu'il ne tienne les
quarante jours portez par nos ordonnances de la reigle desqueles,
attendu le droit annuel par luy payé, nous auons dispensé le d. de
Boisroger, pourueu touttes fois qu'il n'ayt en nre d. Chambre aucuns
parens ny alliez au degré prohibé par nos ordonnances ainsy qu'il
nous est apparu par le certiffical de notre proc. genãl en icelle a
peyne de nullité des presentes et de sa reception, et qu'il ayt attaint
laage de vingt sept ans accomplis et nayt composé du d. office a plus
hault prix que celuy fixé suiuant la submission qui en a esté faicte
par son procureur fondé de procuraõn es mains de nre tres cher et
feal cheuallier chancelier de France le sieur Seguier, et du cas qu'il
nayt attaint le d. aage ou qu'il ayt traitté du d. office a plus grande
somme. Nous l'auons déclaré vaccant et impetrable à notre proffit
conformement à notre declaraõn du mois de decembre xvi e soixante
cinq. Cy donnons en mandement à nos amez et feaux les gens tenans
nre d. Chambre des Comptes à Rouen qu'aprez leur estre apparu des
bonne uie, mœurs, aage sus d. de vingt sept ans accomplis conuer-
saön et religion catholique apostolique et romaine du d. Boisroger, et
de luy pris et receu le serment en tel cas requis et accoustumé, ils le
recoiuent, mettent et instituent de par nous en possession et jouis-
sance du d. office et d'icelluy ensemble des d. honneurs, auctoritez,
prerogatiues, preeminences, franchises, libertez, priuileges, exemptions, gages, droicts, proffits, reuenus et esmolumens sus d. L'en
faisant jouir et estre plainement et paisiblement a luy obeyr et
entendre de ceux ainsy qu'il appartiendra des choses concernantes
le d. office, luy faisant en outre payer et deliurer comptant par les
receueurs payeurs des gaiges des officiers de nre d. Chambre les d.
gaiges et droicts doresnavant par chacun an aux termes et en la maniere accoustumée à commencer du jour et dabte des presentes rapportant copie desquelles deument collaõnnées pour une seulle fois
auec quittance du d. de Boisroger sur ce suffisante nous voulons les
d. gaiges et droicts estre passez et allouez es comptes d'iceux qui en
auront fait le payement par nos amez et feaux les d. gens de nos

23

comptes sans difficulté. Car tel est nostre plaisir. En tesmoing de quoy nous auons faict mettre nostre scel a ces d. présentes. Donné à Paris le vingt cinqᵉ jour de novembre lan de grace xviᶜ soixante huict et de nostre regne le vingt sixᵉ. Sur le reply par le roy scellez d'ung grand sceau de cire jaulne.

« J'ay receu de M. Augustin Thomas de Boisroger la somme de iiᵐ ixᶜ xxxiii ₶ viˢ. viii d. scauoir iiᵐ viᶜ. lvi ₶ xiii s.iiii d.en principal et iiᶜ lvi ₶ xiii s, iiii dʳˢ pour les deux sols pour liure pour la résignaõn de loffice de Cᵒⁿˢ du roy et Mᵉ ordʳᵉ en la Chambre des Comptes de Rouen aux gaiges et droicts y appartenant. Faict a son proffict par Mʳ Jean de Mathan qui a payé l'annuel. Faict à Paris le xviᵉ nouembre xviᶜ lxviii. A costé est escript quittance du trésorier des reuenus casuels du Roy de la somme de iiᵐ ixᶜ xxxiii ₶ viˢ viii d. Signé du Metre et plus bas au roolle du xviᵉ nouembre xviᶜ lxviii et au dos enregistre au controsle general des finances de France par nous consᵉʳ du roy en tous ses conseils et au conᵉˡ royal controoleur general des finances de France à Paris le xxiiiiᵉ jour de nouembre xviᶜ lxviii. Signé Colbert.

« J'ay receu de M. Augustin Thomas de Boisroger la somme de viiiᵉ lviii ₶ pour le droict du marc d'or de loffice de conseiller du roy Mₑ ordinaire en sa Chambre des Comptes à Rouen duquel il a esté pourueu par la resignaõn de Mʳ Jean de Mathan dernier possesseur du d. office. Faict à Paris le xviiᵉ jour de nouembre xviᶜ lxviii. Signé Damond et au dos est escript. Enregistré au controolle general du marc d'or des ordres du Roy par moy conseiller de icellui et controolleur general du d. marc d'or.A Paris le xxiᵉ jour de nouembre xviᶜ soixante huict. Signé Chappelin de Billy. Collaõnné aux originaux par moi conseiller secrettaire du Roy et de ses finances. Signé Cadet. »

> *Archives de la Seine-Inférieure.* Mémoriaux de la Cour des Comptes, année 1668 (feuillets 86 et 87).

III.

Sur les causes qui portèrent Louis XIV et l'archevêque de Paris, Hardouin de Péréfixe, à réunir à Port Royal des Champs les

Religieuses enlevées de Port-Royal de Paris, le 26 août 1664, et dispersées dans divers monastères (1).

La XIVe Pièce du *Recueil d'Utrecht* donne la *Relation de ce qui s'est passé à Port-Royal de Paris depuis le transport des Religieuses, fait à Port-Royal des Champs en 1665, et l'établissement de la sœur Dorothée Perdereau première Abbesse intruse de Port-Royal, Par la sœur Melthide THOMAS*.

L'auteur de cette Relation est Madeleine Thomas, la propre sœur de notre auteur, son cadet, religieuse à Port-Royal de Paris, sous le nom de sœur Melcthilde. Elle a 45 pages (455-500). L'éditeur l'a fait précéder d'un préambule, où il juge la valeur de cette Relation et résume les faits antérieurs au 5 septembre 1665, où la sœur de du Fossé commence son récit.

Voici la partie de ce préambule qui se rapporte au passage renvoyant à l'Appendice III, et où se trouve l'indication des motifs de la réunion opérée.

« On sçait assez qu'au commencement de Juillet 1665. M. l'Archevêque fit aller à Port-Royal des Champs toutes les Religieuses Opposantes qui étoient à Port-Royal de Paris, et qu'il réunit avec elles toutes celles qui étoient enfermées en differens Monasteres, non pour leur faire plaisir, comme on leur fit accroire d'abord, mais pour continuer de les persecuter (en les tenant captives dans leur propre Maison.) Jamais cependant on ne se seroit attendu à cela : aussi le Prélat ne s'y porta-t-il pas de lui-même. Voici comment la chose se fit. Le Roi ennuyé, avec raison, de payer cinq cens livres de pension pour chacune des XVI. Religieuses qui étoient hors de Port-Royal, dit à M. l'Archevêque qu'il pouvoit les renvoyer à Port-Royal des Champs vivre de leurs revenus. Le Prélat jugea qu'il étoit aussi à propos d'y envoyer toutes celles de Paris qui n'avoient pas voulu signer, de peur qu'elles ne fissent retraiter celles qui l'avoient fait. Ce fut ainsi qu'il fit du Monastere de Paris une Maison toute neuve, dont on verra ici l'Histoire. Depuis ce temps les deux Maisons firent deux Communautez differentes. Il y eut dans celle des Champs soixante et onze Religieuses de Chœur, et seulement dix ou douze à Paris. »

Recueil d'Utrecht, pp. 454-455.

(1) Voir t. II, p. 181.

Nous avons donné, dans l'Appendice VIII du tome II, p. 316, les noms de douze Religieuses enlevées, le 26 août 1664, et dont le nombre fut porté à seize par l'enlèvement de quatre autres Religieuses, à des époques différentes. L'éditeur de la Relation nous dit en note que, de ces seize Religieuses : « Il n'en revint que XIII. à Port-Royal des Champs. Une mourut dans le temps de sa captivité, (la Sœur Claire Soulain, chez les Ursulines du faux-bourg S. Jacques.) Une autre (la Sœur Helene de Sainte Agnès de la Savoniere) retourna au Monastere qu'elle avoit quitté pour venir à Port-Royal (à l'Abbaye de l'Eau). La troisième qui étoit la Sœur Melthide revint à Port-Royal de Paris. »

Ibid. Note de la page 454.

IV.

Sur la Séparation des deux Maisons de Port-Royal en 1669.

Le Conseil d'Etat, après un assez long examen, régla le partage, en mai 1669. Pussort, oncle de Colbert, était le rapporteur.

Voici en quels termes la décision est appréciée dans une *Addition* à la *Relation* de la Sœur Melcthilde, dont il est parlé dans l'Appendice précédent.

« On travailla à établir de nouveau d'une maniere qui parut juridique, ce qui avoit été fait contre toutes les regles. C'est pourquoi on engagea le Roi à donner le 15 Mai 1669. un Arrêt du Conseil d'Etat qui partageoit les biens et séparoit les deux Maisons en Abbayes indépendantes l'une de l'autre. « L'abbesse Perdereau continuera, « dit-il, la possession, régie et gouvernement du Monastere et Abbaye « de Port-Royal de Paris, jouira des fruits et revenus qui y demeu- « reront annexés ; et à perpetuité il y sera pourvû d'une Abbesse « perpetuelle à la nomination du Roi. Néanmoins Sa Majesté pour de « bonnes et justes considerations ordonne que le Monastere de Port- « Royal des Champs avec ses annexes et dépendances sera distinct, « séparé et indépendant de celui de Paris du consentement du sieur « Archevêque et de ladite Perdereau pour être établie à perpetuité « au titre d'Abbaye élective et triennale sous le nom d'Abbaye de « Port-Royal des Champs, régie et gouvernée à perpetuité par une « Abbesse qui sera élue de trois ans en trois ans par les Religieuses

« qui y sont présentement et seront à l'avenir. Et afin d'ôter tout
« sujet de contestation entre les deux Abbayes sur le sujet des biens
« et revenus, Sa Majesté ordonne qu'ils seront partagés en deux lots,
« l'un desquels sera composé d'un tiers qui appartiendra à perpe-
« tuité aux Abbesses et Religieuses de Port-Royal de Paris, et l'autre
« composé de deux tiers appartiendra aussi à perpetuité aux Abbesses
« et Religieuses de Port-Royal des Champs. » Etc.

« Ce partage fut confirmé par une Bulle du Pape Clément X, du
23 septembre 1671, qui fut enregîtrée au Grand Conseil. Au reste
l'Arrét dont on vient de parler, qui donnoit deux tiers des biens
aux Religieuses des Champs qui étoient au nombre de plus de quatre
vingt fut executé de façon que les Religieuses de Paris qui n'étoient
que neuf ou dix qui eussent droit, (les autres qui auoient été reçues
n'appartenant pas véritablement à la Maison), eurent réellement les
deux tiers au moins, parce qu'elles se firent adjuger les bâtimens
qui étoient autour de leur Monastere, et qu'elles garderent tout ce
qui y étoit en meubles, argenterie, etc... Elles eurent encore un
autre avantage c'est que la Maison de Paris étoit bien conditionnée,
au lieu que celle des Champs n'avoit pas tous les lieux Reguliers en
état, et n'étoit pas bien fournie des choses nécessaires et qu'il n'y
avoit jamais logé plus d'une trentaine de Religieuses... »

Recueil d'Utrecht, pp. 517-518.

V.

LETTRE

DE MONSIEUR DU FOSSÉ (1),

Où il rapporte une apparition de la Mere Marie Angelique, à
Port-Royal de Paris, peu avant la mort de la sœur Marie
Dorothée Perdrau, Abbesse intruse de la Maison de Paris.

« Voici, ma très chere Mere, la relation très exacte de ce qui est
arrivé à Port Royal de Paris, quelque tems avant la mort de la Sœur

(1) Une note dit : « Cette lettre fut écrite vers le mois de mars
1685. »

Dorothée, que feu M. l'Archevêque Hardouin de Perefixe, en avoit
fait établir Abbesse, après la séparation des deux Maisons.

« Madame de Mongobert, veuve de M. le Marquis de Mongobert,
qui étoit cadet de la Maison de Joyeuse, étant un jour allé voir
Madame des Granges, Religieuse à P. R. de Paris, s'entretint avec elle
de différentes choses; et dans la suite de leur entretien, elle la pria
de lui dire, si ce qu'on lui avoit rapporté touchant une apparition de
la feue Mère Angélique, étoit véritable. Sur quoi Mad. des Granges
s'étant contentée de lui répondre qu'il n'y avoit rien de plus vrai,
appella aussi-tôt une autre Religieuse qui servoit d'écoute et lui dit :
« Ma Sœur, approchez vous, je vous prie, il n'y a point de danger à
« s'ouvrir à cette Dame, nous pouvons lui parler avec confiance. »

« Alors, cette autre Religieuse s'approcha, et raconta à Mad. de
Montgobert, la maniere dont étoit arrivée cette apparition de la feue
Mère Angelique Arnauld, dont elle lui parloit. Voici donc comment
la chose se passa.

« Deux Religieuses étant à la veille du Saint-Sacrement, pendant
la nuit, virent tout d'un coup la feue Mere Angelique se lever du
lieu où elle est enterrée, ayant en main sa crosse Abbatiale, marcher
majestueusement tout le long du chœur, et aller s'asseoir à la place
où se met l'Abbesse durant Vêpres, c'est-à-dire à la première du bas
du chœur, à côté droit.

« Etant assise, elle appela une Religieuse qui paroissoit au même
lieu, et lui donna ordre d'aller quérir la Sœur Dorothée, qui vint se
presenter devant la Mere Angelique, laquelle lui parla pendant
quelque temps, sans qu'on pût entendre ce qu'elle lui dit, et alors
tout disparut.

« On ne doute point qu'elle n'ait alors cité la Sœur Dorothée devant
Dieu, et c'est la maniere dont elle l'interpréta elle même, lorsque les
deux Religieuses qui avoient été témoins de cette apparition, la lui
ayant rapportée, elle s'écria tout d'un coup dans une grande frayeur :
Ah! je mourrai bientôt; et en effet elle mourut quinze jours ou
trois semaines après.

« Après que la Religieuse qui accompagnoit Mad. des Granges au
parloir, eut achevé le récit de cette apparition, elle ajouta que si elle
osoit, elle diroit bien d'autres choses touchant la M. Angélique ; que
pour elle, elle avoit une vraie vénération pour sa mémoire, et que
dans toutes ses peines, elle avoit accoutumé de prier sur son tom-

béau , lequel même étoit en vénération à la plûpart des autres Religieuses, qui faisoient souvent une inclination en passant devant. Sur cela, Mad. des Granges, que l'on sait avoir été faite Religieuse plûtôt pour suivre la volonté de ses parens que la sienne, dit en s'adressant à Mad. de Mongobert : « Ne suis-je pas bien malheureuse, « ma chere Dame , de n'être pas venue ici du tems de la Mere « Angelique ? Car assurément elle ne m'auroit pas reçue. »

« C'est ainsi que se passa cet entretien, où l'on a appris exactement la vérité d'une apparition si surprenante. Les circonstances qu'on a marquées font assez voir que les témoins ne peuvent être regardés comme suspects, et il y paroit un caractere de sincerité qui tient lieu de conviction.

« Vous m'avez demandé, ma très chere Sœur, les quatre petits vers que feu M. de Gomberville (1) fit sur la retraite de feu M. le Maitre; les voici :

> Te dirai-je ce que je pense,
> O grand exemple de nos jours?
> J'admire tes nobles discours;
> Mais j'admire plus ton silence (2).

« Au reste, je vous avoue, ma tres chere Sœur, que je suis si charmé de ce que je sais de la feue M. Angelique, que je ne vois rien de plus grand dans l'antiquité, que la foi, la charité et l'humilité de cette sainte Abbesse. Demandez lui, s'il vous plaît, qu'elle m'obtienne de Dieu par ses prieres, que la connoissance que j'ai de son grand merite, ne tourne point à la confusion de celui qui est votre, etc. »

Cette lettre publiée, pour la première fois, à la suite des *Mémoires de du Fossé,* par l'éditeur de 1759, a été reproduite dans les : « *Mémoires pour servir à l'Histoire de Port-Royal et à la vie de la Reverende Mere Marie Angelique Arnauld, reformatrice de ce Monastère.* A Utrecht, aux dépens de la compagnie. MDCCXLII. » 5 vol. in-12. Elle est dans le tome II, pp. 229-252. Le paragraphe relatif aux vers de Gomberville a été supprimé.

(1) Il était mort le 14 juin 1674.

(2) Du Fossé les a mis dans ses *Mémoires,* à l'occasion de la retraite de M. Le Maître à Port-Royal. Voir t. I, p. 85.

VI.

Sur l'établissement de M. Le Tourneux à Paris.

Entre autres renseignements curieux, voici ce que Fontaine dit de
la retraite de M. Le Tourneux, et de son logement à Paris, rue Saint-
Victor, dans la maison de l'auteur :

« M. du Fossé étoit trop chrétien pour ne pas tendre les bras à
un tel homme, qui dans une telle extrémité venoit se jetter dans son
sein pour en recevoir du secours. Non seulement il lui promit de
parler favorablement pour lui à ses amis ; mais comme il le vit dans
la resolution de quitter tout, et de sortir d'un vicariat de campagne (1) où il subsistoit assez pauvrement, après quoi n'exerçant
plus aucune fonction ecclesiastique, il ne pouvoit être que denué de
tout, et chargé de sa seule pieté et de sa science, il lui offrit sa
maison à Paris, où il vint effectivement se retirer.

« M. Le Tourneux jugeant encore plus par la facilité et par l'hon-
nêteté de M. du Fossé, que c'étoit Dieu qui étoit l'auteur de son
dessein, se rendit aussitôt à sa voix, quitta la soutane avec joie, et
par consequent toutes les fonctions sacrées, et se reduisit à l'habit
gris et à une vie tres pénitente. Je l'ai vu, mon Dieu, dans son état
d'humiliation, et en rendant visite à M. du Fossé, à son retour de
Normandie, lorsque je parcourois avec lui les appartemens de son
nouveau logis, j'entrevis dans un coin de galetas un petit homme
rechigné, mal fait d'habit et de mise ; et comme je ne le connoissois
pas, je lui fis un fort petit salut. J'avoue que je me suis souvent
reproché cela devant Dieu, et je me suis accusé de juger des choses
d'une maniere si animale, et seulement sur les rapports de mes sens,
sans rien pénétrer des trésors de graces qui étoient cachés sous un
extérieur si abaissé et si avili. »

Mémoires pour servir à l'Histoire de Port-Royal, t. II, p. 428.

(1) C'était un vicariat « de ville, » puisqu'il s'agit de Saint-Etienne-
des-Tonneliers, paroisse de Rouen. Voir plus haut, p. 187.

VII.

Sur la parenté de Messieurs de Varengeville et de Madame du Fossé.

« MM. de Varengeville étaient de la famille Roque et se rattachaient aux Thomas de la maniere suivante :

» Jeanne Puchot, fille de Vincent Puchot, Sr de la Pommeraye et de Pubeuf, et de Marie de la Haye, morts, l'un le 16 juin 1566, l'autre, le 28 août 1589, et *auteurs communs*, avait épousé Jacques Roque, Sr de Varengeville.

« Elle était grand'tante (par Marie Puchot, sa nièce, dame du Bosmelet, femme de Gilles Beuselin, auditeur aux Comptes) de Madeleine Beuselin, femme de Gentien Thomas ;

« Et grand'mère de Jacques Roque, Sr de Varengeville, secrétaire des Commandemens du duc d'Orléans ;

« Arrière grand'mère de Jacques Roque, investi des mêmes titres que son père, et de plus ambassadeur à Venise. De ses deux filles, l'aînée, Marie Charlotte, née à Venise en 1680, épousa Claude de Longueil, marquis de Poissy et de Maisons, président à mortier au Parlement de Paris, et la seconde, Jeanne Angélique, née à Venise en 1682, épousa Louis Hector, duc de Villars, pair et maréchal de France. »

Dû à l'extrême obligeance de M. d'Estaintot.

VII bis.

Dans le tome II du Manuscrit, après le texte, et parmi d'autres pièces qui lui font suite, se trouvent les vers suivants, sur un petit feuillet relié avec le reste.

> Ce Jardin dont jadis l'orgueil de la Nature
> Etaloit les beautez aux yeux de l'uniuers ;
> Quelque éclat qui parust en ses tresors diuers,
> Fut de l'ame du juste une foible peinture :
> Elle est du Dieu viuant le Jardin precieux ;
> Luy mesme est son soleil qui l'éclaire des Cieux ;

Luy mesme est son Seigneur dont la main le cultiue ;
Luy mesme est son Aurore ; et par ses riches pleurs
Il respand dans cette Ame une source d'eau viue
Pour luy faire produire et des fruits et des fleurs.

Sœur Catherine de Ste Colombe Thomas.

Ce n'est pas la poésie de ces vers qui a dû engager la famille à les conserver, mais bien le nom de celle qui les a signés, et où nous croyons retrouver la sœur dont Thomas du Fossé parle en termes si touchans, dans cette partie de ses Mémoires. L'écriture, un peu grosse et des plus belles, est encadrée dans des arcs tracés à la main, aussi bien que le nom de l'auteur.

VIII.

Sur l'Hôtel de Longueville à Port-Royal des Champs.

« Le mur d'enceinte était percé de deux ouvertures principales : la grande porte de l'abbaye et la porte de Longueville, toutes deux au nord. On y pénètre aujourd'hui par un sentier qui commence sur la route de Dampierre à l'endroit appelé *pavé de Saint-Lambert* (1), et par l'ancienne porte de Longueville. Les visiteurs qui voudraient se représenter aussi bien que possible le Port-Royal du XVIIe siècle devront prendre ce dernier chemin ; ils laisseront leur voiture au bord de la vallée près de la propriété des Granges, et descendront la route escarpée que suivaient jadis les carrosses, et que suivirent vers 1840, malgré de nombreux cahots, les voitures de la reine Amélie et de ses enfants. On arrive ainsi, non sans un serrement de cœur, dans ce qui fut la cour de Longueville. Quel spectacle ! au milieu de terres en culture (2) on aperçoit à gauche, le long du mur, une ruine

(1) Ce sentier n'est point celui dont nous avons parlé, p. 131 Le premier descend du plateau dans la vallée, le long de la colline faisant face au Nord de l'Abbaye, et l'autre partant de la vallée, du Pavé de Saint-Lambert ou route de Dampierre, conduit à l'Est de l'Abbaye.

(2) Lors d'une visite faite aux restes de l'Abbaye, le 4 octobre 1877, nous avons vu un valet de ferme qui conduisait sa charrue sur la pente de ces « terres en culture, » en sifflotant l'air des *Pompiers de Nanterre*.

informe ensevelie sous le lierre et la vigne vierge : c'était le logement du portier, ou pour mieux dire du Suisse de la duchesse. Près de la était le somptueux hôtel que se fit construire cette illustre princesse vers 1671, quand elle eut résolu, suivant son expression, de haïr le monde et d'en être haïe. Cette demeure se composait, comme on peut le voir en considérant le plan (n° 31) (1) de deux bâtiments reliés à angle droit par un troisième, de manière à former une sorte de Z ; c'étaient d'abord les écuries et les remises, puis les communs, et enfin l'hôtel proprement dit, simple et belle construction de deux étages, entre cour et jardin. La cour était fermée du côté du couchant par une balustrade semi-circulaire, ou terrasse de Longueville ; au fond se trouvait une galerie couverte, conduisant au parloir de l'abbesse, et delà, en suivant le réfectoire des étrangers, ou salle des hôtes (n° 23), à l'église où la duchesse avait une loge grillée. Que reste-t-il de cet asile sacré de la pénitence, où la sœur du grand Condé sut expier les désordres de sa jeunesse, de cette retraite où elle pleura devant Dieu la mort tragique de son fils ? — Les ruines d'une loge de portier.

« Sur la même ligne que l'hôtel de Longueville, dans des proportions infiniment plus modestes, s'élevait la maison de mademoiselle de Vertus (n° 30); la grande voûte, appelée à tort *Caves de Longueville*, supportait en partie cette construction. Amie intime de la duchesse, dont elle fut l'ange visible, dit Racine, mademoiselle de Vertus devait, malgré ses infirmités, lui survivre longtemps. Laissée par grâce dans sa maison, elle y mourut en 1692, après treize ans de souffrances continuelles.

« Les deux hôtels qu'on vient de voir s'élevaient en dehors du monastère proprement dit ; ils n'étaient pas compris dans ce qu'on nomme la *clôture*, et tout le monde pouvait y pénétrer. »

Port-Royal des Champs. Notice historique à l'usage des visiteurs. Paris, Martinet, 1874. Brochure de 16 pages.

Il est à regretter que l'auteur de cette Notice, (M. A Gazier, Profes-

(1) Ce chiffre renvoie au Plan géométral, placé à la fin de la Notice, et fait par M. H. Sauvestre, architecte. C'est un travail tout nouveau, qui sert à bien expliquer la Vue à vol d'oiseau de l'Abbaye, reproduite en tête de la Notice, d'après une gravure du commencement du xviii° siècle, la même que M. Sainte-Beuve a donnée, dans son *Port-Royal*, t. V, en face de la page 121.

seur au Lycée Saint-Louis, à Paris) n'ait pas jugé à propos de la mettre dans le commerce. Aussi exacte que substantielle, elle méritait bien d'être plus connue du public, et nous en exprimons le vœu pour la seconde édition, en nous excusant d'avoir soulevé le voile de l'anonyme dont notre collègue a voulu couvrir ce travail si utile aux visiteurs.

IX.

Molière et les Miracles de l'or potable.

Il en parle dans le *Médecin malgré lui*, (1666) comédie dont le but est de poursuivre la petite guerre qu'il avait déclarée aux médecins de son temps confondus avec les charlatans.

On lit, dans la scène où Martine présente à Valère son mari Sganarelle comme un grand médecin, les détails suivants :

VALÈRE.

« Mais est-il bien vrai qu'il soit aussi habile que vous le dites ?

MARTINE.

Comment ! c'est un homme qui fait des miracles. Il y a six mois qu'une femme fut abandonnée de tous les autres médecins : on la tenoit morte, il y avoit déjà six heures, et l'on se disposoit à l'enterrer, lorsqu'on y fit venir de force l'homme dont nous parlons. Il lui mit, l'ayant vue, une petite goutte de je ne sais quoi dans la bouche ; et, dans le même instant, elle se leva de son lit, et se mit aussitôt à se promener dans sa chambre comme si de rien n'eût été.

LUCAS.

Ah !

VALÈRE.

Il falloit que ce fût quelque goutte d'or potable.

MARTINE.

Cela pourroit bien être. Il n'y a pas trois semaines qu'un jeune enfant de douze ans tomba du haut d'un clocher en bas, et se brisa sur le pavé la tête, les bras et les jambes. On n'y eut pas plustôt amené notre homme, qu'il le frotta par tout le corps d'un certain onguent qu'il sait faire ; et l'enfant aussitôt se leva sur ses pieds, et courut jouer à la Fossette.

LUCAS.

Ah !

VALERE.

Il faut que cet homme-là ait la médecine universelle. »

Le Médecin malgré lui, Acte I, sc. 5.

X.

Portrait de Caretti, charlatan italien, au XVIIe siècle.

« *Carro Carri* débarque avec une recette qu'il appelle un prompt remède, et qui quelquefois est un poison lent : c'est un bien de famille, mais amélioré entre ses mains ; de spécifique qu'il étoit contre la colique, il guérit de la fièvre quarte, de la pleurésie, de l'hydropisie, de l'apoplexie, de l'épilepsie. Forcez un peu votre mémoire, nommez une maladie, la première qui vous viendra en l'esprit : l'hémorragie, dites-vous ? il la guérit. Il ne ressuscite personne, il est vrai ; il ne rend pas la vie aux hommes ; mais il les conduit nécessairement jusqu'à la décrépitude, et ce n'est que par hasard que son père et son aïeul, qui avoient ce secret, sont morts fort jeunes. Les médecins reçoivent pour leurs visites ce qu'on leur donne ; quelques-uns se contentent d'un remercîment : Carro Carri est si sûr de son remède, et de l'effet qui en doit suivre, qu'il n'hésite pas de s'en faire payer d'avance, et de recevoir avant que de donner. Si le mal est incurable, tant mieux ; il n'en est que plus digne de son application et de son remède (1). Commencez par lui livrer quelques sacs de mille francs, passez-lui un contrat de constitution, donnez-lui une de vos terres, la plus petite, et ne soyez pas ensuite plus inquiet que lui de votre guérison. L'émulation de cet homme a peuplé le monde de noms en O et en I, noms vénérables, qui imposent aux malades et aux maladies. Vos médecins, Fagon, et de toutes les facultés, avouez-

(1) Avant La Bruyère, Molière avait fait dire par Toinette à Argan (1673) : « Je voudrois que vous fussiez abandonné de tous les médecins, désespéré, à l'agonie, pour vous montrer l'excellence de mes remèdes, et l'envie que j'aurois de vous rendre service. » *Le Malade imaginaire,* acte III, scène 14.

le, ne guérissent pas toujours, ni sûrement ; ceux, au contraire, qui ont hérité de leurs pères la médecine pratique, et à qui l'expérience est échue par succession, promettent toujours, et avec serments, qu'on guérira. »

La Bruyère, LES CARACTÈRES OU MŒURS DE CE SIÈCLE. *De quelques usages.*

C'est dans la 8e édition, en 1694, que l'auteur ajouta ce Portrait ou plutôt ce Caractère, dont quelques traits peuvent convenir à Cornaro, porteur d'un ces noms italiens « imposant au public et aux maladies ; » l'un des prédécesseurs de Caretti en fait de remèdes mystérieux. Seulement la réputation de Cornaro fut moins considérable, car on ne rencontre guère de détails sur son nom ailleurs que dans les *Mémoires* de du Fossé. Le nom de Caretti se retrouve une vingtaine de fois dans les lettres de Mme de Sévigné, qui l'appelle Carette, et Saint-Simon n'a pas oublié de nous dire comment l'empirique Caretti devint grand seigneur, en 1698. Voir ses *Mémoires*, t. I, pages 356-357, édit. in-12.

L'or potable et l'huile d'or tinrent une grande place parmi les recettes secrètes du XVIIe siècle, avec les gouttes d'Angleterre, la poudre de sympathie, la poudre de vipères et la poudre d'yeux d'écrevisse, qui reviennent si souvent dans les Mémoires du temps et dans la correspondance de Mme de Sévigné.

XI.

Anecdote sur le dévoûment de M. de Sainte-Marthe aux Religieuses de Port-Royal des Champs.

« Voici une particularité unique. Pendant que les religieuses étaient encore gardées prisonnieres en leur maison des Champs, non pas dans les premiers temps, je crois, mais quand les gardes se furent un peu relâchés et que les jardins furent redevenus libres (1), « M. de Sainte-Marthe avait la charité de partir au soir de Paris, ou

(1) La garnison y séjourna du 3 juillet 1665 au 18 février 1669. Voir *Mémoires de du Fossé*, t. II, p. 186.

de la maison où il demeurait près de Gif (1), et de se trouver à une
certaine heure dans un endroit marqué, assez éloigné des gardes. Il
montait sur un arbre assez près du mur, au pied duquel étaient les
religieuses à qui il faisait un petit discours pour les consoler et les
fortifier. C'était pendant l'hiver. » — J'ai vu des gravures de Port-
Royal représentant cette scène singulière et naïve, qui a pu se renou-
veler quelque fois. »

> M. Sainte-Beuve, *Port-Royal*, t. IV, p. 239.

De son côté, le P. Rapin a signalé le rôle joué par de Sainte-
Marthe, pendant la première persécution de Port-Royal, lorsque
l'archevêque de Péréfixe les eût privées des Sacrements, en novembre 1664 (2). Il rapporte les faits suivants à l'année 1665.

« Ainsy elles furent privées des Sacrements, dont l'archevêque
pour les réduire avoit trouvé à propos de les éloigner. Et comme les
ecclésiastiques en qui il s'étoit fié pour l'exécution de ses ordres le
servoient fidèlement, et que ces filles ne gagnoient plus rien à se
déguiser ou en converses ou autrement pour communier, elles s'avi-
sèrent de faire entrer cet aventurier de Sainte-Marthe dans le couuent, qui s'y cacha quelque temps sous l'habit de jardinier pour
leur dire la messe et pour les communier audedans du monastère,
contre les règles de la clôture et contre la pratique universelle de
l'Eglise. C'étoit un déterminé que cet ecclésiastique, qui escaladoit
la nuit les murailles du jardin, et qui informoit ces filles de tout ce
qui se passoit dans le monde où elles devoient prendre intérêt ; sur
quoy elles étoient fort alertes, disposées à tout faire pour s'aider
dans l'état où elles étoient. On prétend que d'autres fois Arnauld
ou quelque autre prêtre de sa main se déguisoient en valets et se
mettoient dans des charrettes pour apporter des hosties consacrées,
dont ils communioient ces excommuniées. Mais que ne disoit-on
point alors à Paris, et que ne faisoit-on point, à Port-Royal, pour
tromper l'archevêque ? »

> *Mémoires du P. René Rapin* de la Compagnie de Jésus,
> t. III, p. 351.

(1) A Corbeville, plus près d'Orsay que de Gif. Voir, *ibid.*. t. III,
p. 145.

(2) Voir *ibid.*t. II, p, 185.

On s'étonnera peut-être de ces mots : « cet *aventurier* de Sainte-Marthe ; » ce « *déterminé*. » — De pareilles vivacités de style sont familières au P. Rapin, et précédemment il l'avait appelé, au mépris de la vérité et de sa généalogie, « homme de nul mérite et de nulle naissance, mais hardy et emporté. » (T. III, p. 256.)

La fin de notre citation est une redite, tant le fait lui paraît piquant, d'un passage où il avait introduit cette variante : « On disoit même qu'Arnauld, qui se cachoit dans Paris, alloit toutes les semaines, déguisé, en charrette, à Port Royal , et portoit un nombre d'hosties consacrées qu'il leur portoit par dessus les murailles, qu'il escaladoit, ou les faisoit porter par un prêtre nommé de Sainte-Marthe, *grand aventurier*, dont il se servoit en cette qualité là pour tromper les gardes. » (T. III, p. 305.) — On remarquera que, dans la seconde version, donnée en Appendice, Arnauld perd sa brillante *escalade des murailles*, et de Sainte-Marthe y gagne la suppression de l'épithète *grand* devant *aventurier*.

Une troisième version aurait eu chance d'être plus voisine encore de la modération, et, partant, de la vérité.

XI bis.

Remarque critique sur les Vies des Saints.

« Une question importante, qui est loin d'être vidée, est celle de la confiance que méritent les Vies des Saints et les actes des martyrs. Ces documents sont fort discrédités non seulement auprès des sceptiques, mais parmi les gens pieux, comme Tillemont, quand ils ne croient pas que la dévotion fait un devoir de renoncer à la critique. Tels qu'ils nous sont parvenus, ils ne méritent guère de créance. Il s'y est mêlé, dans les siècles qui ont suivi la paix de l'église, des légendes ridicules. Comme on les lisait, dans les fêtes des Saints pour l'édification des fidèles, on y ajoutait sans scrupule tout ce qui pouvait frapper les imaginations et toucher les cœurs. La rhétorique surtout, la mauvaise rhétorique du VII⁰ et du VIII⁰ siècle les a tout à fait gâtés. Il faut pourtant avouer que, quelque défiance qu'ils nous causent, depuis les dernières fouilles des catacombes, on ne peut plus les rejeter sans examen. Tout n'est pas imaginaire dans ces récits,

puisqu'on a retrouvé dans les galeries des cimetières la sépulture de
ceux dont ils racontent l'histoire. Ainsi au IIIe et au IVe siècle on
croyait posséder leurs tombes, on lisait leurs noms sur leurs épitaphes,
on venait prier devant leurs restes. Le récit des faits peut être très
légendaire, mais il est difficile de douter que le nom du personnage
ne soit réel. Dans ces récits mêmes, au milieu de beaucoup d'erreurs
ridicules, on remarque des détails vraisemblables ou certains. Quelques-uns sont confirmés par les inscriptions ou les peintures antiques
des Catacombes ; d'autres supposent une connaissance parfaite de lieux
qu'assurément les gens du VIIIe et dn IXe siècle ne visitaient plus.
M. de Rossi en conclut très légitimement que la nouvelle rédaction
amplifiée et corrompue suppose l'existence d'une rédaction ancienne,
plus sobre et plus vraie. Il est donc d'avis qu'au lieu de rejeter le
récit entier pour quelques absurdités qu'il renferme, on doit le débarrasser de toutes ces retouches fâcheuses et qu'il faut essayer de
retrouver le texte original sous la copie altérée. C'est un travail délicat,
où il entre toujours un peu de divination et d'hypothèse, mais où le
succès n'est pas impossible à une critique exercée, et qui s'accomplit
tous les jours dans la restitution des textes classiques. M. de Rossi l'a
fait avec beaucoup de talent pour les actes de Sainte-Cécile ; M. Le
Blant l'essaie en ce moment pour beaucoup d'autres. Si l'entreprise
réussit, ce qui ne paraît guère douteux, elle augmentera de beaucoup
le nombre des documens dont nous disposons et nous fera mieux
connaître la lutte héroïque que soutint l'église contre ses persécu-
teurs. »

M. Gaston Boissier. — PROMENADES ARCHÉOLOGIQUES. — IV. —
Les Cimetières chrétiens de Rome. — REVUE DES DEUX MONDES,
1 avril 1878, pages 583-584.

XII.

*Lutte de l'Université de Paris et des Jésuites, au sujet du Collége
du Mans, voisin de leur collége de Clermont, à Paris.*

En 1623, pour agrandir leur collége, les jésuites achetèrent de
l'évêque du Mans, M. de Beaumanoir, le collége de ce nom que ses
prédécesseurs avaient établi à Paris. Un arrêt du Parlement, du 25

24

octobre de la même année, fit provisoirement défense de mettre à exécution le contrat passé entre les deux parties. Cet arrêt donnait satisfaction à l'Université, où l'affaire avait causé l'émotion la plus vive. En 1631, les jésuites traitèrent de nouveau avec M. de Beaumanoir, qui leur abandonna tous ses droits sur le collége du Mans et sur ses dépendances. L'Université protesta énergiquement et se pourvut en cour de Rome. Des enquêtes eurent lieu en 1642 et 1643, et le collége subsista provisoirement jusqu'en 1680, où les jésuites songèrent de nouveau à donner suite au contrat de vente passé jadis avec l'évêque du Mans. Le P. La Chaise, confesseur de Louis XIV, se chargea d'intéresser le roi à l'affaire et d'obtenir son consentement, en 1681. Pour faire face au péril, le recteur de l'Université, M. Tavernier, eut une audience du roi, le 27 février 1682. Escorté des Procureurs des Nations et des Doyens, il lui fit un discours, conservé en entier, et plein d'énergie. Il n'hésite pas à dire que les jésuites avaient fait « un contrat honteux et tellement illicite qu'il fut censuré comme « simoniaque par la Faculté de Théologie. »

Il ajoute même : « Poussant plus loin le dessein qu'ils ont formé de « nous ruiner, comme ils ont déjà ruiné la plus grande partie des Uni- « versitez de vostre royaume, ils ont fait toiser le collége du Mans le « jour des Roys, avec quatre autres colléges qui en sont voisins, dans « la vue de s'en accommoder quelque jour, et de les comprendre dans « leurs grands desseins par les mêmes voyes qu'ils tentent aujour- « d'hui. Nous aurions grand sujet, sire, d'appréhender une société « si insatiable, si entreprenante, si nombreuse, si puissante, si les « regards favorables de Votre Majesté ne nous assuroient et ne nous « faisoient esperer toutes choses de sa bonté, etc. » Le roi donna force éloges à l'Université, mais ne promit rien sur le fond de la question.

Le 17 avril 1682, opposition fut faite à l'enregistrement du susdit contrat par Me Pierre Philippe, procureur au Parlement, au nom de l'Université, afin d'empêcher l'entérinement de tout ce qui lui portoit préjudice. Il y était question des Colléges du Mans, du Plessis, des Cholets, de Reims, de Sainte-Barbe et autres fondés en l'Université, et convoités par les jésuites. Mais défense fut faite à l'Université de suivre son appel et de s'occuper plus longtemps de l'affaire.

Voici le détour qui fut pris. « Le roi donna 53.156 livres pour « acquérir l'hôtel Marillac, situé rue d'Enfer, dans lequel les bour-

« siers du Mans furent transportés.... Les jésuites, grâce à leur
« habileté patiente et opiniâtre étaient parvenus à leurs fins ; » tant
ils avaient bien « veillé sur cette proie qu'ils convoitaient depuis un
« demi siècle. »

M. Charles Jourdain, *Histoire de l'Université de Paris au
XVIIe et au XVIIIe siècle.* In-folio, 1862-1866.—Pages 109, 127,
128, 253-255.

L'Université avait été présentée au roi par l'archevêque de Paris,
(François II de Harlay de Champvallon). « Le roi remercia M. l'ar-
« chevêque de l'avoir empêché de faire une injustice : « Mon amitié
« pour les jésuites, dit-il publiquement, n'est point une amitié
« aveugle, et je ne veux leur accorder que ce qui se peut faire sans
« blesser l'intérêt d'autrui. » Belles paroles qui firent autant d'honneur au roi que de déplaisir à ces Pères, à qui elles reprochaient de
l'avoir commis dans une affaire qui lui coûta plus de cinquante mille
francs. »

Mémoires de l'abbé Legendre, publiés par M. Roux (1863),
p. 180.

XIII.

Sur le Bon Larron de Malines.

Voici sur ce nom peu connu, et sur ce culte peu répandu, une
petite note due à l'obligeance de notre confrère, M. l'abbé Tougard.

« Quelques-uns donnent au Bon Larron le nom de Dimas ou Dismas, » dit Tillemont (*Mémoires pour servir à l'Histoire ecclésiastique,* T. 473, A. éd, Paris, 1693.)

« Mais Henschenius rapporte que Baronius a omis son nom dans
le Martyrologe comme n'étant donné que par des textes apocryphes.
(*Acta SS. Martii III,* 541. C. éd. Palmé.)

« Le Bon Larron, fêté ordinairement par les Latins le 25 mars, et
par les Grecs, le 23 du même mois, était honoré à Bruges, le 5 mai;
mais son office ne se trouvait déjà plus dans le Bréviaire de Bruges
publié en 1520.

« Voilà tout ce que renferme d'utile pour vous la courte notice
des Bollandistes, qui ne lui ont guère consacré qu'une colonne.

« Quant à l'inscription que vous me donnez, je ne vois rien dans l'Ecriture qui rappelle ce rapprochement des trois verbes. Pourtant voici un texte qui aurait bien pu y donner lieu, quoique la disposition ne soit pas la même :

« Super rivos aquarum fructificate ;.... florete flores quasi lilium et date odorem et frondete in gratiam. » (Eccle. xxxix, 17-19) »

XIV.

Sur le groupe de la Vierge et de l'enfant Jesus endormis, dans Notre-Dame de Bruges, attribué à Michel-Ange.

Il est fâcheux que cette légende soit rédigée d'une façon si obscure qu'on ne sache où trouver le sujet de ce membre de phrase : « *Il* en entendit parler comme les autres. »

Pour lui donner un sens, il faudrait supposer qu'il existait dans les Pays-Bas un sculpteur fameux, du nom de Michel Lange (car la méprise serait trop forte, si l'auteur entendait par là Michel-Ange Buonarotti et la suite du récit n'aurait pas de sens) et que le célèbre sculpteur italien, frappé de la renommée de ce groupe, fit exprès le voyage des Pays-Bas pour en constater le mérite.

Mais c'est en vain que nous avons cherché le nom de Lange parmi les sculpteurs, et la preuve d'un voyage de Michel Ange à Bruges. M. Charles Blanc n'en dit rien dans l'étude si complète qu'il a consacrée au plus grand des sculpteurs et des architectes modernes. Il est muet aussi sur la légende de notre auteur, qui a sa valeur, ne fût-ce que pour attester le mérite de ce groupe.

Ce même groupe est de nos jours l'objet d'une autre légende que voici. « Il avait été fait (par Michel-Ange) pour la ville de Gênes, mais le navire qui le portait fut pris, en sortant de Civita-Vecchia, par un corsaire hollandais, qui conduisit sa prise à Amsterdam. Un négociant de Bruges en fit l'acquisition à bas prix, et à son retour le donna à l'église Notre-Dame, dont il était marguillier. » *Guide illustré du voyageur en Belgique*, p. 148. Imprimé avant 1846.

Comme toujours, en fait de légende, l'erreur se mêle à la vérité, et, au lieu d'avoir été pris par un corsaire hollandais, le groupe peut bien avoir été simplement acheté à Michel-Ange lui même par la famille Moscron, qui en fit don à Notre Dame de Bruges, en 1510.

En effet, à la suite de son remarquable article sur Michel-Ange Buonarotti, M. Charles Blanc a mis des *Recherches et Indications*, et le résumé des ouvrages de Michel-Ange, qui se trouvent dans les galeries publiques et particulières de l'Europe, donne les renseignements suivants :

« BRUGES. Dans l'église de Notre-Dame se trouve une Vierge avec l'Enfant Jésus sur ses genoux, et ce très-beau groupe en marbre, donné à l'église par la famille Moscron, en 1510, est attribué à Michel-Ange. Tout récemment, dans un quatrième voyage à Bruges, nous avons revu ce marbre et il nous a paru parfaitement digne de ce grand maître. Condivi, qui a parlé d'une Vierge achetée à Michel Ange par la famille Moscron (Moscheroni), s'est-il trompé en écrivant *jetée en bronze* là où l'on voudrait lire : *sculptée en marbre*? L'affirmer nous semble un peu arbitraire : nous ne l'affirmerons pas. »

HISTOIRE DES PEINTRES DE TOUTES LES ECOLES. *Ecole florentine.*
Charles Blanc et Paul Mantz, p. 92.

Ce jugement, qui déclare le groupe « parfaitement digne de ce grand maître, » nous paraît devoir être accepté plutôt que cette indication sommaire du Guide Conty : « Groupe en marbre blanc : *La Vierge et l'Enfant Jésus*; attribué longtemps à MICHEL-ANGE. » P. 156. On voit que M. Ch. Blanc persiste dans cette attribution, qui explique si bien l'admiration de notre auteur, sans toutefois confirmer la nouvelle légende donnée par ses *Mémoires.*

XV.

Epitaphe de Jansénius, primitivement placée dans l'Eglise d'Ypres et qui ne s'y trouvait plus en 1682.

EPITAPHE.

« CORNELIUS JANSENIUS
Hîc situs est, satis dixi.
Virtus, eruditio, fama cætera loquentur.
Lovanii diù admirationi fuerat;
Hîc incœpit tantùm
Ad Episcopale fastigium evectus,
Ut Belgio ostenderetur,

Ut fulgur luxit, et mox extinctus est.
Sic humana omnia,
Etiam brevia, cùm longa sunt.
Funeri tamen suo superstes vivet in AUGUSTINO,
Arcanarum cogitationum ejus,
Si quis unquam fidelissimus Interpres.
Ingenium divinum, studium acre, vitam totam
Operi huic arduo et pio dederat,
Et cum eo finitus est.
Ecclesia in terris fructum capiet;
Ipse in cœlis jam mercedem.
Sic vive et apprecare, lector.

Extinctus est contagio an. 1638. prid. Non. Maii, æt. an. nondûm 53. Ipris in Episcopali Palatio. »

TRADUCTION.

« Ci gît CORNELIUS JANSENIUS, c'est assez dire.
Sa vertu, sa science et sa réputation diront le reste.
Il avoit été longtemps admiré dans Louvain ;
Il commençoit de l'être autant ici.
Il fut élevé à la dignité Episcopale,
Pour être exposé aux yeux de toute la Flandre.
Mais il n'y parut que comme un éclair, et mourut aussitôt.
Ainsi vont les choses du monde,
Dont la durée, quelque longue qu'elle soit, est toûjours très-courte.
Néanmoins après sa mort
Il survivra dans son livre,
Où il a fait voir qu'il est un interprète aussi fidèle,
Qu'il y en eût jamais de la profonde doctrine de S. Augustin.
Il avoit emploïé à faire ce grand et saint ouvrage
Un esprit divin, une étude opiniâtre, et sa vie toute entière ;
Mais il mourut en le finissant.
L'Eglise en recuëillera le fruit sur la terre ;
Et lui dès à présent en reçoit la récompense dans le ciel.
Vous qui lisez ceci, vivez de la sorte,
Et priez pour cet illustre Mort.

Il mourut de peste dans son Palais Episcopal à Ipre, le 6. jour de Mai 1638. en la 53ᵉ année de son âge. »
Extrait du *Necrologe de l'Abbaïe de Nôtre-Dame de Port-Roïal des Champs*. Amsterdam, 1723. Mai. La traduction y est placée en face du latin, sur la même page 187.

XVI.

*Fragment d'une lettre de la Mère Angélique de Saint-Jean sur la
disgrâce de son frère, Monsieur de Pomponne.*

Après avoir parlé des lettres de cette Abbesse sur la disgrâce du
Ministre, et cité celle que Mme de Sévigné adressait à sa fille, le
29 novembre 1669, à cette occasion, en lui envoyant la copie de
lettre qu'elle admirait tant, M. Sainte-Beuve ajoute en note :

« Nous n'avons pas cette lettre que madame de Sévigné copiait et
envoyait à sa fille ; mais on en a d'autres qui en tiennent lieu, écrites dans le même temps, et sur le même sujet de la disgrâce de M.
de Pomponne. Nous lisons dans une de ces lettres de la mère Angélique de Saint-Jean : « Il ne m'a fallu faire nulle violence à mes
« sens pour me persuader que la disgrâce de mon frère était une
« grâce, n'ayant jamais regardé la faveur du monde pour lui que
« comme un péril qui exposait tout à fait son salut et qui m'en fai-
« sait presque perdre l'espérance. Ainsi, quand cette faveur cesse
« je me trouve comme (avec) ces arbres dont les fleurs tombent et
« où on commence à voir les fruits qui se nouent, qui véritablement
« n'ont pas tant de beauté qu'auparavant, mais qui donnent beau-
« coup plus de joie parce qu'on y voit quasi des assurances d'une
« bonne année.... Il reste encore bien des choses à craindre
« avant qu'on recueille le fruit dans la parfaite maturité, et c'est ce
« qui m'occupe présentement ; mais on peut se promettre de cette
« expérience de la miséricorde de Dieu que, puisqu'il a com-
« mencé cet ouvrage, il l'achèvera. » C'est ainsi que la mère Angélique de Saint-Jean écrivait et pensait sur la disgrâce de cet aimable
frère, que la première mère Angélique n'appelait, du temps de
sa naissante faveur en cour, que *ce pauvre garçon.* »

Port-Royal, 2e édition, t.. IV, p 161.

XVII.

*Epitaphe de Madame du Fossé mère, enterrée dans l'église de
Port-Royal des Champs.*

« Hic jacet Magdalena Beuselin, Gentiani Thomas Equitis Regio-
rum Computorum Magistri uxor, tali verè digna marito, viro admo-

dum pio pauperumque patre. Illi quondàm mundus placuit, sed sibi posteà multum displicuit, mundoque nuncium remittens, dum adhuc mundo placeret, castas in Christo delicias invenit. Post mortem mariti verè vidua domûs suæ maximè curam habuit. In Deum sperans, orationibus et bonis operibus intenta, tribulationem patientibus subministrans ipsaque diuturui morbi tribulatione probata, non in deliciis sed in Deo mortua est ıv. Id novemb. 1684. Ætat. suæ. 78.»

« Par M. Du Fossé, son fils. »

« Ici repose Dame MAGDELEINE BÉUSELIN. veuve de Messire Gentien Thomas, Chevalier, Maître des Comptes : Epouse vraiement digne d'un Epoux de ce mérite, si recommandable pour son éminente piété et le titre qu'il s'étoit acquis de pére des pauvres. D'abord le monde eut quelques charmes pour elle ; mais ensuite s'en étant entièrement dégoûtée, et y aïant renoncé dans le tems qu'elle plaisoit encore au monde, elle eut le bonheur de trouver de chastes délices en J. C. Aprés la mort de son mari elle vécut en veuve chrétienne, espérant en Dieu, s'appliquant surtout à son ménage, à la prière, à toutes sortes de bonnes œuvres, soulageant les affligez. Eprouvée elle-même par l'affliction d'une longue maladie, elle est morte non dans les délices de la chair, mais dans le Seigneur, le 10 novembre 1684, âgée de 78 ans. »

Nécrologe de l'abbaïe de Port-Royal-des-Champs, p. 432.

XVIII.

Sur les enfants de M. et Mme De Bosroger, en 1684.

M. et Mme de Bosroger, mariés en 1677, avaient eu un premier enfant, « au commencement de l'année 1679, » comme on l'a vu plus haut dans ces *Mémoires*. (T. III, p. 128.).

Depuis, jusqu'au commencement de l'année 1683, il leur en était né trois autres, dont deux seulement étaient encore vivants.

Voici la copie des actes qui les concernent, extraits du Registre des Baptêmes, Mariages et Sépultures de la paroisse du Fossé.

I.

« Louis François, fils d'Augustin Thomas, escuyer sieur de Bosroger, âgé de neuf jours, deceda le quatorziesme jour d'avril 1680 et

fut inhumé le lendemain dans l'église proche l'autel de la Vierge.
Nicolas Petit chez lequel il estoit pour estre nourry et Georges Dutil
voisin dudit Petit ont assisté à son inhumation.

Nicolas Petit. Georges Duthil.

II.

« Pierre François, fils d'Augustin Thomas, escuyer, seigneur de
Bosroger et de Dame Catherine Agnès Le Maistre son épouse né le
sixième jour d'Août mil six cent quatre vint et un a esté baptizé le
mesme jour. Son parrain Pierre Thomas, escuyer seigneur du Fossé,
de Hupigny, du Mesnil, de Forges (1), d'autres lieux, la marraine,
damoiselle Catherine Françoise de Bretaigne, fille de très haut et
très puissant Seigneur Claude de Bretagne, pair de France, comte de
Vertus et premier baron de Bretagne, barron d'Avaugour, Ingrande
et représentée par Marie Baillif bourgeoise de Paris estant de présent à Forges.

Thomas du Fossé. Elisabeth Baillif.

III.

« Marie Henriette Agnès fille d'Augustin Thomas escuyer Seigneur
du Bosroger et de noble dame Catherine Agnès Le Maistre ses père
et mère née le quatrième jour de feuvrier 1685 a esté baptisée le
sixième jour du mesme mois et an. Son parrain messire Henri Arnauld Evesque d'Angers représenté par Mre Robert Carpentier
curé de Sommery et sa marraine noble dame Marie Thomas veuve
de deffunt Pierre Le Mazurier escuyer Sr de Durdent.

Le Carpentier. Marie Thomas.

Communication due à l'obligeance de M. Malicorne.

(1) Le titre de « Seigneur de Forges, » donné par le rédacteur de
l'acte à Thomas du Fossé, est de pure fantaisie. Forges était un franc-
alleu, qui relevait, pour la justice seulement, de la Haute Justice de
Gaillefontaine, dont la seigneurie appartenait alors à la maison
d'Epinay Saint-Luc. Mais Forges a toujours refusé de reconnaître des
seigneurs, et a soutenu de longs procès pour maintenir ses préten-
tions très fondées, comme le prouvent plusieurs arrêts du Parlement
de Normandie.

XIX.

Passages de la correspondance de Mme de Sévigné, où il est question de M. Le Tourneux.

A Paris, mardi 20ᵉ avril 1683. Lettre au comte de Guitaut.

« Mais savez-vous ce que j'ai fait ? j'ai entendu deux bons petits sermons de notre bon M. Trouvé, le jeudi et le samedi saint, à Saint-Jacques-du-Haut-Pas. J'aime tout-à-fait sa manière de prêcher, elle vise à la simplicité apostolique de M. le Tourneux » (1).

(1) « Il est l'auteur de plusieurs ouvrages de piété, et notamment des *Principes et règles de la Vie chrétienne*, publiés après sa mort, en 1688. »

Le 11 novembre 1688. Lettre à Mme de Grignan.

« Je m'en vais acheter ce livre de M. le Tourneux des *Regles de la vie chrétienne ;* il fait grand bruit, j'y trouverai peut-être la grâce d'être plus soumise que je ne le suis aux ordres de la Providence » (1).

(1) « Le titre exact de cet ouvrage est : *Principes et règles de la Vie chrétienne*. L'Achevé d'imprimer est du 30 juin 1688. »

Le 27 décembre 1688. Lettre à Mme de Grignan.

« Il (le marquis de Grignan) lut avec plaisir M. le Tourneux ; il a un sérieux et une solidité qui plaît fort. »

Le 2 février 1689. Lettre à Mme de Grignan.

« Je lis avec plaisir les Règles chrétiennes de M. le Tourneux ; je n'avois fait que les envisager sur la table de Mme de Coulange ; elles sont à présent sur la mienne. »

Le 21 mars 1689. Lettre à Mme de Grignan.

« Un abbé de la Mothe, archidiacre, celui qui avoit condamné les oraisons de M. le Tourneux, et dit que l'Eglise avoit toujours eu horreur des traductions est mort tout en vie en deux jours, lorsqu'il se vantoit de sa santé » (1).

(1) « Coquart de la Mothe, chanoine de Notre-Dame et archidiacre de Josas. C'était là le titre d'un des trois archidiacres de Paris : le premier s'appelait le grand archidiacre de Paris ; le second, l'archidiacre de Josas, nom d'un village aux environs de Versailles, où

s'étendait cet archidiaconé; le troisième archidiacre de Brie. » — « Il avait été auprès de feu M. de Perefixe, archevêque de Paris. » (Dangeau.)

L'éditeur renvoie au *Port-Royal* de M. Sainte-Beuve, d'où nous extrairons les passages qu'il n'a fait que résumer pour indiquer la cause des persécutions dont M. le Tourneux fut l'objet.

« Le nonce du Pape dit un jour au Père de la Chaise que sa Sainteté demandait qu'on supprimât quelques livres, et entre autres l'*Année chrétienne*, « parce que la Messe y est traduite en français. » Le Père de la Chaise en parla au Roi, qui en dit un mot à M. de Paris. De là défense de l'archevêque au libraire Elie Josset de plus vendre dorénavant des *Années chrétiennes*. » — «Sa femme s'est allée jeter aux pieds de M. de Paris, écrit Arnauld dans une lettre à M. Du Vaucel (22 mars 1686), pour lui représenter que c'était ruiner sa famille; mais il lui a répondu qu'on le dédommagerait. Et cela ne sera pas difficile; car on ne plaint pas l'argent en ces rencontres. Mais qui dédommagera les âmes ? » T. V, page 72-73.

Un peu plus loin, on lit :

« La mauvaise volonté des ennemis ne fut point désarmée par sa mort même; ils extorquèrent de l'Official de Paris une sentence foudroyante du 10 avril 1688, et une ordonnance de M. de Harlay du 5 mai suivant, confirmative de cette sentence, contre une traduction qu'il avait faite du Bréviaire romain, comme si elle eût contenu plusieurs hérésies. » *Ibid.* p. 79.

Puis vient une citation de la partie des Mémoires de du Fossé, où cette ordonnance est jugée : « *Jamais ordonnance* jusqu'à : « *qui étoit très bon* (voir plus haut, p. 303); citation que M. Sainte-Beuve a fait suivre de cette note :

« Il faut en vérité que M. de Paris ait l'esprit de vertige, » écrivait à propos de cette condamnation du Bréviaire, l'archevêque de Reims, Le Tellier, à Bossuet (26 avril 1688).—C'est dans ce Bréviaire que parurent pour la première fois les Hymnes traduites en vers par Racine. Un jour que Louis XIV l'engageait à faire quelques vers de piété : « Sire, j'en ai voulu faire, répondit Racine; on les a condamnés. » — Arnauld a démontré jusqu'à l'excès d'évidence l'absurdité de cette condamnation du Bréviaire traduit; dans sa *Défense des Versions de l'Ecriture-Sainte* (1688). » *Ibid.* t. V, p. 79.

— 380 —

Le 24 décembre 1689. Lettre à Mme de Grignan.

« Adieu c'en serait une (folie) d'écrire plus longtemps ; il faut songer à sa conscience, lire M. Le Tourneux et se recueillir. »

Le 19 février 1690, dans une lettre à Mme de Grignan à propos des Sermons, elle dit ,

« Quand je serai aussi bonne que M. de la Garde, si Dieu me fait cette grâce, je les aimerai ; en attendant je me contente des évangiles expliqués de M. Le Tourneux (1) ; ce sont de vrais sermons ; c'est la vanité des hommes qui les a chargés de tout ce qui les compose présentement. »

(1) « C'est en 1682 que le Tourneux avait donné son *Année chrétienne.* »

Le 26 février 1690. Lettre à Mme de Grignan.

« J'ai pris ce matin du tripotage de café avec du lait ; je n'en suis point encore dégoûtée ; non plus que des sermons ; car nous ne tâtons que de ceux de M. Le Tourneux et de Saint Chrysostôme.»

Le 10 mars 1695. Lettre à Mme de Guitaut.

« Pour entendre un peu plus parler de Dieu et des vertus qui nous sont nécessaires, nous avons été trois fois au P. de la Tour à Notre-Dame ; ce sont des beautés tout à fait différentes ; mais ce qui nous est le plus commode, c'est M. Le Tourneux et M. Nicole, qui nous font tous les jours une instruction si solide et si belle, qu'elles ne se font point de tort l'une à l'autre ; et quand on quitte l'un on est ravi de trouver l'autre. (1). »

(1) « Il s'agit ici non de sermons prêchés, mais de lectures pieuses ; de l'*Année chrétienne* de Le Tourneux et des *Essais de Morale* de Nicole. »

Toutes ces citations et les notes qui les accompagnent sont empruntées à l'édition des *Lettres de Madame de Sévigné,* donnée par M. Monmerqué dans la *Collection des Grands Ecrivains de la France,* tomes VII-X. Nous ferons remarquer que la table générale laisse le choix entre *Le Tourneur* ou *Le Tourneux.* Le premier nom n'est pas celui de ce grand prédicateur, de cet écrivain religieux si goûté de Mme de Sévigné.

Il existe un beau portrait de lui, au bas duquel on lit : *N. Arnout ad vivum pingebat,* et *Nicolaus Habert sculpebat.* La gravure en est fort belle, et voici les vers faits à la louange de Nicolas Le Tourneux, placés au-dessous du portrait :

> Il fut d'un Esprit doux, sçavant, plein de vigueur :
> Le zele pour son Dieu fut l'objet de son cœur ;
> Et le mepris qu'il eut pour l'estime du Monde
> Fit qu'estant admiré par ses divins Escrits,
> Recherché par les beaux Esprits,
> Il chercha d'un desert la retraite profonde.

Nous avons tenu à montrer, par toutes ces citations, la place honorable que cet enfant de Rouen avait su se faire au milieu des beaux esprits de la Capitale. Par sa prédication, par ses écrits, il était bien digne des éloges que lui donne notre auteur, et son nom vient ajouter un nouveau lustre à la gloire littéraire de la Normandie.

XX.

Sur les Miracles de M. de Pontchâteau après sa mort.

« Nicole interrogé par une dévote et une curieuse de notre monde (Mme de Bélisy) sur les circonstances de la mort de M. de Pontchâteau et sur ce qu'il en pensait lui répondit par une lettre qui est un chef-d'œuvre de prudence et de discrétion fine. Après avoir rendu témoignage en faveur de cette mort toute chrétienne, il ajoutait :

« Je vous avoue, au reste, que je ne fais pas un grand fond sur ce
« concours de peuple à son tombeau, ni sur les miracles qu'on lui
« attribue ; je ne sais pas bien même s'ils sont effectifs. Mais je sais
« seulement deux choses : l'une qu'il n'y a point eu d'artifice ni de
« dessein à en semer le bruit ; l'autre, que, ne paraissant pas de la
« qualité de ceux où l'opération particulière de Dieu est incontes-
« table, il eût été bon, ce me semble, de n'en pas faire de bruit. Une
« humeur s'est dissipée en un jour après l'attouchement de ses
« pieds ; qui sait si elle ne se fût pas dissipée d'elle-même ? car il y
« en a qui se dissipent, et cela arrive en un certain temps, qui peut
« être celui-là. Mais comme l'on ne saurait retenir ni les sentiments
« ni les mouvements du peuple, il n'est pas juste d'en imputer rien
« à personne. N'en demandez pas, s'il vous plaît, davantage, Madame ;
« et si vous désirez un plus grand détail et de plus grandes louanges,
« adressez-vous à quelque personne qui ait l'imagination plus vive... »

« Le *Journal des Savants* (de novembre 1702) approuva fort ces paroles et cette circonspection de Nicole.

« Dom Clémencet, dans son *Histoire littéraire* manuscrite de *Port-Royal* (article *Pontchâteau*), s'en montre, au contraire peu satisfait et presque scandalisé :

« Pour nous, dit-il, quelque respect que nous ayons pour M. Ni-
« cole, quelque estime que nous ayons pour ses lumières et ses déci-
« sions, ce langage nous surprend et surtout l'indifférence qu'il
« témoigne pour les miracles attribués à M. de Pontchâteau, ainsi
« que la raison qu'il donne pour les révoquer en doute. *Une humeur*
« *s'est dissipée en un jour après l'attouchement de ses pieds ; qui*
« *sait si elle ne se fût pas dissipée d'elle-même ? car il y en a qui*
« *se dissipent, et cela arrive en un certain temps, qui peut être*
« *celui-là.* Un incrédule ne pourrait-il pas faire le même raisonne-
« ment contre les miracles mêmes de Jésus-Christ, en particulier
« contre celui de la guérison de la belle-mère de Saint-Pierre ? Elle
« était au lit ayant la fièvre, et *Jésus lui ayant touché la main, la*
« *fièvre la quitta* ; sur cela l'incrédule ne pourrait-il pas répondre :
« *Une fièvre s'est dissipée en un moment par l'attouchement de la*
« *main de Jésus-Christ ; qui sait si elle ne se fût pas dissipée*
« *d'elle même ? car il y en a qui se dissipent, et cela arrive en un*
« *certain temps, qui peut-être était celui-là.* M. Nicole dit qu'il ne
« sait pas même si les miracles sont *effectifs.* S'il ne le savait pas, il
« ne fallait donc pas prononcer. Il faut bien que la guérison de la
« jeune fille ait été un miracle *effectif*, puisque les médecins et chi-
« rurgiens, entre les mains de qui elle était, reconnurent, par des
« attestations en forme passées devant notaires, que *cette guérison*
« *subite ne pouvait être naturelle dans l'état où était le mal.* Mais
« enfin, quelles que fussent ces guérisons, il était nécessaire de les
« examiner, afin de rendre gloire à Dieu si elles étaient miraculeuses,
« ou de désabuser le peuple si elles ne l'étaient pas. »

« Je laisse l'inconséquence de Nicole dans tout ce qu'elle a de sensé. Dom Clémencet assurément est plus logique ; Nicole est plus raisonnable. — Si Nicole paraît douter de ces miracles, Arnauld, en revanche, paraît y croire. » (Lettre du 12 juillet 1690.)

M. Sainte-Beuve. *Port-Royal*, t. V, note de la page 116.

TABLE

DU TOME TROISIÈME.

CHAPITRE XXII.

— 1666—1668. —

CHAPITRE XXIII.

— 1668 — 1669. —

CHAPITRE XXIV.

— 1669—1671. —

25

CHAPITRE XXV.

— 1671-1679. —

CHAPITRE XXVI.

— 1679-1682. —

CHAPITRE XXVII.

— 1682-1683. —

CHAPITRE XXVIII.

— 1683—1686. —

CHAPITRE XXIX.

— 1687—1691. —

APPENDICES ET PIÈCES JUSTIFICATIVES.

ERRATA.

Page et ligne.	Au lieu de :	Lisez :
P. 2, l. 14,	mariagc,	mariage.
P. 46, l. 29,	exemplc,	exemple.
P. 91, note 1,	Appencice,	Appendice.
P. 115, l. 5,	élevée,	éleuée.
P. 141, l. 8,	Malabie,	Maladie.
P. 160, l. 22,	ealiginis,	caliginis.
P. 176, l. 22,	assure,	assura.
P. 189, l. 4,	uue,	une.
P. 207, l. 25,	qne,	que.
P. 230, l. 16,	quy,	quoy.
P. 269, l. 1,	éminent,	éminents.
P. 280, l. 10.	demandai,	demanday.
P. 228, l. 17,	da Saint Esprit,	du Saint Esprit.
P. 335, l. 6,	luy,	luy.

P. 361. au-dessous de VII bis, lisez : *Vers de Catherine Thomas.*

J. MASSON
Directeur d'École à Paris
attaché de la rédaction du *Manuel
général de l'Instruction primaire.*

D. ROUSTAN
Agrégé de l'Université
Professeur de philosophie.

NOUVEAU LIVRE

DE

MORALE PRATIQUE

A L'USAGE DES ÉCOLES ET DES FAMILLES

AVEC UNE PRÉFACE DE

F. BUISSON

Ancien directeur de l'enseignement primaire au ministère de l'Instruction publique.

ILLUSTRÉ DE 79 GRAVURES

QUATRIÈME ÉDITION

PARIS

LIBRAIRIE HACHETTE ET Cⁱᵉ

79, BOULEVARD SAINT-GERMAIN, 79

1 fr.